DIREITOS HUMANOS E FUNDAMENTAIS NA AMÉRICA DO SUL

Conselho Editorial
André Luís Callegari
Carlos Alberto Molinaro
Daniel Francisco Mitidiero
Darci Guimarães Ribeiro
Draiton Gonzaga de Souza
Elaine Harzheim Macedo
Eugênio Facchini Neto
Giovani Agostini Saavedra
Ingo Wolfgang Sarlet
Jose Luis Bolzan de Morais
José Maria Rosa Tesheiner
Leandro Paulsen
Lenio Luiz Streck
Paulo Antônio Caliendo Velloso da Silveira

Dados Internacionais de Catalogação na Publicação (CIP)

D598   Direitos humanos e fundamentais na América do Sul / Ingo Wolfgang Sarlet,
        Eduardo Biacchi Gomes, Carlos Luiz Strapazzon (organizadores) ; Alexan-
        dre de Castro Coura ... [et al.]. – Porto Alegre : Livraria do Advogado Edi-
        tora, 2015.
        291 p. ; 25 cm.
        Inclui bibliografia.
        ISBN 978-85-7348-972-9

        1. Direitos humanos - América do Sul. 2. Direitos fundamentais - América
        do Sul. 3. Democracia. 4. Justiça. I. Sarlet, Ingo Wolfgang. II. Gomes, Eduardo
        Biacchi. III. Strapazzon, Carlos Luiz. IV. Coura, Alexandre de Castro.

                                                    CDU 342.7(7/8=6)
                                                    CDD 341.48098

        Índice para catálogo sistemático:
        1. Direitos humanos : América do Sul   342.7(7/8=6)

(Bibliotecária responsável: Sabrina Leal Araujo – CRB 10/1507)

Ingo Wolfgang Sarlet
Eduardo Biacchi Gomes
Carlos Luiz Strapazzon
(organizadores)

DIREITOS HUMANOS E FUNDAMENTAIS NA AMÉRICA DO SUL

Alexandre de Castro Coura
Ana Lucia Pretto Pereira
Carlos Luiz Strapazzon
Christian Courtis
Daiane Garcia Masson
Eduardo Biacchi Gomes
George Rezende Moraes
Gonzalo Aguilar Cavallo
Humberto Nogueira Alcalá
Ingo Wolfgang Sarlet
José Maria Rosa Tesheiner
Leandro Maciel do Nascimento
Margareth Anne Leister
Mônia Clarissa Hennig Leal
Pedro P. Grández Castro
Rodrigo Goldschmidt
Rogério Luiz Nery da Silva
Yumi Maria Helena Miyamoto

livraria
DO ADVOGADO
editora

Porto Alegre, 2015

©
Alexandre de Castro Coura, Ana Lucia Pretto Pereira,
Carlos Luiz Strapazzon, Christian Courtis,
Daiane Garcia Masson, Eduardo Biacchi Gomes,
George Rezende Moraes, Gonzalo Aguilar Cavallo,
Humberto Nogueira Alcalá, Ingo Wolfgang Sarlet,
José Maria Rosa Tesheiner, Leandro Maciel do Nascimento,
Margareth Anne Leister, Mônia Clarissa Hennig Leal,
Pedro P. Grández Castro, Rodrigo Goldschmidt,
Rogério Luiz Nery da Silva, Yumi Maria Helena Miyamoto
2015

Capa projeto gráfico e diagramação
Livraria do Advogado Editora

Revisão dos textos em língua portuguesa
Rosane Marques Borba

Direitos desta edição reservados por
Livraria do Advogado Editora Ltda.
Rua Riachuelo, 1300
90010-273 Porto Alegre RS
Fone/fax: 0800-51-7522
editora@livrariadoadvogado.com.br
www.doadvogado.com.br

Impresso no Brasil / Printed in Brazil

Sumário

Apresentação...7

Parte I – DIREITOS HUMANOS E CONTROLE DE CONVENCIONALIDADE NA AMÉRICA DO SUL...9

1. El diálogo interjurisdiccional y control de convencionalidad entre tribunales nacionales y Corte Interamericana de Derechos Humanos en Chile
Humberto Nogueira Alcalá...11

2. A capacidade processual dentro da Corte Interamericana de Direitos Humanos como instrumento de concretização de direitos
Eduardo Biacchi Gomes e George Rezende Moraes...47

3. Corte Interamericana de Direitos Humanos e jurisdição constitucional: judicialização e ativismo judicial em face da proteção dos direitos humanos e fundamentais?
Mônia Clarissa Hennig Leal...59

Parte II – TRIBUNAIS NACIONAIS E PROTEÇÃO DE DIREITOS FUNDAMENTAIS....75

4. Controle jurisdicional de políticas públicas e mínimo existencial
Yumi Maria Helena Miyamoto e Alexandre de Castro Coura...77

5. Determinação judicial de ato integrante de uma política pública
José Maria Rosa Tesheiner...91

6. Razonabilidad y "supervisión" en la ejecución de sentencias constitucionales que protegen derechos fundamentales
Pedro P. Grández Castro...103

7. Algumas notas acerca da vinculação de particulares aos Direitos Fundamentais no Direito Constitucional norte-americano e sua possível aplicação no Brasil
Ingo Wolfgang Sarlet e Leandro Maciel do Nascimento...127

8. Problemas de teoria e de prática de ativismo político e tutela judicial de direitos fundamentais sociais
Carlos Luiz Strapazzon e Rodrigo Goldschmidt...159

Parte III – TEMAS ESPECIAIS DE DIREITOS FUNDAMENTAIS, JUSTIÇA E SOCIEDADE DEMOCRÁTICA...191

9. La convención sobre los derechos de as personas con discapacidad ¿Ante un nuevo paradigma de protección?
Christian Courtis...193

10. El emergente derecho humano al agua y al saneamiento en derecho internacional
Gonzalo Aguilar Cavallo...207

11. Direito na sociedade neoliberal e conexão com as garantias individuais e segurança pública
Margareth Anne Leister...235

12. Política, jurisdição e o fundamento universal no Direito
Ana Lucia Pretto Pereira...249

13. Os princípios da Teoria da Justiça e os Direitos Fundamentais Sociais
Rogério Luiz Nery da Silva e Daiane Garcia Masson...281

Apresentação

Os trabalhos científicos são, a despeito de autoria individual, sempre em certo sentido obras coletivas. Para além do esforço individual de escolha de um tema, de investigação conceitual e empírica, de organização de ideias e de redação de um texto há, sempre, por trás das ideias e dos textos publicados, um sem-número de leituras, conversas, debates, concordâncias, discordâncias, surpresas e indignações ligadas à interlocução dos autores com terceiros que formam um conjunto de relações capazes de moldar repertórios e formar um pensamento. Este livro, mais uma vez, não foge à regra.

A I JORNADA SUL-AMERICANA DE DIREITOS FUNDAMENTAIS, realizada de 22 a 26 de abril de 2014, que deu origem à presente coletânea, abarcou duas áreas temáticas: a) Relações entre Direitos Humanos e Direitos Fundamentais Sociais na experiência Sul-Americana; b) Os Direitos Fundamentais na perspectiva do constitucionalismo latino-americano. O evento teve como finalidade reunir pesquisadores de quatro PPGDs do Brasil (PUC-RS – Pontifícia Universidade Católica do Rio Grande do Sul, UNOESC – SC – Universidade do Oeste de Santa Catarina, UNIBRASIL-PR – Centro Universitário Autônomo do Brasil e UNISC-RS – Universidade de Santa Cruz do Sul), de duas Instituições de Ensino Superior do Chile (Universidad de Talca e Universidad Valparaíso), bem como uma do Peru (Pontificia Universidad Católica de Lima), além de contar com a participação de um pesquisador argentino, Cristhian Courtis, vinculado à Universidade de Buenos Aires (UBA), que atualmente atua como *Officer* do Alto Comissariado das Nações Unidas. Todos são doutores e especialistas na seara dos direitos fundamentais.

O evento, no seu conjunto, foi um circuito de conferências e discussões que se realizaram consecutivamente em três Estados da Federação (PR, RS e SC), versando sobre inovações normativas e institucionais, sobre a literatura científica relativa ao tema da efetividade dos direitos fundamentais e direitos sociais no âmbito dos países envolvidos, bem como na esfera das relações entre o sistema internacional e regional de proteção dos direitos humanos e as ordens jurídicas internas dos Estados abarcados pelo simpósio. Quanto ao seu impacto, o evento propiciou ampla difusão de conhecimento entre mais de 30 professores doutores, além de mais de 100 mestrandos e doutorandos e outros 600 estudantes de graduação das três IES onde o evento acabou sendo realizado.

Trata-se, outrossim, de um projeto que representa mais uma etapa de um ambicioso plano de formação de uma Rede Brasileira de Pesquisa em direitos fundamentais no Brasil e na América Latina. Diz respeito, portanto, a um tema central da pesquisa específica dos Programas de Pós-Graduação *stricto sensu* com Áreas de Concentração ou linhas de pesquisa em direitos fundamentais, razão pela qual o que se pretendia era propiciar amplo diálogo e aproximação entre pesquisadores (docentes e discentes) brasileiros e estrangeiros, ademais de uma revisão da literatura técnica sobre o objeto das diversas conferências e comunicações científicas, assim como o amplo compartilhamento de informações técnicas no âmbito legislativo e jurisprudencial, de metodologias de pesquisa e de interesses investigativos convergentes.

Por outro lado, tanto a Jornada nas suas diversas etapas quanto a própria publicação da presente coletânea apenas se tornaram viáveis em virtude do fundamental apoio da CAPES – Coordenação de Aperfeiçoamento de Pessoal de Nível Superior, da Itaipu Binacional, da OAB-PR e da Editora Livraria do Advogado. Que os textos ora levados ao público possam fazer por merecer todo o suporte obtido e estimular novas jornadas.

Porto Alegre, Curitiba e Chapecó, janeiro de 2015.

Ingo Wolfgang Sarlet
PUC-RS

Eduardo Biacchi Gomes
Unibrasil

Carlos Luiz Strapazzon
Unoesc e Universidade Positivo

Parte I

DIREITOS HUMANOS E CONTROLE DE CONVENCIONALIDADE NA AMÉRICA DO SUL

— 1 —

El diálogo interjurisdiccional y control de convencionalidad entre tribunales nacionales y Corte Interamericana de Derechos Humanos en Chile[1]

HUMBERTO NOGUEIRA ALCALÁ[2]

SUMARIO: 1. Consideraciones iniciales básicas; 1.1. La caracterización de los tratados de derechos humanos; 1.2. Las obligaciones generales que generan los tratados de derechos humanos para los estados partes: la CADH; 1.2.1. El deber del Estado Parte respetar y garantizar los derechos asegurados convencionalmente; 2. Para los efectos de esta Convención, persona es todo ser humano; 2.1. El deber del Estado de adecuar su ordenamiento jurídico y conducta a las obligaciones convencionales.; 2.2. El control de convencionalidad en sede internacional; 2.3. El control de convencionalidad que deben ejercer los jueces nacionales en cuanto Estado juez; 3. El diálogo ascendente de los tribunales nacionales con la Corte Interamericana de Derechos Humanos; A) La interpretación extensiva; B) La interpretación innovadora; C) La interpretación correctiva o receptiva; D) La interpretación receptiva; E) La interpretación neutralizadora; F) La interpretación francamente discordante del tribunal nacional de la normativa convencional y la interpretación de aquella realizada por la CIDH; 4. El fin del diálogo interjurisdiccional entre tribunales nacionales y Corte Interamericana; 5. Diferencias entre control de convencionalidad y control de constitucionalidad; 6. Los efectos del control de convencionalidad aplicado por el juez nacional; 7. El aseguramiento de una interpretación conforme con la Convención por el juez convencional interno que ejerce jurisdicción constitucional.

1. Consideraciones iniciales básicas

El sistema interamericano de protección de Derechos Humanos constituye un sistema internacional acordado por los Estados del sistema interamericano con el objeto de establecer estándares mínimos comunes en materia de respeto, garantía y adecuación de los ordenamientos jurídicos nacionales fijados convencionalmente en la Convención Americana sobre Derechos Humanos. Los estados partes asimismo han acordado el establecimiento de un sistema de

---

[1] Artículo parte del Proyecto de Investigación Fondecyt proyecto de investigación Fondecyt Regular Nº 1110016 – 2011-2013 sobre "Análisis de las sentencias del Tribunal Constitucional sobre utilización del derecho constitucional extranjero y del derecho internacional de los derechos humanos y sus implicancias para el parámetro de control de constitucionalidad" del cual el autor es investigador principal.

[2] Doctor en Derecho Constitucional por la Universidad Católica de Lovaina la Nueva, Bélgica. Director del Centro de Estudios Constitucionales de Chile y del Doctorado en Derecho de la Universidad de Talca, Chile. Vicepresidente del Instituto Iberoamericano de Derecho Constitucional. Miembro del Consejo Directivo de la Academia Judicial de Chile.

control del cumplimiento de dichos estándares por medio de dos organismos, la Comisión interamericana de Derechos Humanos y la Corte Interamericana de Derechos Humanos, esta última constituye una jurisdicción vinculante para los estados partes, cuyas sentencias constituyen obligaciones de resultado, las cuales no son objeto de recurso alguno. Dicha jurisdicción mantiene la super-vigilancia del cumplimiento de los fallos hasta que el respectivo Estado Parte cumple con todas las medidas de reparación determinadas por la Corte. Este es el objeto y fin del sistema interamericano de derechos humanos.

1.1. La caracterización de los tratados de derechos humanos

La Corte Interamericana de Derechos Humanos, en adelante CIDH, precisa las características que identifican a los tratados de derechos humanos y las diferencias de los tratados que se concretan tradicionalmente en mutuo beneficio de los intereses de las partes contratantes:

(...) los tratados modernos sobre derechos humanos, en general, y, en particular, la Convención Americana, no son tratados multilaterales del tipo tradicional, concluidos en función de un intercambio recíproco de derechos, para el beneficio mutuo de los Estados contratantes. Su objeto y fin son la protección de los derechos fundamentales de los seres humanos, independientemente de su nacionalidad, tanto frente a su propio Estado como frente a los otros Estados contratantes. Al aprobar estos tratados sobre derechos humanos, los Estados se someten a un orden legal dentro del cual ellos, por el bien común, asumen varias obligaciones, no en relación con otros Estados, sino hacia los individuos bajo su jurisdicción.[3]

Sobre la materia ya se había manifestado la CIDH en sus primeras opiniones consultivas, determinando las especificidades que vienen dadas de las convenciones o tratados de derechos humanos, por el carácter de instrumentos de protección de derechos a favor de los individuos[4] en las de donde se desprende que los Estados tienen la obligación de respetar los tratados internacionales de derechos humanos y proteger a cualquier individuo que se encuentre bajo su jurisdicción.

1.2. Las obligaciones generales que generan los tratados de derechos humanos para los estados partes: la CADH

1.2.1. El deber del Estado Parte respetar y garantizar los derechos asegurados convencionalmente

El artículo 1º de la CADH determina para los estados parte la obligación jurídica de respetar y garantizar los derechos asegurados por ella:

1. Los Estados Partes en esta Convención se comprometen a respetar los derechos y libertades reconocidos en ella y a garantizar su libre y pleno ejercicio a toda persona que esté sujeta a su

---

[3] Opinión Consultiva OC-2/82 de 24 de septiembre de 1982, denominada *El Efecto de las Reservas Sobre la Entrada en Vigencia de la Convención Americana* (artículos 74 y 75). En el mismo sentido, se expresa la Corte Interamericana en el caso del *Tribunal Constitucional Vs. Perú*, sentencia de 24 septiembre de 1999. *(Competencia)*. Serie C, N. 55, párrafo 42.

[4] Ver, Opinión Consultiva OC-1/82, de 24 de septiembre de 1982, párrafo 24. Opinión Consultiva de la Corte Interamericana de Derechos Humanos de 24 de septiembre de 1982, OC-2/82, párrafo 29.

jurisdicción, sin discriminación alguna por motivos de raza, color, sexo, idioma, religión, opiniones políticas o de cualquier otra índole, origen nacional o social, posición económica, nacimiento o cualquier otra condición social.

2. Para los efectos de esta Convención, persona es todo ser humano

Las obligaciones contenidas en el derecho convencional internacional, con mayor razón aún si se trata de derechos fundamentales, sobre todo si el Estado es parte de la Convención de Viena sobre Derecho de los Tratados, el cual es parte, además, del derecho interno, constituye para los jueces derecho directamente aplicable y con carácter preferente frente a las normas jurídicas legales internas, ya que el propio ordenamiento jurídico hace suyo los artículos 26 y 31.1, por una parte y el 27 de la Convención, por otra; los primeros determinan la obligación de cumplir de buena fe las obligaciones internacionales (Pacta Sunt Servanda y Bonna Fide), el artículo 27, a su vez, establece el deber de no generar obstáculos de derecho interno al cumplimiento de las obligaciones internacionales.

En esta materia, la CIDH ha sido extremadamente clara al respecto:

125. En esta misma línea de ideas, esta Corte ha establecido que "[s]egún el derecho internacional las obligaciones que éste impone deben ser cumplidas de buena fe y no puede invocarse para su incumplimiento el derecho interno".[5] Esta regla ha sido codificada en el artículo 27 de la Convención de Viena sobre el Derecho de los Tratados de 1969.[6]

Asimismo la CIDH en el caso

La última tentación de Cristo ha precisado que: "En el derecho de gentes, una norma consuetudinaria prescribe que un Estado que ha ratificado un tratado de derechos humanos debe introducir en su derecho interno las modificaciones necesarias para asegurar el fiel cumplimiento de las obligaciones asumidas. Esta norma es universalmente aceptada, con respaldo jurisprudencial".[7] [8]

A su vez, la CIDH, desde el primer caso conocido jurisdiccionalmente, en la sentencia en el caso Velásquez Rodríguez, en forma uniforme y reiterada ha determinado que:

La segunda obligación de los Estados partes es la de 'garantizar' el libre y pleno ejercicio de los derechos reconocidos en la Convención a toda persona sujeta a su jurisdicción. Esta obligación implica el deber de los Estados Partes de organizar todo el aparato gubernamental y, en general, todas las estructuras a través de las cuales se manifiesta el ejercicio del poder público, de manera tal que sean capaces de asegurar jurídicamente el libre y pleno ejercicio de los derechos humanos. Como consecuencia de esta obligación los Estados deben prevenir, investigar y sancionar toda violación de los derechos reconocidos por la Convención y procurar, además, el restableci-

---

[5] *Cfr. Responsabilidad Internacional por Expedición y Aplicación de Leyes Violatorias de la Convención (Arts. 1 y 2 Convención Americana Sobre Derechos Humanos)*, Opinión Consultiva OC-14/94 del 9 de diciembre de 1994, Serie A, N. 14, párr. 35.

[6] Corte IDH. Caso Almonacid Arellano y otros Vs. Chile. Excepciones Preliminares, Fondo, Reparaciones y Costas. Sentencia de 26 de septiembre de 2006. Serie C, N. 154, párrafo 125.

[7] *cfr. "principe allant de soi"; Echange des populations grecques et turques, avis consultatif,* 1925, C.P.J.I., série B,, N. 10, p. 20; y *Caso Durand y Ugarte, supra* nota 20, párr. 136.

[8] Corte IDH. Caso "La Última Tentación de Cristo" (Olmedo Bustos y otros) Vs. Chile. Fondo, Reparaciones y Costas. Sentencia de 5 de febrero de 2001. Serie C, N. 73, párrafo 87.

miento, si es posible, del derecho conculcado y, en su caso, la reparación de los daños producidos por la violación de los derechos humanos.[9]

Finalmente, la CIDH ha precisado que la obligación de garantizar los derechos asegurados en la Convención: "(…) no se agota con la existencia de un orden normativo dirigido a hacer posible el cumplimiento de esta obligación, sino que comporta la necesidad de una conducta gubernamental que asegure la existencia, en la realidad, de una eficaz garantía del libre y pleno ejercicio de los derechos humanos".[10]

2.1. El deber del Estado de adecuar su ordenamiento jurídico y conducta a las obligaciones convencionales.

A su vez, el *artículo 2 de la CADH* establece el deber de adoptar disposiciones de derecho interno por los estados partes de ella, en sus expresiones:

Si el ejercicio de los derechos y libertades mencionados en el artículo 1º no estuviere ya garantizado por disposiciones legislativas o de otro carácter, los Estados Partes se comprometen a adoptar, con arreglo a sus procedimientos constitucionales y a las disposiciones de esta Convención, las medidas legislativas o de otro carácter que fueren necesarias para hacer efectivos tales derechos y libertades.

La CADH establece la obligación general de cada Estado Parte de adecuar su derecho interno a las disposiciones de dicha Convención, para garantizar los derechos en ella consagrados. Ello significa que el Estado debe adoptar todas las medidas para que aquello establecido en la Convención sea efectivamente cumplido en su ordenamiento jurídico interno, tal como lo determina el artículo 2 de la Convención. Dicho deber general del Estado Parte implica que las medidas de derecho interno han de ser efectivas (principio del *effet utile)*. Dichas medidas sólo son efectivas cuando el Estado adapta su actuación a la normativa de protección de la Convención, como ha precisado la CIDH en su jurisprudencia.[11]

Podemos señalar concordando con Cecilia Medina que el artículo 1º de la CADH establece obligaciones de exigibilidad inmediata que el Estado tiene frente a todas las personas sometidas a su jurisdicción, sin discriminación.[12]

Por otra parte, es necesario referirse a la obligación general de los Estados Partes contenida en el artículo 2º de la CADH, a través de la cual *"se comprometen a adoptar, con arreglo a sus procedimientos constitucionales y a las disposiciones de esta Convención, las medidas legislativas o de otro carácter que fueren necesarias para hacer efectivos tales derechos y libertades".*

---

[9] Corte IDH. *Caso Velásquez Rodríguez Vs. Honduras.* Fondo. Sentencia de 29 de julio de 1988. Serie C Nº 4, párrafo 166. La Corte se había pronunciado previamente respecto de excepciones preliminares en Sentencia de 26 de junio de 1987, Serie C Nº 1.

[10] Corte IDH. *Caso de la Masacre de Pueblo Bello Vs. Colombia.* Fondo, Reparaciones y Costas. Sentencia de 31 de enero de 2006. Serie C Nº 140, párrafo 142.

[11] Corte IDH. Caso "La Última Tentación de Cristo" (Olmedo Bustos y otros) Vs. Chile. Fondo, Reparaciones y Costas. Sentencia de 5 de febrero de 2001. Serie C, N. 73, párrafo 87.

[12] Medina Quiroga, Cecilia. (2008), Las obligaciones de los Estados bajo a Convención Americana sobre Derechos Humanos, en III Curso especializado para funcionarios de Estado sobre utilización del Sistema Interamericano de Protección de Derechos Humanos. Materiales bibliográficos Nº 1, San José, p. 246.

La adopción de medidas legislativas que la CADH establece como deber del Estado cuando no se encuentran debidamente asegurados y garantizados los derechos convencionales, implica el deber estatal de adoptar medidas que adecuen el derecho interno, desde el texto constitucional hasta la última disposición administrativa, de manera que el ordenamiento jurídico del Estado Parte asegure y garantice los atributos que integran los respectivos derechos convencionales y sus garantías, en los estándares mínimos determinados por la CADH. Sobre dichos estándares el Estado tiene siempre la libertad de asegurar mayores atributos y garantías de los derechos que los establecidos convencionalmente. Asimismo, en la materia rige como reglas interpretativas básicas contenida en la misma Convención, en su artículo 29, los postulados o principios de *"progresividad"* y *"favor persona"*,[13] este último derivado del art. 29, literal b) de la CADH, lo que posibilita aplicar los estándares de otros tratados en que el Estado forme parte que establecen estándares superiores de atributos y garantías de los derechos que los contenidos en la CADH.

Al ratificar la CADH como también otros tratados sobre derechos humanos, el Estado, en el ejercicio de su potestad pública (soberanía) ha consentido en limitar su propio poder en beneficio de un bien superior al mismo, que es el respeto de la dignidad inherente a toda persona humana que se expresa en el reconocimiento de derechos humanos o fundamentales, los cuales se constituyen como un límite al ejercicio del poder estatal. En tal sentido, ello implica reconocer que el poder del Estado, la soberanía estatal, se encuentra limitada en su ejercicio por el respeto y garantía efectiva de tales derechos, reconociendo los estados partes de la CADH, jurisdicción a la CIDH para que ésta determine con carácter vinculante y con la obligación del Estado Parte de acatar la sentencia y concretarla como obligación de resultado, aunque ello implique la reforma misma de la Constitución, como ocurrió en el caso "La última tentación de Cristo", donde la sentencia de la CIDH ordenó que el Estado de Chile debía modificar el artículo 19 N° 12, inciso final, de la Constitución, por ser contrario al artículo 13 de la Convención que asegura el derecho a la libertad de expresión e información sin censura previa.

El Estado Parte de la CADH debe eliminar de su ordenamiento jurídico y está impedido de crear o generar leyes que vulneren los derechos asegurados convencionalmente,[14] como ocurrió en el caso "Almonacid Arellano vs. Chile con el DL 2191 de 1978 de Amnistía; o en el caso "La Cantuta vs. Perú"[15] con

---

[13] El principio pro homine o favor persona la CIDH lo ha aplicado reiteradamente, a manera ejemplar se pueden citar en las Opiniones Consultivas 1/82, párrafo 24; OC-5/85, *La Colegiación Obligatoria de Periodistas (Arts. 13 y 29 Convención Americana sobre Derechos Humanos)*, párrafo. 52; la Opinión Consultiva OC-7/86, de 29 agosto de 1986, especialmente Opinión separada Magistrado Rodolfo Piza Escalante; la Opinión Consultiva OC 18/03. (Condición jurídica y derechos de los migrantes indocumentados), párrafo 156; como en los casos contenciosos, entre los cuales puede citarse el *Caso Ricardo Canese*, párrafos. 180 y 181; el *Caso de la "Masacre de Mapiripán"*, párrafo 106; el caso "Ivcher Bronstein con Perú", párrafos 42 y 54.

[14] *Responsabilidad Internacional por Expedición y Aplicación de Leyes Violatorias de la Convención (Arts. 1 y 2 Convención Americana Sobre Derechos Humanos)*, Opinión Consultiva OC-14/94 del 9 de diciembre de 1994, Serie A, N. 14.

[15] Corte IDH. *Caso La Cantuta Vs. Perú*. Fondo, Reparaciones y Costas. Sentencia de 29 de noviembre de 2006. Serie C, N. 162

leyes de amnistía,[16] o mas recientemente, en el caso "Gelman vs. Uruguay"[17] sobre la Ley de Caducidad de la Pretensión Punitiva del Estado, determinando que estos preceptos legales carecen de efectos jurídicos, vale decir, sin inaplicables.

Los estados partes de la CADH deben abstenerse de emitir resoluciones judiciales que constituyan actos arbitrarios e írritos que vulneren derechos humanos, los cuales se declaran sin valor y eficacia jurídica, como ha ocurrido en el caso "Palamara Iribarne vs. Chile",[18] como asimismo, en el caso *Almonacid Arellano vs. Chile*",[19] o el reciente *caso "Atala y niñas vs. Chile"* para sólo señalar tres casos chilenos.

A su vez , la expresión *"medidas (…) de otro carácter"* que determina la Convención en su artículo 2°, implica que los órganos jurisdiccionales ordinarios o especiales que contempla el ordenamiento estatal, en cuanto órganos del Estado, se encuentran vinculados directa e inmediatamente por los derechos asegurados convencionalmente, mas aún cuando el ordenamiento jurídico estatal al ratificar la Convención, la convierte en derecho interno sin que deje de ser simultáneamente derecho internacional. Así, la norma convencional en esta doble dimensión, de norma interna e internacional, vincula a los jueces ordinarios, constitucionales y otros especiales, a respetar y a garantizar los atributos y garantías de los derechos asegurados por dicha normativa en el estándar mínimo asegurado convencionalmente.

Como ha precisado la CIDH, en el caso "Almonacid Arellano vs. Chile":

> 123. La descrita obligación legislativa del artículo 2 de la Convención tiene también la finalidad de facilitar la función del Poder Judicial de tal forma que el aplicador de la ley tenga una opción clara de cómo resolver un caso particular. Sin embargo, cuando el Legislativo falla en su tarea de suprimir y/o no adoptar leyes contrarias a la Convención Americana, el Judicial permanece vinculado al deber de garantía establecido en el artículo 1.1 de la misma y, consecuentemente, debe abstenerse de aplicar cualquier normativa contraria a ella. El cumplimiento por parte de agentes o funcionarios del Estado de una ley violatoria de la Convención produce responsabilidad internacional del Estado, y es un principio básico del derecho de la responsabilidad internacional del Estado, recogido en el Derecho Internacional de los Derechos Humanos, en el sentido de que todo Estado es internacionalmente responsable por actos u omisiones de cualesquiera de sus poderes u órganos en violación de los derechos internacionalmente consagrados, según el artículo 1.1 de la Convención Americana.[20]

En tal perspectiva, no debe olvidarse que cuando llega un caso al sistema interamericano de protección de derechos fundamentales y el Estado es condenado, es porque ha fallado una instancia jurisdiccional del sistema nacional,

---

[16] Como se explicita en el caso, "En consecuencia dichas 'leyes' no han podido generar efectos, no los tienen en el presente ni podrán generarlos en el futuro".

[17] Corte IDH. *Caso Gelman Vs. Uruguay*. Fondo y Reparaciones. Sentencia de 24 de febrero de 2011 Serie C, N. 221, párrafo 223.

[18] Corte IDH. *Caso Palamara Iribarne Vs. Chile*. Fondo, Reparaciones y Costas. Sentencia de 22 de noviembre de 2005. Serie C, N. 135

[19] Corte IDH. *Caso Almonacid Arellano y otros Vs. Chile*. Excepciones Preliminares, Fondo, Reparaciones y Costas. Sentencia de 26 de septiembre de 2006. Serie C, N. 154.

[20] Corte IDH. *Caso Almonacid Arellano y otros Vs. Chile*. Excepciones Preliminares, Fondo, Reparaciones y Costas. Sentencia de 26 de septiembre de 2006. Serie C, N. 154, párrafo 123.

ya que para acceder al sistema interamericano deben haberse agotado previamente las instancias jurisdiccionales internas, así ocurrió con los casos chilenos "La última tentación de Cristo",[21] "caso Palamara",[22] caso "Claude Reyes vs. Chile"[23] y caso "Almonacid y otros vs. Chile".[24]

Es conveniente dejar establecido que la CIDH ha establecido que no existe jerarquía entre los derechos específicos protegidos en la CADH, lo que no permite afirmar la existencia de un núcleo de derechos más importante que otros de aquellos asegurados convencionalmente, "no hay jerarquía de derechos en la Convención",[25] sino solo hay algunos que son mas protegidos que otros durante los estados de excepción constitucional.

En definitiva, cuando un Estado ha manifestado su consentimiento en aceptar la competencia de órganos internacionales de protección de derechos humanos admite que la determinación de la infracción del Pacto o Convención Internacional determinado por dichos órganos jurisdiccionales o cuasi jurisdiccionales, según sea el caso, genera la responsabilidad internacional del Estado, con todas sus consecuencias jurídicas y políticas. En el caso de la CADH, debemos tener presente que su artículo 68,1, precisa que "los Estados partes han asumido el compromiso de cumplir las decisiones de la Corte, en todo caso en que sean partes; de allí que las sentencias de la Corte Interamericana son de obligatorio cumplimiento".

El control de convencionalidad constituye como señala Albanese una *"garantía destinada a obtener la aplicación armónica del derecho vigente"*,[26] con sus fuentes internas, internacionales o supranacionales.

2.2. El control de convencionalidad en sede internacional

El control de convencionalidad en el plano externo al Estado, en el ámbito del derecho internacional, constituye la competencia asignada a un tribunal internacional o supranacional para que éste determine cuando los estados partes, a través de sus normas u actos vulneran el derecho convencional y generan a través de ellos responsabilidad internacional. En el caso del sistema interamericano de protección de derechos humanos ese Tribunal es la CIDH, a la

---

[21] Corte IDH. *Caso "La Última Tentación de Cristo" (Olmedo Bustos y otros) Vs. Chile.* Fondo, Reparaciones y Costas. Sentencia de 5 de febrero de 2001. Serie C, N. 73. El caso llega a la CIDH después de una sentencia de la Corte Suprema de Justicia.

[22] Corte IDH. *Caso Palamara Iribarne Vs. Chile.* Fondo, Reparaciones y Costas. Sentencia de 22 de noviembre de 2005. Serie C, N. 135. El caso llega a la CIDH después de una sentencia de la Corte de Apelaciones de Punta Arenas y Juzgado Naval de Magallanes.

[23] Corte IDH. *Caso Claude Reyes y otros Vs. Chile.* Fondo, Reparaciones y Costas. Sentencia de 19 de septiembre de 2006. Serie C, N. 151. La CIDH conoce de la materia después de pronunciamientos de sentencias en Recurso de Protección de la Corte de Apelaciones de Santiago y de sentencia en recurso de Queja de la Corte Suprema de Justicia.

[24] Corte IDH. *Caso Almonacid Arellano y otros Vs. Chile.* Excepciones Preliminares, Fondo, Reparaciones y Costas. Sentencia de 26 de septiembre de 2006. Serie C, N. 154. La CIDH se pronuncia después de sentencias de la Corte Marcial y de la Corte Suprema de Justicia.

[25] Corte IDH, "caso Villagrán Morales y otros (caso "niños de la calle") vs. Guatemala", Sentencia de 26 de mayo de 2001.

[26] Albanese, Susana.(Coord.) (2008). *El control de convencionalidad*, Buenos Aires, Ed Ediar, p. 15.

que se le ha dotado de jurisdicción vinculante cuyas decisiones irrecurribles constituyen obligaciones de resultado para los estados partes, como asimismo, para cada uno de los órganos y agentes estatales que lo integran, entre ellos sus jueces.

La CIDH ejerce control de convencionalidad cada vez que determina que un Estado del sistema interamericano, a través de uno de sus órganos (cualquiera de ellos) o un agente de un órgano estatal, por acción u omisión, por aplicación de normas jurídicas internas o por conductas contrarias a los derechos asegurados en la Convención, no cumple con las obligaciones de respeto y garantía de los derechos que son de carácter directo e inmediato, o no utiliza las competencias de las que está dotado para adecuar el ordenamiento jurídico a las obligaciones generales contenidas en los artículos 1.1 y 2 de la Convención, en relación con un atributos de uno o mas derechos específicos asegurados por la CADH. Puede sostenerse, por tanto, que desde su primera sentencia, la CIDH ha ejercido control de convencionalidad.[27]

No debemos olvidar que el control jurisdiccional desarrollado por la CIDH es un control subsidiario, que se emplea cuando todos los controles jurisdiccionales nacionales han fallado y no queda otra alternativa a la persona que se han vulnerado sus derechos que ocurrir al amparo interamericano, para obtener la protección del derecho conculcado.

El control de convencionalidad en sede internacional de la CIDH, implica que las infracciones a los atributos y garantías de los derechos fundamentales cometidas por los jueces ordinarios, constitucionales o especiales (Estado Juez) tienen hoy consecuencias internacionales que hace sólo unas décadas atrás no tenían, gracias a la existencia de los mecanismos de protección internacional de derechos, entre ellos, en el ámbito regional americano, la CISH y la existencia del amparo interamericano de derechos, lo cual demuestra que, en la actualidad, los custodios jurisdiccionales nacionales están custodiados por custodios jurisdiccionales internacionales y supranacionales.

Este mecanismo se ha reforzado por *la puesta en cuestión de la autoridad de cosa juzgada* especialmente en materia penal por la jurisdicción interna, debiendo rexaminarse las decisiones jurisdiccionales internas consideradas contrarias a la Convención Americana sobre derechos humanos, como ha sido precisado en Barrios Altos vs.Perú y Almonacid Arellanos vs. Chile.

La CIDH en base al corpus iuris interamericano va construyendo el *patrimonio jurídico común mínimo de los Estados Americanos*. Las concepciones comunes se van desarrollando y consolidando, contribuyendo a ello la jurisprudencia de las jurisdicciones de los estados signatarios.

Es a partir del examen de la evolución de las jurisprudencias nacionales que la CIDH desarrolla la interpretación evolutiva de la CADH. Ella lo hace teniendo en cuenta los cambios sociales percibidos por los jueces internos en la

---

[27] Sobre el desarrollo del concepto de control de convencionalidad en la jurisprudencia de la Corte Interamericana ver: Hitters, Juan Carlos. (2009). "Control de constitucionalidad y control de convencionalidad. Comparación"; en Revista Estudios Constitucionales año 7, Nº 2. Centro de Estudios Constitucionales de Chile, Campus Santiago, Universidad de Talca. p. 109 – 128.

estructura y concepción de la familia, el matrimonio, el transexualismo, sobre la vida humana, (su inicio y su término), para solo señalar algunos de ellos.

La efectividad de las decisiones de la CIDH reposa entre otros aspectos, en la voluntad cooperadora de los jueces nacionales. Aún cuando la decisión no sea en un caso concreto de un Estado Parte, la jurisprudencia de la CIDH constituye para los jueces de todos los estados parte una fuente de inspiración, como asimismo constituye un argumento de autoridad en que apoyar las decisiones jurisdiccionales nacionales.

2.3. El control de convencionalidad que deben ejercer los jueces nacionales en cuanto Estado juez

Lo mas novedoso del concepto de control de convencionalidad explicitado por la CIDH es que dicho control también corresponde ejercerlo a los jueces y tribunales nacionales, los cuales de acuerdo al artículo 2º de la CADH deben adoptar a través *"de las medidas (...) de otro carácter"* que son, entre otras, las resoluciones jurisdiccionales, a través de las cuales debe cumplirse con el objeto de respetar y garantizar los derechos e impedir que el Estado incurra en responsabilidad internacional por violación de derechos humanos en virtud de sus propios actos jurisdiccionales.

El juez nacional es el juez natural de la CADH. Es él el cual, en primer lugar, hace la aplicación y arriesga la interpretación. Es en reacción, positiva o negativa, a sus tomas de posición preliminares que la CIDH construye el derecho interamericano. Se concreta así entre las jurisdicciones de los estados y la CIDH un dialogo y cooperación leal, donde la base de las discusiones ulteriores está constituida por las decisiones de los jueces nacionales.

El juez nacional en tanto que intérprete y aplicador de corpus iuris interamericano, es llevado a conocer un contencioso antes que este llegue a manos de la Corte Interamericana, por tanto, respondiendo a los medios invocados por las partes deberá considerar en lo pertinente la CADH y el corpus iuris interamericano, debiendo realizar una interpretación del mismo, considerando la jurisprudencia de la CIDH si existe sobre la materia. El no hacerlo qenera el riesgo de la condenación del Estado parte por violación de derechos humanos, siendo el acto responsable de tal vulneración el de un tribunal nacional.

El juez nacional debe aplicar el corpus iuris interamericano y la jurisprudencia de la CIDH, sino también los métodos de interpretación desarrollados por la CIDH; la interpretación evolutiva, la interpretación dinámica, el principio favor persona; el principio de progresividad; el principio de ponderación; todo lo que constituye una fuente de ampliación de su poder creador de derecho.

El juez nacional puede proponer interpretaciones de la CADH y el corpus iuris interamericano que enriquezcan la visión del mismo, ya que dichas cuestiones no han sido abordadas antes por la CIDH no existiendo pronunciamientos acerca de ellas. En tal sentido el juez nacional puede desarrollar una interpretación innovadora. El puede iniciar un diálogo en dirección del juez interamericano, el que luego puede ser retomado por este último, como ya señalaba F Sudre.[28]

El juez nacional debe proceder a esta innovación, estudiando la jurisprudencia interamericana para pronosticar cual será la solución desarrollada por el juez interamericano en contenciosos inéditos. Si el juez nacional actúa de otra manera arriesga la condenación posterior de parte del la CIDH.

El juez nacional puede también proceder a una interpretación extensiva que puede llevarlo mas allá de la interpretación desarrollada por la CIDH. El juez nacional puede asumir una interpretación de la Convención que favorece una ampliación del campo de aplicación del derecho garantizado y, en consecuencia, sometiendo al respeto de este derecho situaciones que no han sido analizadas ni resueltas por la jurisprudencia de la CIDH.

Ello se inserta en el principio de subsidiariedad el dejar a las instancias nacionales la libertad de garantizar una protección de los derechos superior al estándar conferido por la CIDH. Nada impide al juez nacional ir más allá de las soluciones de San José, desarrollando una tarea más dinámica que la de la CIDH, lo que podría influir en la modificación de la jurisprudencia interamericana.

Esta tares del juez nacional de anticipación utilizando el corpus iuris interamericano, sirve doblemente al justiciable. Por una parte le evita un recurso largo y fastidioso ante la jurisdicción interamericana, iniciándolo ante la Comisión Interamericana de Derechos Humanos. Por otra parte, permite el enriquecimiento mutuo de la jurisprudencia interamericana y nacional por una mayor efectividad de los derechos convencionales.

Hay así un intercambio bilateral o multilateral mediante el entrelazamiento de propósitos en un mismo logos o coloquio, que reposa sobre un reforzamiento de cada uno a su convicción de construir soluciones mediante un esfuerzo común.

Las soluciones innovadoras de la judicatura nacional podrán influir a la CIDH, para lo que deberá esperarse que el juez interamericano conozca un caso similar, por lo que el diálogo mientras ello no ocurra será solo potencial, o si la CIDH retoma la jurisprudencia nacional en un caso futuro el diálogo será entonces efectivo.

Los jueces nacionales no deben tener una actitud pasiva o una actitud de autonomía frente a la CIDH, sino una actitud de cooperación y de coordinación voluntaria donde el juez nacional no solamente buscará comprender el espíritu de las soluciones jurisprudenciales emitidas por la CIDH, sino que asume un rol activo de interpretación y aplicación de la Convención en derecho interno.

El concepto de control de convencionalidad fue establecido formalmente por la CIDH, por primera vez, en forma unánime, en la sentencia "Almonacid *Arellano y otros vs. Chile*", el 26 de septiembre de 2006, señalando que:

---

[28] Sudre, F. (2004) "A propos du 'dialogue des juges' et du control de conventionalité", en *Études en l'Honneur de Jean Claude Gautrón*. Les dynamiques du doit européen en déwbut du siècle. Ed. A. Pedone, Paris, p. 218.

124. La Corte es consciente que los jueces y tribunales internos están sujetos al imperio de la ley y, por ello, están obligados a aplicar las disposiciones vigentes en el ordenamiento jurídico. Pero cuando un Estado ha ratificado un tratado internacional como la Convención Americana, sus jueces, como parte del aparato del Estado, también están sometidos a ella, lo que les obliga a velar porque los efectos de las disposiciones de la Convención no se vean mermadas por la aplicación de leyes contrarias a su objeto y fin, y que desde un inicio carecen de efectos jurídicos. En otras palabras, el Poder Judicial debe ejercer una especie de "control de convencionalidad" entre las normas jurídicas internas que aplican en los casos concretos y la Convención Americana sobre Derechos Humanos. En esta tarea, el Poder Judicial debe tener en cuenta no solamente el tratado, sino también la interpretación que del mismo ha hecho la Corte Interamericana, intérprete última de la Convención Americana. (Subrayado añadido).[29]

La obligación por parte de los jueces nacionales de concretar el control de convencionalidad fue reiterada en forma uniforme en diversos fallos de la CIDH, sin mayores variantes,[30] hasta llegar al caso "Trabajadores Cesados del Congreso vs. Perú", donde la CIDH precisó en mejor forma el control de convencionalidad, señalando que:

128. Cuando un Estado ha ratificado un tratado internacional como la Convención Americana, sus jueces también están sometidos a ella, lo que les obliga a velar porque el efecto útil de la Convención no se vea mermado o anulado por la aplicación de leyes contrarias a sus disposiciones, objeto y fin. En otras palabras, los órganos del Poder Judicial deben ejercer no sólo un control de constitucionalidad, sino también "de convencionalidad" ex officio entre las normas internas y la Convención Americana, evidentemente en el marco de sus respectivas competencias y de las regulaciones procesales correspondientes. (Subrayado añadido).[31]

A su vez, en el *Caso Heliodoro Portugal vs. Panamá* de 2008, la CIDH precisó:

180. La Corte ha interpretado que tal adecuación implica la adopción de medidas en dos vertientes, a saber: i) la supresión de las normas y prácticas de cualquier naturaleza que entrañen violación a las garantías previstas en la Convención o que desconozcan los derechos allí reconocidos u obstaculicen su ejercicio, y ii) la expedición de normas y el desarrollo de prácticas conducentes a la efectiva observancia de dichas garantías.[32] Precisamente, respecto a la adopción de dichas medidas, es importante destacar que la defensa u observancia de los derechos humanos a la luz de los compromisos internacionales en cuanto a la labor de los operadores de justicia, debe realizarse a través de lo que se denomina "control de convencionalidad", según el cual cada juzgador debe velar por el efecto útil de los instrumentos internacionales, de manera que no quede mermado o anulado por la aplicación de normas o prácticas internas contrarias al objeto y fin del instrumento internacional o del estándar internacional de protección de los derechos humanos.[33] [34]

---

[29] Corte IDH. *Caso Almonacid Arellano y otros Vs. Chile.* Excepciones Preliminares, Fondo, Reparaciones y Costas. Sentencia de 26 de septiembre de 2006. Serie C, N. 154, párrafo 124.

[30] Los casos *"La Cantuta vs. Perú"*, sentencia del 29 de noviembre de 2006, considerando 173; en el caso "Trabajadores Cesados del Congreso (Aguado Alfaro y otros) vs. Perú", Serie C, N. 162, del 24 de noviembre de 2006, párrafo 128.

[31] Corte IDH. *Caso Trabajadores Cesados del Congreso (Aguado Alfaro y otros) Vs. Perú.* Excepciones Preliminares, Fondo, Reparaciones y Costas. Sentencia de 24 de Noviembre de 2006. Serie C, N. 158., párrafo 128.

[32] *Cfr. Caso Castillo Petruzzi y otros, supra* nota 17, párr. 207; *Caso Almonacid Arellano y otros, supra* nota 10, párr. 118, y *Caso Salvador Chiriboga, supra* nota 6, párr. 122.

[33] *Cfr. Caso Almonacid Arellano y otros, supra* nota 10, párr. 124, y *Caso Boyce y otros, supra* nota 20, párr. 113.

[34] Corte IDH. *Caso Heliodoro Portugal vs. Panamá.* Excepciones Preliminares, Fondo, Reparaciones y Costas. Sentencia de 12 de agosto de 2008, serie C Nº 186, párrafo 180.

En el *caso Cabrera García y Montiel Flores vs. México*, de 26 de noviembre de 2010,[35] la CIDH, introduce nuevas precisiones al control de convencionalidad que deben desarrollar las jurisdicciones nacionales:

225. Este Tribunal ha establecido en su jurisprudencia que es consciente que las autoridades internas están sujetas al imperio de la ley y, por ello, están obligadas a aplicar las disposiciones vigentes en el ordenamiento jurídico. Pero cuando un Estado es Parte de un tratado internacional como la Convención Americana, todos sus órganos, incluidos sus jueces, también están sometidos a aquél, lo cual les obliga a velar por que los efectos de las disposiciones de la Convención no se vean mermados por la aplicación de normas contrarias a su objeto y fin. Los jueces y órganos vinculados a la administración de justicia en todos los niveles están en la obligación de ejercer ex officio un 'control de convencionalidad' entre las normas internas y la Convención Americana, evidentemente en el marco de sus respectivas competencias y de las regulaciones procesales correspondientes. En esta tarea, los jueces y órganos judiciales vinculados a la administración de justicia deben tener en cuenta no solamente el tratado, sino también la interpretación que del mismo ha hecho la Corte Interamericana, intérprete última de la Convención Americana. (resaltado añadido).

En 2011, en la sentencia del caso Gelman vs. Uruguay, la Corte Interamericana reitera una vez más su jurisprudencia, señalando:

193. Cuando un Estado es Parte de un tratado internacional como la Convención Americana, todos sus órganos, incluidos sus jueces, están sometidos a aquél, lo cual les obliga a velar por que los efectos de las disposiciones de la Convención no se vean mermados por la aplicación de normas contrarias a su objeto y fin, por lo que los jueces y órganos vinculados a la administración de justicia en todos los niveles están en la obligación de ejercer ex officio un "control de convencionalidad" entre las normas internas y la Convención Americana, evidentemente en el marco de sus respectivas competencias y de las regulaciones procesales correspondientes y en esta tarea, deben tener en cuenta no solamente el tratado, sino también la interpretación que del mismo ha hecho la Corte Interamericana, intérprete última de la Convención Americana.[36] [37]

En el *Caso Atala Riffo y niñas vs. Chile*, de 24 de febrero de 2012, reitera elementos básicos de dicho control de convencionalidad y precisará su carácter de intérprete último de la Convención Americana:

282. Los jueces y órganos vinculados a la administración de justicia en todos los niveles están en la obligación de ejercer ex officio un "control de convencionalidad" entre las normas internas y la Convención Americana, en el marco de sus respectivas competencias y de las regulaciones procesales correspondientes. En esta tarea, los jueces y órganos vinculados a la administración de justicia deben tener en cuenta no solamente el tratado, sino también la interpretación que del mismo ha hecho la Corte Interamericana, intérprete última de la Convención Americana.

284. En conclusión, con base en el control de convencionalidad, es necesario que las interpretaciones judiciales y administrativas y las garantías judiciales se apliquen adecuándose a los principios establecidos en la jurisprudencia de este Tribunal en el presente caso.[38]

---

[35] Corte IDH. *Caso Cabrera García y Montiel Flores Vs. México*. Excepción Preliminar, Fondo, Reparaciones y Costas. Sentencia de 26 de noviembre de 2010. Serie C, N. 220

[36] *Cfr. Caso Almonacid Arellano y otros vs. Chile. Excepciones Preliminares, Fondo, Reparaciones y costas.* Sentencia de 26 de septiembre de 2006. Serie C, N. 154, párr. 124; *Caso Gomes Lund y otros (Guerrilha do Araguaia), supra* nota 16, párr. 176, y *Caso Cabrera García y Montiel Flores, supra* nota 16, párr. 225. *Las negrias son nuestras.*

[37] Corte IDH. *Caso Gelman Vs. Uruguay*. Fondo y Reparaciones. Sentencia de 24 de febrero de 2011 Serie C, N. 221, párrafo 193. *Las negritas son nuestras.*

[38] CIDH. *Caso Atala Riffo y Niñas vs. Chile., de 24 de febrero de 2012.* Serie C N. 239, párrafos 282 y 284.

Esta perspectiva se ha reiterado uniformemente hasta el presente en muchos casos por la CIDH,[39] con el objeto de que dicha obligación de concretar el control de convencionalidad sea efectivamente desarrollado por las jurisdicciones nacionales, lo que posibilita, asimismo, descargar a la CIDH de un cúmulo de casos que perfectamente pueden ser asumidos por los jueces nacionales por aplicación de la Convención y de la interpretación de sus enunciados normativos sobre derechos que ya han sido interpretados y aplicados por la CIDH, existiendo claras líneas jurisprudenciales de ésta sobre la materia.

La obligación de aplicar el control de convencionalidad interno por el Estado Legislador, por el Estado administrador y por el Estado juez ya existía previamente al caso "Almonacid Arellano vs. Chile", lo que hace la CIDH en este caso es simplemente *bautizar* la obligación de los jueces nacionales como "*control de convencionalidad*", que no tiene nada de original ya que así se llama también este control que se práctica desde hace varias décadas en Europa respecto de la Convención Europea de Derechos Humanos.

De las sentencias de la CIDH antes precisadas, pueden determinarse las obligaciones de los jueces nacionales en términos de hacer cumplir en el derecho interno el respeto y garantía de los derechos humanos convencionalmente asegurados contra toda norma interna que los contravenga, dándole a tales derechos un efecto útil.

Pueden sintetizarse los elementos que componen el control de convencionalidad de acuerdo al diseño establecido por la Corte Interamericana de Derechos Humanos, en los siguientes contenidos:

1. Todos los órganos del Estado Parte, incluidos los jueces de todos los niveles están obligados a velar porque los efectos de la Convención no se vean mermados por la aplicación de leyes contrarias a su objeto y fin, concretando un control de convencionalidad de las normas jurídicas internas.

2. Este control de convencionalidad deben realizarlo los jueces nacionales y los demás órganos estatales ex officio, otorgándole un efecto útil que no sea anulado por aplicación de leyes contrarias a objeto y fin.

3. En dicho control debe tenerse en consideración no sólo el tratado sino la interpretación que de este ha realizado la Corte Interamericana como su intérprete autentico y final.

4. El control de convencionalidad se ejerce por cada órgano estatal y por los jueces dentro de sus respectivas competencias y las regulaciones procesales vigentes.

---

[39] *Caso Heliodoro Portugal vs. Panamá*. Excepciones Preliminares, Fondo, Reparaciones y Costas. Sentencia de 12 de agosto de 2008, serie C, N. 186, párrafo 180; *Caso Rosendo Radilla Pacheco vs. Estados Unidos Mexicanos*. Excepciones Preliminares, Fondo, Reparaciones y Costas. Sentencia de 23 de noviembre de 2009. Serie C, N. 209, párrafo 339. *Caso Manuel Cepeda Vargas vs. Colombia*. Excepciones Preliminares, Fondo y Reparaciones. Sentencia de 26 de mayo de 2010. Serie C, N. 213, párrafo 208, nota 307; *Caso Comunidad Indígena Xákmok Kásek vs. Paraguay*. Fondo, Reparaciones y Costas. Sentencia de 24 de agosto de 2010. Serie C, N. 214, párrafo. 311; *Caso Fernández Ortega y Otros vs. México*. Excepción Preliminar, Fondo, Reparaciones y Costas. Sentencia de 30 de agosto de 2010. Serie C, N. 215, párrafo 234; *Caso Cabrera García y Montiel Flores vs. México*. Excepciones Preliminares, Fondo, Reparaciones y Costas. Sentencia de 26 de noviembre de 2010; *Caso Gelman Vs. Uruguay*. Fondo y Reparaciones. Sentencia de 24 de febrero de 2011 Serie C, N. 221, párrafo 193. Caso López Mendoza vs. Venezuela. Sentencia de 1 de septiembre de 2011 (fondo, reparaciones y costas), párrafo 226. Caso "Atala Riffo y niñas vs. Chile", Sentencia de 24 de febrero de 2012

DIREITOS HUMANOS E FUNDAMENTAIS NA AMÉRICA DO SUL

5. En base al control de convencionalidad es necesario que las interpretaciones judiciales y administrativas y las garantías judiciales se apliquen adecuándose a los principios establecidos por la Convención Americana de Derechos Humanos.

6. En el control de convencionalidad no se aplica sólo la Convención Americana sobre Derechos Humanos sino el corpus iuris vinculante para el Estado parte, en virtud del artículo 29 de la CADH.

Cuando la CIDH se refiere a los jueces nacionales, no se refiere únicamente a los jueces ordinarios que integran el Poder Judicial, como queda clarificado en la sentencia *del caso Cabrera García y Montiel Flores vs. México*, donde se refiere a *"todos sus órganos"*, refiriéndose al Estado Parte que ha ratificado la Convención Americana, *"incluidos sus jueces"*, deben velar por el efecto útil del Pacto, como asimismo que *"los jueces y órganos vinculados a la administración de justicia en todos los niveles"* están *obligados a ejercer, de oficio, el "control de convencionalidad"*, es claro, entonces que todo órgano que ejerza jurisdicción dentro del Estado, lo que incluye obviamente a los Tribunales Constitucionales, a los órganos que ejerzan jurisdicción electoral, y a todo juez especial que determina el ordenamiento jurídico nacional, además de los jueces ordinarios de todas las instancias, deben ejercer el control de convencionalidad contra normas internas que afecten o vulneren los derechos convencionales. Tales jueces deben asegurar el objeto y fin de la Convención y el respeto y garantía específico de los derechos asegurados convencionalmente. Todos y cada uno de los jueces domésticos debe realizar el control de convencionalidad, integrando en el sistema de toma de decisiones jurisdiccionales los atributos y garantías de los derechos asegurados por la CADH y los convenios complementarios, dando un efecto útil al deber de garantizar tales derechos.

En este velar por el respeto de los estándares mínimos determinados convencionalmente respecto de los atributos y garantías de los derechos, los jueces deben aplicar siempre el *principio de progresividad* y *favor persona*[40] que se encuentran en las normas de interpretación de derechos contenidas en el artículo 29 literal b) de la CADH,[41] como asimismo, en el artículo 5º del PIDCP,[42] entre otros tratados de derechos humanos.

---

[40] Ver entre otros, Pinto Mónica, (1997), "El principio Pro Homine", en AAVV, *La aplicación de los tratados sobre derechos humanos por los tribunales locales,* Buenos Aires, Editorial Del Puerto. Bidart Campos, G., (2001), "Las Fuentes del Derecho Constitucional y el Principio Pro Homine", publicado en Bidart Campos, G. y Gil Domínguez, A., (coords). AAVV, *El Derecho Constitucional del Siglo XXI: Diagnóstico y Perspectivas.* Buenos Aires, Editorial Ediar. Amaya Villareal, Álvaro Francisco. (2005). "El principio pro homine: interpretación extensiva vs. El consentimiento del Estado"· en *Revista Colombiana de Derecho Internacional* Nº 5, junio, Bogotá, Pontifica Universidad Javeriana. pp. 337-380.

[41] Art. 29 Literal b) CADH, prescribe que ninguna disposición de mismo puede ser interpretada en el sentido de "limitar el goce y ejercicio de cualquier derecho o libertad que pueda estar reconocido de acuerdo con las leyes de cualquiera de los estados partes o de acuerdo con otra convención en que sea parte uno de dichos estados".

[42] Art 5º PIDCP: "1. Ninguna disposición del presente Pacto podrá ser interpretada en el sentido de conceder derecho alguno a un Estado, grupo o individuo para emprender actividades o realizar actos encaminados a la destrucción de cualquiera de los derechos y libertades reconocidos en el Pacto o a su limitación en mayor medida que la prevista en él. 2. No podrá admitirse restricción o menoscabo de ninguno de los derechos humanos fundamentales reconocidos o vigentes en un Estado Parte en virtud de leyes, convenciones, reglamentos o costumbres, so pretexto de que el presente Pacto no los reconoce o los reconoce en menor grado".

Por otra parte, a partir de la última década del siglo pasado y los primeros años de la nueva centuria, las Constituciones han empezado a positivar en los textos constitucionales los postulados de interpretación básicos en materia de derechos humanos,[43] como son la *interpretación conforme con el derecho internacional de los derechos humanos*, el *principio de progresividad*, el *principio pro homine* o *favor persona*, entre otras reglas de interpretación de derechos, lo que otorga directrices precisas y seguras de interpretación a los jueces nacionales sobre la materia, aún cuando ellas operan como elementos básicos de toda interpretación de derechos fundamentales aún cuando no se encuentren positivadas en el texto constitucional respectivo, por la necesaria aplicación del artículo 29 de la CADH, que en todos los estados partes integra el derecho interno y es de preferente aplicación frente a las fuentes formales generadas internamente.

El control de convencionalidad deben concretarlo cada uno y todos los jueces cuando lo soliciten las partes, pero si ellas no lo demandan constituye un deber del juez aplicar el *control de convencionalidad "ex officio"*, como se explicita en el caso *Trabajadores Cesados del Congreso (Aguado Alfaro y otros) Vs. Perú*, manteniéndose uniformemente dicha línea jurisprudencial hasta la actualidad.

La CIDH entiende que los jueces nacionales conocen y deben aplicar el derecho convencional, *iura novit cúria*,[44] por ser no solo derecho internacional ratificado y vigente, de aplicación preferente, sino también derecho interno.

---

[43] La *Constitución de Bolivia de 2009, en su artículo 13.IV.* determina que "los tratados y convenios internacionales ratificados por la Asamblea Legislativa Plurinacional, que reconocen los derechos humanos y que prohíben su limitación en los Estados de Excepción prevalecen en el orden interno. Los derechos y deberes consagrados en esta Constitución se interpretarán de conformidad con los Tratados internacionales de derechos humanos ratificados por Bolivia". *La Constitución de Colombia en su artículo 93* determina: "Los tratados y convenios internacionales ratificados por el Congreso, que reconocen los derechos humanos y que prohíben su limitación en los estados de excepción, prevalecen en el orden interno. Los derechos y deberes consagrados en esta Carta, se interpretarán de conformidad con los tratados internacionales sobre derechos humanos ratificados por Colombia". *La Constitución Ecuatoriana de 2008, en su artículo 417* prescribe que "en el caso de los tratados y otros instrumentos internacionales de derechos humanos se aplicarán los principios pro ser humano, no restricción de derechos, de aplicabilidad directa y de cláusula abierta establecidos en la Constitución". *La reforma constitucional de México de 2011 en el artículo 1°, incisos 2° y 3° de la Constitución*, precisa: "Las normas relativas a los derechos humanos se interpretarán de conformidad con esta Constitución y con los tratados internacionales de la materia favoreciendo en todo tiempo a las personas la protección más amplia. Todas las autoridades, en el ámbito de sus competencias, tienen la obligación de promover, respetar, proteger y garantizar los derechos humanos de conformidad con los principios de universalidad, interdependencia, indivisibilidad y progresividad. En consecuencia, el Estado deberá prevenir, investigar, sancionar y reparar las violaciones a los derechos humanos, en los términos que establezca la ley". La Constitución de República Dominicana de 2010, en su artículo 74, numeral 3°, determina: "Los poderes públicos interpretan y aplican las normativas relativas a los derechos fundamentales y sus garantías, en el sentido mas favorable a la persona titular de los mismos y, en caso de conflicto entre derechos fundamentales, procurarán armonizar los bienes e intereses protegidos por esta Constitución". La Constitución del Perú de 1993, en su disposición cuarta transitoria dispone: "Las normas relativas a los derechos y a las libertades que la Constitución reconoce se interpretan de conformidad con la Declaración Universal de Derechos Humanos y con los tratados y acuerdos internacionales sobre las mismas materias ratificados por el Perú." La Constitución de Venezuela de 1999, en su artículo 23, determina: "Los tratados, pactos y convenciones relativos a derechos humanos, suscritos y ratificados por Venezuela, tienen jerarquía constitucional y prevalecen en el orden interno, en la medida en que contengan normas sobre su goce y ejercicio más favorables a las establecidas por esta Constitución y la ley de la República, y son de aplicación inmediata y directa por los tribunales y demás órganos del Poder Público."

[44] El juez dispone de la facultad y el deber de aplicar las disposiciones convencionales en el litigio, aún cuando las partes no las invoquen.

Por tanto, cada vez que un juez dentro de sus competencias y de acuerdo a los procedimientos establecidos deja de aplicar el derecho convencional que asegura los derechos fundamentales está generando un acto írrito que carece de valor jurídico, siendo un acto contrario a derecho, un acto que vulnera derechos humanos y genera responsabilidad internacional del Estado, en cuanto el juez es un agente del mismo Estado, es el Estado Juez, si ello no se corrige en el derecho interno, antes de llegar al sistema interamericano.

En esta tarea de control de convencionalidad, los jueces no solo deben tener en consideración la norma jurídica positiva que se encuentra en el tratado, sino también la interpretación auténtica que ha establecido la CIDH, en el ámbito de su competencia de interpretación y aplicación de la convención, en cuanto interprete último de los derechos asegurados y garantizados en la Convención,[45] según lo dispuesto en ella misma, como lo determina la CIDH desde el *caso Almonacid Arellano vs. Chile*. La CIDH entiende que su jurisprudencia debe servir de base para la aplicación de la CADH, así lo establece claramente en diversas otras sentencias, entre ellas, *"Boyce y otros vs. Barbados"*, cuando determina que los jueces deben *"(...) tener en cuenta no solamente el tratado, sino también la interpretación que del mismo ha hecho la Corte Interamericana, intérprete última de la Convención"*.[46] Así, la interpretación formulada por la CIDH debe entenderse incorporada a la norma interpretada mientras ella no cambie de posición, de la misma manera como se entiende operativa la interpretación de la Corte Suprema o del Tribunal Constitucional respecto de la norma constitucional interpretada, en aquellos casos en que dicha interpretación es vinculante.

No podemos sino concordar con Ferrer Mac-Gregor en su voto razonado en la sentencia de la CIDH en el Caso Cabrera García y Montiel Flores Vs. México cuando afirma que:

> La jurisprudencia de la Corte IDH adquiere "eficacia directa" en todos los Estados nacionales que han reconocido expresamente su jurisdicción, con independencia de que derive de un asunto donde no han participado formalmente como "parte material". Lo anterior, debido a los efectos de la norma convencional interpretada, que produce "efectos expansivos" de la jurisprudencia convencional y no sólo eficacia subjetiva para la tutela del derecho y libertad en un caso particular sometido a su competência.[47]

El control de convencionalidad implica que todos los jueces de los estados partes de la Convención en cuanto expresión del Estado juez se encuentran vinculados por ésta, como asimismo por la interpretación que ha hecho la Corte Interamericana de Derechos Humanos del mencionado instrumento. Ello implica que los estados partes del sistema deben asumir, más allá del Estado específico directamente obligado por la respectiva sentencia de acuerdo al artículo 68 numeral 1 de la CADH, la *"ratio decidendi"* o *"holding"* de la sentencia, en cuanto interpretación fidedigna y auténtica de la Convención emanada

---

[45] Sobre este aspecto ver artículo 62.1 y 62.3 de la Convención Americana sobre Derechos Humanos,

[46] Corte IDH: Caso "Boyce y otros vs. Barbados", párrafo 78; *Caso Almonacid Arellano y otros Vs. Chile*, párrafo 124.

[47] Ferrer Mac-Gregor, Eduardo, en voto razonado en *Caso Cabrera García y Montiel Flores Vs. México*. Excepción Preliminar, Fondo, Reparaciones y Costas. Sentencia de 26 de noviembre de 2010. Serie C, N. 220, párrafo 79.

de su intérprete final, lo que constituye un aporte jurisprudencial de la CIDH al desarrollo del sistema interamericano, lo que algunos autores han llamado "interpretación mutativa por adición".[48] Para facilitar la eficacia general *con efectos de norma interpretada, que tienen los fallos de la CIDH*, la CADH, en su artículo 69, establece que, el fallo, además de notificarse al Estado parte objeto de la controversia, deba también ser "transmitido a los Estados parte de la Convención", con el objeto de que tengan un conocimiento acabado del bloque convencional interpretado por la CIDH, como intérprete final del *corpus juris* interamericano.

En este plano, es necesario precisar que, el control de convencionalidad que exige la Corte Interamericana que realicen los tribunales domésticos, es el que *debe* ejercer todo juez de un Estado Parte *aplicando como estándar mínimo los derechos y garantías contenidos en los derechos asegurados por la CADH*, lo que constituye un *control diferente y distinto del control de constitucionalidad*.

Concordamos con Lucchetti, cuando éste destaca la labor del juez en la protección y garantía de los derechos convencionales, ejerciendo de oficio el control judicial de convencionalidad, *"y para cumplir con este mandato el juez del Estado parte debe agudizar al máximo su imaginación con el propósito de encontrar el o los caminos a tales fines, tomando como punto de partida la interpretación ya dada a esos derechos y garantías por la Corte Interamericana y, de más está decir, que la interpretación de los jueces de un Estado parte debe estar en estricta consonancia con lo prescrito en el artículo 29 de la Convención Americana"*.[49]

En el control de convencionalidad interno se concreta una especie de comunicación interjurisdiccional entre la CIDH y los tribunales nacionales de todo orden,[50] una interacción que tiene un carácter más bien vertical por la posición de control final que desarrolla la CIDH respecto de la aplicación de los derechos efectuado por las jurisdicciones domésticas.

La CIDH busca que los tribunales domésticos implementen la doctrina del seguimiento de la jurisprudencia de la CIDH, con escaso margen de apreciación para los tribunales nacionales. El uso que la CIDH hace de la jurisprudencia de los tribunales domésticos en sus sentencias es la de destacar los fallos nacionales que cumplen con los estándares definidos por ella, como se explicita por la CIDH en el caso *"Gelman vs. Uruguay"*, respecto de los fallos de la Corte Suprema del Uruguay respecto de la Ley de caducidad de la preten-

---

[48] Thury Cornejo, Valentín. (2011). La revisión del control de convencionalidad difuso y la identidad institucional de la Corte Interamericana. Documento inédito presentado a las Jornadas Argentino. Chileno, Peruano, Uruguayas de Asociaciones de Derecho Constitucional. Montevideo, Uruguay, octubre de 2011, p. 4.

[49] Lucchetti, Alberto (2008). "Los jueces y algunos caminos del control de convencionalidad"; en Albanese, Susana (Coord.). *El control de convencionalidad*. Buenos Aires, Ed. Ediar, p. 142.

[50] Ver voto concurrente de Eduardo Ferrer Mac-Gregor en la sentencia de la CIDH, *Caso Cabrera García y Montiel Flores Vs. México*. Excepción Preliminar, Fondo, Reparaciones y Costas. Sentencia de 26 de noviembre de 2010. Serie C, N. 220, párrafo 7°; ver también, García-Sayán, Diego. (2005), "Una Viva Interacción: Corte Interamericana y Tribunales Internos", en *La Corte Interamericana de Derechos Humanos: Un Cuarto de Siglo: 1979-2004*, San José, Corte Interamericana de Derechos Humanos, pp. 323-384.

sión punitiva del Estado, como los fallos de otros tribunales latinoamericanos sobre la misma matéria.[51]

A su vez, puede señalarse que la línea jurisprudencial de la CIDH junto con resolver los casos concretos de violación de derechos humanos ha contribuido a que los estados innoven el ordenamiento jurídico retirando normativas inconvencionales, como asimismo posibilitando mejorar, como señala Abramovich, *"las condiciones estructurales que garantizan la efectividad de los derechos a nivel nacional"*.[52]

El desarrollo de este control de convencionalidad interno exige un esfuerzo de capacitación en el adecuado conocimiento de la jurisprudencia de la Corte Interamericana por los jueces nacionales de todos los niveles, jerarquía y materia, como asimismo un cierto manejo de la dinámica de la jurisprudencia convencional.

3. El diálogo ascendente de los tribunales nacionales con la Corte Interamericana de Derechos Humanos

Asumiendo el corpus iuris interamericano y los métodos interpretativos de los derechos humanos se puede establecer las bases de un diálogo, donde el juez interno tiene diversas opciones entre las cuales elegir para concretar este diálogo con la Corte Interamericana de Derechos Humanos, por medio de sus resoluciones judiciales que resuelven litigios que podrán o no llegar a San José de Costa Rica.

En este diálogo interjurisdiccional a partir de la judicatura ordinaria o constitucional interna del Estado Parte con la Corte Interamericana de Derechos Humanos, el juez nacional puede desarrollar diversas hipótesis interpretativas:[53] A) la interpretación extensiva; B) la interpretación innovadora; C) la interpretación correctiva; D) la interpretación receptiva; y E) la interpretación neutralizadora y F) interpretación discordante.

A) La interpretación extensiva

El juez nacional puede desarrollar una interpretación extensiva la que puede llevarlo mas allá de los alcances de la interpretación desarrollada por la CIDH. El juez nacional puede asumir así una interpretación de la Convención que favorece una ampliación del campo de aplicación del derecho garantizado y, en consecuencia, sometiendo al respeto de este derecho, situaciones que han

---

[51] Corte IDH. *Caso Gelman v.s Uruguay.* Fondo y reparaciones. Sentencia de 24 de febrero de 2011. Serie C, N. 221, párrafo 232.

[52] Abramovich, Víctor. "De las violaciones masivas a los patrones estructurales: el nuevo enfoque y clásicas tensiones en el Sistema Interamericano de Derechos Humanos. *Sur-Revista Internacional de Derechos Humanos.* Vol 6, N. 11, p. 10, www.revistasur.org http://www.surjournal.org/esp/conteudos/getArtigo11.php?artigo=11,artigo_01.htm

[53] Ver Sudre, Frédéric (2007). Avant-Propos, en VV.AA. (2007). Le dialogue des juges. Institut de Droit des Droits del L'Homme. Cahiers de L'IDEDH Nº 11. Université de Montpellier I. Faculté de Droit. Montpellier, p. 8-9.

sido analizadas con un alcance menor hasta el presente por la jurisprudencia de la CIDH en aplicación del corpus iuris interamericano.[54]

Se concreta así un intercambio bilateral o multilateral mediante uno o más tribunales nacionales ordinarios o constitucionales en el entrelazamiento de propósitos en un mismo coloquio, que reposa sobre un reforzamiento de cada uno de los tribunales participantes de los Estados Partes de la Convención y la Corte Interamericana en su convicción de construir soluciones mediante un esfuerzo común dialogado, de fortalecimiento de los derechos fundamentales.

Las soluciones innovadoras de la judicatura nacional podrán influir en la jurisprudencia futura de la CIDH, para lo que deberá esperarse que el juez interamericano conozca un caso similar al resuelto en los planos nacionales, por lo que el diálogo mientras ello no ocurra será sólo un diálogo potencial, si la CIDH considera la jurisprudencia nacional en un caso que ella conoce posteriormente el diálogo será entonces efectivo, ya sea aprobatorio o reprobatorio de la actuación de la judicatura nacional.

B) La interpretación innovadora

El juez nacional, mediante la interpretación innovadora puede abordar algunos derechos contenidos en la CADH, sobre los cuales la Corte Interamericana puede no haber emitido pronunciamientos hasta el presente. En tal hipótesis. el juez nacional se enfrenta a problemas en los que deberá crear una solución jurisprudencial inédita considerando el corpus iuris interamericano, en los que puede liberarse de la servidumbre de la ley nacional realizando una interpretación de la norma convencional inédita, con la cual franquea el derecho legislado interno y abre la vía al diálogo con el juez de la CIDH, a través de un diálogo ascendente, el cual queda suspendido hasta que la CIDH conociendo de un caso análogo confirme o revierta la decisión adoptada por el juez nacional.

La emancipación interpretativa del juez nacional llega a su máxima expresión cuando este innova, cuando confrontado al silencio de la jurisprudencia de la CIDH, censura una norma nacional bajo el fundamento directo de la CADH, estableciendo una decisión fundada sobre una interpretación que el propone de la Convención. Así el juez nacional inicia un diálogo con el juez interamericano que puede ser potencial o efectivo con la Corte Interamericana.

El Tribunal Constitucional chileno ha realizado esta interpretación extensiva a partir del derecho al nombre contenido en el artículo 18 de la CADH, artículo 24.2 del PIDCyP de UN y artículo 7 párrafos 1 y 2 de la Convención e Derechos del Niño para desarrollar interpretativamente el derecho a la identidad como derecho esencial, el que luego utiliza como parámetro de control de

---

[54] En un sentido similar para el sistema europeo, ver Madeleine, Colombine. (2007). L'anticipation. Manifestation d'un dialogue "vrai" entre juge national et juge européen ?, en VV.AA. (2007). *Le dialogue des juges.* Institut de Droit des Droits del L'Homme. Cahiers de L'IDEDH N° 11. Université de Montpellier I. Faculté de Droit. Montpellier, p. 132.

constitucionalidad para enjuiciar la inaplicabilidad por inconstitucionalidad del artículo 206 del Código Civil.[55]

Dicha perspectiva también ya ha sido desarrollada por otros tribunales constitucionales de América Latina como los de Colombia y Costa Rica.

A través de la interpretación convencional que realiza el juez nacional ordinario o constitucional, éste puede en su interpretación otorgar un alcance más amplio a los atributos que integran un derecho garantizado o determinar con mayor precisión el alcance de una limitación restrictiva de un derecho fundamental, como asimismo, incorporar métodos y enfoques interpretativos con fundamento en el derecho internacional de los derechos humanos.

En la hipótesis antes señalada, el juez nacional se enfrenta a problemas en los que deberá crear una solución jurisprudencial inédita considerando el corpus iuris interamericano, en los que puede liberarse de la servidumbre de la ley nacional realizando una interpretación de la norma convencional inédita, con la cual franquea el derecho legislado interno y abre la vía al diálogo con el juez de la CIDH, a través de un diálogo ascendente, el cual queda suspendido hasta que la CIDH conociendo de un caso análogo confirme o revierta la decisión adoptada por el juez nacional.

La emancipación interpretativa del juez nacional llega a su máxima expresión cuando este innova, cuando confrontado al silencio de la jurisprudencia de la CIDH, censura una norma nacional, aplicando preferentemente el corpus iuris interamericano bajo el fundamento directo de la CADH, estableciendo una decisión fundada sobre una interpretación que el propone de este último. Así el juez nacional inicia un diálogo con el juez interamericano que puede ser potencial o efectivo con la Corte Interamericana, será potencial si la Corte interamericana no conocerá nunca del caso y será un diálogo efectivo, si la Corte llega a conocer de dicho caso o asume dicha solución en otro caso.

C) La interpretación correctiva o receptiva

La *interpretación correctiva* es aquella jurisprudencia de los jueces nacionales que saca las consecuencias de una condena por la CIDH del Estado Parte, lo que genera un cambio en la jurisprudencia nacional, practicando una interpretación conforme al derecho convencional.

Mas allá de la voluntad que debemos presumir de buena fe que tienen los jueces de asegurar eficazmente el ejercicio de los derechos fundamentales, el alineamiento de los jueces nacionales sobre la jurisprudencia de la Corte Interamericana constituye una garantía de evitar tanto como sea posible una condena de la CIDH, por desarrollar el juez nacional una interpretación que no alcanza el estándar mínimo exigido por ella.

Esta es la conducta esperada de los jueces nacionales en virtud del mandato imperativo del artículo 5º inciso 2º de la Constitución y el cumplimiento

---

[55] Ver sentencias del Tribunal Constitucional chileno, entre ellas, las sentencias rol Nº 834 de 2008 y rol Nº 1.340 de 2009

prevalente de los artículos 1 y 2 de la Convención Americana sobre Derechos Humanos, además de las normas de interpretación de derechos contenidas en ella en su artículo 29, asumiendo el principio interpretativo "pro homine" o "favor persona", que es la clave básica de interpretación en materia de derechos fundamentales.

La respuesta de los tribunales ordinarios chilenos ha sido aplicar el estándar mínimo fijado por la CIDH después de la Sentencia de la última tentación de Cristo, no aplicando mas censura judicial previa a través de medidas cautelares o sentencias en materia de libertad de expresión, además del acatamiento del Estado en el caso específico, modificando el inciso final del artículo 19 Nº 12 de la Constitución.

Ello se repite en el caso Almonacid Arellano vs. Chile, donde la Sala Penal de la Corte Suprema aplica es estándar fijado por la CIDH en el caso estableciendo la no aplicación de amnistía ni prescripción a crímenes desarrollados por agentes del Estado como parte de una política institucional de eliminación física de enemigos políticos, determinando investigación, determinación de responsables, sanción penal y reparación, desde diciembre de 2006 en q ue se inaugura la línea jurisprudencial. La decisión de la Corte Suprema de transferir la competencia a la jurisdicción militar y la decisión del Segundo Juzgado Militar de Santiago de amnistiar, confirmada por la Corte Marcial, con la sentencia de la Corte Interamericana quedaron sin efecto, las resoluciones de la Corte Suprema y de los tribunales militares, siendo el Ministro en Visita de la Corte de Apelaciones de Rancagua, Carlos Moreno Vega que remite oficio para que el segundo Juzgado militar se inhiba del conocimiento de los hechos, el juez militar desarchiva los autos y los envía al Ministro Instructor Carlos Moreno, no dando lugar a la inhibitoria, trabándose contienda de competencia ante la Corte Suprema que omite pronunciarse sobre el conflicto de competencia y ordena remitir los autos al Ministro Instructor, el cual dicta resolución en virtud del artículo 68 de la CADH que obliga al Estado a cumplir la sentencia Almonacid Arellano, realizando la tramitación de la causa, siendo acusado y condenado en ella el oficial de Carabineros Raúl Hernán Neveu Cortesi en sentencia de 18 de agosto de 2011, en causa Rol Nº 40.184, a cinco años de presidio menor en su grado máximo, sentencia que se encuentra apelada ante la Corte de Apelaciones de Rancagua.

Así el juez nacional, de cualquier jurisdicción o instancia cuando debe conocer de un litigio o gestión judicial en la cual una sentencia de la Corte Interamericana ha determinado que la ley interna viola la Convención y los derechos humanos, se encuentra confrontado a una decisión, la de aplicar preferentemente el derecho humano y la convención en virtud de las obligaciones constitucionales del artículo 5º inciso 2º y el artículo 54 Nº 1, inciso 5º, de la Constitución en armonía con los artículos 1.1, 2 y 29 de la Convención Americana de Derechos Humanos, siguiendo los estándares mínimos exigidos por la CIDH, o desafiar a la Corte Interamericana y al propio derecho constitucional chileno, aplicando la ley nacional que se encuentra por debajo de los estándares mínimos del corpus iuris interamericano y que el legislador aún no ha modificado, sabiendo de antemano que ello arriesga una condena del Estado chileno por vulneración de derechos humanos en virtud de la actuación del Estado juez.

Cada vez mas la actuación prudente y de buena fe lleva a los jueces y ordenamientos jurídicos y constitucionales a alinearse con los estándares mínimos exigidos por el corpus iuris interamericano, sin perjuicio de casos excepcionales y aislados que aún se resisten a aplicar preferentemente este cuerpo jurídico con preferencia al derecho interno, lo que lleva a la senda segura de la condena del respectivo Estado Parte por la Corte Interamericana, con la consiguiente obligación de reparación en cumplimiento obligatorio de la sentencia de la Corte de San José, de acuerdo al artículo 68 de la CADH, salvo que se opte por abandonar el Sistema Interamericano de Derechos Humanos con todas sus consecuencias jurídicas, políticas y económicas, como ya lo hizo Bárbados y la senda emprendida por Venezuela.

D) La interpretación receptiva

La *interpretación receptiva* de los jueces nacionales es aquella que se conforma a la *ratio decidendi* de las sentencias de condena de otros estados partes de la CADH por violación de ésta, tomando la iniciativa de cambiar su propia jurisprudencia, sin esperar que el Estado Parte sea condenado por violación del corpus iuris interamericano para hacerlo, como asimismo ampliando los atributos y garantías de los derechos fundamentales en base a los estándares mínimos fijados por la CIDH, dejando así su huella sobre el derecho interno, completándolo o aplicando preferentemente el derecho convencional, sorteando las situaciones de inconvencionalidad o estableciendo estándares de interpretación de derechos no contenidos explícitamente en el derecho interno como el principio favor persona o el principio de progresividad, el de razonabilidad y de proporcionalidad, entre muchos otros.

Puede señalarse que este es el camino desarrollado por el Tribunal Constitucional chileno cuando aplica el principio pro homine o favor persona, desarrollado por la Opinión Consultiva N° 5/1985 de la CIDH, en aplicación del artículo 29 de la CADH, en la sentencia 1361-09, su sentencia sobre la LEGE de 2009:

> Que, por otra parte, en el ejercicio de sus funciones, este Tribunal debe buscar aquella interpretación que se avenga mejor con el respeto de los derechos constitucionales. Así lo ha sostenido: "En tal sentido, parece ineludible tener presente el principio "pro homine" o "favor libertatis" definido en la jurisprudencia de la Corte Interamericana de Derechos Humanos de la siguiente forma: "Entre diversas opciones se ha de escoger la que restringe en menor escala el derecho protegido (...) debe prevalecer la norma más favorable a la persona humana" (Opinión Consultiva 5, 1985);" (Rol 740);[56]

En sentencia Rol N° 1.484-09 de cinco de octubre de dos mil diez, el Tribunal Constitucional utiliza nuevamente el postulado de interpretación *favor persona* (pro homine) aplicándolo en materia de derechos fundamentales en su considerando 25°.

---

[56] Sentencia del Tribunal Constitucional, Rol 1361-09, de trece de mayo de dos mil nueve, considerando 73°.

En Sentencia del Tribunal Constitucional Rol N° 1881-10 de 3 de noviembre de 2011, sobre aplicabilidad del artículo 102 del Código Civil, el voto concurrente de los Ministros Carmona, Fernández Fredes, García y Viera Gallo, aplica *el principio favor homine y favor libertatis*, al referirse a las normas convencionales internacionales del PIDCP y la CADH sobre el derecho a contraer matrimonio.

El Tribunal Constitucional en rol N° 567 de 2010 sobre el caso sobre inconstitucionalidad del Movimiento Patria Nueva Sociedad, asume la jurisprudencia de la CIDH en el considerando 35°, que considera la libertad d e expresión como "un medio para el intercambio de ideas e informaciones entre las personas, por lo que comprende además del derecho a comunicar, el derecho a conocer opiniones, relatos y noticias; señalando que el derecho a conocer la información y opinión ajena tiene tanta importancia como el derecho a difundir la propia", invocando a tal efecto la sentencia de la CIDH en el caso Palamara Iribarne vs. Chile, en su sentencia de 22 de noviembre de 2005.

El Tribunal Constitucional determinará que conforme a la jurisprudencia de la CIDH y el TEDH no puede limitarse la expresión de ideas, "aunque irriten, alarmen, sorprendan o inquieten a las autoridades, como lo han señalado el Tribunal Europeo de Derechos Humanos (Parti Communiste Unifié de Turquie et autre c. Turquie, p. 43, y Refah Partisi et autres c. Turquie, p. 89)".

Luego, el Tribunal Constitucional en el considerando 41° de la sentencia, refiriéndose a las normas que sancionen la apología del odio, asumiendo también los estándares de la CIDH fijados en la sentencia Castillo Petruzzi y otros vs. Perú, precisa "que en la elaboración de los tipos penales es preciso utilizar términos estrictos y unívocos, que acoten claramente las conductas punibles, dando pleno sentido al principio de legalidad penal" (Caso Castillo Petruzzi y otros, p. 121). Agregando que la ambigüedad de la ley podría "abrir el camino a toda suerte de arbitrariedades por parte de la autoridad, pues tal como ha razonado este Tribunal "todos los conceptos que emplea la ley (con la excepción de las cifras, fechas, medidas y similares) admiten en mayor o menor medida varios significados" (considerando 40°). Así el Tribunal Constitucional realiza una *interpretación receptiva* de la jurisprudencia de la CIDH, mediante la *asimilación de la ratio decidendi* de la sentencia del caso Castillo Petruzzi y otros vs. Perú

Por su parte, la Sala Penal de la Corte Suprema ha desarrollado una linea bastante consistente de recepción de la jurisprudencia de la Corte Interamericana de Derechos Humanos en el *caso Almonacid Arellano vs. Chile*, de 26 de septiembre de 2006, a partir de diciembre de 2006, que se inaugura con las Sentencias de la Corte Suprema de Justicia, Sala Penal, Rol N° 559-04, de fecha 13 de diciembre de 2006 y Rol N° 3125 – 04, de fecha 13 de marzo de 2007.

Constituye una sentencia modélica en la misma perspectiva la desarrollada por la Corte de Apelaciones de Rancagua, de 14 de enero de 2013, Rol N° 103-2011, en el caso Almonacid Arellano, por la cual el Estado Juez chileno cumple el fallo de la Corte Interamericana de Derechos Humanos en el caso Almonacid ya señalado. Recordemos que en este caso la Corte Suprema de Justicia al resolver la contienda de competencia entre la justicia militar (juez militar) y la justicia ordinaria para investigar y resolver el homicidio de Almonacid Arellano de septiembre de 1973, cometido por personal de carabineros, había otorgado la competencia para resolver el caso a la justicia militar, resolución que tenía valor de cosa juzgada; la justicia militar aplicó sin investigar sobreseimiento definitivo en virtud de la DL de Amnistía dictado por el regimen autoritario militar, resolución también con valor de cosa juzgada. Frente a tal situación el caso es resuelto por la Corte Interamericana de Derechos Humanos, señalando que este era un crimen de lesa humanidad, de carácter imprescriptible e inamnistiable, del cual correspondía conocer al juez natural, siendo las resoluciones contrarias sentencias írritas y que vulneraban los artículos 1 y 2 en relación con el artículo 8 y 25 de la CADH, debiendo el Estado Juez aplicar el control de convencionalidad, investigando, determinando responsables y estableciendo las sanciones penales respectivas.

En tal perspectiva, el Ministro instructor competente requiere al juez militar que conoció y resolvió la causa el envio del expediente que había sido sobreseido para reiniciar la investigación, ante lo cual se plantea por la justicia militar contienda de competencia ante la Corte Suprema, la cual ordena entregar el expediente al Ministro Instructor ordinario competente, el cual luego de investigar, determinar responsables, aplica al responsable la pena respectiva. La causa es apelada por el condenado ante la Corte de Apelaciones de Rancagua, la cual dicta la sentencia de 14 de enero de 2013, Rol N° 103-2011, en la cual enfrenta el tema de la cosa juzgada interna determinando que es *"el propio Estado quien se ha obligado a ello, al ratificar tanto la Convención Interamericana de Derechos Humanos como la competencia misma del tribunal. Se trata, con toda evidencia, de un tratado sobre derechos humanos, como su propio nombre lo indica, y en tal calidad sus normas tienen rango constitucional, al tenor de lo dispuesto en el artículo 5° de la propia Carta Fundamental. A todo evento, si es efectivo que la anterior afirmación es discutida en doctrina, no puede serlo el que el respeto a los derechos esenciales que emanan de la naturaleza humana, garantizados por la Convención Interamericana, constituyen una limitación a la soberanía del Estado, pues así surge en forma ineludible de la lectura del citado artículo 5° de la Constitución. Ocurre, enseguida, que el intérprete de esa Convención es, precisamente, la Corte Interamericana, y esto por haberlo aceptado así nuestro propio Estado al reconocerle esa competencia. En tal escenario, es esa Corte la que decide si el Estado de Chile ha respetado o no esos derechos esenciales garantizados por la Convención"*. Y si decide que no lo ha hecho, es de toda evidencia que la norma de derecho interno que los infrinja, sea de manera general o sea en su aplicación a un caso concreto por las especiales características de éste, pierde su eficacia para el preciso caso de que hablemos, porque de otra manera no se cumpliría lo dispuesto por la propia Constitución, en cuanto a que la regla de derecho fundamental, garantizada por el tratado, limite la soberanía, ni tampoco se cumpliría el deber, que también el citado artículo 5° impone, de respetar y promover el derecho esencial de que se trate. En suma, tenga o no la Convención Interamericana de Derechos Humanos un rango constitucional, lo cierto es que los derechos que garantiza no pueden conculcarse, ni mantenerse conculcados, en base a reglas del derecho interno, pues entonces no sólo se infringe la Convención misma, sino directamente el mandato del artículo 5° de nuestra propia Constitución.

La Corte de Apelaciones de Rancagua sigue su argumentación determinando en sus considerando 6° y 7°:

6. Que, enseguida, surge la segunda razón, que es la supremacía del derecho internacional, aceptado por Chile y por ende también derecho nacional, por sobre las normas de orden estrictamente interno. Esa supremacía ha sido ya latamente asentada por la doctrina, y también por fallos de nuestra Corte Suprema, pero es además claro que, de no ser así, la firma y ratificación de tratados valdría de muy poco, pues cualquier país podría excusarse de las obligaciones que éstos le impongan, mediante el recurso de preferir normas de derecho interno, anteriores, coetáneas o posteriores, que los contradigan.

7. Que, además, la cuestión ahora en debate no es ni puede ser la conveniencia de someterse a la jurisdicción de una Corte Internacional, ni tampoco la posibilidad de eludir el cumplimiento de lo que ésta resuelva, o de cumplir sólo parcialmente su dictamen. Los últimos puntos, porque ello contradice directamente lo pactado por el Estado de Chile, dado que al aceptar la competencia de la Corte como obligatoria, ha asumido el deber que le impone el artículo 68 N° 1 de la Convención; esto es, el compromiso de cumplir la decisión de la Corte en todo caso en que sea parte.(...) En tanto la Convención rija y la Competencia de la Corte permanezca aceptada, por no haberse denunciado el tratado que la contempla, el deber de cumplir sus fallos pesa sobre el Estado de Chile. Y el Estado está compuesto por sus tres Poderes. No se trata de una obligación que deba cargar sólo alguno de ellos. Es el Estado, de manera indivisible, el obligado y, por ende, lo es cada uno de sus Poderes, según la faceta de actividad estatal en que nos encontremos. En lo que ahora corresponde, que es cumplir una decisión de reabrir una causa criminal y proseguir su tramitación hasta el fallo final de la misma, esa obligación pesa directamente sobre el Poder Judicial, en cuanto Estado de Chile, en su faceta jurisdiccional. Este Poder no tiene alternativa, como no fuere la de incumplir, derechamente, un tratado vigente y, con ello, infringir el derecho y comprometer el honor del Estado de Chile. Si el sobreseimiento definitivo que en la causa criminal mediaba podía removerse o no, es algo que no decide la justicia nacional, en este caso, sino que lo decidió ya la Corte Interamericana. Nuestro fallo no puede referirse a si el sobreseimiento subsiste o no, o si la cosa juzgada se puede o no aplicar aquí, sino que se refiere a si se cumple o no un fallo obligatorio, que ya desechó esa cosa juzgada y removió ese sobreseimiento.

La Corte de Apelaciones aplicando control de convencionalidad y seguimiento de la jurisprudencia de la CIDH, al determinar en su considerando 8°:

8. Que, por lo demás, el Estado de Chile no podía ignorar que la Corte Interamericana ya había asentado desde hace tiempo la doctrina jurisprudencial de la cosa juzgada aparente o fraudulenta, según la cual cuando en su concepto se ha terminado un proceso criminal, por fallo firme o por sobreseimiento, sin el verdadero propósito de cumplir con el amparo judicial a que tiene derecho quien lo haya requerido, sino sólo como medio de asegurar una impunidad, o cuando una decisión de condena vulnera, también, garantías fundamentales reconocidas en la Convención Americana, tales decisiones, aunque estén firmes conforme a normas de derecho interno, no producen realmente cosa juzgada, ni tampoco generan (las del primer grupo) el efecto protector de la llamada regla del ne bis in ídem, porque son precisamente ellas las que configuran la infracción a la Convención Americana, y un acto infractor, vulnerador de garantías fundamentales, no puede tener efecto jurídico, so pena de desbaratarse todo el sistema de protección que la Convención de que se trata prevé. Esa doctrina se encuentra ya desarrollada en el caso "Mauricio Herrena con Costa Rica", según sentencia de la Corte del año 2004, que ordenó dejar sin efecto un fallo condenatorio que en el sistema jurisdiccional interno gozaba del efecto de cosa juzgada. Sobre el mismo principio discurrió la Corte Interamericana en el caso Carpio Nicole y otros contra Guatemala, según fallo de 22 de noviembre de 2004. Antes aún, en el año 2001, la Corte había dispuesto reabrir una causa penal en el caso Barrios Altos con Perú, pronunciándose también respecto de la inaplicabilidad de una ley de amnistía. Otros pronunciamientos similares se encuentran en los casos Loayza Tamayo contra Perú, Gutiérrez Soler contra Colombia, Bulacio contra Argentina y de

manera implícita en el caso llamado "Niños de la Calle" (Villagrán Morales y otros con Guatemala). De este modo, es innegable que el Estado de Chile sabía, o no podía menos que saber, que para la doctrina de la Corte Interamericana la cosa juzgada no es obstáculo para ordenar reabrir procesos y perseguir responsabilidades, si estima que esa cosa juzgada califica como fraudulenta o aparente, según lo decida su propio fallo. En tales circunstancias, la decisión política de mantener a Chile bajo la jurisdicción de ese tribunal internacional, admitiendo como obligatorios para el país sus fallos, implicaba el riesgo cierto de tener que cumplir alguno que, precisamente, desbaratara un efecto interno de cosa juzgada, como ahora ha ocurrido. Si esto se decidió, aunque fuera por omisión, por los poderes políticos, la Judicatura no puede cargar con la responsabilidad de desvincular de facto al país de un tratado vigente, negándose a cumplir un fallo que ni siquiera plantea un escenario nuevo o desconocido, en la trayectoria jurisprudencial de la Corte Interamericana. Que eso suponga constituir a la Corte Internacional en una suerte de tribunal de nulidad respecto de fallos nacionales, es evidente. Pero que eso sea conveniente o no, es asunto que surge como debatible desde mucho antes de la decisión internacional que ahora cumplimos; surge desde que la Corte Interamericana elabora su doctrina de la cosa juzgada aparente o fraudulenta.

La Corte de Apelaciones de Rancagua concluye su reflexión afirmando en su considerando 9°:

9. Que, adicionalmente, si el derecho vulnerado, según la decisión ya inamovible del tribunal internacional, es, en suma, el de acceder a la justicia para obtener el enjuiciamiento y castigo de los que resulten culpables de un delito, y si la Corte Interamericana tiene como expreso y primer deber, cuando decida que hubo tal violación, disponer que "se garantice al lesionado en el goce de su derecho o libertad conculcados", según lo dispone el artículo 63 N° 1 de la Convención, parece imposible imaginar cómo podría disponer tal cosa sin ordenar que el proceso en que se busca esclarecer y castigar aquel delito, continúe. Y si la cosa juzgada interna pudiera impedir tal cosa, es claro que en los casos de infracción al derecho a acceder a la justicia, el señalado artículo 63 N° 1 sería letra muerta. La Corte Internacional, pues, no ha hecho otra cosa, al desarrollar su tesis de la cosa juzgada aparente, que dar cumplimiento a su propia obligación, de suerte que es evidente que no se trata de una arbitrariedad, sino de una decisión jurídica, fundada en las atribuciones y deberes de ese tribunal. Lo anterior se expone sin perjuicio de que no corresponda al juez nacional calificar, sino sólo cumplir, el fallo internacional, como obligatorio que es para nuestro Estado, según ya se ha dejado establecido. De este modo, no hay cosa juzgada vigente, según decisión obligatoria de una Corte Internacional a cuya jurisdicción libremente nos hemos sometido, y no puede haber, tampoco, por las mismas razones, ni amnistía ni prescripción."

Luego la Corte de Apelaciones de Rancagua se aboca a resolver específicamente los hechos, determinación de responsabilidades y aplica las sanciones penales conforme al ordenamiento jurídico vigente al responsable de dicho homicidio. Dicho fallo fue confirmado por la Corte Suprema, en su Sala Penal por sentencia rol 1260-13, 29 de julio de 2013.

E) La interpretación neutralizadora

La interpretación neutralizadora de derecho interno, ella es definida por Sudre como una estrategia de contornear o de evitar, tendiente a neutralizar la interpretación de la norma internacional vinculante, creando, por una interpretación forzada del derecho nacional, por una relectura de la ley, una relación de adecuación entre el derecho interno y la norma interamericana o europea.[57]

---

[57] Sudre, Frederic. (2004) "A propos du 'dialogue des juges' et du control de conventionalité », en Etudes en l'Honneur de Jean Claude Gautron. Le dynamiques du droit européen, Pedone, Paris, p. 210.

La interpretación neutralizante permite al juez nacional, a falta de suscribir realmente la solución determinada por la jurisprudencia de la CIDH, concretar una aplicación puramente formal de la CADH, con una cierta autonomía. Lo que muestra una falta de sinceridad por una de las partes que participa del diálogo, constituyendo como explica el profesor Sudre, una estrategia de evasión o elusión tendiente a neutralizar la interpretación "(…) creando, por una interpretación un poco forzada del derecho nacional, es decir, por una reescritura de la ley, una relación de adecuación entre el derecho interno y la norma europea"[58] o, en nuestro caso, interamericana, la que es difícil de determinar en algunos casos, ya que hay una diferencia sutil entre una mala aplicación de buena fe del corpus iuris interamericano, cuando no hay cosa interpretada de la Corte Internacional competente o cuando hay una mala aplicación consciente que simplemente ignora la cosa interpretada de la Corte respectiva, en abierto desafío a la misma cuando no puede ignorar la existencia de la misma.

La interpretación neutralizante busca esconder la reivindicación de un margen de apreciación o constituye una maniobra que permite al juez nacional escaparse de aplicar la jurisprudencia de la CIDH, logrando con ello dos objetivos.[59] El primero, validar la legislación nacional respecto del derecho garantizado convencionalmente tal como es interpretado por el juez nacional. Así, es el contenido o atributos del derecho y sus garantías como estándar mínimo el que es neutralizado, siendo algunos de tales atributos o garantías borrados para permitir preservar artificialmente el derecho nacional. El segundo, es la de pretender, por el juez nacional, el beneficio de un cierto margen de apreciación en una materia que la CIDH no reconoce ni considera margen de apreciación.

El estudio de la interpretación neutralizante nos sitúa en el caso en que la solución desarrollada por el juez nacional, no aplica la solución que se desprende objetivamente de la interpretación auténtica de la disposición convencional efectuada por la CIDH.

El caso más trascendente es la sentencia rol 986 de 2008 o caso Aarón David Vásquez Muñoz, en el cual se analiza si la ausencia de un derecho a recurrir del segundo fallo de un tribunal penal oral, después de haberse anulado el primero que había favorecido la posición sostenida por la defensa del acusado a requerimiento de la fiscalía, estableciendo el segundo fallo una condena al acusado como autor del delito de homicidio calificado con el agravante de alevosía, aplicándosele la pena de 7 años de internación en régimen cerrado, sentencia que se considera agraviante por el acusado y sobre la cual considera que tiene el derecho fundamental a la revisión de este segundo fallo, formulado una acción de inaplicabilidad por inconstitucionalidad del artículo 387, inciso segundo, del Código Procesal Penal, en virtud de su contraposición con el derecho a la revisión de la sentencia penal asegurado por el art. 8.2 literal h

---

[58] Sudre. Frederic. (2004). p. 210.

[59] Dubois, Julien. (2007). « La neutralisation. Dialogue des juges et interprétation neutralisante. En VV.AA. (2007). *Le dialogue des juges*. Institut de Droit des Droits del L'Homme. Cahiers de L'IDEDH Nº 11. Université de Montpellier I. Faculté de Droit. Montpellier, pp. 75-76.

de la Convención Americana de Derechos Humanos y en el art. 14 del PIDCyP de ONU.

El Tribunal Constitucional asume que el derecho al recurso es parte del debido proceso, aún cuando en este caso no hace alusión explícita a que este es un atributo de las garantías judiciales expresamente previsto en el artículo 8° de la Convención Americana sobre Derechos Humanos y del Pacto Internacional de Derechos Civiles y Políticos de Naciones Unidas, en su artículo 14, que en cuanto derechos esenciales limitan el ejercicio de la soberanía y deben ser respetados y promovidos por todos los órganos estatales, de acuerdo al artículo 5°, inciso 2° de la Constitución. El Tribunal Constitucional en su considerando 20° solo hace referencia a que:

> (...) Los requirentes sostienen, en síntesis, que es un componente inseparable de la noción de debido proceso el derecho al recurso del condenado, que desde los orígenes de la Constitución Política integra dicha noción, según lo entiende "la unanimidad de la doctrina", señalando además que se encuentra consagrado en instrumentos internacionales ratificados por Chile, que contemplan el derecho a recurrir.

El Tribunal Constitucional considera que en el caso concreto, la aplicación del artículo 387 del Código Procesal Penal no resulta contraria a la Constitución, como explicita en el considerando 23°: *"Que en tales circunstancias, este Tribunal Constitucional decidirá que en este caso concreto la aplicación del artículo 387, inciso segundo, del Código Procesal Penal, no resulta contraria a la Constitución por este capítulo."*, El Tribunal Constitucional en su sentencia también precisará en los considerandos 38° a 40° que, además, el requirente tiene otros recursos que le franquea el sistema jurídico para impugnar la segunda sentencia, como son los recursos de queja y de revisión de sentencias firmes.

Dicha sentencia tendrá tres votos disidentes, cuya argumentación debemos necesariamente explicitar, ya que estos votos aluden directamente al derecho al recurso previsto en los tratados internacionales de derechos humanos, Convención Americana sobre Derechos Humanos, artículo 8.2 literal h, y el Pacto Internacional de Derecho Civiles y Políticos, artículo 14.2, como asimismo, determinan que el fallo no consideró los estándares sobre derecho al recurso fijados en la jurisprudencia de la Corte Interamericana de Derechos Humanos en el "caso Herrera Ulloa con Costa Rica". Ellos sostienen que el derecho al recurso debe cumplir con los parámetros de ser un recurso ordinario y un recurso de tendencia general que revise hechos y derecho aplicable, por lo cual la sentencia no habría considerado dichos estándares mínimos.

F. La interpretación francamente discordante del tribunal nacional de la normativa convencional y la interpretación de aquella realizada por la CIDH

Un tribunal nacional ordinario o constitucional puede diferir del alcance o interpretación dado por la CIDH en un caso determinado resuelto por ésta. En tal sentido, la jurisdicción interna del Estado considera que la resolución de la CIDH constituye una interpretación que considera incorrecta ya que no evalúo correctamente la norma de derecho interno u olvido ponderar adecuadamente otro derecho o un atributo determinado de otro derecho que debe considerarse. El tribunal nacional en un nuevo caso sobre la misma materia, expresa su desacuerdo con la CIDH razonadamente, explicando los motivos del desacuerdo en el respectivo fallo, concretando un diálogo ascendente con la CIDH.

La Corte Interamericana podrá reexaminar la cuestión controvertida si el caso llega a la jurisdicción interamericana o en otro fallo sobre una materia similar, concretándose así un nuevo dialogo franco, leal y de buena fe. Sin embargo, la resolución del caso por la Corte Interamericana vinculará al tribunal nacional en forma obligatoria.

En el ámbito nacional no hay sentencias del Tribunal Constitucional o de los tribunales ordinarios que conozcamos que se encuentren en esta hipótesis.

4. El fin del diálogo interjurisdiccional entre tribunales nacionales y Corte Interamericana

Una primera forma en que termina el diálogo entre tribunales nacionales y Corte Interamericana se concreta cuando esta en la misma materia en que se ha producido el desacuerdo de interpretación y aplicación de la norma convencional resuelve el desacuerdo mediante su sentencia que tiene carácter vinculante y generando obligación de resultado para el respectivo Estado Parte.

Al diálogo interjurisdiccional entre jueces internos y Corte Interamericana se le pone término también cuando el Estado Parte a través de su poder constituyente o a través del legislador, confrontado a una disposición considerada inconvencional por la CIDH, incluso pudiendo estar ya descartada su fuerza vinculante por una aplicación preferente de la norma convencional o una interpretación favor persona por el juez nacional, elige modificar la norma jurídica interna en el sentido de adecuarla al estándar del corpus iuris interamericano y a la jurisprudencia de la CIDH o mediante la derogación de dicha normativa jurídica, como ocurrió en Chile con la modificación de la Constitución, artículo 19 Nº 12, inciso final, como consecuencia de la sentencia Olmedo Bustos y otros vs. Chile; cuando el legislador modifica la legislación sobre justicia militar como consecuencia de las sentencias "Palamara Iribarne Vs. Chile" y "Almonacid Arellano y otros vs. Chile", o cuando se crea una nueva norma constitucional, nueva legislación e instituciones como el Consejo para la Transparencia en el ámbito del derecho de acceso a la información pública y transparencia, a propósito del caso "Claude Reyes y otros vs. Chile", o cuando se acelera la aprobación de la ley anti discriminación después del fallo "Atala y niñas vs. Chile", para señalar algunos ejemplos en el plano normativo.

El diálogo también culmina cuando la Corte Suprema de Justicia pasando por encima de su propia sentencia con efectos de cosa juzgada interna, en la cual había ordenado en contienda de competencia planteada por la justicia militar respecto del juez natural, transferir los antecedentes a la justicia militar, la que sobresee definitivamente la causa sin realizar la investigación aplicando el DL de Amnistía, luego del fallo Almonacid Arrellano y otros vs. Chile de la Corte Interamericana, ordena a la justicia militar remitir el expediente al juez ordinario competente, el cual retoma la investigación, determinando responsables y sancionándolos por homidicio en el caso Almonacid Arellano, lo que es confirmado luego de apelación, en el fallo de la Corte de Apelaciones de Rancagua Rol N° 103-2011 de 14 de enero de 2013, para señalar algunos ejemplos.

Las modificaciones normativas internas realizadas pueden requerir su puesta al día en virtud de la evolución y carácter dinámico que presenta la jurisprudencia de la CIDH.

5. Diferencias entre control de convencionalidad y control de constitucionalidad

En efecto, el control de convencionalidad tiene como parámetro de control la CADH y los instrumentos complementarios del mismo, como determina el artículo 29 de la Convención, para estos efectos, el derecho interno es un mero hecho que se conforma o no a la CADH para efectos de este control. Sin embargo, las sentencias que se consideran en este análisis, como señala Sagüés, con quién concordamos, *"se expresan en términos más generales, y refieren a la hipótesis de que un Estado haya ratificado 'un tratado como la Convención'. La doctrina se aplicaría así en relación a cualquier tratado; el Pacto de San José de Costa Rica sería solamente una muestra o ejemplo de material normativo controlante"*,[60] en tal perspectiva, pueden formar parte del parámetro de control de convencionalidad, a manera ejemplar, la Convención sobre Derechos del Niño, el Convenio 169 de la OIT, u otros instrumentos internacionales que aseguran y garantizan derechos humanos.

Sobre el uso de otros instrumentos convencionales internacionales sobre derechos fundamentales la CIDH ya manifestó su perspectiva favorable en la Opinión Consultiva 1/82, utilizando como regla el principio pro homine o *favor persona*, con sede en el art. 29, literal b) de la CADH, sosteniendo al respecto:

> La función que el art. 64 de la Convención atribuye a la Corte forma parte del sistema de protección establecido por dicho instrumento internacional. Por consiguiente, este tribunal interpreta que excluir, a priori, de su competencia consultiva tratados internacionales que obliguen, a estados americanos, en materias concernientes a derechos humanos, constituiría una limitación a la plena garantía de los mismos, en contradicción con las reglas consagradas en el artículo 29.b).[61]

A su vez, la CIDH, en la Opinión Consultiva OC-16/99, solicitada por los Estados Unidos Mexicanos, sobre "El derecho a la información sobre la asistencia consular en el marco de las garantías del debido proceso legal",[62] la Corte IDH estableció que:

> El corpus juris del Derecho Internacional de los Derechos Humanos está formado por un conjunto de instrumentos internacionales de contenido y efectos jurídicos variados (tratados, convenios, resoluciones y declaraciones). Su evolución dinámica ha ejercido un impacto positivo en el De-

---

[60] Sagüés, Néstor Pedro. El "control de convencionalidad", en particular sobre las constituciones nacionales, en *La Ley*, Buenos Aires, Jueves 19 de febrero de 2009, p. 2.

[61] CIDH, Opinión Consultiva OC-1/82 de 24 de septiembre de 1982, "otros tratados, objeto de la función consultiva de la Corte, Serie A N° 1, párrafo 42.

[62] Corte IDH. *El Derecho a la Información sobre la Asistencia Consular en el Marco de las Garantías del Debido Proceso Legal. Opinión Consultiva OC-16/99 del 1 de octubre de 1999.* Serie A, N. 16

recho Internacional, en el sentido de afirmar y desarrollar la aptitud de este último para regular las relaciones entre los Estados y los seres humanos bajo sus respectivas jurisdicciones. Por lo tanto, esta Corte debe adoptar un criterio adecuado para considerar la cuestión sujeta a examen en el marco de la evolución de los derechos fundamentales de la persona humana en el derecho internacional contemporâneo.[63]

Mas recientemente, la CIDH ha sostenido en el caso *Ibsen Cárdenas e Ibsen Peña vs. Bolivia, que* el objeto de su mandato –dice el propio Tribunal Interamericano en un fallo reciente– "es la aplicación de la Convención Americana y de otros tratados que le otorguen competencia"[64] y, por consiguiente, la interpretación de dichos tratados. El parámetro del "control difuso de convencionalidad" comprende la Convención Americana, junto a los "Protocolos" adicionales a ella, como asimismo otros instrumentos internacionales que se han integrado al *corpus juris* interamericano por parte de la jurisprudencia de la CIDH.

De esta forma, como señala Ferrer Mac-Gregor, "se forma de esta manera un auténtico 'bloque de convencionalidad' como parámetro para ejercer el 'control difuso de convencionalidad'"[65] por parte de los jueces nacionales.

El control de constitucionalidad es un control diferente al de convencionalidad, éste tiene como parámetro el texto de la respectiva Carta Fundamental, sin perjuicio de que ciertas constituciones contemplen, como parte de su contenido, los atributos y garantías de los derechos asegurados por los tratados internacionales que versen sobre derechos humanos, como ocurre con el artículo 5° inciso 2° de la Constitución chilena, los cuales son considerados expresamente por dicho enunciado constitucional como limitaciones al ejercicio de la soberanía; o que, en otros casos, las constituciones incorporen a los tratados y convenciones de derechos humanos en cuanto tales con jerarquía constitucional, como ocurre entre muchos otros, a manera ejemplar, con las constituciones de Argentina, de Bolivia, de Brasil, Colombia, de Ecuador, de República Dominicana, de México. En estos casos el control de constitucionalidad que realiza la jurisdicción constitucional respectiva, concentrada o difusa, a través de acciones o excepciones, de control abstracto o concreto, en su caso, debe integrar en el parámetro de control de constitucionalidad el *bloque constitucional,* el cual incluye ya no sólo los atributos y garantías de los derechos asegurados en el texto formal de la Constitución, sino los atributos y garantías que enriquecen tales derechos y que se encuentran contenidos en la fuente convencional de derecho internacional o los atributos y garantías que integran derechos no asegurados por la fuente constitucional, *derechos nuevos* que se asumen por la vía convencional o de *derechos implícitos* que se deducen de principios y valores expresamente contenidos en la Constitución.

En esta perspectiva, la jurisdicción constitucional debe concretar simultáneamente control de constitucionalidad y control de convencionalidad,

---

[63] *OC-16/99*, párrafo 115.

[64] Corte IDH. *Caso Ibsen Cárdenas e Ibsen Peña Vs. Bolivia.* Fondo, Reparaciones y Costas. Sentencia de 1 de septiembre de 2010 Serie C, N. 217, párrafo 199.

[65] Ferrer Mac Gregor, Eduardo. voto concurrente en la sentencia de la CIDH, *Caso Cabrera García y Montiel Flores Vs. México.* Excepción Preliminar, Fondo, Reparaciones y Costas. Sentencia de 26 de noviembre de 2010. Serie C, N. 220, párrafo 50°.

asumiendo de que una norma interna puede ser conforme a la Constitución pero contraria a la CADH, por vulneración de los estándares mínimos de atributos y garantías de los derechos asegurados por esta última. A su vez, el control de convencionalidad es parte del control de constitucionalidad si los atributos y garantías de los derechos asegurados convencionalmente son parte del bloque de constitucionalidad de derechos fundamentales.

Como sostiene el distinguido jurista brasilero y ex Presidente de la CIDH, y actual juez de la Corte Internacional de Justicia, Antônio Augusto Cançado Trindade, al analizar el "control de convencionalidad" en su voto razonado con motivo del *Caso Trabajadores Cesados del Congreso* (*Aguado Alfaro y otros*) *vs. Perú:*[66]

> Los órganos del Poder Judicial de cada Estado Parte en la Convención Americana deben conocer a fondo y aplicar debidamente no sólo el Derecho Constitucional sino también el Derecho Internacional de los Derechos Humanos; deben ejercer ex officio el control tanto de constitucionalidad como de convencionalidad, tomados en conjunto, por cuanto los ordenamientos jurídicos internacional y nacional se encuentran en constante interacción en el presente dominio de protección de la persona humana.

Así los jueces domésticos ordinarios, especiales y constitucionales deben ejercer control de convencionalidad. En algunos países de América Latina, el control de constitucionalidad y de convencionalidad puede ejercerse por todos los jueces cuando estos establecen en sus ordenamientos jurídicos un control difuso de constitucionalidad. En otros países, el control de constitucionalidad sólo puede ser ejercido en forma concentrada ya sea por una Corte Suprema, como ocurre por ejemplo en Uruguay; por una Sala Constitucional de ella, como ocurre por ejemplo, en Costa Rica, Paraguay o Venezuela; o sólo por una Corte o Tribunal Constitucional, como es el caso de Chile, tanto en control concreto reparador y como abstracto preventivo y reparador de constitucionalidad de preceptos legales.

Cualquiera que sea el órgano judicial que desarrolle control de convencionalidad éste puede concretarse por el tribunal en cualquier momento antes de dictar la sentencia, lo que requiere que si lo ejerce "ex officio" lo notifique a las partes, para que estas puedan argumentar sobre la materia, como elemento indispensable y básico del derecho a un debido proceso.

6. Los efectos del control de convencionalidad aplicado por el juez nacional

El control de convencionalidad que deben aplicar los jueces nacionales es una consecuencia necesaria de la aplicación de los principios de derecho internacional general y de derechos humanos, como una concreción de la regla de derecho consuetudinario que determina que el derecho interno no constituye una excusa para el incumplimiento de las obligaciones internacionales, la que se encuentra positivada la Convención de Viena sobre Derecho de los tratados de 1969, en los artículos 26 y 31.1 que determinan el cumplimiento

---

[66] Párrafo 3º del voto razonado del juez Antônio Augusto Cançade Trindade.

de buena fe de las obligaciones internacionales, como asimismo, el artículo 27 que determina que un Estado no puede oponer obstáculos de derecho interno al cumplimiento de las obligaciones internacionales. Ello implica necesariamente ajustar el derecho interno para hacerlo compatible con las obligaciones internacionales. La función de los órganos judiciales en este plano es hacer sus mejores esfuerzos para otorgar efecto útil a las normas internacionales, mas aún cuando ellas constituyen derechos que emanan de la dignidad humana, los cuales debe ser efectivizados por el Estado juez a través de la adopción de las resoluciones jurisdiccionales conforme a las obligaciones generales establecidas por los artículos 1.1 y 2 de la CADH, como asimismo a través de una interpretación *favor persona* posibilitar el goce mas amplio de los derechos de acuerdo con el artículo 29 de la misma Convención, evitando así incurrir en responsabilidad internacional por violación de derechos humanos a través de eventuales conductas omisivas.

Si en el control de convencionalidad se determina que una norma jurídica interna (ley, reglamento, decreto, resolución) es "inconvencional" se genera siempre el deber jurídico del juez ordinario o especial de inaplicar la norma jurídica interna que colisiona con los atributos o garantías del derecho asegurado por la CADH, constituyendo una situación análoga a la de un control de constitucionalidad concreto que solo inaplica la norma contraria en este caso a la norma convencional, sin que ello signifique anular, derogar o expulsar la norma jurídica interna del ordenamiento jurídico, ya que eventualmente podría tener efectos jurídicos en hipótesis de aplicación distintas que no entraran en conflicto con los derechos asegurados convencionalmente. La inaplicación de la norma legal o reglamentaria por el Estado juez en este caso constituye una derivación de la aplicación preferente de los derechos asegurados convencionalmente en sus estándares mínimos respecto de las normas internas que los irrespetan, aplicando los artículos 26 y 27 de la Convención de Viena sobre Derecho de los Tratados, adoptando las medidas necesarias para dar eficacia interna a los derechos asegurados convencionalmente y eliminar las prácticas contrarias a ellos, de acuerdo con el artículo 2° de la CADH.

Uno de los riesgos correctamente advertidos por Londoño del control de convencionalidad que deben efectuar todos los jueces nacionales, es la fragmentación jurisprudencial[67] en la interpretación local de la convención y sus pactos complementarios, debiendo los tribunales locales aplicar los estándares internacionales ya determinados por la jurisprudencia de la CIDH, como en el caso de la inexistencia de tales estándares, ellos deben extraídos desarrollarse a través de una interpretación razonable y adecuada de los textos convencionales, lo que podrá ser corregido en sede internacional por la CIDH, si ellos no son los adecuados.

El control de convencionalidad deposita en sede jurisdiccional nacional un voto de confianza en que los jueces locales interpretarán y aplicarán el derecho de los derechos humanos contribuyendo a generar *un derecho público co-*

---

[67] Londoño Lázaro, María Carmelina. (2010). El principio de legalidad y el control de convencionalidad de las leyes: confluencias y perspectivas en el pensamiento de la Corte Interamericana de Derechos Humanos, en *Boletín Mexicano de Derecho Comparado* N° 128. Mexico D.F., UNAM, pp. 761-814

mún básico de nivel regional interamericano, reforzando el Estado constitucional democrático en la región, una mejor protección de los derechos fundamentales de las personas, un derecho público regional mas integrado al menos en los estándares mínimos de respeto de derechos humanos y jueces mas legitimados y empoderados de su función de aseguramiento y garantía de los derechos fundamentales.

Si el órgano que realiza el control de convencionalidad tiene, además la competencia de ejercer jurisdicción constitucional con competencia anulatoria o derogatoria de normas contrarias a la Constitución, si es que el parámetro de control de constitucionalidad integra los derechos convencionales, dicho órgano jurisdiccional debería expulsar la norma interna contraria a tales derechos que tenga un carácter inconvencional en todas las hipótesis de aplicación posibles, si ello se analiza en el contexto de un control de constitucionalidad abstracto reparador o preventivo, en su caso. Si el órgano jurisdiccional interno sólo dispone de competencia de control concreto con efectos inter partes sólo inaplicará la norma interna contraria a los derechos asegurados.

En el supuesto de una tensión entre aseguramiento mayor de derechos humanos por parte de la Convención en relación al aseguramiento en el texto formal de la Constitución respectiva, si el Estado debe cumplir con las obligaciones convencionales y no puede alegar su Constitución para incumplir el deber de garantizar los derechos en los estándares mínimos convencionales determinados por la CIDH, sin poder oponer, de acuerdo al art. 27 de la Convención de Viena sobre Derecho de los Tratados, obstáculos de derecho interno, al cumplimiento de las obligaciones internacionales, ello obliga al Estado juez a la aplicación de una interpretación de los derechos *"favor persona"*, aplicando preferentemente el estándar fijado en la norma de derechos humanos convencional, única opción que posibilita no vulnerar derechos humanos ni incurrir en responsabilidad internacional por violación de ellos, lo que implica reconocer que, en la práctica, los derechos asegurados convencionalmente deben interpretarse y aplicarse teniendo en consideración aquellos atributos y garantías que se encuentran asegurados en la CADH como estándar mínimo, lo que genera la obligación jurídica de aplicar siempre la norma interna o internacional que mejor proteja los derechos o aquella que los limite menos, asegurando que nunca se aplicará un nivel inferior al estándar mínimo exigido al Estado Parte de respeto y garantía de los derechos humanos por la CADH.

A su vez, si hay una norma constitucional que vulnera la CADH y así ha sido determinado jurisdiccionalmente por la CIDH, al Estado no le queda otra alternativa que ejercer su potestad constituyente, en virtud de la obligación estatuida por el artículo 2° de la CADH, con el objeto de modificar el texto constitucional contrario al estándar mínimo de protección de derechos humanos, para asegurar y garantizar adecuadamente los derechos al menos con dicho estándar mínimo, de lo contrario, se genera un *estado de cosas "inconvencional"* o un *ilícito internacional continuado* latente, como asimismo una inseguridad jurídica que vulnera el deber de respeto y garantía de los derechos esenciales o fundamentales, mientras no sea eliminada la norma constitucional lesiva para ellos, como ocurrió en el caso *"La última tentación de Cristo"*, con el artículo 19 N° 12, inciso final de la Constitución.

La perspectiva reseñada en el párrafo anterior implica un reconocimiento concreto que los derechos esenciales o convencionales de la persona afirmados por la CADH se encuentran por sobre *todo el derecho interno*, incluido en tal afirmación el texto Constitucional, cuando este posee estándares inferiores de protección de derechos que los asegurados por la CADH. En otras palabras, significa reconocer que los atributos y garantías de los derechos asegurados convencionalmente constituyen un estándar mínimo de protección de los derechos que conforman un germen de un *orden público común interamericano*,[68] que ningún Estado Parte puede vulnerar.

Ello no es más que una concreción de la limitación del ejercicio de la soberanía estatal cuando esta afecta atributos y garantías que forman parte de los derechos esenciales o humanos que, en la Constitución chilena está expresamente contenido en el artículo 5° inciso 2° de ella. En otras constituciones es una consecuencia de la incorporación y uso del *principio pro homine* o *favor persona*, expresamente contenido en los textos constitucionales, como ejemplo en los casos de Ecuador,[69] México,[70] República Dominicana.[71]

A su vez, en otros casos, serán los propios tribunales supremos de cada Estado los que aplicarán la regla *pro homine* o *favor persona* como pauta básica de interpretación de derechos, como derivación obligatoria del art. 29 b) de la CADH, pudiendo reseñarse sobre la materia algunos ejemplos jurisprudenciales que aplican correctamente tal perspectiva.

7. El aseguramiento de una interpretación conforme con la Convención por el juez convencional interno que ejerce jurisdicción constitucional

En la perspectiva asumida por el sistema interamericano y su órgano jurisdiccional, la CIDH, si una norma constitucional de un Estado Parte tiene dos o más interpretaciones posibles, unas contrarias a los derechos asegurados por la Convención y otras conforme con los derechos asegurados convencionalmente, los jueces constitucionales deberían asumir la interpretación conforme con

---

[68] Mas bien, debiéramos decir, mas concretamente, *latinoamericano*, ya que ni Canadá, ni Estados Unidos de Norteamérica forman parte del sistema, lo que por otra parte, lo hace mas homogéneo desde una perspectiva cultural.

[69] La Constitución Ecuatoriana de 2008, en su artículo 417 prescribe que *"en el caso de los tratados y otros instrumentos internacionales de derechos humanos se aplicarán los principios pro ser humano, no restricción de derechos, de aplicabilidad directa y de cláusula abierta establecidos en la Constitución"*.

[70] La reforma constitucional de México de 2011 en el artículo 1°, incisos 2° y 3° de la Constitución, precisa: *"Las normas relativas a los derechos humanos se interpretarán de conformidad con esta Constitución y con los tratados internacionales de la materia favoreciendo en todo tiempo a las personas la protección más amplia. Todas las autoridades, en el ámbito de sus competencias, tienen la obligación de promover, respetar, proteger y garantizar los derechos humanos de conformidad con los principios de universalidad, interdependencia, indivisibilidad y progresividad."*

[71] La Constitución de República Dominicana de 2010, en su artículo 74, numeral 3°, determina: *"Los poderes públicos interpretan y aplican las normativas relativas a los derechos fundamentales y sus garantías, en el sentido mas favorable a la persona titular de los mismos y, en caso de conflicto entre derechos fundamentales, procurarán armonizar los bienes e intereses protegidos por esta Constitución"*.

la CADH y desechar las interpretaciones contrarias a la misma, de la misma manera que deben optar por la interpretación conforme con la Constitución y desechar la interpretación contraria a la Carta Fundamental cuando analizan la constitucionalidad de una norma infraconstitucional de derecho interno. Lo antes señalado lleva a la conclusión que las normas constitucionales deben ser interpretadas y aplicadas de conformidad con los atributos y garantías de los derechos asegurados por la Convención Americana de Derechos Humanos.

Con el control de convencionalidad interno se busca que los jueces nacionales actúen como jueces interamericanos y descarguen a la Corte Interamericana de Derechos Humanos a resolver el inmenso trafago de asuntos sobre los cuales ya ha sentado líneas jurisprudenciales claras, que los tribunales nacionales deberían seguir. Como señala el ex juez y Presidente de la Corte Interamericana de Derechos Humanos, Sergio García Ramírez:

> Del mismo modo que un tribunal constitucional no podría –ni lo pretende– traer ante sí todos los casos en que se cuestione o se pueda cuestionar la constitucionalidad de actos y normas, un tribunal internacional de derechos humanos no aspira –mucho menos todavía que el órgano nacional– a resolver un gran número de litigios en los que se reproduzcan violaciones previamente sometidas a su jurisdicción y acerca de cuyos temas esenciales ya ha dictado sentencias que expresan su criterio como intérprete natural de las normas que está llamado a aplicar, esto es, las disposiciones del tratado internacional que invocan los litigantes.

Sería imposible, además de indeseable, tomando en cuenta el carácter subsidiario o complementario de la jurisdicción internacional, que ésta recibiera un gran número de contiendas sobre hechos idénticos o muy semejantes entre sí, para reiterar una y otra vez los criterios sostenidos en litigios precedentes".[72]

Constituye así un desafío mayor que los jueces nacionales asuman este control de convencionalidad, siempre dentro del ámbito de las competencias y de acuerdo a los procedimientos que determinan los ordenamientos jurídicos nacionales constituyéndose también en jueces convencionales, produciendo sus mejores esfuerzos en la interpretación de los atributos y garantías de los derechos fundamentales asegurados por fuente constitucional e internacional, armonizando dichas fuentes y aplicando los postulados de "progresividad" y "favor persona", contribuyendo a mejorar la calidad de vida de la comunidad nacional, un mayor goce efectivo de los derechos fundamentales, en definitiva, una contribución al bien común y al desarrollo del conjunto de la sociedad, pasando a etapas mas humanas y a una mejor calidad de Estado constitucional democrático, que siempre implica una elevación de la calidad de visa del conjunto de la sociedad.

---

[72] Corte IDH. "Caso Tibi Vs. Ecuador", sentencia de 07/09/2004, voto concurrente del Juez Sergio García Ramírez, párrafos 4° y 5°.

— 2 —

A capacidade processual dentro da Corte Interamericana de Direitos Humanos como instrumento de concretização de direitos

EDUARDO BIACCHI GOMES[1]

GEORGE REZENDE MORAES[2]

SUMÁRIO: 1. Introdução; 2. O processo de internacionalização dos direitos humanos e o acesso à juridição internacional; 3. O sistema interamericano de proteção dos direitos humanos e o acesso à jurisdição internacional; 4. A necessidade de aperfeiçoamento do Sistema Interamericano dos Direitos Humanos; 5. Considerações finais; Referências bibliográficas.

1. Introdução

A internacionalização dos direitos humanos se materializou após a Segunda Guerra Mundial, de forma a concretizar os anseios da humanidade, no sentido de se criar um sistema jurídico internacional para a sua proteção, especialmente nos casos da prática de crimes de guerra, genocídio e lesa-humanidade ou mesmo, em sentido geral, nos casos de violação aos tratados de direitos humanos.

Ante a existência da diversidade de correntes em relação aos direitos humanos, questões ideológicas e a própria polêmica (já superada) no que diz respeito ao indivíduo como sujeito de direito internacional, torna-se necessário repensar a concepção de soberania do Estado, que, em face da nova realidade mundial se encontra relativizada, tendo em vista o surgimento de Organizações Internacionais, tratados e os próprios sistemas regionais de proteção aos direitos humanos e que, neste caso, atuam de forma a buscar a concretização dos referidos direitos.

---

[1] Estágio Pós-Doutoral pela Universidade Federal do Rio de Janeiro, com estudos realizados na Universidade de Barcelona, Espanha. Doutor em Direito pela Universidade Federal do Paraná. Professor do Programa de Mestrado em Direito da UniBrasil, Professor titular da PUCPR e Professor da Uninter.

[2] Mestrando em Direitos Fundamentais e Democracia nas Faculdades Integradas do Brasil – UniBrasil. Possui curso de aperfeiçoamento em Integração Regional da União Europeia na Universidade de Alcalá de Henares (2012). É bolsita da Coordenadoria de Aperfeiçoamento de Pessoal de Nível Superior. E-mail: moraesr.george@gmail.com.

Importante destacar que a República Federativa do Brasil ratificou do Pacto de San José da Costa Rica, assim como aceita a jurisdição da Corte Interamericana de Direitos Humanos.

Por outro lado, a Comissão Interamericana de Direitos Humanos é responsável pela análise e monitoramento dos casos de descumprimento das disposições contidas no Pacto de San José da Costa Rica. Igualmente, é de sua competência receber as denúncias de indivíduos ou grupos não governamentais que o representam quanto às violações dos aludidos direitos, de forma a encaminhar e representar a vítima perante a Corte Interamericana, desde que atendidos os seus pressupostos de admissibilidade.

A Corte Interamericana de Direitos Humanos guarda em si a função contenciosa (que é o que nos interessa abordar) com poder jurisdicional para dirimir as controvérsias que envolvam as vítimas e os Estados. Nesta problemática que o presente artigo irá se ater, de forma a examinar o acesso à esta jurisdição dentro do sistema interamericano, o qual pelo sistema atual torna-se limitado, vez que a vítima obrigatoriamente deverá ser representada pela Comissão.

O artigo questiona a possibilidade de aperfeiçoar o sistema interamericano de direitos humanos, com o intuito de garantir o acesso direto da vítima à Corte Interamericana, com o intuito de se buscar a concretização dos direitos humanos.

2. O processo de internacionalização dos direitos humanos e o acesso à juridição internacional

Na atualidade doutrinária, não se busca mais justificar e definir o que necessariamente são os direitos humanos. Este problema recaiu basicamente no campo do direito, que busca como regulamentar e proteger tal área já devidamente orientada, estruturada e definida.[3] Neste sentido, afirma Noberto Bobbio:

> O problema que temos diante de nós não é filosófico, mas jurídico, e num sentido mais amplo, político. Não se trata de saber quais e quantos são esses direitos, qual sua natureza e seu fundamento, se são naturais ou históricos, absolutos ou relativos, mas sim qual é o modo mais seguro de garanti-los, para impedir que, apesar das solenes declarações, eles sejam continuadamente violados.[4]

Na conceituação contemporânea dos direitos humanos, abarcada pela Declaração Universal dos Direitos Humanos de 1948, existe uma real necessidade de se rediscutir a sua conceituação, isso a partir da perspectiva de uma maximização na implementação e possibilidades de acesso aos direitos já positivados.

Parte-se da justificativa histórica e de uma evolução natural e necessária de se proceder uma revisão dos fatos ocorridos na 2ª Guerra Mundial, oportunidade na qual surgiu a necessidade de responder aos regimes totalitaristas de

---

[3] SILVA, Fernanda D. L. Lucas da. Fundamentando os Direitos Humanos: Um Breve Inventário. In: TORRES, Ricardo Lobo; (Org.). *Legitimação dos Direitos Humanos*. Rio de Janeiro: Renovar, 2002. p. 105.

[4] BOBBIO, Norberto. A *Era dos Direitos*. Rio de Janeiro: Campus, 1992., p. 24-25

forma a coibi-los futuramente, vez que não mais poderia se preponderar frente à igualdade de todos, igualdade esta que necessitava ser formal e material.

Da concepção de proteção dos direitos humanos do pós-guerra, tornou-se necessária a busca de um sistema que, cada vez mais, busque a tutela dos direitos humanos e de acordo com Fábio Konder Comparato: "As consciências se abriram, enfim, para o fato de que a sobrevivência da humanidade exigia a colaboração de todos os povos, na reorganização das relações internacionais com base no respeito incondicional à dignidade humana".[5]

Ressalta ainda Flávia Piovesan:

> No momento em que os seres humanos se tornam supérfluos e descartáveis, no momento em que a vige a lógica da destruição, em que a crueldade se abole o valor da pessoa humana, torna-se necessária a reconstrução dos direitos humanos, como paradigma ético capaz de reestruturar a lógica do razoável. A barbárie do totalitarismo significou a ruptura do paradigma dos direitos humanos, por meio da negação do valor da pessoa humana como valor fonte de direito. Nesse cenário, o maior direito passa a ser, adotando a terminologia de Hannah Arendt, o direito a ter direitos, ou seja, o direito a ser sujeito de direitos.[6]

Complemente-se com os dizeres de Celso Lafer: "É, por essa razão, que, para ela, o primeiro direito humano, do qual derivam todos os demais, é direito a ter direitos, direitos que a experiência totalitária mostrou que só podem ser exigidos através do acesso pleno à ordem jurídica que apenas a cidadania oferece".[7]

Dentro do contexto histórico, especialmente com a criação da Organização das Nações Unidas, materializa-se a nova realidade do direito internacional, ou seja: o indivíduo enquanto sujeito de direitos e deveres no plano internacional e detentor de personalidade jurídica internacional.[8]

Noberto Bobbio categoriza a atividade internacional nos direitos humanos em três aspectos: (i) Na promoção de atividades para fomento e aperfeiçoamento dos direitos humanos no âmbito dos Estados; (ii) No cobrança e observâncias do cabal cumprimento das obrigações contraídas pelo Estado no âmbito internacional; e por fim, quanto à (iii) criação de um sistema garantista via jurisdição internacional, impondo-se contra a jurisdição nacional em defesa dos cidadãos.[9]

A atividade jurisdicional é um avanço necessário para a ordem internacional, como explica Hans Kelsen:

> To the extent that international law penetrates areas that heretofore have been the exclusive domain of national legal orders, its tendency toward obligation or authorized individuals directly increases. To the same extent collective and absolute liability is replaced by individual liability and liability based on fault. This development is paralleled by the establishment of central organs for the

---

[5] COMPARATO, Fábio Konder. *A Afirmação Histórica dos Direitos Humanos*. São Paulo: Saraiva, 1999.p. 210.

[6] PIOVESAN, Flávia. *Direitos humanos e direito constitucional internacional*. São Paulo: Saraiva, 2010, p. 122.

[7] LAFER, Celso. *A reconstrução dos direitos humanos*: Um diálogo com o pensamento de Hannah Arendt. São Paulo: Companhia das Letras,1991, p. 111.

[8] TRINDADE, Antônio Augusto Cançado. *Bases para un proyecto de Protocolo a la Convención Americana sobre Derechos Humanos, para fortalecer su mecanismo de protección*. 2 ed. Vol 2. Costa Rica: Corte Interamericana de Derechos Humanos, 2003, p. 16

[9] BOBBIO, Noberto. Op. cit., p.23

cration and execution os legal norms – a development that up to now is observable only in particular international communities. This centralization apllies, in the first place, to jurisdiction; it aims at the formation os international courts. In this respect the evolution of international law is similiar to that of national law. Here, too, centralization begins with the establishment of tribunals.[10]

Como visto acima, o direito internacional dos direitos humanos supera as velhas tradições do direito internacional que não reconhecia o indivíduo internacional, visto que a personalidade jurídica somente poderia ser atribuída aos Estados e organizações internacionais.

Todavia, leve-se em consideração que: "son sujetos de derecho todas las criaturas humanas, como miembros de la 'sociedad universal', siendo 'inconcebible' que el Estado venga a negarles esta condición".[11]

Nas palavras de Melina Girardi Fachin: "Esse processo de internacionalização apoia-se, por sua vez, em base dual: de um lado, a restrição da soberania estatal que é justamente o Estado que passa a ser mirado como um dos principais violadores de direitos humanos; e, por outro lado, a concepção universal acerca desses direitos que deveriam ser estendidos a todos".[12]

Essa aludida capacidade de reivindicar direitos na seara internacional, por meio de sua capacidade processual, é a força motriz da realização concreta da proteção dos direitos humanos.

> Con la consolidación de estos mecanismos, concediendo acceso directo a los individuos a las instancias internacionales, tornábase patente el reconocimiento, también en el plano procesal, de que los derechos humanos, inherentes a la persona humana, son anteriores y superiores al Estado y a toda otra forma de organización política, y emancipábase el ser humano del yugo estatal, siempre y cuando se mostrase éste arbitrario.[13]

Deve-se enfatizar a experiência concernente ao Tribunal de Nuremberg, 1945, e que consagrou o reconhecimento do indivíduo como sujeito de direito internacional, retirando-se o confinamento da jurisdição ao exclusivo âmbito estatal, de forma a ensejar a limitação da soberania frente aos crimes cometidos por um Estado em relação aos seus jurisdicionados.[14]

Cumpre salientar que na limitação da soberania estatal não há a prevalência ou obediência de um Estado perante outro, mas sim respeito à dignidade das pessoas como princípio fundamental e elementar da vida, tendo em vista a

---

[10] KELSEN, Hans. *Pure Theory of Law*. Tradução de Max Knight. Los Angeles: University of California, press, 1967, p. 327 e 328.

[11] TRINDADE, Antônio Augusto Cançado. Las Cláusulas Pétras de la Protección Internacional del ser Humano: El aceso directo de los individuos a la justicia a nivel internacional y la intagibilidad de la jurisdicción obligatoria de los tribunales internacionales de derechos humanos. In: *El Sistema Interamericano de protección de Los Derechos en el umbral del siglo XX*. San José: Corte Interamericana de Derechos Humanos, 2003, p. 11

[12] FACHIN, Melina Girardi. *Fundamentos dos direitos humanos*: teoria e práxis na cultura da tolerância. Rio de Janeiro: Renovar, 2009, p. 58.

[13] TRINDADE, Antônio Augusto Cançado; ROBLES, Manuel E. Ventura. *El Futuro de la Corte Interamericana de Derechos Humanos*. San José: Corte Interamericana de Derechos Humanos, Alto Comisionado de Naciones Unidas para los Refugiado, 2003, p. 63.

[14] COELHO, Rodrigo Meirelles Gaspar. *Proteção internacional dos direito humanos:* a Corte Interamericana e a Implementação de suas Sentenças no Brasil. Curitiba: Juruá, 2008. p. 50 – 51.

aplicação do princípio *pacta sunt servanda* e o primado do direito internacional frente ao direito interno (artigos 26 e 27 da Convenção de Viena, 1969).[15]

Nas palavras de Antônio Augusto Cançado Trindade:

> Os próprios Estados vieram a reconhecer que, ademais de sua obrigação de preservar as gerações futuras do flagelo das guerras (dados que foram originalmente concebidos para a realização do bem comum), não mais podiam exercer determinadas funções públicas individualmente. (...) [Surge a necessidade] de promover maiores cooperação e coordenação internacionais, inclusive para desempenhar suas funções públicas com mais eficácia.[16]

Destaque-se que a criação da Organização das Nações Unidas, no ano de 1945, e suas agências especializadas instaura um novo modelo na ordem internacional. Tem-se como meta a manutenção da paz e a segurança, estabelecendo-se também como o *standard* na proteção internacional dos direitos humanos.[17]

Nas palavras da Flávia Piovesan:

> A Carta das Nações Unidas de 1945 consolida, assim, o movimento de internacionalização dos direitos humanos, a partir do consenso de Estados que elevam a promoção desses direitos a propósito e finalidade das Nações Unidas. Definitivamente, a relação de um Estado com seus nacionais passa a ser uma problemática internacional, objeto de instituições internacionais e do Direito Internacional.[18]

Vale destacar a Declaração Universal dos Direitos Humanos, 1948. Piovesan explana que: "Busca delinear uma ordem pública mundial fundada no respeito à dignidade humana, ao consagrar valores básicos universais". Afirma ainda que: "Desde seu preâmbulo [da Declaração de 1948], é afirmada a dignidade inerente a toda pessoa humana titular de direitos iguais e inalienáveis".[19]

Na concepção contemporânea de direitos humanos introduzida pela Declaração de 1948, há duas características principais: a universalidade, pois a existência da pessoa é o único requisito para a aplicabilidade e "podemos finalmente crer na universalidade dos valores, no único sentido em que tal crença é historicamente legítima, ou seja, no sentido que universal significa não algo dado objetivamente, mas algo subjetivamente acolhido pelo universo dos homens",[20] e indivisibilidade, pois todos os direitos anteriormente conquistados foram conjugados, ou seja, os direitos civis e políticos se coadunam com os direitos sociais e culturais.[21]

Para atender as contingências e complexidade de cada cultura e povo em um âmbito espacial mais delimitado, emergem os sistemas regionais de prote-

---

[15] FRENEDA, Eduardo Gomes. Da internacionalização dos Direitos humanos e da Soberania compartilhada. In: Flávia PIOVESAN (Coord.) *Direitos Humanos*. Curitiba: Juruá, 2006, p. 74.

[16] TRINDADE, Antônio Augusto Cançado. *Direito das organizações internacionais*. 3 ed. Belo Horizonte: Del Rey, 2003, p. 659.

[17] PIOVESAN, Flávia, *Direitos Humanos e o Direito..*, Op. cit., p. 130.

[18] Ibidem, p. 135.

[19] Ibidem, p. 142.

[20] BOBBIO, Norberto, Op cit., p. 28.

[21] PIOVESAN, Flávia. *Temas de Direitos Humanos*. 2. ed. São Paulo: Saraiva, 2003, p. 40.

ção dos direitos humanos. O Sistema Regional de proteção dos direitos cria um corpo normativo próprio para reger e garantir sua aplicabilidade.[22]

Logo, a importância dos sistemas regionais de proteção torna-se evidentes, reafirmando-se pelas bem colocadas palavras de Cançado Trindade: "A universalidade, no entanto, não equivale à universalidade total; ao contrário, é enriquecida pelas particularidades regionais. Cada sistema vive seu próprio momento histórico".[23]

3. O sistema interamericano de proteção dos direitos humanos e o acesso à jurisdição internacional

O Sistema Interamericano de Proteção aos Direitos Humanos estabeleceu um aparato para o monitoramento, implementação e proteção dos direitos por ela enunciados.

A Comissão Interamericana de Direitos Humanos prima pela observância e proteção dos direitos humanos no continente; sejam em petições encaminhadas individualmente, grupo de indivíduos, ou ainda, entidades não governamentais.[24] O requisito de admissibilidade da petição, conforme leciona Flávia Piovesan é "o esgotamento de todos os recursos internos – salvo no caso de injustificada demora processual, ou legislação doméstica não prover o devido processo legal".[25]

Quanto à questão acima, Trindade afirma que a Comissão tem usado técnicas processuais, a fim de evitar a pronta rejeição das petições que contenham alegações de direitos humanos, visando à presunção mais favorável a favor do reclamante. Tais técnicas incluem desde solicitações adicionais de informações, aditamento das decisões e possibilidade de posterior reabertura do caso.[26]

Ao receber a petição, a Comissão tentará uma solução amistosa, e não o conseguindo dentro de um período de três meses, encaminhará um relatório para a Corte Interamericana de Direito Humanos. Também encaminhará se considerar que o Estado não cumpriu as recomendações proferidas pela Comissão.[27]

Se dentro de tal período não houver solução e não encaminhado à Corte, a comissão poderá, por maioria absoluta dos membros, emitir sua opinião e conclusão, fazendo recomendações, o qual fixará ao Estado um prazo para

---

[22] FACHIN, Melina Girardi. Op. cit., p.249 – 252

[23] TRINDADE, Antônio Augusto Cançado. *Tratado de direito internacional dos direitos humanos*. Porto Alegre: Fabris, 1997, v. 1, p. 30.

[24] PIOVESAN, Flávia. Introdução ao Sistema Interamericano de Proteção dos Direitos Humanos: a Convenção Americana de Direitos Humanos In: GOMES, Luiz de; PIOVESAN, Flávia (Orgs.). *O sistema Interamericano de Proteção de Direitos Humanos e o Direito Brasileiro*. São Paulo: Revista dos Tribunais, 2000. p. 28.

[25] PIOVESAN, Flávia. *Direitos humanos e direito...* Op. cit., p. 261.

[26] TRINDADE, Antônio Augusto Cançado. *Tratado...* Op. cit., p.39-40.

[27] DULITZKY Ariel E.; GALLI Maria Beatriz. A Comissão Interamericana de direitos humanos e o seu papel central no sistema interamericano de proteção dos direito humanos In: GOMES, Luiz de; PIOVESAN, Flávia (Orgs.). *O sistema Interamericano de Proteção de Direitos Humanos e o Direito Brasileiro*. São Paulo: Revista dos Tribunais, 2000. p. 65.

remediar a situação. Após o prazo, a comissão verificará se as recomendações foram adotadas e publicará o relatório em seu boletim anual.[28]

A Corte Interamericana de Direito Humanos apresenta competência consultiva e contenciosa. No plano consultivo qualquer membro da OEA pode solicitar uma opinião consultiva (parecer) da Corte quanto à interpretação do Pacto de San José da Costa Rica ou qualquer outro tratado de direitos humanos. A interpretação que a corte efetua não é imutável, mas tende-se a altera-se conforme a mudanças e evolutivas da sociedade, o que permite a expansão dos direitos.[29]

A Corte Interamericana de Direitos Humanos (CIDH) desempenha papel fundamental na proteção dos direitos humanos no âmbito do sistema Interamericano. Em 2009, havia na CIDH 14 casos em trâmite pendente análise. Em 2010, este número passou a ser de 21,[30] demonstrando assim o aumento de grau de importância da corte, com novos casos submetidos.

Conforme artigo 61 da Convenção Interamericana de Direitos Humanos, os casos somente são passíveis de apreciação pela Corte se apresentados por um Estado ou pela Comissão, retirando assim do indivíduo a capacidade autônoma de apresentação perante a corte, cujas decisões têm caráter vinculante.

Cumpre destacar o avanço na possibilidade de participação da vítima no processo perante a Corte. No ano de 2001, houve uma revisão no seu regulamento e que passou a permitir (após a submissão do caso pela Comissão), que "as vítimas, seus parentes ou representantes podem submeter de forma autônoma seus argumentos, arrazoados e provas perante a Corte",[31] nos termos do artigo 23.1 no que segue:

> Depois de admitida a demanda, as supostas vítimas, seus familiares ou seus representantes devidamente acreditados poderão apresentar suas petições, argumentos e provas de forma autônoma durante todo o processo.[32]

O artigo 44 do Regulamento da Comissão, adotado em 1º de maio de 2001, foi alterado de forma a conferir legitimidade à Comissão para submeter casos para a Corte, na hipótese de o Estado descumprir as recomendações exaradas pela Comissão.

Essa evolução merece destaque, pois, se antes a comissão poderia de maneira discricionária e com fundo decisório político não submeter os casos à corte, esta apresentação deve ser de maneira direta, dando maior tônica jurídica ao sistema.[33]

---

[28] PIOVESAN, Flávia. *Direitos humanos e Justiça Internacional*. 5. ed. São Paulo: Saraiva, 2014, p. 154.

[29] PIOVESAN, Flávia. *Direitos humanos e direito...* p. 267.

[30] Disponível em: <http://www.corteidh.or.cr/informes.cfm>. Acesso em: 24, mar. 2012.

[31] PIOVESAN, Flávia. *Direitos Humanos e Justiça...* Op. Cit, p. 160.

[32] Corte Interamericana de Direitos Humanos Disponível em <http://www.cidh.oas.org/basicos/portugues/Viejos/w.Regulamento.Corte.htm>. Acesso em 14 de julho de 2014.

[33] PIOVESAN, Flávia. A Justicialização do sistema interamericano de proteção dos direitos humano: Impacto, desafios e perspectiva. Disponível em <http://www.internationaljusticeproject.org/pdfs/Piovesan-writing-1.pdf>. Acesso em 18/07/2014.

Sem pretender debruçar sobre os diversos desafios a serem superados pela Corte, o que este trabalho presente aborda é a real necessidade de haver uma democratização do acesso do indivíduo à sua jusrisdição de maneira particular e autônoma.

Nesse sentido, assim afirma Cançado Trindade:

El derecho de acceso a la justicia en el plano internacional es aquí entendido lato sensu como configurando un derecho autónomo del ser humano a la prestación jurisdiccional, a obtener justicia, a la propia realización de la justicia, en el marco de la Convención Americana. En efecto, el acceso directo de los individuos a la jurisdicción internacional constituye, en nuestros días, una gran conquista en el universo conceptual del Derecho, que posibilita al ser humano vindicar los derechos que le son inherentes contra las manifestaciones del poder arbitrario, dando así un contenido ético a las normas tanto del derecho público interno como del derecho internacional.[34]

Acrescentando ainda:

(...) al reconocimiento de derechos debe corresponder la capacidad procesal de vindicarlos, debiendo el individuo peticionario estar dotado de locus standi in judicio en todas las etapas del procedimiento ante el Tribunal (...)la cristalización del derecho de acceso directo (jus standi) de los individuos a la jurisdicción de la Corte Interamericana (o sea, a la justicia en el plano internacional) mediante la adopción de un Protocolo Adicional a la Convención Americana sobre Derechos Humanos con este propósito.[35]

Frise-se, porém, que não foi alterada nesta dita reformulação a possibilidade de propositura direta de uma demanda pela vítima, devendo esta ainda depender da apreciação pela Comissão e somente esta autorizada (ou um Estado parte) a demandar perante a corte.

É neste enfoque que o item seguinte pretende debruçar verificando a necessidade de reconhecimento da postulação autônoma do indivíduo tendo em vista sua condição de sujeito do direito internacional.

4. A necessidade de aperfeiçoamento do Sistema Interamericano dos Direitos Humanos

O Sistema Interamericano de Proteção aos Direitos Humanos envolve Estados marcados pela exclusão social, e que, somam-se a esse cenário, democracias em fase de consolidação, resquícios de regimes ditatoriais, e uma cultura marcada pela violência e impunidade. Tais fatores impõem à América Latina um duplo desafio: romper com um legado ditatorial e consolidar o regime democrático.[36]

O acesso à jurisdição internacional sem barreiras pode ser entendido como um passo para a democratização da justiça dos direitos humanos. Se a comissão pode ser considerada com um papel levemente jurisdicional ao receber casos de indivíduos ou entidades, pode-se então concluir que a Corte, ao limitar

---

[34] TRINDADE, Antônio Augusto Cançado; ROBLES, Manuel E. Ventura. *El Futuro de la Corte Interamericana de Derechos Humanos*. San José: Corte Interamericana de Derechos Humanos, Alto Comisionado de Naciones Unidas para los Refugiado, 2003, p. 8 e 9.

[35] Ibdem, p. 28.

[36] PIOVESAN, Flávia. *Direitos Humanos e Justiça*... Op. cit., p.148-149.

seu acesso, não possui uma função completamente jurisdicional, ensejando o déficit democrático.

Eduardo Biacchi Gomes constata que há um *déficit democrático mitigado*, quando não é assegurado o acesso do indivíduo nacional a tribunais internacionais.[37]

Sempre que o Estado ratifica a Convenção Americana de Direitos Humanos sua obrigação não é limitada ao âmbito de proteger e promover no âmbito interno os direitos humanos, mas sim, no escopo internacional, promover e ampliar a possibilidade de acesso dos indivíduos ao sistema.[38]

Ao se reconhecer a possibilidade de petição individual, os direitos humanos podem ser concretizados quanto à sua concepção primária de proteger direitos inerentes do fato da pessoa ser humana, e não subsidiários ao Estado.

O direito de petição individual deve ir além do que ocorre na sistemática americana, para reconhecer o direito de ação do indivíduo sem antes necessitar de diálogos políticos e informes de órgãos internacionais.

> La cláusula pétrea de la protección internacional de los derechos humanos atinente al acceso de los individuos (derecho de petición individual, bajo el artículo 44 de la Convención Americana) a la justicia a nivel internacional, es complementada por otra cláusula pétrea, a saber, la de la intangibilidad de la jurisdicción obligatoria del tribunal internacional – la Corte Interamericana – de derechos humanos.[39]

É de se verificar os avanços alcançados pelo sistema interamericano quanto ao reconhecimento da proteção do indivíduo enquanto sujeito de direito internacional, destacando os seguintes fatos presentes na convenção americana:

> En lo que concierne a las disposiciones convencionales relevantes, podría destacar las siguientes: a) los artículos 44 y 48(1)(f) de la Convención Americana se prestan claramente a la interpretación en favor de los individuos peticionarios como parte demandante; b) el artículo 63(1) de la Convención se refiere a "parte lesionada", la cual sólo puede significar los individuos (y jamás la CIDH); c) el artículo 57 de la Convención señala que la CIDH "comparecerá en todos los casos ante la Corte", pero no especifica en qué condición, y no dice que la CIDH es parte; d) el propio artículo 61 de la Convención, al determinar que sólo los Estados Partes y la CIDH pueden someter un caso a la decisión de la Corte, no habla de "partes"; e) el artículo 28 del Estatuto de la Corte señala que la CIDH "será tenida como parte ante la Corte" (o sea, parte en un sentido puramente procesal), pero no determina que efectivamente "es parte".[40]

A possibilidade de acesso direito da vítima a uma jurisdição internacional não é somente necessária, mas imprescindível para dar as partes equilíbrio de armas no âmbito processual:

---

[37] Em seu artigo, é feita referência aos tribunais internacional não abrangendo os protetivos dos direitos humanos, porém, negando acesso direito à corte o mesmo déficit de democrático é verificado. GOMES, Eduardo Biacchi. Integração Econômica no Mercosul: opiniões consultivas e a democratização no acesso ao Tribunal Permanente de Revisão. *Revista de Direito Internacional*, v. 1, 2013, p. 130.

[38] CAMBIAGHII, Cristina Timponi; VANNUCH, Paulo. *Sistema Interamericano de Direitos Humanos (SIDH)*: reformar para fortalecer. Lua Nova, São Paulo, n. 90, Dec. 2013. Disponível em: <http://dx.doi.org/10.1590/S0102-64452013000300006 >. Acesso em 18, jul. 2014.

[39] TRINDADE, Antônio Augusto Cançado. *Las Cláusulas Pétras...* Op. cit., p. 34.

[40] TRINDADE, Antônio Augusto Cançado. *Bases...* Op. cit., p. 21.

> El derecho de acceso a la justicia internacional debe hacerse acompañar de la garantía de la igualdad procesal de las partes (equality of arms/égalité des armes), en el procedimiento ante el órgano judicial, elemento esencial a cualquier mecanismo jurisdiccional de protección de los derechos humanos, sin el cual estará el mecanismo en cuestión irremediablemente mitigado.[41]

A evolução aqui demonstrada como necessária, aponta para a necessidade de reconhecimento do acesso direito do indivíduo à jurisdição internacional, qual seja, a Corte Interamericana de direitos humanos.

Em comparação ao Sistema Europeu, esse esperou 48 anos desde a adoção e entrada em vigor da Convenção Europeia de Direitos Humanos, até a superação de dogmas arcaicos e o reconhecimento via protocolo facultativo n. 11 para o reconhecimento do acesso direito do sujeito à Corte.[42]

Não se deve, entretanto, deixar de lado a consequência do aumento da possibilidade de acesso à jurisdição internacional no âmbito da SIDH, qual seja o aumento de número de casos. Uma mudança desta natureza afetaria sobremaneira a acumulação de demandas levando à barreira na concretização eficiente da promoção da justiça, refletindo a Corte os problemas experimentados pelos países: a demora do procedimento.[43]

A possibilidade de participação da suposta vítima, dos seus familiares e dos interessados em todo o processo na Corte é consequência lógica do procedimento adotado neste sistema, porém, um passo à frente no reconhecimento da capacidade processual autônoma é o necessário para garantir de melhor efetividade na proteção dos direitos humanos.

5. Considerações finais

De início, cumpre destacar que, apesar da perspectiva aqui apresentada quanto à necessidade de aprimoramento do sistema quanto ao peticionamento individual, não se deve qualificar o referido sistema como falho ou incompleto, ao contrário, a comissão e a corte atuam de maneira incontestavelmente eficiente quanto à proteção dos direitos humanos.

O Sistema Interamericano vem ao longo da sua existência observando a proteção do sujeito desde sua criação, aprimorando seu regulamento para, garantindo ao menos a participação da suposta vítima ou familiares, do curso do processo, poder se manifestar e fazer requerimentos, abrangendo então um tripé de partes processuais.

Contudo, o que resta demonstrado aqui é que os avanços ainda são insuficientes quando está em jogo a proteção do indivíduo em sua dignidade, no momento em que para ter acesso a uma jurisdição internacional de proteção, deve-se passar anteriormente pelo crivo deliberativo da Comissão.

---

[41] TRINDADE, Antônio Augusto Cançado. *Las Cláusulas Pétras...* Op. cit., p. 35.

[42] Ibidem, p. 21.

[43] CAMBIAGHII, Cristina Timponi; VANNUCH, Paulo. Op. cit., p. 68.

O reconhecimento da jurisdição internacional como instância apta a resolver conflitos se dá à medida que há uma democratização no acesso à justiça internacional.

Mais do que a observância da pessoa enquanto sujeito internacional no âmbito dos direitos humanos, o aperfeiçoamento da sistemática regional de proteção é de grande valia principalmente para a consolidação da democracia e da cidadania no espaço latino.

Referências bibliográficas

BOBBIO, Norberto. *A Era dos Direitos*. Rio de Janeiro: Campus, 1992.

CAMBIAGHII, Cristina Timponi; VANNUCH, Paulo. Sistema Interamericano de Direitos Humanos (SIDH): reformar para fortalecer. *Lua Nova*, São Paulo, n. 90, Dec. 2013. Disponível em: <http://dx.doi.org/10.1590/S0102-64452013000300006 >. Acesso em 18, jul. 2014.

COELHO, Rodrigo Meirelles Gaspar. *Proteção internacional dos direito humanos*: A Corte Interamericana e a Implementação de suas Sentenças no Brasil. Curitiba, Juruá, 2008.

COMPARATO, Fábio Konder. *A Afirmação Histórica dos Direitos Humanos*. São Paulo: Saraiva, 1999.

DULITZKY Ariel E.; GALLI Maria Beatriz. A Comissão Interamericana de direitos humanos e o seu papel central no sistema interamericano de proteção dos direito humanos In: GOMES, Luiz de; PIOVESAN, Flávia (Orgs.). *O sistema Interamericano de Proteção de Direitos Humanos e o Direito Brasileiro*. São Paulo: Revista dos Tribunais, 2000.

FACHIN, Melina Girardi. *Fundamentos dos direitos humanos*: teoria e práxis na cultura da tolerância. Rio de Janeiro: Renovar, 2009, p. 58.

FRENEDA, Eduardo Gomes. Da internacionalização dos Direitos humanos e da Soberania compartilhada. In: Flávia PIOVESAN (Coord.) *Direitos Humanos*. Curitiba, Juruá, 2006.

KELSEN, Hans. *Pure Theory of Law*. Tradução de Max Knight. Los Angeles: University of California, press, 1967.

LAFER, Celso. *A reconstrução dos direitos humanos*: Um diálogo com o pensamento de Hannah Arendt. São Paulo: Companhia das Letras,1991.

PIOVESAN, Flávia. *Direitos humanos e direito constitucional internacional*. São Paulo: Saraiva, 2010.

——. *Direitos Humanos e Justiça Internacional*. 5. ed. São Paulo: Saraiva, 2014

——. *Temas de Direitos Humanos*. 2. ed. São Paulo: Saraiva, 2003.

——. Introdução ao Sistema Interamericano de Proteção dos Direitos Humanos: a Convenção Americana de Direitos Humanos In: GOMES, Luiz de; PIOVESAN, Flávia (Orgs.). *O sistema Interamericano de Proteção de Direitos Humanos e o Direito Brasileiro*. São Paulo: Revista dos Tribunais, 2000.

SILVA, Fernanda D. L. Lucas da. *Fundamentando os Direitos Humanos: Um Breve Inventário*. In: TORRES, Ricardo Lobo; (Org.). Legitimação dos Direitos Humanos. Rio de Janeiro: Renovar, 2002.

TRINDADE, Antônio Augusto Cançado. Bases para un proyecto de Protocolo a la Convención Americana sobre Derechos Humanos, para fortalecer su mecanismo de protección. 2 ed. Vol 2. Costa Rica: Corte Interamericana de Derechos Humanos, 2003, p. 16

——. *Direito das organizações internacionais*. 3 ed. Belo Horizonte: Del Rey, 2003.

——. Las Cláusulas Pétras de la Protección Internacional del ser Humano: El acesso directo de los individuos a la justicia a nivel internacional y la intagibilidad de la jurisdicción obgligatoria de los tribunales internacionales de derechos humanos. In: *El Sistema Interamericano de protección de Los Derechos en el umbral del siglo XX*. San José, Corte Interamericana de Derechos Humanos, 2003.

——. *Tratado de direito internacional dos direitos humanos*. Porto Alegre: Fabris, 1997, v. 1.

——; ROBLES, Manuel E. Ventura. *El Futuro de la Corte Interamericana de Derechos Humanos*. San José: Corte Interamericana de Derechos Humanos, Alto Comisionado de Naciones Unidas para los Refugiado, 2003.

— 3 —

Corte Interamericana de Direitos Humanos e jurisdição constitucional: judicialização e ativismo judicial em face da proteção dos direitos humanos e fundamentais?[1]

MÔNIA CLARISSA HENNIG LEAL[2]

SUMÁRIO: 1. Introdução; 2. A Jurisdição constitucional na ordem democrática: os Tribunais Constitucionais como "senhores da Constituição"; 3. Judicialização e ativismo judicial: duas faces da mesma moeda, mas não necessariamente a mesma moeda; 4. A Corte Interamericana de Direitos Humanos: a realização dos direitos humanos justifica tudo?; 5. Conclusão; 6. Referências.

1. Introdução

A jurisdição constitucional adquiriu grande relevo no contexto do Estado Constitucional, enquanto garantidora da Constituição e dos direitos fundamentais. Sua proeminência é decorrente, por sua vez, da própria centralidade e supremacia que caracterizam seus objetos de controle. Ao exercer suas com-

---

[1] Este artigo é resultante das atividades do Centro Integrado de Estudos e Pesquisas em Políticas Públicas – CIEPPP, financiado pelo FINEP e vinculado ao Programa de Pós-Graduação em Direito – Mestrado e Doutorado da Universidade de Santa Cruz do Sul – UNISC, onde a autora desenvolve o projeto de pesquisa "Controle jurisdicional de Políticas Públicas: análise comparativa da atuação do Supremo Tribunal Federal, do Tribunal Constitucional alemão e do Tribunal Europeu de Direitos Humanos no controle de políticas públicas de inclusão social e a relevância da atuação do *amicus curiae* como instrumento de legitimação dessas decisões no Brasil" na condição de coordenadora. O artigo se insere, também, no âmbito do projeto "Recepção da jurisprudência da Corte Interamericana de Direitos Humanos e sua utilização como parâmetro para o controle jurisdicional de Políticas Públicas pelos Tribunais Constitucionais do Brasil e do Chile – rumo a um Observatório da Jurisdição Constitucional Latino-Americana", que conta com recursos do Edital de Internacionalização da Pós-Graduação no Rio Grande do Sul-2013 da Fundação de Amparo à Pesquisa do Estado do Rio Grande do Sul – FAPERGS e da Fundação de Aperfeiçoamento de Pessoal de Nível Superior – CAPES. Ele também se insere no âmbito das atividades desenvolvidas junto ao "Observatório da Jurisdição Constitucional Latino-Americana", que conta com recursos do FINEP.

[2] Pós-Doutora em Direito pela Ruprecht-Karls Universität Heidelberg, na Alemanha. Doutora em Direito pela Universidade do Vale do Rio dos Sinos – Unisinos, com pesquisa realizada junto à Ruprecht-Karls Universität Heidelberg, na Alemanha. Professora do Programa de Pós-Graduação em Direito – Mestrado e Doutorado da Universidade de Santa Cruz do Sul – UNISC, onde leciona as disciplinas de Jurisdição Constitucional e Controle Jurisdicional de Políticas Públicas, respectivamente. Coordenadora do Grupo de Pesquisa "Jurisdição Constitucional aberta", vinculado ao CNPq. Bolsista de produtividade em pesquisa do CNPq. Coordenadora adjunta do Programa de Pós-Graduação em Direito – Mestrado e Doutorado da Universidade de Santa Cruz do Sul – UNISC. moniah@unisc.br.

petências, contudo, os Tribunais Constitucionais acabam, por vezes, sendo criticados e questionados acerca dos limites de sua atuação. Expressões como "judicialização" e "ativismo judicial" aparecem, então, de forma recorrente. No mesmo sentido, mais recentemente, também os Tribunais Internacionais (e, neste particular, a Corte Interamericana de Direitos Humanos) adquiriram proeminência, atuando de forma cada vez mais intensa na proteção dos direitos humanos e fundamentais. Assim, a questão que norteia o presente trabalho é se e em que medida estes referenciais de análise podem, também, ser aplicados aos Tribunais Internacionais.

Assim, o presente artigo intenta enfrentar alguns aspectos centrais a esta discussão. Seu objeto refere-se, portanto, mais a uma contribuição no sentido de qualificação do debate do que a uma busca por uma resposta direta para o problema dos limites de sua atuação. Para tanto, delineia-se, num primeiro momento, uma rápida evolução histórica acerca da jurisdição constitucional e dos aspectos que conduzem às noções de "judicialização" e de "ativismo judicial" abordadas no segundo ponto, para, então, se buscar contrastar a aplicação destes conceitos aos Tribunais Internacionais. Por fim, no último tópico, analisa-se o processo de restrição da soberania externa, ao qual a atuação dos Tribunais Internacionais está associada, contrastando-o com o fenômeno de limitação do poder que ocorreu, no âmbito interno, por meio do estabelecimento do Estado de Direito e da Constituição (reforçada pelos Tribunais Constitucionais), apontando-se algumas dificuldades teóricas e imprecisões terminológicas que as categorias trabalhadas apresentam, o que dificulta, muitas vezes, uma reflexão adequada e o estabelecimento de padrões claros de atuação para esses Tribunais.

O que se pretende, portanto, é contribuir para uma melhor compreensão destes aspectos, para que se possa qualificar e aprofundar o enfrentamento da matéria, assim como com a atuação dos Tribunais Constitucionais e dos Tribunais Internacionais em sua tarefa de concretização dos direitos humanos e fundamentais, que deve contribuir – e não colocar em risco – a democracia.

2. A Jurisdição constitucional na ordem democrática: os Tribunais Constitucionais como "senhores da Constituição"

O ativismo judicial, associado a uma postura ativa e interventiva dos Tribunais Constitucionais no sentido de realização da Constituição e de concretização dos Direitos Fundamentais, tem sido um dos aspectos mais controversos e discutidos pela Teoria Constitucional contemporânea, especialmente no que tange à sua legitimidade democrática, em face de uma – suposta – violação do princípio da separação dos poderes, pois, ao tentar levar a cabo suas tarefas constitucionais, o Poder Judiciário acaba, muitas vezes, sendo acusado de invadir competências reservadas aos poderes públicos e à discricionariedade administrativa ou legislativa, atuando, assim, de forma positiva, e não meramente negativa, como originariamente era sua função.

Neste sentido, percebe-se que a atual jurisdição constitucional em nada se parece com o controle de constitucionalidade inaugurado pelo célebre caso

Marbury v. Madison[3] (1803), nos Estados Unidos, que deu, quase que "acidentalmente",[4] início ao fenômeno. John Marshall, participando do julgamento enquanto juiz, sustentou a tese de que a lei que fundamentava a ação impetrada era inconstitucional, pois ela atribuía à Suprema Corte poderes originariamente não previstos ou fixados pela Constituição, não podendo, portanto, ser a sua competência ampliada senão pela própria Constituição. Sustentou, então, a tese de que a Constituição é a base de todos os direitos e a lei suprema do ordenamento jurídico, de modo que o seu conteúdo é imodificável pelas vias ordinárias, ou seja, as demais leis têm de estar de acordo com os princípios por ela consagrados[5] – justificando-se, assim, um controle dos atos legislativos que a contrariem – porque, do contrário, aceitar-se-ia a ideia de que qualquer ato legislativo pode modificá-la.

A ideia de controle de constitucionalidade ali historicamente desenvolvida, contudo, muito pouco se assemelha com a realidade da jurisdição constitucional atual.[6]

Da mesma forma, tampouco o Tribunal Constitucional idealizado por Hans Kelsen, por ocasião de seu célebre debate com Carl Schmitt acerca de a quem melhor caberia a tarefa de zelar pela Constituição, em meio às tentativas de estabilização da República de Weimar,[7] na Alemanha, poderia imaginar no que ele viria a se transformar no atual contexto democrático.

Tal sistema, ao adotar uma lógica concentrada de controle, difere, por sua vez, da *judicial review* americana – de caráter difuso – em aspectos decisivos, pois confia a um único tribunal, o Tribunal Constitucional, a tarefa de preservar a Constituição.[8] Kelsen idealizou o controle de constitucionalidade como uma função não propriamente judicial, senão de "legislação negativa",[9] em que cabe, a este órgão, analisar tão somente o problema (puramente abstrato) de compatibilidade lógica entre a lei e a Constituição. Trata-se, por conseguinte,

---

[3] Consta dos assentos históricos que John Marshall, o "autor" da teoria da inconstitucionalidade, era amigo do então presidente americano Adams, que, no último dia de seu governo, fez um enorme número de nomeações em favor de seus correligionários; no entanto, diz-se que nem todos os beneficiários receberam seus atos de nomeação, que então foram sustados pelo novo presidente, Thomas Jefferson. Um dos prejudicados, de nome Marbury, que havia sido indicado para ser juiz de paz e não foi empossado a tempo, ingressou com um *writ of mandamus* perante a Corte para obrigar o novo secretário de Estado, Madison, a empossá-lo.

[4] Note-se, por oportuno, que a figura do controle de constitucionalidade não aparece expressamente prevista no texto da Constituição americana de 1787. Trata-se, antes, de uma construção feita a partir da Constituição. Neste sentido, ver a obra de COELHO, Sacha Calmon Navarro. *Controle da constitucionalidade das leis e do poder de tributar na Constituição de 1988*. Belo Horizonte: Del Rey, 1992. p. 72 et seq., que traz uma ampla e rica gama de informações sobre o tema.

[5] Conforme SILVA, Paulo Napoleão Nogueira da. *A evolução do controle da constitucionalidade e a competência do Senado Federal*. São Paulo: Revista dos Tribunais, 1992. p. 30.

[6] HÄBERLE, Peter. *Verfassungslehre als Kulturwissenschaft*. 2. Auflage. Berlin: Duncker & Humblot, 1982.

[7] Sobre a estrutura da jurisdição constitucional na República de Weimar, ver o resgate histórico feito por ROBBERS, Gerhard. Die historische Entwicklung der Verfassungsgerichtsbarkeit. In: *Juristische Schulung: Zeitschrift für Studium und Ausbildung (JuS)*. Heft 4. München: C.H. Beck, 1990. p. 262.

[8] A título ilustrativo, confirmando o que foi dito acima, André Ramos Tavares, em sua obra sobre a figura da jurisdição constitucional, traz um interessante levantamento das Constituições ao redor do mundo que acabaram por incorporar o sistema "kelseniano" de controle de constitucionalidade. Em: TAVARES, André Ramos. *Teoria da justiça constitucional*. São Paulo: Saraiva, 2005. p. 81 *et seq.*

[9] KELSEN, Hans. Wesen und Entwicklung der Staatsgerichtsbarkeit. In: *Veröventlichung der Vereinigung der deutschen Staatslehrer (VVDStRL)*, Band 5. Berlin: Walter Gruyter, 1929. p. 81.

de uma atividade que se aproxima da do legislador, porquanto possui uma dimensão geral e abstrata e não uma decisão singular e concreta, típica da atividade jurisdicional.[10]

Além disso, ao incumbir-se o Poder Legislativo da indicação dos seus membros, buscou-se construir, a partir do resgate da noção de *volonté générale*, uma legitimidade e legitimação indiretas para este novo órgão,[11] adotando-se, assim, uma compreensão que destaca a supremacia da Constituição, porém sem comprometer a essência do mito da soberania legislativa, tão caro ao direito continental europeu.[12] Deste modo, o Tribunal Constitucional, de concorrente do Parlamento, acaba sendo colocado como o seu complemento lógico, realizando não uma apreciação com relação ao conteúdo da lei, mas tão somente analisando a sua *validade* (daí dizer-se que ele atua como um "legislador negativo").[13]

Houve, no entanto, ao longo desse processo – especialmente no segundo pós-guerra – um afastamento, por parte dos tribunais constitucionais europeus, do modelo de controle concentrado proposto por Kelsen,[14] que passou a incorporar e adquirir novas dimensões.

A atual atividade jurisdicional desses Tribunais ultrapassa, em certa medida, a função meramente "negativa" de controle, vindo a adquirir, notadamente, uma dimensão construtiva e criativa, assentada na necessidade de concretização dos princípios e dos direitos fundamentais insculpidos nos textos das Constituições, onde figuras como as sentenças interpretativas e as sentenças manipulativas[15] tornam-se cada vez mais frequentes, assim como os

---

[10] KELSEN, Hans. *Wesen und Wert der Demokratie*. Tübingen: Mohr, 1929. p. 57.

[11] Registre-se que, na maioria dos países, a indicação dos integrantes do referido tribunal é feita pelo Parlamento, constituindo-se de mandato fixo. Ver HAAS, Evelyn. La posición de los magistrados de la Corte Constitucional Federal alemana y su significado para la vida jurídica y la sociedad. In: *Anuario de Derecho Constitucional Latinoamericano*. 10. ed. Montevideo: Konrad Adenauer, 2004. p. 104.

[12] Tal fato ganha destaque, sobretudo, na percepção de Enterría, ao se ter presente o risco que representava a adoção de um sistema de controle de constitucionalidade das leis, especialmente na Alemanha, onde as posições românticas da *Escola Livre do Direito* alimentavam uma revolta dos juízes contra a lei. Cf. ENTERRÍA, Eduardo García de. *La constitución como norma y el Tribunal Constitucional*. Madrid: Civitas, 1985. p. 58.

[13] Segundo Haltern, Kelsen concebia a sua teoria como uma forma de proteção e de defesa da democracia; ele só não respondeu, contudo, como se dá a legitimação democrática desta nova e importante instância decisional. HALTERN, Ulrich R.. *Verfassungsgerichtsbarkeit, Demokratie und Misstrauen: das Bundesverfassungsgericht in einer Verfassungstheorie zwischen Populismus und Progressivismus*. Berlin: Duncker & Humblot, 1998. p. 210.

[14] Sobre o processo de afastamento do modelo original kelseniano que marca a atuação dos Tribunais Constitucionais na Europa, ver o texto de SÁNCHEZ, José Acosta. Transformaciones de la Constitución en el siglo XX. In: *Revista de Estudios Políticos*, n. 100, abril-junio 1998. pp. 67 *et seq.*

[15] As sentenças interpretativas podem ser tidas como aquelas em que o Tribunal, para dar conta de sua tarefa de preservação e de realização da Constituição, se vale de recursos hermenêuticos e interpretativos – tais como as figuras da interpretação conforme à Constituição e da nulidade parcial sem redução de texto – para assegurar a constitucionalidade dos dispositivos legais questionados. Já no caso das chamadas sentenças manipulativas (aditivas, redutivas ou substitutivas) o Tribunal, com a mesma finalidade de assegurar a conformidade de determinada norma com a Constituição, prefere manipulá-la textualmente, isto é, altera o seu texto original (acrescentando, retirando ou substituindo, respectivamente, conforme o caso) evitando, assim, a declaração de inconstitucionalidade. Sobre as sentenças interpretativas e manipulativas, ver o nosso texto LEAL, Mônia Clarissa Hennig Leal. Interpretação conforme à Constituição x nulidade parcial sem redução de texto: semelhanças, diferenças e reflexão sobre sua operacionalização pelo Supremo Tribunal Federal. In: REIS, J. R. dos; LEAL, R. G. *Direitos sociais e políticas públicas: desafios contemporâneos*. Santa Cruz do Sul: Edunisc, 2006, Tomo 6, pp. 1563-1586. Também ABELLÁN, Marina Gascón. Los límites de la

recursos a instrumentos hermenêuticos que viabilizem e instrumentalizem a tarefa de realização e de garantia dos direitos fundamentais, ainda que isto implique uma transposição das funções que tradicionalmente lhe foram reservadas.

Diante de tal quadro, não tardaram as críticas ao que se convencionou chamar de "ativismo judicial", estando a maioria delas assentada no argumento do paternalismo[16] representado pela jurisprudência de valores incorporada por esses Tribunais, que passam a ser, na designação de Böckenförde,[17] os "senhores da Constituição" (*Herren der Verfassung*).

Não se pode, contudo, confundir ativismo e judicialização, fenômenos que, frequentemente, são tomados como sinônimos, mas que, apesar de serem duas faces da mesma moeda, possuem fundamentos distintos, sendo que esta "confusão" terminológica em nada contribui para uma reflexão adequada acerca do tema e de suas implicações no âmbito da legitimidade da jurisdição constitucional. Em face disso, tentar-se-á, no tópico que segue, analisar estes dois conceitos em suas causas e particularidades, contrastando-os, a fim de que possam ser melhor compreendidos e, consequentemente, seja possível uma apreciação crítica mais consistente acerca de cada um deles.

3. Judicialização e ativismo judicial: duas faces da mesma moeda, mas não necessariamente a mesma moeda

Quando se discutem as funções e a atuação da jurisdição constitucional no atual contexto democrático, são recorrentes as referências a fenômenos como "judicialização" e "ativismo judicial". Em que pese frequentemente serem empregadas de forma vinculada ou como sinônimos, ambas não podem ser confundidas, pois possuem características e causas distintas.

A judicialização consiste no resultado de um processo histórico, típico do constitucionalismo democrático, que tem por base, notadamente, múltiplos fatores, tais como a centralidade da Constituição e sua força normativa, associada a aspectos como o caráter principiológico, a supremacia e a dimensão objetiva dos direitos fundamentais (que, ao tomá-los como vinculantes, resulta

---

jurisdicción constitucional. In: LAPORTA, Francisco (org.). *Constitución: problemas filosóficos*. Madrid: Centro de Estudios Políticos y Constitucionales, 2003; ELIA, Leopoldo. Constitucionalismo cooperativo, racionalidad y sentencias aditivas en la jurisprudência italiana sobre control de normas. In: PINA, António López. *División de poderes e interpretación: hacia una teoría de la praxis constitucional*. Madrid: Tecnos, 1987. No Brasil, a temática é enfrentada por MENDES, Gilmar Ferreira. *Jurisdição constitucional: o controle abstrato de normas no Brasil e na Alemanha*. 2. ed. São Paulo: Saraiva, 1998 e STRECK, Lenio Luiz. Os meios e acesso do cidadão à jurisdição constitucional, a Argüição de Preceito Fundamental e a crise de efetividade da Constituição brasileira. In: SOUZA CRUZ, Álvaro Ricardo de (org.). *Hermenêutica e jurisdição constitucional*. Belo Horizonte: Del Rey, 2001.

[16] Neste sentido, destaca-se, por exemplo, a obra de MAUS, Ingeborg. O Judiciário como superego da sociedade – sobre o papel da atividade jurisprudencial na "sociedade órfã". Tradução de Martonio Mont'Alverne Barreto Lima e Paulo Menezes Albuquerque. In: *Novos Estudos*, n. 58. São Paulo: CEBRAP, novembro de 2000. pp. 183-202. Também DENNINGER, Erhard. *Der gebändigte Leviathan*. Baden-Baden: Nomos, 1990.

[17] A expressão aparece em diferentes momentos da obra do autor, como, por exemplo, em BÖCKENFÖRDE, Ernst-Wolfgang. Begriff und Probleme des Verfassungsstaates. In: *Staat, Nation, Europa*: Studien zur Staatslehre, Verfassungstheorie und Rechtsphilosophie. Frankfurt a. M.: Suhrkamp, 1999. p. 132.

em conceitos como a *Austrahlungswirkung*[18] e a *Drittwirkung*[19]), que, somados, conduzem a uma ampliação e a uma transformação da natureza da atuação da jurisdição constitucional, conforme já referido no item anterior. Sua principal característica reside, portanto, num protagonismo do Judiciário, que resulta de uma confluência de fatores que conduzem a uma transferência de decisões estratégicas sobre temas fundamentais (tradicionalmente reservadas à esfera política e deliberativa) a este Poder, fazendo com que o direito seja, cada vez mais, um direito judicial, construído, no caso concreto, pelos magistrados.[20]

Neste sentido, o constitucionalista norte-americano Mark Tushnet,[21] em instigante artigo, faz uma interessante reflexão acerca das dificuldades hermenêuticas e pragmáticas que a referida expressão traz, especialmente em face da inexistência de critérios possíveis e minimamente claros para se estabelecer quando uma decisão é "ativista" ou não (aliás, o autor tenta demonstrar, com base em uma série de exemplos, que, para se determinar o que significa ser "ativo", é preciso, antes, que se estabeleçam os padrões e critérios do que seria o considerado padrão "normal" de julgamento, aspecto que igualmente se afigura impossível, em face da abertura interpretativa que caracteriza o direito – e especialmente o direito constitucional – atual). Assim, o conceito do que é considerado "ativo" é relativo e variável, dependendo do referencial de análise adotado (ou considerado "normal"), que, por sua vez, também é relativo, pois pressupõe uma atividade interpretativa, que varia no tempo e no espaço.[22]

---

[18] SCHLINK, Bernhard. Die Entthronung der Staatsrechtswissenschaft durch die Verfassungsgerichtsbarkeit. In: *Der Staat. Zeitschrift für Staatslehre, öffentliches Recht und Verfassungsgeschichte*, Band 28. Berlin: Dunkker & Humblot, 1989.

[19] SCHWABE, Jürgen. *Die sogenannte Drittwirkung der Grundrechte.* Zur Einwirkung der Grundrechte auf den Privatsrechtverkehr. München: Goldmann, 1971.

[20] A inovação não reside, aqui, na compreensão da jurisprudência como fonte do Direito, mas sim em sua relevância e fundamentalidade, pois ela passa, neste processo, de fonte supletiva a elemento central de conformação da ordem jurídica, pois a atuação do magistrado, no caso concreto, se afigura como determinante para a conformação do direito, por meio de uma atividade criativa, construtiva, de integração do texto normativo com a realidade. Percebe-se, portanto, uma transformação na compreensão da atividade interpretativa (associada à virada linguística e à chamada "Nova Hermenêutica"), bem como uma transformação do próprio Direito, que, ao adquirir um caráter principiológico e valorativo, vinculado, notadamente, aos direitos fundamentais, demanda uma atuação diferenciada do julgador na sua conformação e concretização. É nesta perspectiva, portanto, que se pode falar de uma certa aproximação entre os sistemas do *common law* (jurisprudencial) e da *civil law* (legalista), pois este último vem, progressivamente, reconhecendo maior espaço e relevância à atividade jurisdicional, vinculada à aplicação do direito – ainda que legislado – ao caso concreto. Sobre a viragem lingüística e seus reflexos na interpretação, HEIDEGGER, Martin. *Sein und Zeit.* 16. Auflage. Tübingen: Niemeyer, 1986 e GADAMER, Hans-Georg. *Warheit und Methode: Grundzüge einer philosophischen Hermeneutik.* Tübingen: Mohr, 1972. A respeito da "Nova Hermenêutica" e da jurisprudencialização do direito, ver KOCH, Hans-Joachim. Die Begründung von Grundrechtsinterpretationen. In: *Europäische Grundrechte Zeitschrift (EuGRZ)*, Heft 11/12, 30. Juni 1986; ISENSEE, Josef. Bundesverfassungsgericht – quo vadis? In: *Juristen Zeitung (JZ)*, 22. November 1996; também CITTADINO, Gisele Guimarães. Judicialização da política, constitucionalismo democrático e separação de poderes. In: VIANNA, Luiz Werneck (Org.). *A democracia e os três poderes no Brasil.* Belo Horizonte: Editora UFMG; Rio de Janeiro: IUPERJ/FAPERJ, 2002. pp. 17-42.

[21] TUSHNET, Mark. The United States of America. In: DICKINSON, Brice. *Judicial activism in Common Law Supreme Courts.* New York: Oxford University Press, 2007. pp. 415-436.

[22] HÄBERLE, Peter. Zeit und Verfassung (1974) mit Nachtrag (1978). In: *Verfassung als öffentlicher Prozess*: Materialen zu einer Verfassungstheorie der offenen Gesellschaft. 3. Auflage. Berlin: Duncker & Humblot, 1998. pp. 59-92.

4. A Corte Interamericana de Direitos Humanos: a realização dos direitos humanos justifica tudo?

Para que se possa compreender adequadamente o tema da atuação dos Tribunais Internacionais, se faz necessário, primeiro, analisar alguns aspectos históricos relacionados ao seu surgimento e atuação, que, em certa medida, são muito próximos daqueles que caracterizam a figura da jurisdição constitucional, já mencionada, porém com alguns traços distintivos.

Neste sentido, um aspecto importante a ser considerado reside na compreensão da noção de soberania, que adquiriu, em sua acepção moderna, associada à figura do Estado, dimensões distintas no âmbito interno e no âmbito externo.

A soberania aparece associada a uma ideia de supremacía, de um poder que não está submetido a qualquer outro, seja no âmbito interno, seja no âmbito externo (nas relações do Estado soberano com os demais Estados, também soberanos, pois especialmente aí não há nenhum poder superior – todos são iguais em suas prerrogativas, não se admitindo qualquer ingerência).

A ideia de poder soberano, reconhecido aos monarcas absolutistas, tem como característica a superioridade do poder régio sobre qualquer outro dentro do território no qual se assenta o seu domínio. Os monarcas são soberanos porque não há nenhuma força que os vincule, assim como os conflitos externos entre as diferentes soberanias se resolvem por meio da força ou por meio do consenso recíproco, isto é, também sem a intervenção de qualquer poder "superior".[23]

Além disso, como bem adverte Ferrajolli: "com a consolidação dos Estados nacionais e com sua plena autonomização dos vínculos ideológicos e religiosos, que haviam cimentado a *civitas christiana* (nação cristã) sob a égide da Igreja e do Império, cai todo e qualquer limite à soberania estatal e se completa, com sua plena secularização, sua total absolutização. Estes dois processos – secularização e absolutização – envolvem ambas as dimensões da soberania, a externa e a interna, e compõem um todo com a formação da ideia moderna do Estado como pessoa artificial, fonte exclusiva do direito e, ao mesmo tempo, livre do direito".[24]

Significa dizer que, ao mesmo tempo em que o discurso do Estado Nacional e da soberania produziram uma monopolização da força na ordem interna, produziram, na ordem externa, uma descentralização – marca distintiva do Direito Internacional desde então – já que, com a conformação do poder em bases territoriais, se produz uma horizontalização das relações entre Estados com igual soberania.

Assim, a afirmação dos Estados-Nação por meio da centralização do poder teve, antes de mais nada, uma dimensão interna: quem exerce o poder

---

[23] CAPELLA, Juan Ramón. *Os cidadãos servos*. Tradução de Lédio Rosa de Andrade e Têmis Correia Soares. Porto Alegre: Sergio Antonio Fabris, 1998. p. 116.

[24] FERRAJOLLI, Luigi. *A soberania no mundo moderno*. Tradução de Carlo Coccioli e Márcio Lauria Filho. São Paulo: Martins Fontes, 2002. p. 16-17.

soberano é detentor do exercício legítimo do poder supremo, a autoridade máxima e absoluta da comunidade política, o que conduz, em última análise, a uma monopolização do uso legítimo da força por parte das autoridades centrais. Em contrapartida, no âmbito externo, a soberania passou a significar a inexistência de qualquer poder politicamente superior ao do Estado no espaço do respectivo território.[25]

Daí se pode depreender que a orden jurídica internacional surgiu, já, baseada numa noção de sociedade (em oposição a uma noção de comunidade, baseada em valores compartilhados), caracterizada pela existência de relações horizontais de coordenação, de natureza eminentemente contratual.

Com relação a estes conceitos se pode, por sua vez, buscar em Émile Durkheim a distinção entre direito repressivo (associado a uma noção de solidariedade mecânica, que liga o individuo diretamente à sociedade) e direito restitutivo (assentado em uma noção de solidariedade orgânica, que tem como pressuposto a diferenciação entre os indivíduos), respectivamente.

Transpondo-se esta reflexão para a órbita do direito internacional, é possível perceber que é exatamente esta última a característica originariamente adotada pela comunidade de Estados, na esfera externa, a partir da conformação de sua soberania interna. Na perspectiva externa, os Estados se apresentam como verdadeiras fortalezas, fechadas, protegidas pelo princípio da não ingerência. Poderia haver, alternativamente, uma luta entre soberanias, isto é, a guerra (uma eventualidade regulada – e, portanto, não necessariamente proibida – pelo direito internacional), bem como a coexistência de distintas soberanias mediante a criação de relações horizontais e paritárias disciplinadas por normas de cuja criação haviam participado livremente os próprios Estados (os Tratados Internacionais e os costumes). Estava, em contrapartida, excluída – porque isto confrontaria com a sua natureza soberana – a possibilidade de uma autoridade superior, à qual os Estados tivessem que se submeter (um governo supranacional ou até mundial).[26]

Trata-se, assim, de um direito restitutivo, e não repressivo, de relações pautadas não pelo compartilhamento de sentimentos comuns, mas pelo respeito à diferença e à autonomia de cada um de seus sujeitos, que se obrigam por meio de contratos – neste caso, os Tratados – em que restam garantidas as prerrogativas de autodeterminação das partes. O principal escopo é, portanto, assegurar as esferas de atuação e de não intervenção de cada Estado.

É possível sustentar, por conseguinte, que a noção de soberania se apresenta em duas perspectivas distintas, que, historicamente, seguiram lógicas também distintas: uma interna, que tendeu a ser restringida ao longo do tempo, especialmente em virtude da instituição da noção de Estado de Direito de

---

[25] PUREZA, José Manuel. *El patrimonio común de la humanidad:* ¿hacia un derecho internacional de la solidariedad? Traducción de Joaquín Alcaide Fernández. Madrid: Trotta, 2002. p. 31-32. Segundo a historiografia internacionalista, remonta à Paz de Westfalia (1648), que pôs fim à Guerra dos Trinta Anos, o surgimento da estrutura da comunidade internacional na forma que permaneceu até o surgimento da Organização das Nações Unidas (ONU), em 1945. Cf. CASSESE, Sabino. *La crisis del Estado.* Traducción de Pascual Caiella y Juan González Moras. Buenos Aires: Abeledo-Perrot, 2003.

[26] ZAGREBELSKY, Gustavo. *El derecho dúctil.* Traducción de Marina Gascón. Madrid: Trotta, 1999. p. 10-11.

da própria Constituição, e outra externa – na relação com os demais Estados – que, em um primeiro momento, tendeu a absolutizar-se.[27]

Esta é a concepção de Ferrajolli, que sustenta que a ideia de soberania como *potestas* absoluta *superiorem non recognoscens* corresponde a dois eventos paralelos e divergentes: aquele da soberania interna, que é a história de sua progressiva limitação e dissolução paralelamente à formação dos Estados Constitucionais e Democráticos de Direito; e aquele da soberania externa, que é a história de sua progressiva absolutização, que alcançou seu ápice na primeira metade do Século XX, com as catástrofes provocadas pelas guerras.[28]

A noção de soberania abarca, portanto, acepções que consistem em processos que se dão em sentidos opostos.[29] Dentro deste contexto, a primeira a ser teorizada foi a soberania externa, por teólogos espanhóis, ainda no Século XVI,[30] antes mesmo das doutrinas acerca da soberania interna propostas por Bodin e por Hobbes. Depois, Francisco de Vitoria, visando a legitimar o direito de descoberta, acabou por reelaborar as velhas doutrinas sobre o tema, lançando as bases para o Direito Internacional moderno e, simultaneamente, do conceito moderno de Estado como sujeito soberano.

O núcleo central de sua tese reside na ideia de que a ordem mundial é uma *communitas orbis*, ou seja, uma república de Estados soberanos, igualmente livres e independentes, portadores de determinados direitos naturais que devem ser respeitados pelos demais Estados.

Já na esfera interna, verificou-se uma progressiva limitação do conceito, uma vez que "com a *Declaração dos Direitos do Homem e do Cidadão*, de 1789, e depois com sucessivas cartas constitucionais, muda a forma do Estado e, com ela, muda, até se esvaziar, o próprio princípio da soberania interna. De fato, divisão dos poderes, princípio de legalidade e direitos fundamentais correspondem a tantas outras limitações e, em última análise, a negações da soberania interna".[31]

Existem, pois, segundo o autor italiano, uma antinomia irredutível entre soberania e direito, já que ambos são "incompatíveis" em termos absolutos.

---

[27] "Se soberania é poder absoluto, que não reconhece nenhum outro acima de si, historicamente o que se viu, nos últimos quatro séculos, foi, no interior dos Estados, a crescente dissolução da soberania e a afirmação dos Estados Democráticos e constitucionais e, externamente, a progressiva absolutização do conceito." CAMPILONGO, Celso Fernandes. Apresentação. In: FERRAJOLLI, Luigi. *A soberania no mundo moderno.* Tradução de Carlo Coccioli e Márcio Lauria Filho. São Paulo: Martins Fontes, 2002. Hoje, contudo, em face do direito internacional, este conceito tende a se relativizar.

[28] FERRAJOLLI, Luigi. *A soberania no mundo moderno.* Tradução de Carlo Coccioli e Márcio Lauria Filho. São Paulo: Martins Fontes, 2002. p. 03.

[29] "Essa dúplice oposição entre estado civil e estado de natureza dá origem, a partir da Revolução Francesa, a duas histórias paralelas e opostas da soberania: a de uma progressiva limitação interna da soberania, no plano do direito estatal, e a de uma progressiva absolutização externa da soberania, no plano do direito internacional. (...) Soberania externa e soberania interna seguem nessa fase dois percursos inversos: aquela se limita tanto quanto esta se liberta". Ibidem. p. 27.

[30] Alguns elementos históricos apontam, conforme entendimento de certos autores, para a necessidade de justificação da conquista e da dominação do Novo Mundo, com as grandes navegações, como fator propulsor dessas teorias – entre elas a de Francisco de Vitória – que acabaram obtendo enorme reconhecimento.

[31] Assim, ainda conforme o autor, "o modelo de Estado de Direito, por força do qual todos os poderes ficam subordinados à lei, equivale à negação da soberania, de forma que dele resultam excluídos os sujeitos ou os poderes *legibus soluti*". Ibidem. p. 28.

Em um Estado de Direito, onde todos estão sujeitos à lei, não é possível falar-se em um poder livre, não submetido à ordem legal, dissolvendo-se, assim, a noção pura de soberania.[32]

Na esfera internacional, este processo se dá, por sua vez, a partir do surgimento de organizações e de tratados internacionais,[33] que acabam por gerar uma verdadeira ordem supranacional. De um pacto associativo, o Direito Internacional se transforma em um pacto se sujeição, que equivale a um verdadeiro contrato social internacional, por meio do qual o Direito Internacional se modifica estruturalmente, passando de um sistema baseado em tratados bilaterais *inter partes* (homogêneas) a um verdadeiro ordenamento jurídico supra-estatal; não mais um simples pacto associativo, senão que também um *pactum subjectionis*.[34]

Pode-se vislumbrar, portanto, uma consolidação do direito repressivo de Durkheim também na esfera internacional,[35] sendo que os Estados estão, cada vez mais, limitados em sua soberania, tanto interna quanto externa.[36]

Tem-se, pois, que a atuação dos Tribunais Internacionais de Direitos Humanos corresponde, na ordem externa, à função de vinculação e de restrição da soberania que se operou no âmbito interno dos Estados com a consolidação

---

[32] "Ao menos no plano da teoria do direito, a soberania revelou-se, em suma, um pseudo-conceito ou, pior, uma categoria antijurídica. Sua crise – agora o podemos afirmar – começa justamente, tanto na sua dimensão interna quanto naquela externa, no mesmo momento em que a soberania entra em contato com o direito, dado que ela é a negação deste, assim como o direito é a sua negação. E isso, uma vez que a soberania é a ausência de limites e de regras, ou seja, é o contrário daquilo em que o direito consiste". Ibidem. p. 44.

[33] Especialmente a Organização das Nações Unidas (ONU), criada em 1945, após o término da II Guerra Mundial, e que possui certa função de supranacionalidade e de vinculação dos Estados – ainda que alguns eventos internacionais recentes, especialmente a invasão do Iraque pelos Estados Unidos, tenham colocado em risco este papel. Não se pode negar, contudo, que houve, desde então, um progressivo processo de internacionalização do Direito, principalmente com base nos direitos humanos e fundamentais. Tanto que alguns autores, como é o caso de Jorge Miranda, sustentam a supremacia da legislação internacional relativa ao tema sobre as legislações internas dos países, em uma inversão da tradicional pirâmide que tinha em seu ápice a lei constitucional de cada Estado. Nesta perspectiva, o próprio caso do Brasil é paradigmático, pois a Constituição de 1988 estabelece, em seu art. 5º, § 2º, que os direitos e garantias nela expressos não excluem outros, decorrentes do regime e dos princípios por ela adotados, ou dos tratados internacionais em que a República Federativa do Brasil seja parte. Trata-se, assim, de uma inquestionável sujeição à ordem internacional, refletida pela adoção da teoria monista, como se pode depreender da leitura da obra de PIOVESAN, Flávia. *Direitos Humanos e o direito constitucional internacional.* São Paulo: Max Limonad, 1996. p. 111.

[34] FERRAJOLLI, Luigi. *A soberania no mundo moderno.* Tradução de Carlo Coccioli e Márcio Lauria Filho. São Paulo: Martins Fontes, 2002. p. 40-41.

[35] PUREZA, José Manuel. *El patrimonio común de la humanidad*: ¿hacia un derecho internacional de la solidariedad? Traducción de Joaquín Alcaide Fernández. Madrid: Trotta, 2002. p. 25.

[36] Crise que Bolzan de Morais denomina de *crise funcional.* O que se verifica atualmente é, conforme o autor, uma interdependência internacional, determinada por fatores políticos, econômicos e/ou militares, que leva a uma ideia de cooperação jurídica, mais do que a um reforço das concepções tradicionais de soberania. Por mais que sua ideia persista, ela foi profundamente transformada, em razão de uma série de fatores, tais como: comunidades supranacionais; capitalismo financeiro (empresas transnacionais que não possuem qualquer vínculo com os países em que estão localizadas, impondo determinadas atitudes aos Estados, assim como afetando diretamente sua economia); Organizações Não Governamentais – ONGs (que atuam em setores variados, sendo que seus relatórios podem trazer reconhecimento ou repúdio no nível internacional); novas relações sociais (grupos sociais, como sindicatos e organizações), que passaram a produzir e a impor determinadas decisões; organismos internacionais (que possuem casos de intervenção direta, além de atuações determinadas por alguns Estados dominantes). MORAIS, Jose Luís Bolzan de. *As crises do Estado e da Constituição e a transformação espacial dos Direitos Humanos.* Porto Alegre: Livraria do Advogado, 2002. p. 23 e ss.

do Estado de Direito, da Constituição e, mais tarde, dos Tribunais Constitucionais encarregados de sua guarda.

Também eles sofrem, por conseguinte, os influxos das causas do processo de judicialização referido no tópico anterior, vinculadas, sobretudo, à proteção dos direitos humanos, que ganhou força, na esfera internacional, com a tendência de criação de Tribunais e de Cortes Internacionais,[37] encarregadas de aplicar e de julgar os casos em que esteja configurada uma violação de tais direitos por parte dos Estados-membros, avançando-se com relação às meras Declarações, desprovidas de caráter constitutivo.

Nesta perspectiva, também o fenômeno do ativismo judicial pode ser aplicada às Cortes Internacionais. Um ilustrativo exemplo disso reside na decisão da Corte Interamericana de Direitos Humanos, que, invocando os direitos das vítimas do Regime Militar, decidiu, em dezembro de 2010, condenar o Brasil a indenizar as famílias em virtude do sofrimento causado pela falta de investigações efetivas, assim como pela negativa de acesso a essas informações por parte do Estado. Determinou, ainda, que o país deve processar e julgar, penalmente – por meio da justiça ordinária, comum – os responsáveis por tais atos.[38]

O que ocorre é que, assim como há ocorrido em outros países da América Latina (como Chile e Argentina, por exemplo), o Supremo Tribunal Federal havia, poucos meses antes, julgado constitucional a Lei da Anistia, entendendo que ela abarca todos os crimes praticados por ocasião do regime ditatorial (incluídos, aí, os crimes comuns, como homicídio, tortura, sequestro e estupro), havendo este, inclusive, sido o principal argumento sustentado pela defesa do Brasil por ocasião de seu julgamento internacional.

Por fim, a Corte Interamericana de Direitos Humanos determinou que o país deveria criar políticas públicas de resgate da verdade e da memória, incluindo, em suas ações, a participação e o acesso das famílias das vítimas,[39] ou seja, impondo ações em campos tradicionalmente reservados à ação política, intervindo, assim, diretamente, em matéria própria da soberania do país.

Neste contexto, a pergunta que se põe é até que ponto a realização dos direitos das vítimas pela Corte pode "invadir" espaços de autodeterminação dos Estados. Quais são, então, os limites de sua atuação? A determinação de que o país deve indenizar as famílias das vítimas parece adequada às competências da Corte no julgamento do caso, porque se trata da apreciação de fatos específicos, que envolvem a violação de determinados direitos humanos e fundamentais por parte do Estado, que, em sua Constituição, reconhece e se submete à jurisdição dos Tribunais Internacionais.[40] Mas pode a Corte determinar ao

---

[37] São exemplos, aqui, a Corte Interamericana de Direitos Humanos, o Tribunal Penal Internacional, a Corte Internacional de Justiça de Haia, o Tribunal Europeu de Direitos Humanos, entre outros.

[38] Corte Interamericana de Derechos Humanos. *Caso Gomes Lund y otros ("Guerrilha do Araguaia") vs. Brasil*, juzgado en 24 de noviembre de 2010.

[39] A proposta de criação de uma "Comissão da Verdade" foi aprovada pelo Parlamento brasileiro em setembro de 2011, dando início, assim, depois de mais de vinte anos, ao processo de investigação e de conhecimento dos fatos ocorridos. Apesar da aprovação legislativa, contudo, a referida Comissão somente foi nomeada, pela Presidenta da República, no final de maio de 2012.

[40] A Constituição brasileira de 1988 deixa evidente, em sua redação, em diferentes momentos, a preocupação com a dignidade humana e com a proteção e prevalência dos direitos humanos e sua efetividade, como por

Estado que implemente determinadas políticas públicas, impondo uma série da ações a diferentes órgãos estatais e em diferentes níveis? Poderia esta atuação ser caracterizada, então, como ativista?

O problema é que "ativismo judicial" é um termo tão aberto quanto as normas de princípio garantidoras de direitos fundamentais contidas nos textos constitucionais; o conceito do que é considerado "ativo" é relativo e variável, pois demanda, sempre, também ele, uma atividade interpretativa que não possui *standards* definidos, que variam no tempo e no espaço.

Ainda que se estabeleçam parâmetros a esta atuação (como, por exemplo, que os Tribunais – Constitucionais e Internacionais, respectivamente – não podem invadir as competências próprias dos demais Poderes ou a soberania dos Estados), também os limites e competências de cada um dos Poderes, assim como a noção de soberania, são conceitos abertos, carentes de interpretação. Além disso, a extensão de até onde podem ir os Tribunais depende e varia de acordo com a própria concepção de interpretação adotada.[41]

Está-se, assim, diante de uma sequência de conceitos abertos, de maneira que a fixação de limites de atuação para os Tribunais demanda, ela mesma, uma ponderação, que permite diferentes respostas, dependendo de algumas variantes (aspectos históricos de conformação de determinada sociedade, o sistema constitucional de competências adotado, o funcionamento das instituições, etc.).

Diante da vagueza dos conceitos trabalhados, uma coisa, contudo, é certa: os Tribunais devem contribuir, e não colocar em risco, a democracia; estes limites, entretanto, não são claros e estão (devem estar) – permanentemente – abertos à discussão e ao debate.

5. Conclusão

Diante de todo o exposto, não restam dúvidas de que a figura da jurisdição constitucional adquiriu profunda relevância no contexto do Estado Democrático de Direito, sendo que sua atuação se afasta, em certa medida, daquela propugnada por Kelsen por ocasião da criação do Tribunal Constitucional, adquirindo novos e desafiadores delineamentos. O mesmo vale para os Tribunais Internacionais, que têm desempenhado (ainda que em momento posterior), no âmbito internacional, o mesmo papel de limitação da soberania e de restrição do poder que se verificou, na esfera interna, por meio da Constituição, no Estado de Direito.

---

exemplo: *"Art. 1º:* A República Federativa do Brasil, formada pela união indissolúvel dos Estados e Municípios e do Distrito Federal, constitui-se em Estado Democrático de Direito e tem como fundamentos: [...] III – a dignidade da pessoa humana. *Art. 4º:* A República Federativa do Brasil rege-se nas suas relações internacionais pelos seguintes princípios: [...] II – prevalência dos direitos humanos. *Art. 5º, parágrafo 4º:* O Brasil se submete à jurisdição do Tribunal Penal Internacional a cuja criação tenha manifestado adesão".

[41] A assim denominada "Nova Hermenêutica", por exemplo, ao tomar a atividade interpretativa como uma atividade de caráter criativo (*Sinngebung*), reconhece um espaço bem mais amplo de decisão ao magistrado do que a interpretação de cunho exegético, que compreende a interpretação como um mero ato de conhecimento da lei, que possui um conteúdo imanente que apenas necessita ser "descoberto" (*Auslegung*) pelo intérprete. Neste contexto, os parâmetros do que seja "ativismo" são, evidentemente, bastante distintos.

Este protagonismo está vinculado e é resultado, por sua vez, dentre outros aspectos, da supremacía da Constituição e da dimensão objetiva atribuída aos direitos fundamentais e aos direitos humanos, que possuem um caráter marcadamente principiológico, dependente de interpretação e de concretização em face da realidade concreta. Além disso, a preocupação com a força normativa da Constituição faz com que os órgãos encarregados de sua guarda e proteção ganhem destaque, ampliando-se, assim, os seus espaços de atuação. O mesmo se pode dizer com relação às Cortes Internacionais, que ganharam força especialmente a partir do segundo pós-guerra, período em que os direitos humanos adquirem uma nova dimensão.

É dentro deste contexto que surgem as manifestações acerca do "ativismo judicial", que não pode, contudo, ser confundido com o fenômeno da judicialização, que se opera no âmbito da relação entre Direito e Política, repercutindo, por sua vez, também na relação entre os Poderes.

A pesar de interdependentes, ambos não se confundem, caracterizando-se a judicialização, antes, como o resultado de um processo que possui múltiplas causas e que conduz a uma ampliação dos espaços de atuação da jurisdição constitucional em termos institucionais, decorrente, entretanto, de fatores em certa medida externos ao Poder Judiciário. Já o ativismo judicial possui uma dimensão e um caráter mais interno, podendo ser classificado, antes, como algo vinculado à postura do julgador ou do Tribunal no cumprimento de suas funções. Não se pode desconsiderar, porém, que, apesar dessa distinção, ambos se relacionam, pois o processo de judicialização, em virtude de suas características, favorece o aparecimento de condutas "ativistas" (ainda que, conforme aduzido no texto, os parâmetros do que seja uma decisão ativista não possam ser fixados de forma objetiva, deixando margem a interpretações). O ativismo pode-se fazer presente mesmo em um contexto de competências reduzidas ou de restrição da atuação dos Tribunais; assim, uma decisão que em um determinado tempo e lugar poderia ser classificada de ativista pode ser recebida como absolutamente "normal" em outro, uma vez que estes conceitos são, conforme já dissemos, relativos.

Ambos são, contudo, frequentemente tomados como sinônimos, fator que não contribui em nada para uma discussão adequada acerca da matéria. Estes aspectos necessitam, portanto, ser devidamente considerados se se quiser proceder a uma reflexão adequada acerca de um tema tão fluído e complexo como é o dos limites e da legitimidade democrática da jurisdição constitucional, debate este que não se pode dar em termos generalistas e reducionistas.

Neste sentido, tampouco se podem indicar padrões objetivos para a atuação da jurisdição constitucional e dos Tribunais Internacionais, de maneira que os seus contornos são tão imprecisos e variáveis quanto os conceitos aqui analisados. Esta é, portanto, uma pergunta cuja resposta permanece sempre em aberto, o que não impede, contudo, que a sua resposta seja permanentemente buscada ou, pelo menos, discutida.

DIREITOS HUMANOS E FUNDAMENTAIS NA AMÉRICA DO SUL

6. Referências

ABELLÁN, Marina Gascón. *Los límites de la jurisdicción constitucional.* In: LAPORTA, Francisco (org.). Constitución: problemas filosóficos. Madrid: Centro de Estudios Políticos y Constitucionales, 2003; BARROSO, Luís Roberto. Judicialização, ativismo e legitimidade democrática. In: *Revista Eletrônica de Direito do Estado,* n. 18, abr./jun 2009. Disponível em: http://www.direitodoestado.com.br.

BÖCKENFÖRDE, Ernst-Wolfgang. Begriff und Probleme des Verfassungsstaates. In: *Staat, Nation, Europa:* Studien zur Staatslehre, Verfassungstheorie und Rechtsphilosophie. Frankfurt a. M.: Suhrkamp, 1999.

——. Verfassungsgerichtsbarkeit: Strukturfragen, Organisation, Legitimation. In: *Neue Juristische Wochenschrift (NJW),* Heft 1, 1999.

——. *Die* Methoden der Verfassungsinterpretation: Bestandsaufnahme und Kritik. In: *Neue Juristische Wochenschrift (NJW),* Heft 46, 16. November 1976.

——. *Staat, Verfassung, Demokratie:* Studien zur Verfassungstheorie und zum Verfassungsrecht. Frankfurt a.M.: Suhrkamp, 1991.

BRASIL. Constituição (1988). *Constituição da República Federativa do Brasil.* 44. ed. revista e ampliada. São Paulo: Saraiva, 2011.

BROHM, Winfried. *Die Funktion des BVerfG – Oligarchie in der Demokratie?* In: Neue Juristische Wochenschrift (NJW), Heft 01, 2001.

CAMPILONGO, Celso Fernandes. Apresentação. In: FERRAJOLLI, Luigi. *A soberania no mundo moderno.* Tradução de Carlo Coccioli e Márcio Lauria Filho. São Paulo: Martins Fontes, 2002.

CAPELLA, Juan Ramón. *Os cidadãos servos.* Tradução de Lédio Rosa de Andrade e Têmis Correia Soares. Porto Alegre: Sergio Antonio Fabris, 1998.

CASSESE, Sabino. *La crisis del Estado.* Traducción de Pascual Caiella y Juan González Moras. Buenos Aires: Abeledo-Perrot, 2003.

CITTADINO, Gisele Guimarães. Judicialização da política, constitucionalismo democrático e separação de poderes. In: VIANNA, Luiz Werneck (Org.). *A democracia e os três poderes no Brasil.* Belo Horizonte: Editora UFMG; Rio de Janeiro: IUPERJ/FAPERJ, 2002. pp. 17-42.

COELHO, Sacha Calmon Navarro. *Controle da constitucionalidade das leis e do poder de tributar na Constituição de 1988.* Belo Horizonte: Del Rey, 1992.

CORTE INTERAMERICANA DE DERECHOS HUMANOS. *Caso Gomes Lund y otros ("Guerrilha do Araguaia") vs. Brasil,* juzgado en 24 de noviembre de 2010.

DENNINGER, Erhard. *Der gebändigte Leviathan.* Baden-Baden: Nomos, 1990.

ELIA, Leopoldo. Constitucionalismo cooperativo, racionalidad y sentencias aditivas en la jurisprudencia italiana sobre control de normas. In: PINA, António López. *División de poderes e interpretación:* hacia una teoría de la praxis constitucional. Madrid: Tecnos, 1987.

ENTERRÍA, Eduardo García de. *La constitución como norma y el Tribunal Constitucional.* Madrid: Civitas, 1985.

FERRAJOLLI, Luigi. *A soberania no mundo moderno.* Tradução de Carlo Coccioli e Márcio Lauria Filho. São Paulo: Martins Fontes, 2002.

GADAMER, Hans-Georg. *Warheit und Methode*: Grundzüge einer philosophischen Hermeneutik. Tübingen: Mohr, 1972.

GRIMM, Dieter. *Constituição e política.* Tradução de Geraldo de Carvalho. Belo Horizonte: Del Rey, 2006.

HAAS, Evelyn. La posición de los magistrados de la Corte Constitucional Federal alemana y su significado para la vida jurídica y la sociedad. In: *Anuario de Derecho Constitucional Latinoamericano.* 10. ed. Montevideo: Konrad Adenauer, 2004.

HÄBERLE, Peter. *Verfassungslehre als Kulturwissenschaft.* 2. Auflage. Berlin: Duncker & Humblot, 1982.

——. Zeit und Verfassung (1974) mit Nachtrag (1978). In: *Verfassung als öffentlicher Prozess: Materialen zu einer Verfassungstheorie der offenen Gesellschaft.* 3. Auflage. Berlin: Duncker & Humblot, 1998. pp. 59-92.

HALTERN, Ulrich R.. *Verfassungsgerichtsbarkeit, Demokratie und Misstrauen:* das Bundesverfassungsgericht in einer Verfassungstheorie zwischen Populismus und Progressivismus. Berlin: Duncker & Humblot, 1998.

HEIDEGGER, Martin. *Sein und Zeit.* 16. Auflage. Tübingen: Niemeyer, 1986.

ISENSEE, Josef. Bundesverfassungsgericht – quo vadis? In: *Juristen Zeitung (JZ),* 22. November 1996.

KELSEN, Hans. Wesen und Entwicklung der Staatsgerichtsbarkeit. In: *Veröventlichung der Vereinigung der deutschen Staatslehrer (VVDStRL),* Band 5. Berlin: Walter Gruyter, 1929.

——. *Wesen und Wert der Demokratie.* Tübingen: Mohr, 1929.

KOCH, Hans-Joachim. Die Begründung von Grundrechtsinterpretationen. In: *Europäische Grundrechte Zeitschrift (EuGRZ),* Heft 11/12, 30. Juni 1986.

LEAL, Mônia Clarissa Hennig. Interpretação conforme à Constituição x nulidade parcial sem redução de texto: semelhanças, diferenças e reflexão sobre sua operacionalização pelo Supremo Tribunal Federal. In: REIS, J. R. dos; LEAL, R. G. *Direitos sociais e políticas públicas:* desafios contemporâneos. Santa Cruz do Sul: Edunisc, 2006, Tomo 6, p. 1563-1586.

LEAL, Mônia Clarissa Hennig. *Jurisdição Constitucional aberta*. Reflexões acerca dos limites e da legitimidade da Jurisdição Constitucional na ordem democrática – uma análise a partir da teoria constitucional alemã e norte-americana. Rio de Janeiro: Lúmen Júris, 2007.

MAUS, Ingeborg. O Judiciário como superego da sociedade – sobre o papel da atividade jurisprudencial na "sociedade órfã". Tradução de Martonio Mont'Alverne Barreto Lima e Paulo Menezes Albuquerque. In: *Novos Estudos*, n. 58. São Paulo: CEBRAP, novembro de 2000. pp. 183-202.

MELLO, Celso de. *Discurso na posse do Ministro Gilmar Ferreira Mendes na presidência do Supremo Tribunal Federal brasileiro*, em 23 de abril de 2008. Disponible en: http://www.stf.jus.br. Accesso em: 25 abr. 2008.

MENDES, Gilmar Ferreira. *Jurisdição constitucional:* o controle abstrato de normas no Brasil e na Alemanha. 2. ed. São Paulo: Saraiva, 1998.

MORAIS, Jose Luís Bolzan de. *As crises do Estado e da Constituição e a transformação espacial dos Direitos Humanos*. Porto Alegre: Livraria do Advogado, 2002.

PIOVESAN, Flávia. *Direitos Humanos e o direito constitucional internacional*. São Paulo: Max Limonad, 1996.

PUREZA, José Manuel. *El patrimonio común de la humanidad: ¿hacia un derecho internacional de la solidariedad?* Traducción de Joaquín Alcaide Fernández. Madrid: Trotta, 2002.

ROBBERS, Gerhard. Die historische Entwicklung der Verfassungsgerichtsbarkeit. In: *Juristische Schulung:* Zeitschrift für Studium und Ausbildung (JuS). Heft 4. München: C.H. Beck, 1990.

SÁNCHEZ, José Acosta. Transformaciones de la Constitución en el siglo XX. In: *Revista de Estudios Políticos*, n. 100, abril-junio 1998.

SCHLINK, Bernhard. Die Entthronung der Staatsrechtswissenschaft durch die Verfassungsgerichtsbarkeit. In: *Der Staat. Zeitschrift für Staatslehre, öffentliches Recht und Verfassungsgeschichte*, Band 28. Berlin: Duncker & Humblot, 1989.

SCHWABE, Jürgen. *Die sogenannte Drittwirkung der Grundrechte. Zur Einwirkung der Grundrechte auf den Privatsrechtverkehr.* München: Goldmann, 1971.

SILVA, Paulo Napoleão Nogueira da. *A evolução do controle da constitucionalidade e a competência do Senado Federal.* São Paulo: Revista dos Tribunais, 1992.

STRECK, Lenio Luiz. Os meios e acesso do cidadão à jurisdição constitucional, a Argüição de Preceito Fundamental e a crise de efetividade da Constituição brasileira. In: SOUZA CRUZ, Álvaro Ricardo de (org.). *Hermenêutica e jurisdição constitucional.* Belo Horizonte: Del Rey, 2001.

TAVARES, André Ramos. *Teoria da justiça constitucional.* São Paulo: Saraiva, 2005.

TUSHNET, Mark. The United States of America. In: DICKINSON, Brice. *Judicial activism in Common Law Supreme Courts.* New York: Oxford University Press, 2007. pp. 415-436.

ZAGREBELSKY, Gustavo. *El derecho dúctil.* Traducción de Marina Gascón. Madrid: Trotta, 1999.

Parte II

TRIBUNAIS NACIONAIS E PROTEÇÃO DE DIREITOS FUNDAMENTAIS

— 4 —

Controle jurisdicional de políticas públicas e mínimo existencial

YUMI MARIA HELENA MIYAMOTO[1]

ALEXANDRE DE CASTRO COURA[2]

SUMÁRIO: Introdução; 1. A compreensão de que os direitos sociais são direitos fundamentais; 2. Efetivação dos direitos sociais por meio das políticas públicas; 3. Mínimo existencial: teor e extensão; 4. Judicialização imediata do mínimo existencial; 5. Mínimo existencial e a cláusula da "reserva do possível"; Considerações finais; Referências.

Introdução

O controle jurisdicional de políticas públicas realizado a partir da noção de mínimo existencial afirma a ideia de que a fronteira para a limitação dos direitos fundamentais é a dignidade da pessoa humana. Nessa perspectiva, o núcleo duro que dá origem aos direitos fundamentais sociais é o núcleo do mínimo existencial. Como os direitos sociais, em seu mínimo existencial, têm a possibilidade de sua imediata judicialização, inibindo a oposição da cláusula da "reserva do possível", busca-se averiguar o padrão desse núcleo essencial da pessoa humana, observando se esse núcleo do mínimo existencial admite a diminuição de seu protótipo ou mesmo a sua supressão.

Apesar de não comportar a determinação da quantidade de dignidade, procura-se assentar a importância do quinhão assistencial reconhecido na salvaguarda das premissas essenciais mínimas, levando-se em consideração tanto o elemento espacial, quanto o temporal e, do mesmo modo, o gabarito socioeco-

---

[1] Mestre em Direitos e Garantias Fundamentais pela Faculdade de Direito de Vitória – FDV; Doutoranda em Direitos e Garantias Fundamentais na Faculdade de Direito de Vitória – FDV; Graduada em Direito pela Universidade de São Paulo – USP e em Ciências Contábeis ela Universidade Federal do Espírito Santo – UFES. Pós-graduação lato sensu (especialização) em Direito do Trabalho e Direito Processual do Trabalho pela Consultime. Professora da disciplina História, Cultura e Instituições do Direito na graduação do curso de Direito da Faculdade de Direito de Vitória. E-mail: yumi_mhmiyamoto@hotmail.com

[2] Doutor e mestre em Direito Constitucional pela Universidade Federal de Minas Gerais; Professor do Programa de Pós-graduação Stricto Sensu – Doutorado e Mestrado – da Faculdade de Direito de Vitória. Professor Adjunto do Departamento de Direito da Universidade Federal do Espírito Santo. Promotor de Justiça do Ministério Público do Estado do Espírito Santo. E-mail: alexandrecoura@ig.com.br

nômico corrente, equilibrando-se os componentes econômicos e financeiros dentro das viabilidades e premências momentâneas. Apesar da caução de uma existência digna, isso, no entanto, não equivale ao abono de uma precária sobrevivência física, ultrapassando o marco da extrema pobreza para que os direitos sociais fundamentais possam ser plenamente usufruídos.

Para a compreensão dos conteúdos e significados das dimensões da dignidade da pessoa humana, deve-se levar em consideração que o reconhecimento e a proteção da dignidade da pessoa humana pelo Direito decorrem, precipuamente, da evolução do pensamento humano. Assim, opera-se no espaço concernente à tradução desse ser humano, compreendendo o que é ser pessoa e, notadamente quanto aos valores que lhe são inerentes que influenciam ou, eventualmente, determinam a maneira pela qual o próprio Direito reconhece e assegura essa dignidade.

Entende-se, então, a premissa da necessidade de se partir das contribuições oriundas do pensamento filosófico que são indispensáveis e não caminhos apartados, além da complexidade da própria pessoa humana que evidenciam as dimensões da dignidade da pessoa humana, a partir do marco teórico sobre a dignidade da pessoa humana trazida por Ingo Wolfang Sarlet e da imediata judicialização dos direitos fundamentais sociais de Kazuo Watanabe.

O método do múltiplo dialético é o fio condutor desta pesquisa, na medida em que analisa os contrapontos entre os direitos fundamentais sociais, que contemplam o mínimo existencial e permitem a sua imediata judicialização, e os demais direitos fundamentais que não abarcam o mínimo existencial.

1. A compreensão de que os direitos sociais são direitos fundamentais

A dignidade da pessoa humana é consagrada como o limite à restrição aos direitos fundamentais, admitida a possibilidade de se estabelecer limites aos direitos fundamentais. Nesse sentido, compreende-se a motivação pela qual há a preservação do núcleo essencial do direito objeto da restrição, a despeito das especificidades e singularidades de cada ordenamento constitucional. Por esse discernimento é que Sarlet (2008, p. 23) entende que não pode subsistir restrição de direito fundamental que seja desproporcional ou que afete o núcleo essencial do próprio Direito que é o objeto daquela restrição.

Na esteira de José Afonso da Silva (2010, p. 286-287), os direitos sociais são compreendidos, na sua dimensão como direitos fundamentais do homem, como "[...] prestações positivas proporcionadas pelo Estado, direta ou indiretamente, enunciadas em normas constitucionais, que possibilitam melhores condições de vida aos mais fracos".

De fato, essas prestações positivas objetivam concretizar o equilíbrio de situações desiguais, ligando esses direitos ao direito de igualdade, assentando-se como pressuposto para a fruição dos direitos individuais porque oportunizam conjunturas materiais mais adequadas para o alcance da igualdade substancial. Percebe-se, com isso, a compatibilidade com o exercício efetivo da liberdade.

A Constituição da República Federativa do Brasil de 1988 assenta a fundamentação dos direitos sociais esboçando um sistema de valores que possibilita identificar os direitos sociais como direitos fundamentais. Para corroborar essa assertiva, Sarlet (2006, p. 555) aponta para o conjunto heterogêneo e abrangente de direitos sociais que são direitos fundamentais, apesar da "[...] existência de diversos problemas ligados a uma precária técnica legislativa e sofrível sistemática" e que trazem efeitos significativos para a compreensão dos direitos sociais como direitos fundamentais. Adota-se a posição de que os direitos sociais são fundamentais no contexto do sistema constitucional positivo brasileiro, positivados expressa ou implicitamente, no bojo da Constituição da República Federativa do Brasil de 1988.

Na esteira de Ingo Wolfgang Sarlet (2007b, p. 62), depreende-se que os direitos sociais são entendidos como direitos fundamentais, não importando (Sarlet, 2007, p. 90 e ss.) a sua localização topológica no inciso II do art. 5º que abriga, precipuamente, os direitos e garantias fundamentais ou ancorados em tratados internacionais regularmente amparados e incorporados ao nosso ordenamento jurídico.

Por outro lado, como os direitos sociais são dotados de plena eficácia, isso autoriza a sua aplicação direta. No entanto, apesar desse mesmo raciocínio empreendido em relação aos direitos sociais de cunho prestacional, em sua primeira oportunidade, da ilação que decorre de sua eficácia plena, isso não significa que a sua eficácia e efetividade sejam iguais, como, de fato, pondera Sarlet (2007b, p. 63). No entanto, fica evidente que os direitos sociais, mesmo os de cunho prestacional, por menor que seja sua densidade normativa no espectro constitucional, têm capacidade de engendrar "[...] um mínimo de efeitos jurídicos" (Sarlet, 2007a, p. 281 e ss.) e ser diretamente aplicáveis.

Todavia, a concepção satisfatória dos direitos fundamentais sociais requer que se tome como base uma ordem constitucional concreta (Sarlet, 2007b, p. 63) que exige refletir sobre o mínimo existencial e sua correlação com os direitos sociais. Nesse sentido, a análise deve ser feita a partir do aporte precursor de Ricardo Lobo Torres (1989, p. 20-49) quanto ao conceito do mínimo existencial.

Constata-se que a noção dos direitos sociais como direitos fundamentais que contempla uma garantia fundamental para assegurar uma vida com dignidade foi elaborada pela dogmática alemã (Sarlet, 200b, p. 64). Todavia, Sarlet (2006, p. 564), ao incorporar as reflexões de Otto Bachof, aprecia a viabilidade de se reconhecer um direito subjetivo à garantia dos recursos mínimos para uma existência digna, na medida em que o princípio da dignidade humana carece não apenas da garantia de liberdade, mas também de "[...] um mínimo de segurança social, já que, sem os recursos materiais para uma existência digna, a própria dignidade da pessoa humana ficaria sacrificada" (Sarlet, 2007b, p. 65). Assim, percebe-se que a dignidade humana não se contenta apenas com o direito de defesa, de vedação à destruição da existência, exigindo, de fato, uma ação de preservação da vida.

Caminhou nesse sentido o Tribunal Federal Administrativo da Alemanha, fundamentado no princípio da dignidade da pessoa humana que contempla em seu cerne o direito geral de liberdade e o direito à vida, que consagrou que o indivíduo é titular de direitos e obrigações e, por essa razão, tem direito à manutenção de suas condições de existência digna (Sarlet, 2006, p. 565). Essa inteligência foi devidamente integrada na esfera infraconstitucional por meio de lei federal sobre a assistência social. Ulteriormente, a garantia estatal do mínimo existencial foi galgada a *status* constitucional, na proporção em que incorpora "[...] o conteúdo essencial do princípio do Estado Social de direito, constituindo uma de suas principais tarefas e obrigações" (Sarlet, 2007b, p. 65-66).

Quanto à possibilidade de a dignidade da pessoa humana ser quantificada, adota-se a ponderação de Sarlet (2007b, p. 66), que afasta a eventualidade de sua quantificação e, ao mesmo tempo, desvela a imprescindibilidade da fixação do quinhão da prestação assistencial reconhecido na salvaguarda das premissas essenciais mínimas. Todavia, a viabilidade da fixação do valor mínimo leva em consideração tanto o elemento espacial, quanto o temporal, além do gabarito socioeconômico corrente (Sarlet, 2007b, p. 67). Assim, os componentes econômicos e financeiros, dentro das viabilidades e premências momentâneas, são sopesados para a fixação do valor do mínimo existencial.

A proteção de uma subsistência digna, no entanto, não traduz que essa salvaguarda contemple a de uma precária sobrevivência física. Por essa razão é que se acolhe a postura defendida por Sarlet (2007b, p. 67) na orientação de que a garantia de uma existência digna "[...] é mais do que a garantia da mera sobrevivência física, situando-se, portanto, além do limite da pobreza absoluta [...]", alicerçando-se na premissa de que "[...] uma vida sem alternativas não corresponde às exigências da dignidade humana, a vida humana não pode ser reduzida à mera existência" (Sarlet, 2007b, p. 67). Assim sendo, a dignidade humana demanda uma existência que permita a plena fruição dos direitos fundamentais (Scaff, 2005, p. 213 e ss).

Para Fernando Facury Scaff (2005, p. 218), como o conceito de mínimo existencial está alicerçado na primazia da liberdade, "[...] deve possuir maior amplitude naqueles países que se encontram na periferia do capitalismo". Assim, o pleno exercício da liberdade, mesmo dentro do espectro do mínimo existencial, só pode ser feito por aquele que tenha capacidade de exercê-la. Para viabilizar o exercício de liberdade jurídica, torna-se imprescindível garantir a liberdade real ou a possibilidade de exercer suas capacidades mediante os direitos fundamentais sociais.

Quanto mais uma sociedade for economicamente desigual, maior será a sua necessidade de promover os direitos sociais fundamentais daqueles que não conseguem exercer suas capacidades ou liberdades reais, para a garantia do direito de exercer suas liberdades jurídicas. Esse é o paradoxo esboçado por Scaff (2005, p. 218-219), defendendo a garantia do *status* de direito fundamental aos direitos sociais para assegurar o mínimo existencial no âmbito positivo, pois, sem esse *status* de direito fundamental, não há possibilidade fática de exercício das liberdades jurídicas.

2. Efetivação dos direitos sociais por meio das políticas públicas

Barcellos (2006, p. 40-41) entende que políticas públicas correspondem ao conjunto de atividades de competência da Administração Pública, realizadas por meio de ações e programas dos mais diferentes tipos, para a efetivação dos comandos gerais contidos na ordem jurídica, na garantia da prestação de determinados serviços. Por sua vez, para Maria Paula Dallari Bucci (1996, p. 14), política pública equivale a um programa ou quadro de ação governamental na medida em que se traduz por um conjunto de medidas articuladas (coordenadas) cujo intento é impulsionar a máquina do governo para alcançar algum escopo de ordem pública ou, na perspectiva dos juristas, de substancializar um direito.

No entanto, constata-se que, para a realização dos fins previstos na Constituição da República Federativa do Brasil de 1988, o Estado somente poderá, de forma organizada e ampliada, atingir os objetivos previstos na Carta Magna por intermédio das políticas públicas, principalmente em relação aos direitos fundamentais que se subordinam a ações para a sua realização. Nesse sentido, Barcellos (2006, p. 41) entende que, como as políticas públicas se tornam instrumentos para a realização e promoção dos direitos fundamentais e, do mesmo modo, como as políticas públicas estão conectadas com gasto de dinheiro público que são limitados, depreende-se que a Constituição da República Federativa do Brasil vincula as escolhas que envolvam políticas públicas a dispêndio de recursos públicos. Portanto, para a efetivação dos direitos fundamentais, são necessárias correspondentes políticas públicas que devem ser escolhidas levando em conta o dispêndio de recursos públicos que são limitados.

3. Mínimo existencial: teor e extensão

Enfrenta-se a perquirição quanto ao teor e a extensão do próprio mínimo existencial. Assim, o âmago do mínimo existencial contempla o mínimo fisiológico, representado pelas condições materiais mínimas para uma vida digna, ou seja, é a proteção contra necessidades de caráter existencial básico. Todavia, o mínimo existencial só se completa com um mínimo existencial sociocultural que busca "[...] assegurar ao indivíduo um mínimo de inserção – em termos de tendencial igualdade – na vida social" (Sarlet, 2007b, p. 68).

Portanto, na esteira de Sarlet, infere-se que o conteúdo do mínimo existencial abrange o mínimo existencial fisiológico e o mínimo existencial sociocultural para uma vida digna. Contudo, não se pode, em momento algum, confundir o mínimo existencial com o mínimo vital, pois este representa o mínimo de sobrevivência para a garantia da vida humana, não simbolizando as premissas para uma sobrevivência física em condições dignas. Tanto é assim, que Sarlet (2007b, p. 68-69) enfatiza que não deixar alguém sucumbir à fome, com certeza, denota o primeiro estágio para a salvaguarda de um mínimo existencial, "[...] mas não é – e muitas vezes não o será sequer de longe – o suficiente".

Por outro lado, indaga-se sobre a contingência de o poder jurisdicional vir a decidir sobre esse gabarito existencial mínimo na eventualidade de ocorrer omissão ou desvio de finalidade por parte dos órgãos legiferantes (Sarlet, 2007b, p. 69). Com efeito, o Supremo Tribunal Federal, instado a se manifestar no Agravo Regimental RE nº 271.286-8/RS, com relato do ministro Celso de Mello, patenteou que a saúde é direito público subjetivo inalienável que, como prerrogativa fundamental, não pode ser reduzida ao ponto de se impedir a sua efetivação.

No embate entre a proteção à inviolabilidade do direito à vida e à saúde, que é direito subjetivo inalienável garantido constitucionalmente a todos, em confronto com um interesse financeiro e econômico do Estado, o voto do ministro relator Celso de Mello aponta que:

> [...] razões de ordem ético-jurídica *impõem* ao julgador *uma só e possível solução*: aquela que *privilegia* o respeito indeclinável à vida e à saúde humana, *notadamente* daqueles que *têm acesso*, por força de legislação local, ao programa de distribuição *gratuita*, instituída em favor de pessoas carentes. Na realidade, o reconhecimento judicial de validade jurídica de programas de *distribuição gratuita* de medicamentos a pessoas carentes, *inclusive* àquelas portadoras do vírus HIV/AIDS, *deu efetividade* a preceitos fundamentais da Constituição da República (art. 5, *caput*, e 196) *representando*, na concreção do seu alcance, um gesto de apreço e solidário de apreço à vida e à saúde das pessoas, *especialmente daquelas que nada têm e nada possuem*, a não ser a consciência de sua própria humanidade e de sua essencial dignidade.

O Supremo Tribunal Federal, na análise da ADPF nº 45, consolidou o entendimento de que, na "[...] dimensão política da jurisdição constitucional" outorgada àquele Corte superior, não cabe a oposição do arbítrio estatal quando se tratar da efetivação dos direitos sociais, econômicos e culturais, sendo, então, relativa a liberdade de conformação do legislador que lhe permite opor a cláusula da "reserva do possível" pela necessidade de preservação em favor dos indivíduos, da integridade e da intangibilidade do núcleo consubstanciador do "mínimo existencial".

Por essa razão, recomenda Sarlet (2006a, p. 63) que, na construção de uma conceituação jurídica da dignidade da pessoa humana, deve-se adequar a "[...] qualidade intrínseca e distintiva reconhecida em cada ser humano que o faz merecedor do mesmo respeito e consideração por parte do Estado e da comunidade". Isso implica, como consequência, um complexo de direitos e deveres fundamentais que salvaguardem a pessoa, em primeiro lugar, contra ato de caráter aviltante e desumano; garantam as condições existenciais mínimas para uma vida saudável, mas, que não se aperfeiçoam sem que haja condições para promover a "[...] participação ativa e co-responsável nos destinos da própria existência e da vida em comunhão com os demais seres humanos" (Sarlet, 2006a, p. 63).

Para corroborar quanto a essa assertiva da participação ativa dos seres humanos, pondera Hannah Arendt (2003, p. 15), ao refletir sobre a própria existência e a condição humana, que a ação é o único desempenho praticado entre os homens sem a intervenção das coisas ou da matéria que equivale à condição humana da pluralidade, "[...] mas esta pluralidade é especificamente *a* condição – não apenas a *conditio sine qua non*, mas a *conditio per quam* – de toda vida política".

Contudo, há uma apreensão quanto à eventualidade de diminuição do mínimo existencial, na medida em que o mínimo existencial é concebido pela integração do mínimo fisiológico e do mínimo sociocultural, caucionando somente as condições materiais mínimas que impedem que seja colocada em risco a própria sobrevivência do indivíduo, servindo de pretexto para a redução do mínimo existencial precisamente a um mínimo meramente vital (de mera sobrevivência física) (Sarlet, 2007b, p. 71).

Porém, não há equívoco de que os conteúdos do direito à vida e do direito à dignidade humana são distintos, porque a dignidade da pessoa humana implica uma dimensão sociocultural "[...] e que é igualmente considerada elemento nuclear a ser respeitado e promovido" (Koepfler, 2005, p. 153). Assim, a dignidade humana é o alicerce da comunidade estatal (Haberle, 2005, p. 89 e ss.), pois as prestações básicas em termos de direitos culturais (como é o caso da educação fundamental) são integradas no conceito de mínimo existencial, defendido por Ricardo Lobo Torres e Ana Paula Barcellos (Torres, 2002, p. 11 e ss).

A garantia ao direito fundamental do mínimo existencial decorre da proteção da vida e da dignidade da pessoa humana e, por esse motivo, o seu reconhecimento não depende de expressa previsão constitucional. Este é o entendimento adotado por Sarlet (2007b, p. 72). Todavia, mesmo não havendo previsão constitucional expressa da garantia geral do mínimo existencial, como no caso do Brasil, os direitos sociais, como a assistência social, a saúde, a moradia, a previdência social, o salário mínimo dos trabalhadores, prestigiam algumas das dimensões do mínimo existencial sem que isso implique diminuir as realizações e garantias do mínimo existencial.

Desse modo, a condição de direito-garantia fundamental autônomo do mínimo existencial não é abandonada pela previsão de direitos sociais, como também, não aparta a premência "[...] de se interpretar os demais direitos sociais à luz do próprio mínimo existencial" (Sarlet, 2007b, p. 72). Por essa razão é que se entende que o mínimo existencial se constitui no núcleo essencial dos direitos fundamentais sociais, "[...] núcleo este blindado contra toda e qualquer intervenção por parte do Estado e da sociedade" (Sarlet, 2007b, p. 72).

Entretanto, a partir das singularidades e dimensão do conjunto dos direitos positivados na Constituição da República Federativa do Brasil de 1988, constata-se que os direitos fundamentais sociais não se reduzem à dimensão prestacional e, do mesmo modo, ao mínimo existencial. Por outro lado, verifica-se que o próprio conteúdo existencial, o núcleo essencial, o mínimo existencial, é distinto em cada direito social, qual seja, o direito à educação, à moradia, à assistência social etc., sendo, portanto, importante, esteja ele vinculado ou não a alguma demanda concreta da dignidade da pessoa humana, fazer a devida "[...] contextualização e interpretação tópico-sistemática em cada oportunidade que se pretende extrair alguma conseqüência jurídica em termos de proteção negativa ou positiva dos direitos sociais e do seu conteúdo essencial" (Sarlet, 2007b, p. 72).

Questiona-se se a proteção do mínimo existencial seria um êxito da Constituição da República Federativa do Brasil de 1988. De fato, mesmo antes da Magna Carta de 1988, o legislador infraconstitucional já havia efetivado em algumas das dimensões a garantia do mínimo existencial, como é o caso da obrigação alimentar, desvelando que as necessidades básicas da pessoa humana, com ou sem previsão formal e expressa em um corpo constitucional, agregam-se, ou deveriam se agregar, "[...] com a compreensão do conteúdo material do direito constitucional e dos direitos fundamentais, até mesmo pelo fato de estar em causa a vida e a dignidade da pessoa e da vida humana" (Sarlet, 2007b, p. 73).

Por isso é que se acentua ser impraticável a fixação, *a priori* e de modo taxativo, de uma lista dos componentes nucleares do mínimo existencial, no sentido de ser um rol fechado de posições subjetivas negativas e positivas correspondentes ao mínimo existencial (Sarlet, 2007b, p. 73-74), na medida em que a concepção do mínimo existencial alcança uma atribuição prestacional (positiva) e defensiva (negativa), na compreensão dos direitos fundamentais em geral e, em especial, dos direitos sociais. Nesse compasso, Barcellos (2002, p. 247) idealiza no mínimo existencial a garantia da educação fundamental, da saúde básica, da assistência aos desamparados e do acesso à Justiça.

4. Judicialização imediata do mínimo existencial

A dignidade da pessoa humana foi alçada à distinção de direitos fundamentais pela Constituição da República Federativa do Brasil de 1988, conforme o art. 3º, em seus incisos I a IV, a ser efetivada por meios de seus objetivos fundamentais, com a construção de uma sociedade livre, justa e solidária, pela erradicação da pobreza e da marginalização, com a redução das desigualdades sociais e regionais, pela promoção do bem de todos, sem preconceitos de origem, raça, sexo, cor, idade e quaisquer outras formas de discriminação

O arquétipo do Estado liberal amparava os direitos fundamentais de primeira dimensão que se adaptam às liberdades negativas no sentido de assinalar o dever de abstenção do Estado no gozo da liberdade do cidadão, enfatizando a situação mais debilitada do Estado, uma vez que confina o espaço de seu desempenho em prejuízo das liberdades individuais. Todavia, as experiências dramáticas trazidas pelas duas grandes guerras mundiais modificaram esse Estado liberal que, agora, avoca para si uma atribuição precípua de gerenciamento do desígnio de seus cidadãos, especialmente nas políticas públicas da área da saúde e da assistência social.

Assim sendo, o Estado Social assegura os direitos fundamentais de segunda dimensão que, de forma diversa dos direitos fundamentais de primeira dimensão avaliza prestações positivas (*dare, facere, praestare*) para a fruição desses novos direitos pelos cidadãos, como o direito à saúde, à educação, à moradia.

A transformação do Estado Social de Direito em Estado Democrático de Direito, na percepção de Ada Pellegrini Grinover (2008, p. 38), ocorre quando "[...] o Estado tem de se organizar no *facere* e *praestare*, incidindo sobre a realidade social", em fina sintonia com os objetivos fundamentais do Estado, contemplados no art. 3º da Constituição da República Federativa do Brasil de 1988 e com a prevalência dos direitos humanos, conforme o art. 4º, II, do Diploma Constitucional.

Fica evidente que, no Estado Liberal, a ação do Poder Judiciário era anulada em frente aos demais poderes e, por sua vez, no Estado Democrático de Direito. Ao revés, pontua Grinover (2008, p. 12) que "[...] o Judiciário, como forma de expressão estatal, deve ser alinhado com os escopos do próprio Estado, não se podendo mais falar em neutralização de sua atividade, [uma vez que o] Poder Judiciário se encontra constitucionalmente vinculado à política estatal". Por essa razão é que o Poder Judiciário deve trilhar em sintonia com essas vicissitudes e, na ocorrência de omissão do Estado contemporâneo, compete ao Judiciário recomendar a respeito da efetivação de políticas públicas, afinado com a Carta Magna.

Na eventualidade de o Poder Judiciário se encontrar face a face com diversos direitos fundamentais sociais contemplados na Constituição da República Federativa do Brasil, mensura-se se esses direitos estão revestidos da viabilidade de auferir o amparo jurisdicional ou se alguns desses direitos "[...] dependem de prévia ponderação de outros poderes do Estado, consistente em formulação específica de política pública para sua implementação" (Watanabe, 2010, p.16).

Quanto ao vocábulo "justiciabilidade", de acordo com Kazuo Watanabe (2011, p. 17), deve ser entendido como sendo "[...] o requisito para o acolhimento, pelo mérito, da pretensão de tutela jurisdicional dos direitos sociais, ou seja, a efetiva existência do direito fundamental social tutelável jurisdicionalmente. É um qualificativo do direito material".

Segundo Watanabe (2011, p. 17), na questão da justiciabilidade dos direitos fundamentais sociais, há doutrinadores que admitem que todos os direitos fundamentais sociais, sem exceção, teriam aplicabilidade imediata e tutelabilidade jurisdicional, sem depender, para tanto, de prévia aprovação de política pública pelo Poder Legislativo ou pelo Poder Executivo. Com isso, em caso de omissão do Estado, o Poder Judiciário pode concretizar os direitos fundamentais sociais no caso concreto, na percepção de Cunha Júnior (2008, p. 664).

Todavia, aqueles que não adotam esse entendimento pontuam que apenas as prestações integrantes do mínimo existencial "[...] poderão ser exigidas judicialmente de forma direta" (Barcellos, 2002, p. 304). ´

É pertinente a advertência de Kazuo Watanabe (2011, p. 18) de que a escolha do conceito de mínimo existencial é vital para que os direitos fundamentais sociais possam ter a tutela jurisdicional imediata, "[...] sem a necessidade de prévia ponderação do Legislativo ou do Executivo por meio de política pública específica [e, do mesmo modo], sem a possibilidade de questionamento, em juízo, das condições práticas de sua efetivação, vale dizer, sem sujeição à cláusula da *reserva do possível*".

5. Mínimo existencial e a cláusula da "reserva do possível"

O mínimo existencial satisfaz ao teor substancial do princípio da dignidade humana no sentido de que, sem esse mínimo, pode-se declarar, com veemência, que a pessoa se encontra em estado de indignidade e, nessa condição, não se admite a alegação da cláusula da "reserva do possível". Esse posicionamento foi acolhido pelo Supremo Tribunal Federal que não admite a invocação da cláusula da "reserva do possível" nos processos em que se averigua o mínimo existencial, a exemplo do RE n° 410.715 AGR/SP, cujo relator foi o ministro Celso de Mello.

Por sua vez, o Superior Tribunal de Justiça caminha conforme os mesmos passos do Supremo Tribunal Federal, como no acórdão extraído do Recurso Especial n° 1.185.474 – SC, do ministro Humberto Martins, na perspectiva de que aqueles direitos visceralmente conectados à dignidade da pessoa humana "[...] não podem ser limitados em razão da escassez quando esta é fruto das escolhas do administrador [Por este motivo, é] que se afirma que a reserva do possível não é oponível à realização do mínimo existencial".

No mesmo compasso, entende Silvia Faber Torres (2006, p. 783-784) que a cláusula da reserva do possível não se aplica aos casos em que "[...] a própria liberdade dependa de prestações, como nos do mínimo existencial, cuja eficácia independe de intermediação legislativa, fazendo o princípio (de) a maioria ceder às condições de liberdade". Cabe a reflexão de que o conceito do mínimo existencial, ademais de sua cambiante histórica e geográfica, é um conceito ativo e evolutivo, comandado pelo princípio da vedação de retrocesso, "[...] ampliando-se a sua abrangência na medida em que melhore as condições sociais e econômicas do país" (Watanabe, 2011, p. 20-21).

Por outro lado, Watanabe (2011, p. 20-21) analisa os demais direitos fundamentais sociais não abarcados no conceito de "mínimo existencial" que, apesar de pertinentes, "[...] não são dotados do mesmo grau de essencialidade para a efetividade do princípio da dignidade humana". Fica claro, então, que, para os direitos fundamentais sociais definidos na Constituição da República Federativa do Brasil que contenham densidade suficiente como reveladoras de política pública de efetivação obrigatória pelos órgãos do Estado, nesses casos, independentemente de prévia ponderação contingente por parte do Poder Legislativo ou do Poder Executivo, admite-se, em seu contexto, a eventualidade da postulação de tutela jurisdicional, em caso de seu descumprimento (Watanabe, 2011, p. 21). A gratuidade dos transportes coletivos urbanos para os maiores de 65 anos, prevista no art. 230, em seu § 2°, do Texto Constitucional, corrobora com essa asserção.

Contudo, para aqueles que adotam a corrente de que todos os direitos fundamentais sociais são judicializáveis, questiona-se quanto ao acolhimento e estabelecimento de critérios de prioridade de tutela jurisdicional desses direitos fundamentais sociais, na eventualidade de virem a demandar inevitáveis prestações positivas do Estado, cuja exiguidade de recursos públicos é manifesta. Cunha Júnior (2008, p. 666) demonstra que, para esses doutrinadores, sempre existirá um modo de envolver os problemas de "caixa", com a alternativa de transferência dos recursos acessíveis de outras áreas não cruciais do homem.

Ada Pellegrini Grinover (2009, p. 48), no entanto, entende que, mesmo em relação aos direitos fundamentais sociais imediatamente judicializáveis, de previsão constitucional, com "densidade suficiente", comporta a oposição da cláusula da "reserva do possível", propiciando ao magistrado julgar mediante os parâmetros de proporcionalidade e de razoabilidade. Desse modo, vertem-se duas alternativas: a outorga ao demandante da tutela pretendida e, em caso de escassez de recursos públicos, o comando para que a Administração faça a inclusão no próximo orçamento da previsão de recursos suficientes ao seu atendimento (Grinover, 2009, p. 48).

Desvela-se, por conseguinte, que os demais direitos fundamentais sociais não compreendidos no conceito do "mínimo existencial" ou naqueles direitos previstos a Carta constitucional de "densidade suficiente", segundo Watanabe (2011, p. 23) "[...] não desfrutam da tutelabilidade jurisdicional sem a prévia ponderação do Legislativo ou do Executivo".

Considerações finais

Ao se admitir a possibilidade de estabelecer limitações aos direitos fundamentais, verificou-se que a dignidade da pessoa humana é percebida como a fronteira à restrição aos direitos fundamentais, na medida em que se pretende preservar o núcleo essencial do direito a ser restringido, a despeito das especificidades e singularidades de cada ordenamento constitucional.

Concebe-se que os direitos sociais, como dimensão dos direitos fundamentais do homem, são prestações positivas e defensivas (negativas) do Estado com o objetivo de aperfeiçoar as conjunturas de vida daqueles mais carentes, objetivando corrigir as desigualdades sociais.

Acolhe-se o entendimento de que os direitos fundamentais sociais, positivados pela Constituição da República Federativa do Brasil de 1988, de forma expressa ou implícita, localizados no Título II, que se refere exclusivamente aos direitos e garantias fundamentais ou mesmo assentados em tratados internacionais, regularmente ajustados e incorporados pelo Brasil, devem ser sopesados como dotados de plena eficácia e, portanto, de direta aplicabilidade. Contudo, isso não corresponde a entender que a eficácia e a efetividade dos direitos fundamentais sociais tenham a mesma equivalência, uma vez que, por menor que seja sua consistência normativa na esfera constitucional, terão aptidão para produzir um mínimo de consequências jurídicas, de aplicação direta. Por esse motivo, a aquisição dos direitos fundamentais sociais somente será viável dentro um ordenamento constitucional concreto que leve em consideração o mínimo existencial relacionado com os direitos sociais.

O discernimento sobre os direitos sociais, que recebeu o aporte da dogmática alemã, de que são direitos fundamentais amparando uma garantia fundamental para caucionar uma vida com dignidade, requer a salvaguarda de liberdade e, do mesmo modo, de segurança social, em sua escala-limite, para que não comprometa a própria dignidade da pessoa humana, na medida em que não é suficiente o direito de defesa, de proibição de ruína da existência, exigindo, isto sim, uma ação acautelatória à vida.

Na proporção em que a dignidade humana não pode ser quantificada, tornam-se imprescindíveis a definição do custo da prestação assistencial reservada à garantia dos requisitos essenciais mínimos, que leve em conta tanto o elemento espacial, quanto o temporal, e o gabarito socioeconômico corrente, equilibrando-se os componentes econômicos e financeiros, dentro das viabilidades e premências momentâneas.

Verificou-se que a proteção de uma subsistência digna não traduz que essa salvaguarda contemple uma precária sobrevivência física, ultrapassando-se os limites da pobreza extrema a tal ponto de permitir uma existência com cabal gozo dos direitos fundamentais. Esse é o sentido do mínimo existencial. Os direitos fundamentais sociais, cujos objetivos estão previstos na Constituição, serão promovidos por meio das políticas públicas.

Na compreensão do mínimo existencial, entende-se que contempla o mínimo fisiológico concernente às premissas materiais mínimas para uma vida com dignidade, além do mínimo existencial sociocultural, que busca garantir o mínimo de inserção social do indivíduo. Nos casos de omissão ou desvio das finalidades firmadas na Magna Carta de responsabilidade dos órgãos legiferantes, o Poder Judiciário pode (e deve) decidir sobre esse gabarito existencial mínimo, na forma como vem fazendo o Supremo Tribunal Federal, blindado contra a invocação da cláusula da "reserva do possível".

Referências

ARENDT, Hannah. *A condição humana*. Tradução de Roberto Raposo, prefácio de Celso Lafer. 10. ed. Rio de Janeiro: Forense Universitária, 2003.

BARCELLOS, Ana Paula. Neoconstitucionalismo, direitos fundamentais e controle das políticas públicas. In: SARMENTO, Daniel; GALDINO, Flávio. (Org.). *Direitos fundamentais*: estudos em homenagem ao professor Ricardo Lobo Torres. Rio de Janeiro: Renovar, 2006.

———. *Eficácia jurídica dos princípios constitucionais*: o princípio da dignidade da pessoa humana. Rio de Janeiro: Renovar, 2002.

BRASIL. Supremo Tribunal Federal. ADPF nº 45. Disponível em: <http://www.stf.jus.br/arquivo/informativo/documento/informativo345.htm.>. Acesso em: 20 jul. 2013.

BUCCI, Maria Paula Dallari. As políticas e o direito administrativo. *Revista Trimestral do Direito Público*. São Paulo: Malheiros Editores, n. 13, p. 134-144, 1996.

CUNHA JÚNIOR, Dirley. *Controle judicial das omissões do poder público*. 2. ed. São Paulo: Saraiva, 2008.

GRINOVER, Ada Pellegrini. *O processo*: estudos e pareceres. São Paulo: DPJ Editora, 2008.

HABERLE, Peter. A dignidade humana como fundamento da comunidade estatal. In: SARLET, Ingo Wolfgang (Org.). *Dimensões da dignidade*: ensaios de filosofia do direito e direito constitucional. Porto Alegre: Livraria do Advogado, 2005.

KLOEPFER, Michael. Vida e dignidade da pessoa humana: In: SARLET, Ingo Wolfgang Org. *Dimensões da dignidade: ensaios de filosofia do direito e direito constitucional*. Porto Alegre: Livraria do Advogado Editora, 2005.

SARLET, Ingo Wolfgang. *A eficácia dos direitos fundamentais*: uma teoria geral dos direitos fundamentais na perspectiva constitucional. Porto Alegre: Livraria do Advogado, 2010.

———. *Dignidade da pessoa humana e direitos fundamentais na Constituição Federal de 1988*. 6. ed. ver. e atual. Porto Alegre: Livraria do Advogado, 2007a.

———. Mínimo existencial e direito privado: apontamentos sobre algumas dimensões da possível eficácia dos direitos fundamentais sociais no âmbito das relações jurídico-privadas. *Revista Trimestral de Direito Civil*. Rio de Janeiro, v. 29, p. 53-93, jan./mar. 2007b.

———. Direitos fundamentais sociais, "mínimo existencial" e direito privado: breves notas sobre alguns aspectos da possível eficácia dos direitos sociais nas relações entre particulares. In: SARMENTO, Daniel; GALDINO, Flávio. (Org.). *Direitos fundamentais*: estudos em homenagem ao professor Ricardo Lobo Torres. Rio de Janeiro: Renovar, 2006.

———. As dimensões da dignidade da pessoa humana: construindo uma compreensão jurídico-constitucional necessária e possível. In —— (Org.). *Dimensões da dignidade*: ensaios de filosofia do direito e direito constitucional. Porto Alegre: Livraria do Advogado, 2005. p. 13-43.

SARMENTO, Daniel; GALDINO, Flávio. (Org.). *Direitos fundamentais*: estudos em homenagem ao professor Ricardo Lobo Torres. Rio de Janeiro: Renovar, 2006.

SCAFF, Fernando Facury. Reserva do possível. *Revista Interesse Público*, ano 7, n. 32, jul./ago. 2005.

SILVA, José Afonso da. *Curso de direito constitucional positivo*. 33. ed. São Paulo: Malheiros, 2010.

TORRES, Ricardo Lobo. O mínimo existencial e os direitos fundamentais. *Revista de Direito Administrativo*, n. 177, p. 20-49, 1989.

TORRES, Silvia Faber. Direitos prestacionais, reserva do possível e ponderação: breves considerações e críticas. In: SARMENTO, Daniel; GALDINO, Flávio (Org.). *Direitos fundamentais*: estudos em homenagem ao professor Ricardo Lobo Torres. Rio de Janeiro: Renovar, 2006.

WATANABE, Kazuo. Mínimo existencial e demais direitos fundamentais imediatamente judicializáveis. *Revista de Processo*, São Paulo: Revista dos Tribunais, ano 36, n. 193, p. 13-25, mar. 2011.

— 5 —

Determinação judicial de ato integrante de uma política pública

JOSÉ MARIA ROSA TESHEINER[1]

SUMÁRIO: Introdução; O que são "políticas públicas"?; Pode haver políticas públicas não intencionais?; A pregação de Clémerson Merlin Clève; A doutrina do Ministro Celso de Mello; Autorização orçamentária, mínimo existencial e reserva do possível; Juiz e direito subjetivo; À guisa de conclusão; Obras referidas.

Introdução

Passou incólume pelo Superior Tribunal de Justiça sentença determinando a nomeação e lotação de Defensor Público em Uruguaiana/RS:

No que se refere à violação dos arts. 134 e 138 da Lei Complementar nº 80/94 e 1º da Lei Complementar nº 98/99 – ao argumento de que o acórdão recorrido viola o princípio da separação dos Poderes e a autonomia de o órgão criar e prover lotações da forma que melhor lhe for conveniente, notadamente em face da escassez de recursos financeiro-orçamentários e humanos – e 8º, incs. I, VII e XIII, da Lei Complementar nº 80/94 – porque teria havido usurpação da competência do Defensor Público-Geral da União –, observe-se que o Tribunal de origem decidiu a controvérsia à luz de princípios constitucionais, tanto materiais como instrumentais. Presente a fundamentação eminentemente constitucional no ponto, afasta-se a possibilidade de revisão pelo Superior Tribunal de Justiça. (STJ, 2ª Turma, RECURSO ESPECIAL Nº 1.256.599 – RS (2011/0123298-8), MINISTRO MAURO CAMPBELL MARQUES, Relator, j. 09/08/2011).

Examina-se neste artigo a adequação de uma ação civil pública com vistas à determinação de um ato dessa natureza, isto é, de um ato que não pode ser pensado senão como integrante de uma política pública.

O que são "políticas públicas"?

Carlos Alberto de Salles define políticas públicas como alocação de recursos e realização de ações, de forma a serem alcançados os vários objetivos

---

[1] Professor de Processo Civil na PUCRS, Desembargador aposentado do Tribunal de Justiça do Estado do Rio Grande do Sul.

sociais, expressos através dos vários processos decisórios da sociedade e integrados a textos legais.[2]

"Em termos jurídicos", diz Nina Beatriz Stocco Ranieri, "a noção de *política pública* designa um conjunto de normas e atos, unificados em torno de uma dada finalidade, ainda que tais atos e normas sejam de natureza heterogênea e se submetam a regimes jurídicos diversos".[3]

Pode-se, pois, definir política pública como um conjunto de atos normativos e de atos concretos, com alocação de recursos com vistas a fins determinados. Assumem particular importância nesse contexto as leis que expressa ou implicitamente apontam para determinado objetivo e os atos administrativos correspondentes e, no que diz respeito à alocação de recursos, a lei orçamentária e a compreensão de que tudo tem um custo financeiro.

Pode haver políticas públicas não intencionais?

As definições de políticas públicas contêm todas a ideia de disposição de meios para a consecução de fins. Ora, a ideia de finalidade envolve a de intencionalidade, donde poder pensar-se que todo ato de política pública envolve a intenção consciente de atingir determinado fim.

É preciso, porém, levar-se em conta o fato de que o Direito é produto da sociedade, produto portanto da intenção de diferentes sujeitos. Pode, pois, revelar-se a existência de uma política pública resultante não da intenção de um determinado governo, mas da soma de diferentes intenções de diferentes sujeitos no decurso do tempo.

Para ilustrar esse ponto, veja-se a consistente política adotada no Brasil de crescente restrição ao exercício das profissões.

Na esteira da Revolução francesa, que aboliu as corporações de ofícios, a Constituição de 1894 garantia incondicionalmente "o livre exercício de qualquer profissão moral, intelectual e industrial" (art. 72, § 24).

A Constituição de 1946 assegurava o livre exercício de qualquer profissão, mas observadas as condições de capacidade estabelecidas por lei (art. 141, § 14), dispositivo repetido pela Constituição de 1967.

O tema foi discutido pelo Supremo Tribunal Federal em 1976, a propósito da profissão de corretor.

Entrementes, como observou o Ministro Cordeiro Guerra, já se haviam regulamentado diversas profissões, além de médicos, engenheiros e advogados, aeronautas e aeroviários, tais como agenciador de propaganda, agrimensor, astrônomo, árbitro profissional, arqueólogos, artista, auxiliar de condutor autônomo de veículos, corretor de seguros e capitalização, barbeiros e cabe-

---

[2] Políticas públicas e a legitimidade para defesa de interesses difusos e coletivos. *Revista de Processo*, vol. 121, p. 38, Mar/2005

[3] RANIERI, Nina Beatriz Stocco. Do Estado liberal ao Estado contemporâneo – Notas sobre os processos de exaustão dos modelos políticos e da ordem juridica. *Revista de Direito Constitucional e Internacional*, vol. 36, p. 135, Jul/2001.

lereiros, carregadores e transportadores de bagagem, faxineiros e até mesmo guardador de automóveis.

Na ocasião, o Supremo Tribunal Federal declarou a inconstitucionalidade total da Lei 4.116, de 17 de agosto de 1962, que regulamentava a profissão de corretor de imóveis, apontando-se, entre outras inconstitucionalidades, a exigência de registro num Conselho, por não haver qualquer função pública legítima, de fiscalização dessa profissão, que pudesse ser atribuída a um Conselho (STF, Plenário, Representação n. 930, Rel. Min. Rodrigues Alckmin, j. 5/05/1976).

Não conseguiu, porém, o Supremo Tribunal Federal travar essa política de restrições à liberdade de profissão, nem mesmo com relação aos corretores de imóveis. Editada nova Lei, a de n. 6.530/1978, decidiu o Supremo Tribunal Federal que era exigível o registro no Conselho Regional dos Corretores de Imóveis, mesmo das empresas que antes dela vinham exercendo atividade de intermediação na compra e venda de imóveis. (STF, 2ª Turma, Ag. Reg. no Ag. Instr. 109.272-6, Min. Aldir Passarinho, relator, j. 6/06/1986).

Essa política de regulamentação das profissões, com exigências alheias à capacidade, como o registro em um Conselho, não resultou de uma "conspiração" de qualquer governo. Resultou de fatos sociais. Os que exercem uma profissão têm interesse em barrar, em maior ou menor medida, o ingresso de concorrentes no mercado. Organizam-se em associações. Uma organização com fins precisos, por meio de lobbies, acaba conseguindo que seus interesses se sobreponham aos da massa amorfa dos ex-futuros concorrentes.

Observa Carlos Alberto de Sales:

> Tendo por base a relação de cada sujeito individual com o bem em disputa, observa-se uma variação no grau de concentração do interesse, conforme o número de pessoas envolvidas. Quanto mais concentrado, maior a parcela de benefício cabente a cada indivíduo pessoalmente, tornando mais provável que estes indivíduos, motivados por sua parcela pessoal de interesse, assumam a iniciativa em sua proteção. Nessa perspectiva, os interesses mais concentrados tendem a ser super-representados, inversamente aos mais difusos, que tendem a ser sub-representados.

> Essas tendências de sub-representação dos interesses difusos é verificada em qualquer nível de ação política, mas constata-se, de maneira especial, junto ao legislativo (não apenas no tocante à sua composição, mas à influência sobre ele dos grupos de pressão). Estas conclusões são afirmadas pela chamada Interest Group Theory of Politics (Teoria Política dos Grupos de Interesse), que, a partir do estudo da influência dos grupos de pressão sobre o legislativo e sobre agências administrativas nos Estados Unidos, chegou à constatação da prevalência dos interesses mais concentrados sobre os mais dispersos. (Para um apanhado das premissas e da evolução desse tipo de análise, vide FARBER e FRICKEY, op. cit., p. 13-33; também KOMESAR, op. cit., pp. 54-58).[4]

Existe um "controle das políticas públicas" como um objeto próprio e específico, diverso do que o Judiciário exerce sobre os atos em geral do Poder Executivo e do Legislativo?

É inegável que existem políticas públicas. Pensando-se nos objetivos fundamentais da República brasileira, pode-se pensar numa política voltada: à

---

[4] SALLES, Carlos Alberto de. Políticas públicas e a legitimidade para a defesa de interesses difusos e coletivos. *Revista de Processo*, vol. 121, p. 38, Mar/2005.

construção de uma sociedade livre, justa e solidária; ao desenvolvimento nacional; à erradicação da pobreza; à redução das desigualdades sociais e regionais: à promoção do bem de todos, sem preconceitos e discriminações.

Supõe-se, em cada caso, um conjunto de atos normativos e de atos concretos, imantados por determinado fim que se quer alcançar.

É possível, mas remota, a possibilidade de um governo intente implantar um política voltada a um fim inconstitucional, de modo a que o Judiciário seja chamado a declarar a inconstitucionalidade do próprio fim visado e, por consequência, dos atos concretos tendentes ao mesmo fim. Eventualmente, o fim inconstitucional estará oculto, precisando ser desvendado.

Mesmo nesse caso, dificilmente será toda a política pública, em sua inteireza, submetida ao julgamento de um tribunal. Mais provavelmente ocorrerá uma decisão do Supremo Tribunal Federal declaratória da inconstitucionalidade da lei de cujo normativo se deduza um fim inconstitucional, seguida de outras decisões, do mesmo ou de outros tribunais, condenando ou desconstituindo atos administrativos em razão de sua finalidade inconstitucional.

É raro que o Judiciário se manifeste sobre uma política pública como tal. O que usualmente ocorre é a determinação judicial de ato concreto que se insere numa política pública.

Observa Fábio Konder Comparato que a política, como um programa de ação, não é uma norma nem um ato, ou seja, ela se distingue nitidamente dos elementos da realidade jurídica, sobre os quais os juristas desenvolvem a maior parte de suas reflexões, desde os primórdios da jurisprudência romana; ela aparece, antes de tudo, como um atividade, isto é, um conjunto organizado de normas e atos tendentes à realização de um objetivo determinado; como conjunto de normas e atos, é unificada pela sua finalidade. Os atos, decisões ou normas que a compõem, tomados isoladamente, são de natureza heterogênea e submetem-se a um regime jurídico que lhes é próprio, donde se segue que o juízo de validade de uma política não se confunde com o da validade das normas e dos atos que a compõem. Uma lei, editada no quadro de uma determinada política pública pode ser inconstitucional, sem que esta última o seja. Inversamente, uma política pública pode ser inconstitucional, sem que nenhum dos atos administrativos, ou nenhuma das normas que a regem, sejam, em si mesmos, inconstitucionais.[5]

Quando se fala em controle de políticas públicas, alude-se ao poder que tem o Judiciário de declarar a inconstitucionalidade de leis e de examinar o mérito dos atos administrativos, não só quanto à sua legalidade, mas também quanto aos fins visados, o que não se confunde com a anulação de ato administrativo por desvio de finalidade.

Sob o título de "controle de políticas públicas" apresenta-se a ideia de que o Judiciário pode e deve aprofundar o exame do ato normativo ou do ato administrativo, não se limitando aos aspectos formais, mas indo mais fundo,

---

[5] COMPARATO, Fábio Konder. Ensaio sobre o juízo de constitutucionalidade de políticas públicas. *Revista dos Tribunais*. vol. 737, p. 11, Mar/1997.

pondo sob seu olhar crítico os fins visados e a razoabilidade dos meios empregados.

A pregação de Clémerson Merlin Clève

À doutrina tradicional, que "legitima a atuacão do Poder Político, qualquer que seja", Clémerson Merlin Clève opõe a "dogmática constitucional emancipatória, marcada pelo compromisso com a dignidade da pessoa humana e com a efetividade dos comandos constitucionais".

De um modo geral, os direitos, liberdades e garantias (direitos clássicos ou de defesa) não exigem do juiz outra atuação que a da censura à ação do poder público.

A situação muda com relação aos direitos sociais, econômicos e culturais (direitos prestacionais), que exigem uma atuação positiva do poder público. São direitos insuscetíveis de realização integral (o horizonte é sempre infinito), pois seu cumprimento implica uma caminhada progressiva e pressupõem um orçamento, mecanismo pelo qual o Estado maneja os recursos públicos.

Os direitos fundamentais comportam uma dimensão subjetiva e outra objetiva.

A dimensão subjetiva envolve a constituição de posições jusfundamentais, quase sempre caracterizadas como direitos subjetivos, que autorizam o titular a reclamar em juízo determinada ação omissiva ou comissiva. A dimensão subjetiva desempenha três funções: defesa, prestação e não discriminação, ou seja, (i) situa o particular em condição de opor-se à atuação do poder público em desconformidade com o mandamento constitucional; (ii) exige do poder público a atuação necessária para a realização desses direitos; (iii) veda qualquer discriminação indevida.

A dimensão objetiva compreende o dever dos poderes constituídos de respeito e compromisso com os direitos fundamentais.

Há direitos sociais originários, os quais podem ser reclamados individualmente, mesmo à falta de norma regulamentadora. É o caso do direito ao ensino fundamental e do direito à saúde.

Para ter acesso ao mínimo existencial, pode o cidadão desde logo recorrer ao Poder Judiciário, que, do ponto de vista constitucional, está autorizado a decidir a respeito.

A maioria dos direitos sociais são derivados, isto é, não se realizam, inteiramente, sem a prévia regulamentação, ou seja, sem a existência de uma política, de um serviço e/ou de uma rubrica orçamentária. Embora não possam ser reclamados individualmente, podem ser concretizados judicialmente, seja pelas ações constitucionais, como a ação de inconstitucionalidade por omissão, o mandado de injunção e a arguição de descumprimento fundamental, como por outras ações, como a ação civil pública.

Da dimensão objetiva do direito à saúde decorre a possibilidade de ação civil pública para compelir o poder público a estender o sistema de esgoto sanitário a todo o universo de residentes no município, num prazo determinado de cinco a quinze anos, de acordo com a capacidade de arrecadação.

A dimensão objetiva dos direitos fundamentais, ainda que derivados, como, por exemplo, o direito a moradia, é suficiente para justificar a propositura de ação coletiva para exigir a definição de uma política pública que possa atender, em prazo razoável, a imposição constitucional.

A dimensão objetiva dos direitos fundamentais autoriza o Judiciário a condenar, por exemplo, uma linha de crédito do BNDES, em busca de maior produtividade das indústrias brasileiras, finalidade que em princípio não é inconstitucional, se essa política de crédito supõe alcançar produtividade crescente por meio da substituição dos trabalhadores por máquinas sem previsão de nenhum mecanismo de preparação do trabalhar para enfrentar novamente o mercado de trabalho, porque em desacordo com o princípio constitucional do pleno emprego e do direito ao trabalho.

É necessário superar a ideia de que o controle das omissões inconstitucionais só se pode dar por meio do mandado de injunção e da ação de inconstitucionalidade por omissão.

Isso afronta o princípio democrático do governo pela maioria? Não, porque ao Judiciário cabe exercer uma função contramajoritária, protegendo a maioria permanente (Constituinte) contra a maioria eventual (a legislatura).[6]

A doutrina do Ministro Celso de Mello

No RE 410715,[7] o Supremo Tribunal Federal deu provimento a recurso extraordinário, rejeitando as alegações do Município de Santo André, entre elas a de que a carência de novos aportes de recursos para financiar a educação infantil havia limitado o atendimento em todo o Município, tornando impossível a ampliação do atendimento infantil e a de que, em razão de dezenas de liminares judiciais, as instituições de ensino público em funcionamento estavam abrigando crianças matriculadas muito acima do limite de vagas e da capacidade das salas de aula.

Extraem-se do acórdão as seguintes conclusões:

O Município (CF, art. 211, § 2º) tem o dever incondicional de viabilizar às crianças de zero a seis anos de idade (CF, art. 208, IV) efetivo acesso e atendimento em creches e unidades de pré-escola.

Embora ordinariamente não se inclua no âmbito das atribuições do Poder Judiciário a formulação e implementação de políticas públicas, ele pode excepcionalmente exercer essa função, quando os órgãos estatais competentes descumprem os encargos político-jurídicos que sobre eles incidem em caráter mandatório. No caso de políticas públicas determinadas pela própria Constituição, pode o Judiciário determinar que elas sejam implementadas pelos órgãos estatais inadimplentes.

---

[6] CLÈVE, Clémerson Merlin. A eficácia dos direitos fundamentais sociais. *Doutrinas Essenciais de Direito do Trabalho e da Seguridade Social*, vol. 1, p. 261, Set/2012.

[7] STF, 2ª. Turma, Ag. Reg. no RE 410715, Min. Celso de Mello, Rel., j. 22/11/2005

Não é lícito ao Poder Público, a partir de manipulação de usa atividade financeira e/ou político--administrativa, criar obstáculo artificial para frustrar, fraudar e inviabilizar as condições matérias mínimas de existência da pessoa e dos cidadãos.

A "reserva do possível" não pode dolosamente ser invocada pelo Estado para dolosamente exonerar-se do cumprimento de suas obrigações constitucionais, ressalvada a ocorrência de justo motivo objetivamente aferível.

Os direitos da criança têm prioridade absoluta, podendo atribuir-se o seu desatendimento a ineficiência administrativa, descaso governamental, incapacidade de gestão dos recursos públicos, incompetência, falta de visão política do administrador e inoperância funcional dos gestores públicos.

Impressiona, nesse caso, que se haja afirmada o poder de o Judiciário não apenas controlar, mas também o de determinar a realização de políticas públicas, bem como se haja feito afirmações em tese, válidas para todos os municípios, independentemente do exame concreto da riqueza e capacidade de arrecadação de cada um, inclusive da do Município que era parte na ação, ao qual, aliás, o tribunal local dera razão.

Autorização orçamentária, mínimo existencial e reserva do possível

É preciso distinguir falta de previsão orçamentária, matéria eventualmente alegada como defesa na contestação, e impossibilidade material do cumprimento da sentença por falta de meios financeiros, que pode frustrar o cumprimento da sentença. Ambas as hipóteses são frequentemente tratadas sob o rótulo de "reserva do possível", sem distinção entre a reserva do possível jurídica (falta de dotação orçamentária) e reserva do possível fática (falta de dinheiro, pura e simplesmente). Em alguns textos, trata-se a "reserva do possível" como subterfúgio da Administração para subtrair-se ao cumprimento de seus deveres constitucionais. A propósito, observa Ingo Sarlet:

(...) é certo que as limitações vinculadas à reserva do Possível não são, em si mesmas, necessariamente uma falácia. O que tem sido, de fato, falaciosa, é a forma pela qual muitas vezes a reserva do Possível tem sido utilizada entre nós como argumento impeditivo da intervenção judicial e desculpa genérica para a omissão estatal no capo da efetivação dos direitos fundamentais, especialmente de cunho social.[8]

Com base na doutrina e jurisprudência atuais, já se pode tomar como certo que a falta de previsão orçamentária, por si só, não impede condenação judicial para o atendimento de direitos fundamentais. O orçamento precisará ser ajustado, no mesmo ou no próximo exercício, para o atendimento da condenação judicial. Se a simples alegação de falta de previsão orçamentária fosse suficiente para afastar a condenação, não se poderia falar de *direitos* sociais, porque ficaria à discrição dos Poderes Legislativo e Executivo respeitá-los ou não.

---

[8] SARLET, Ingo Wolfgang; TIMM, Luciano Benetti (Orgs.). *Direitos fundamentais, orçamento e "reserva do possível"*. Porto Alegre: Livraria do Advogado, 2008. p. 32.

Diz Anderson Rosa Vaz que não parece aceitável a alegação de reserva do financeiramente possível como limite à efetivação dos direitos econômicos, sociais e culturais; muito menos por parte do Poder Judiciário, que não tem legitimidade para dar interpretação restritiva à efetivação de direitos humanos; se existem crianças fora da escola, por exemplo, e o Estado alega ausência de recursos financeiros suficientes para efetivar o direito à educação, é porque o Estado desrespeitou, além dos direitos humanos, regras de planejamento orçamentário educacional de curto, médio e longo prazo. Não pode, agora, valer-se de sua própria torpeza para furta-se à obrigação de efetivar esse direito social. É exigível que o Estado programe nos orçamentos públicos os recursos necessários à efetivação progressiva, mas previsível, dos direitos humanos.[9]

Disse o Ministro Celso de Melo:

> (...) entre proteger a inviolabilidade do direito à vida e à saúde, que se qualifica como direito subjetivo inalienável assegurado a todos pela própria Constituição da República ou fazer prevalecer, contra essa prerrogativa fundamental, um interesse financeiro e secundário do Estado, entendo – uma vez configurado esse dilema – que razões de ordem ético-jurídica impõem ao julgador uma só e possível opção; aquela que privilegia o respeito indeclinável à vida e à saúde humana, STF, 2ª Turma, RE 271.286, Min. Celso de Melo, Relator, j. 12/09/2000).

Com isso, porém, não se resolvem todos os problemas. O valor monetário dos direitos fundamentais tende ao infinito e, particularmente no caso dos municípios, podem facilmente absorver toda a receita.

Apresenta-se, então, a tese do mínimo existencial. Diz Kazuo Watanabe que a cláusula da reserva do possível é inoponível em relação aos direitos fundamentais sociais referidos ao núcleo duro do princípio da dignidade humana integrantes do "mínimo existencial", explicando que a adoção do conceito de mínimo existencial é feita para possibilitar a tutela jurisdicional imediata, sem a necessidade de prévia ponderação do Legislativo ou do Executivo por meio de política pública específica, e sem a possibilidade de questionamento, em juízo, das condições práticas de sua efetivação, vale dizer, sem sujeição à cláusula da reserva do possível.[10]

O mínimo existencial abarca "um extenso elenco de direitos fundamentais sociais, tais como direitos à educação fundamental, à saúde básica, à assistência social, ao acesso à justiça, à moradia, ao trabalho, ao salário mínimo, à proteção à maternidade e a infância".[11]

Dir-se-ia então que, no caso do mínimo existencial, o juiz não pode deixar de condenar, assim como, nas relações contratuais, o juiz não deixa de condenar o devedor, a pretexto de que não terá como pagar.

Mais razoável, porém, adotar-se o modelo da ação de alimentos, em que o devedor é condenado na medida de suas possibilidades. Nessa linha de pen-

---

[9] VAZ, Anderson Rosa. A cláusula da reservado financeiramente possível como instrumento de efetivação planejada dos direitos humanos econômicos, sociais e culturais. *Revista de Direito Constitucional e Internacional*, vol. 61, p. 25, Out/2007. *Revista de Direito Constitucional e Internacional*, vol. 66, p. 9, Jan/2009. *Doutrinas Essenciais de Direitos Humanos*, vol. 3, p. 107 . Ago/2011,

[10] WATANABE, Kazuo. Controle jurisdicional das políticas públicas mínimo existencial e demais direitos fundamentais imediatamente judicializáveis. *Revista de Processo*, vol. 193, p. 13, Mar/2011

[11] Idem, ibidem.

samento, parece razoável atribuir-se ao autor o ônus de provar a necessidade e, ao réu, a impossibilidade, fato impeditivo.

A característica de realização progressiva dos direitos sociais, que devem ser atendidos na medida das possibilidades financeiras do Poder Público, leva à conclusão de que a símile das ações de alimentos, e não o das ações contratuais, é o mais adequado, de sorte que a falta de recursos financeiros deve ser objeto do próprio processo de conhecimento. É evidente que o juiz não pode condenar o Município a entregar prestações cujo valor supera a receita do Município. Nem pode o juiz inviabilizar a administração do Município, obrigando o Prefeito, por exemplo, a suspender o pagamento dos funcionários e serviços como os de coleta e recolhimento do lixo.

Pode ser que, em ação contra a União se possa afirmar que "sempre haverá um meio de remanejar os recursos disponíveis, retirando-os de outras áreas (transporte, fomento econômico, serviço da dívida, mordomias para ex-Presidentes e outras autoridades etc.), onde sua aplicação não está tão intimamente ligada aos direitos mais essenciais do homem, como a vida, a integridade física, a saúde e a educação, por exemplo. Os problemas de 'caixa' não podem ser guindados a obstáculos à efetivação dos direitos fundamentais sociais" (Dirley de Cunha Jr., citado por Kazuo Watanabe[12]). Mas, indiscutivelmente, essa não é a verdade no âmbito dos municípios.

Na verdade, as prestações devidas pelo Estado a título de direitos sociais atendem ao binômio necessidade e possibilidade, não podendo a sentença limitar-se ao exame de um dos termos, qual seja, o da necessidade, porque *ad impossibilia nemo tenetur*.

As limitações fáticas não podem, pois, ser consideradas apenas na fase de cumprimento da sentença, como sustenta Osvaldo Canela Junior.[13]

Uma vez rejeitada a tese da impossibilidade absoluta de regulação judicial, com invocação da doutrina da separação dos Poderes, e rejeitada também a tese da ininvocabilidade da "reserva do possível" como defesa, segue-se, quase que por dedução lógica, que incumbe ao Poder Público réu o ônus da prova. Nesse sentido, pode-se citar o seguinte acórdão do Superior Tribunal de Justiça:

> Em um primeiro momento, a reserva do possível não pode ser oposta à efetivação dos Direitos Fundamentais, já que, quanto a estes, não cabe ao administrador público preterí-los em suas escolhas. Nem mesmo a vontade da maioria pode tratar tais direitos como secundários. Isso, porque a democracia não se restinge na vontade da maioria. O princípio do majoritário é apenas um instrumento no processo democrático, mas este não se resume àquele. Democracia é, além da vontade da maioria, a realização dos direitos fundamentais. (...) A realização dos Direitos Fundamentais não é opção do governante, não é resultado de um juízo discricionário nem pode ser encarada como tema que depende unicamente da vontade política. Aqueles direitos que estão intimamente ligados à dignidade humana não podem ser limitados em razão da escassez quando esta é fruto das escolhas do administrador. Não é por outra razão que se afirma que a reserva do possível não é oponível à realização do mínimo existencial. (...) Porém é preciso fazer uma ressal-

---

[12] WATANABE, Kazuo. Controle jurisdicional das políticas públicas mínimo existencial e demais direitos fundamentais imediatamente judicializáveis. *Revista de Processo*, vol. 193, p. 13, Mar/2011

[13] CANELA JUNIOR, Osvaldo. *Controle judicial de políticas públicas.* São Paulo: Saraiva, 2011. p. 103

va no sentido de que mesmo com a alocação dos recursos no atendimento do mínimo existencial persista a carência orçamentária para atender a todas as demandas. Nesse caso, a escassez não seria fruto da escolha de atividades não prioritárias, mas sim da real insuficiência orçamentária.

Em situações limítrofes como essa, não há como o Poder Judiciário imiscuir-se nos planos governamentais, pois estes, dentro do que é possível, estão de acordo com a Constituição, não havendo omissão injustificável. (...) Todavia, a real insuficiência de recursos deve ser demonstrada pelo Poder Público, não sendo admitido que a tese seja utilizada como uma desculpa genérica para a omissão estatal no campo da efetivação dos direitos fundamentais, principalmente os de cunho social. No caso dos autos, não houve essa demonstração. (STJ, 2ªTurma, REsp. 1185474, Min. Humberto Martins, j. 10/12/2009).

De acordo com a argumentação desenvolvida nesse acórdão, o Judiciário não se imiscuirá nos planos governamentais, se julgar justificada a omissão do Poder Público.

O problema está em que, até mesmo para julgar justificar a omissão, o Judiciário terá que se imiscuir na Administração Pública, para verificar que atividades foram priorizadas no orçamento ou em sua execução, em detrimento dos direitos reivindicados na ação. Que despesas são prioritárias em relação aos direitos reivindicados? A remuneração do Prefeito e dos Vereadores? A dos funcionários públicos? O aluguel de prédios, luz e telefone?

A necessidade de examinar a defesa consistente na impossibilidade financeira de atendimento aos direitos reivindicados não deve, porém, levar o Judiciário a substituir-se, a um só tempo, aos Poderes Executivo e Legislativo e ao próprio povo, por não ser a instancia própria para editar o orçamento, embora possa exigir a correção de eventual inconstitucionalidade.

Juiz e direito subjetivo

A ideia de direito subjetivo exerceu a importante função de limitar a atuação do Judiciário, restrita, durante o liberalismo, à tutela de direitos individuais.

Por duas razões, ela já não exerce essa função. A primeira, resulta da transformação do conceito de direito subjetivo, perfeitamente determinado, num conceito indeterminado, usando-se até como sinônimo de aspiração. Nesse sentido fala-se até em direito à paz, direito à felicidade, direito à organização etc. Uma segunda razão resulta da sinonímia que a própria legislação tratou de estabelecer entre interesses e direitos, particularmente no campo das ações coletivas. Do fato de não se estabelecer distinção entre interesse e direito resulta que o Judiciário é chamado a resolver conflitos muito além do âmbito para o qual foi pensado e construído no passado.

O conceito de direito subjetivo já não serve para limitar o Judiciário a atuar apenas nos casos em que se apresenta como instancia própria para decidir o conflito de interesses. Isso, porém, não deve levar à conclusão de que o Judiciário deva decidir qualquer conflito de interesses, inclusive aqueles para os quais não se apresenta como a instancia própria ou adequada para resolvê-lo.[14]

---

[14] Cf. BADIN, Arthur Sanchez. *Controle judicial das políticas públicas*. São Paulo: Malheiros, 2013.

Não se pode admitir, por exemplo, que caiba ao Judiciário, a pretexto de tutela de direitos fundamentais, decidir a respeito da política econômica que deva ser adotada no Brasil. Falta-lhe legitimidade e falta-lhe capacidade institucional.

Não se queira transformar o Brasil num Estado judiciário, em que tudo se resolve por ação judicial.

Já não servindo a ideia de direito subjetivo para manter o caudal das decisões judiciais em seu leito próprio, é preciso construir-se um outro limitador, que não negue as novas atribuições do Poder Judiciário, entre as quais a de tutela de interesses difusos, mas que não obstante preserve as legítimas atribuições dos demais Poderes.

Para admitir uma ação civil pública envolvendo política pública, deve o juiz verificar preliminarmente o requisito da adequação, indagando se, no caso concreto, o Judiciário constitui a instancia adequada para resolver o conflito.

A distinção entre direitos subjetivos individuais, controle de atos legislativos ou administrativos e determinação de políticas públicas desempenha aí importante papel.

Tratando-se de direitos individuais, inegável a adequação das ações individuais bem como a das ações relativas a direitos individuais homogêneos.

Inegável, também, a adequação, em se tratando de afirmar a constitucionalidade ou a inconstitucionalidade de um ato normativo ou a legalidade ou ilegalidade de um ato concreto.

A inadequação transparece, por exemplo, nos casos em que se pretende que o juiz determine a prática de um ato que não pode ser pensado senão como integrante de uma política pública que, no caso concreto, o que juiz não está sendo chamado a examinar.

É o que ocorre, por exemplo, nas ações propostas pelo Ministério Público, com invocação do direito fundamental do acesso a justiça, visando à condenação da União a instalar um posto da Defensoria Pública num município determinado. (Trata-se de hipótese diversa da que em se busca a efetivação de um direito subjetivo individual, como na ação para pedir medicamentos, com invocação do direito à saúde).

Admitida a adequação do juízo como instancia adequada para decidir a respeito, o acolhimento do pedido segue-se como consequência necessária. Se cabe tal ação com tal pedido em um município, cabe também em todos os outros municípios do Brasil. A União seria obrigada a centuplicar o número de defensores públicos, sem qualquer planejamento prévio, isto é, sem o prévio desenho de uma política pública consistente.

A conclusão é clara. Ainda que o Judiciário possa controlar ato integrante de uma política pública, não pode determinar a prática de um ato concreto que não possa ser pensado senão como integrante de uma política pública.

DIREITOS HUMANOS E FUNDAMENTAIS NA AMÉRICA DO SUL

À guisa de conclusão

No agravo de instrumento 598.212,[15] o Supremo Tribunal Federal, que havia condenado o Estado da Paraná a implantar e estruturar a Defensoria Pública no Estado, tendo em vista a adstrição ao pedido, restringiu a condenação à criação e à implantação da Defensoria Pública na comarca de Apucarana.

Do ponto de vista sustentado neste estudo, o pedido a final deferido seria inadmissível, por se pleitear ato integrante de uma política pública que, supostamente existente, poderia excluir, pelo menos num primeiro momento, a implantação da Defensoria Pública na referida comarca. Pelo contrário, era admissível o pedido que não foi formulado: o de condenação do Estado do Paraná a implantar e estruturar a Defensoria Pública no Estado, o que não significaria a exigência de implantação em todas as comarcas, tendo em vista as variáveis a ser consideradas, entre elas as forças do orçamento estadual e outras atividades também exigentes de atuação do Estado.

A inadequação da ação subsume-se no conceito de ausência de agir, juízo negativo, não do mérito, mas de admissibilidade da ação.[16]

Obras referidas

BADIN, Arthur Sanchez. *Controle judicial das políticas publicas*. São Paulo: Malheiros, 2013.

CANELA JUNIOR, Osvaldo. *Controle judicial de políticas públicas*. São Paulo: Saraiva, 2011.

CLÈVE, Clémerson Merlin. A eficácia dos direitos fundamentais sociais. *Doutrinas Essenciais de Direito do Trabalho e da Seguridade Social*. vol. 1, p. 261, Set / 2012.

COMPARATO, Fábio Konder. Ensaio sobre o juízo de constitucionalidade de políticas públicas. *Revista dos Tribunais*. vol. 737, p. 11, Mar/1997. *Doutrinas Essenciais de Direito Constitucional*, vol. 5, p. 149, Mai/2011, DTR, 1997, 131

GRINOVER, Ada Pellegrini. O controle de políticas públicas pelo Judiciário. *Revista de Direito Bancário e do Mercado de Capitais*, vol. 42, p. 11, Out/2008. *Doutrinas Essenciais de Direito Constitucional*, vol. 4, p. 563, Mai/2011.

GUIMARÃES, Jader Ferreira; WITZEL, Wilson José. Limitações processuais à tutela judicial do direito à saúde. *Revista de Processo*, vol. 179, p. 217, Jan/2010.

RANIERI, Nina Beatriz Stocco. Do Estado liberal ao Estado contemporâneo – Notas sobre os processos de exaustão dos modelos políticos e da ordem jurídica. *Revista de Direito Constitucional e Internacional*, vol. 36, p. 135, Jul/2001.

SALLES, Carlos Alberto de. Políticas públicas e a legitimidade para a defesa de interesses difusos e coletivoas. *Revista de Processo*, vol. 121, p. 38, Mar/2005.

SARLET, Ingo Wolfgang; TIMM, Luciano Benetti (Orgs.). *Direitos fundamentais, orçamento e "reserva do possível"*. Porto Alegre: Livraria do Advogado, 2008.

ZANETTI JR., Hermes. A teoria da separação dos poderes e o estado democrático constitucional: funções de governo e funções de garantia. In: GRINOVER, Ada Pellegrini & WATANABE, Kazuo. *O controle judicial de políticas publicas*. 2. ed. Rio de Janeiro: Foresne, 2013.

VAZ, Anderson Rosa. A cláusula da reservado financeiramente possível como instrumento de efetivação planejada dos direitos humanos econômicos, sociais e culturais. *Revista de Direito Constitucional e Internacional*, vol. 61, p. 25. Out/2007. *Revista de Direito Constitucional e Internacional*, vol. 66, p. 9, Jan/2009. *Doutrinas Essenciais de Direitos Humanos*, vol. 3, p. 107, Ago/2011.

WATANABE, Kazuo. Controle jurisdicional das políticas públicas mínimo existencial e demais direitos fundamentais imediatamente judicializáveis. *Revista de Processo*, vol. 193, p. 13, Mar/2011.

---

[15] STF, 2ª Turma, Embargos Declaratórios no Agravo de Instrumento 598.212, Min.Celso de Mello, relator, j. 25/03/2014.

[16] Contra: ZANETTI JR., Hermes. A teoria da separação dos poderes e o estado democrático constitucional: funções de governo e funções de garantia. In: GRINOVER, Ada Pellegrini; WATANABE, Kazuo. *O controle judicial de políticas publicas*. 2. ed. Rio de Janeiro: Foresne, 2013.

— 6 —

Razonabilidad y "supervisión" en la ejecución de sentencias constitucionales que protegen derechos fundamentales

PEDRO P. GRÁNDEZ CASTRO[1]

SUMARIO: ii.1. La sentencia constitucional en función del tipo de pretensión.; ii.2. La sentencia constitucional como "cosa interpretada"; iii.1. Dos lecciones de la jurisprudencia constitucional comparada; iii.1.1. El caso de la desegregación en las decisiones de la Corte Suprema de los EE. UU.; iii.1.2. El caso de los desplazados y la supervisión de las sentencias de la Corte Colombiana; iii.2. Necesidad de incorporar mecanismos de "supervisión" en la ejecución de las sentencias del TC.

i. Delimitación

El propósito de este trabajo es doble: en primer lugar, identificar las distintas formas y contenidos que adquieren las decisiones de los jueces constitucionales en materia de protección de derechos fundamentales; en segundo lugar, a partir de esta tipología, identificar los espacios de mayor dificultad en los que tales decisiones encuentran dificultades i) fácticas, ii) jurídicas y/o; ii) institucionales para su realización. La identificación de estos problemas y espacios de actuación de la justicia constitucional en fase de ejecución permitirá, al final, proponer algunas medidas que deben orientarse por el criterio de razonabilidad, en el sentido que suele entenderse en los debates contemporáneos.

Como es conocido, la actuación de la justicia constitucional se ha desplazado en los últimos años del clásico control de normas, al control de actos y omisiones, situaciones en las que la eficacia de los derechos ocupa hoy el grueso de la carga procesal de los Tribunales. De este modo, a través de los procesos constitucionales de tutela de la libertad (hábeas corpus, amparo, hábeas data), el Tribunal Constitucional genera órdenes a los poderes públicos y también a los particulares. En este escenario, la ejecución de las sentencias que protegen derechos se ha convertido en un capítulo especialmente relevante para la eficacia de los derechos fundamentales. No obstante, pese a esta relevancia, la

---

[1] Profesor Ordinario de la facultad de Derecho de la Pontificia Universidad Católica del Perú y de la Universidad Nacional Mayor de San Marcos

DIREITOS HUMANOS E FUNDAMENTAIS NA AMÉRICA DO SUL

atención que se suele prestar a los problemas de ejecución desde la perspectiva constitucional es escasa y casi inexistente en nuestro contexto.

Asimismo, la naturaleza especial de estos procesos, plantea también, un cierto distanciamiento respecto del enfoque procesal convencional con que se suele referir la doctrina a la ejecución de la sentencia ordinaria y su íntima vinculación al concepto de cosa juzgada. Como ha observado Blasco Soto,[2] "el proceso constitucional no se define sólo acudiendo a los conceptos clásicos de litigio, acción y pretensión. La valoración de la discordancia entre Ley-Constitución excede de lo que propiamente se entiende por función jurisdiccional por lo que se exigen muchas cautelas a la hora de asumir plenamente el aparato conceptual de la cosa juzgada a la sentencia Constitucional". De ahí la necesidad de prestar atención a los temas de ejecución, atendiendo a la dimensión constitucional que le es inherente y convirtiendo todas las técnicas y los instrumentos procesales en aquello que realmente son: instrumentos al servicio de la tutela.

ii. Caracterización general de las sentencias en los procesos de tutela de derechos

Sabido es que en la clásica clasificación de las sentencias, éstas suelen identificarse en función del contenido de su parte dispositiva: esto es, si declaran un derecho o una situación jurídica preexistente a la sentencia (sentencias declarativas), si constituyen un derecho o una posición jurídica con relación a un objeto o situación (sentencias constitutivas) y si ordenan compulsivamente la realización de determinados actos establecidos en el proceso tras verificarse la transgresión del orden legal (sentencias de condena). La condena es la consecuencia de la violación de un mandato o de una obligación, "La condena consiste, normalmente, en imponer al obligado el cumplimiento de la prestación, en comunicarle a que se abstenga de realizar los actos que se le prohíben, o en deshacer lo que haya realizado".[3]

La doctrina procesal ha propiciado en los últimos tiempos la desvinculación de estas categorías con las posibilidades de ejecución, recusando de este modo la afirmación según la cual, sólo las sentencias de condena se ejecutan inmediatamente y en forma incluso forzada[4] o aquellas que dividían la secuela del proceso con la ejecución de la sentencia que emana del mismo. Como ha escrito, Ayarragaray,[5] "el proceso es una unidad; tiende a la tutela de los derechos", no existe por tanto, ninguna justificación para separar en dos momentos distintos el proceso de su ejecución.

No obstante ello, si siguiéramos, aunque sea en sentido metodológico, la distinción propuesta, las sentencias que pronuncia el Tribunal Constitucional

---

[2] Blasco Soto, M. Del Carmen "Reflexiones en torno a la fuerza de cosa juzgada en la sentencia dictada en cuestión de inconstitucionalidad", en *REDC*, N° 41, Madrid, 2004.

[3] E. J. Couture, *Fundamentos del Derecho Procesal Civil*, 4ª edición, Editorial B de F, 2002, pág. 260.

[4] S. Satta, "premesse generali alla dotrina de lla esecuzione forzata, en *Riv. Di Diritto Proc. Civ.* Vol. 9º, parte Primera, 1932, Pgs. 333 y ss.

[5] Ayarragaray, Carlos, *Introducción a la ejecución de sentencia*, Buenos Aires, 1943, pg. 51

en los procesos para la tutela de los derechos fundamentales, serían *prima facie*, sentencia de condena que contienen un mandato ejecutivo y, que por tanto, se trataría de decisiones que pueden ser objeto de ejecución forzosa. En este caso, la orden del Juez Constitucional está encaminada como lo establece el artículo 1° del Código Procesal Constitucional, a "reponer las cosas al estado anterior a la violación o amenaza de violación de un derecho constitucional", o en todo caso, a obligar a la autoridad o poder público "el cumplimiento de un mandato legal o un acto administrativo".[6] La condena, en consecuencia, viene impuesta a partir de la verificación de que se ha violado o verificado una amenaza "cierta y real" a un bien o derecho de relevancia constitucional (arts. 5.1 y 38 del mismo CPC).[7] Esta verificación si bien no es de conocimiento pleno, tratándose de un proceso de tutela urgente, es deber del órgano que otorga la tutela, constatar los hechos que se alegan a efectos de que lo que se exige posteriormente en etapa de ejecución, no sea el producto de la arbitrariedad o el absurdo.

Sin embargo, la consideración preliminar en el sentido de identificar las sentencias de tutela de derechos fundamentales como sentencias de "condena", sólo anuncia los problemas que se presentan respecto de la caracterización de las sentencias constitucionales y su ejecución. Una mirada más detenida nos muestra que el Juez Constitucional no sólo "ejecuta" los mandatos de la Constitución referida a los derechos fundamentales, sino que esta tarea es, a menudo, una ardua actividad de valoración interpretativa, de ponderaciones, en resumen de "creación" y por tanto, en algún sentido, se trata también de *sentencias constitutivas*.[8]

Como lo ha puesto de relieve Spadaro, "quien interpreta crea", más aun tratándose del máximo Tribunal Jurisdiccional del país. En tal sentido, "quien está en posibilidades de establecer qué cosa significa la Constitución del Estado es, a todas luces, el órgano-sujeto que tiene el (mayor y más auténtico)

---

[6] Esto para el caso del proceso de cumplimiento que en la legislación peruana está contemplado también como un proceso constitucional.

[7] Conforme al artículo 5.1 del Código Procesal Constitucional: "No proceden los procesos constitucionales cuando: 1. Los hechos y el petitorio de la demanda no están referidos en forma directa al contenido constitucionalmente protegido del derecho invocado".

[8] Piénsese en aquellos supuestos en los que el Tribunal Constitucional, primero establece el contenido de un derecho por vía de adscripción de significados a los enunciados de la Constitución o más todavía, en aquellos supuestos en los que es posible hablar de normas de derecho fundamental carentes de enunciados expresos, es decir aquellos derechos construidos mediante argumentación. El Tribunal Peruano amparándose en la cláusula de apertura de la Constitución (art 3°) ha ampliado el catálogo expreso de los derechos enunciados en el texto constitucional. Como ejemplo puede verse el caso del derecho al agua, no previsto en el texto constitucional pero cuya relevancia constitucional el Tribunal lo ha destacado en estos términos: "En el caso específico del derecho al agua potable, este Colegiado considera que aunque dicho atributo no se encuentra considerado a nivel positivo, existen no obstante una serie de razones que justifican su consideración o reconocimiento en calidad de derecho fundamental. Asumir dicha premisa supone perfilar su individualización dentro del contexto que ofrecen algunas de las perspectivas anteriormente enunciadas. A tales efectos, atendiendo a que no existe norma expresa que contenga dicho reconocimiento a nivel interno y a que a nivel internacional aún se encuentran pendientes de desarrollo muchos de los ámbitos que comprendería dicho atributo, puede acudirse primeramente a la opción valorativa o principialista y a la cláusula de los derechos implícitos que le permite servir de referente. Así las cosas, la utilización de la fórmula de individualización permitiría legitimar la existencia de un derecho al agua potable en calidad de atributo fundamental no enumerado. Su reconocimiento se encontraría ligado directamente a valores tan importantes como la dignidad del ser humano y el Estado social y democrático de derecho." Cfr. STC 654-2006-AA/TC Fundamento 17°.

poder en el Estado". De este modo, no se trata de un órgano cualquiera que debe ejecutar aquello que es el producto de la aplicación mecánica de la Constitución o de la Ley. El Tribunal Constitucional a través de sus sentencias interpretativas no solamente crea normas con rango legislativo tal como ya lo hemos dejado dicho, sino que además, "crea, nos guste o no, normas constitucionales (o si se prefiere, como ya se ha mencionado, extrapola estas últimas al conjunto de disposiciones constitucionales vigentes)".[9] En tal sentido las sentencias del Tribunal Constitucional no son sólo actos retóricos o argumentativos en torno a la Constitución o a la Ley, sino también constituyen en buena parte, actos de auténtico poder jurisdiccional. Las sentencias constitucionales son de este modo, piezas del derecho y de los derechos, que a partir de los casos concretos permite el desarrollo y evolución del contenido de los derechos en contextos muchas veces no imaginados por el constituyente.[10]

En este sentido, refiriéndose a la importancia de la jurisprudencia constitucional en materia de derechos fundamentales y su efecto "constitutivo", Alexy ha escrito para el caso alemán lo siguiente: "Hoy en día no se puede colegir lo que representan los derechos fundamentales a partir del sucinto texto de la Ley Fundamental, sino sólo a partir de los 94 volúmenes de Sentencias del Tribunal Constitucional Federal que hasta la fecha ha registrado en total su benéfica actividad desde el siete de septiembre de 1951. Los derechos fundamentales son lo que son sobre todo a través de la interpretación".[11] La interpretación es pues actividad no de "descubrimiento" de algo preexistente, sino "atribución de significados", lecturas actuales de textos que en muchos casos pueden ser bastante antiguos.

De modo que, establecer que las sentencias constitucionales son siempre sentencias de condena y por consiguiente ejecutables "forzosamente", sólo por tal motivo, no sólo deja al margen una buena cantidad de decisiones del Tribunal, sino además, desconoce la labor creativa hermenéutica del máximo intérprete de la Constitución. La ejecutabilidad de la sentencia constitucional no se desprende de la "naturaleza" de condena o no que ella represente, sino de la posición que le otorga el sistema constitucional a las decisiones del máximo tribunal jurisdiccional del país en cuanto al objeto de las pretensiones que se hacen valen en las instancias judiciales, incluido el TC.

Tal parece, al menos de una mirada preliminar, que los esfuerzos que viene haciendo la mejor teoría procesal por ofrecer una comprensión adecuada para la protección de los derechos,[12] sin asumir una determinada concepción

---

[9] Spadaro, A. "Las motivaciones de las sentencias de la Corte como "técnica" de creación de normas constitucionales", En *Nomos, N° 3/1993*, trad. De Federico Valle, México, 2005 (cito de la separata)

[10] Quizá en este contexto resulte pertinente recordar la frase célebre del ius publicista español Eduardo García de Enterría quien refiriéndose al Tribunal Constitucional acuñó la expresión de "comisionado del Poder Constituyente" llamado a actualizar su obra. Cfr.

[11] Alexy, Robert. "Los derechos fundamentales en el Estado constitucional democrático", en *Neoconstitucionalismo(s)*, Traducción de Alfonso García Figueroa, Edición de Miguel Carbonell, Editorial Trotta, 2003.

[12] Cfr. Marinoni, Luiz G. *Derecho fundamental a la tutela jurisdiccional efectiva*, traducción de Aldo Zela, Lima, Palestra, 2007. Entre nosotros merece destacarse los trabajos emprendidos por Juan Monroy Palacios, aunque sus consideraciones no han sido elaboradas de cara al proceso constitucional, sus observaciones sobre la tipología sobre "las distintas formas de tutela procesal", podrían persuadirnos para proyectarlas al ámbito

material de los mismos y sus posibilidades de realización en un determinado contexto, puede terminar en un intento frustrado. En este sentido, resultan especialmente ciertas para el caso de la tutela de los derechos fundamentales aquellas "reflexiones críticas" que hacía hace ya algunos años, Juan Monroy Palacios, quien al cerrar su análisis sobre las formas de tutela en el proceso civil, reconocía con humildad académica, las enormes dificultades para construir respuestas "dogmatico-sistemáticas" en abstracto en este punto, exigiendo más bien a falta de una teoría "coherente" una cierta actitud de "versatilidad permanente" en los operadores del sistema. Esta "versatilidad" debiera llevar en el caso del Proceso de amparo, según recomendaba, "privilegiar los remedios opuestos a los instituidos por los juristas clásicos", aun cuando insistía en "sentencias de condena pasibles de ser actuadas mediante medidas coercitivas" que permitan la concreción de una tutela "específica".[13]

ii.1. La sentencia constitucional en función del tipo de pretensión

Otra forma de presentar la misma clasificación, es aquella que incide esta vez ya no en la decisión, sino en el tipo de pretensión que ha sido puesto a consideración del Tribunal. En tal sentido, se sostiene que la clasificación entre demanda *autodeterminada* y *heterodeterminada*, que opera en el Derecho Procesal Civil, también podría trasladarse en términos similares a los procesos constitucionales, en base a la naturaleza del derecho demandado por el actor. En consecuencia el objeto del proceso determinaría el tipo de respuesta del juez, que se pronunciará, consecuentemente, ya sea con una sentencia declarativa, constitutiva o de condena. De este modo y tal como lo ha propuesto recientemente Silvia Bagni, "también en el proceso constitucional el objeto (es decir, la naturaleza del derecho violado) influye en el pronunciamiento del Juez Constitucional. En particular, se puede distinguir el caso en el que, para eliminar la situación de ilegitimidad, es suficiente la declaración de inconstitucionalidad del acto denunciado (por cuanto el objeto del proceso está representado por un derecho absoluto de primera o segunda generación); o bien, cuando resulta necesaria una ulterior actividad "positiva" de parte del Estado (porque el objeto del proceso es en este caso, un derecho considerado de prestación). En otras palabras, podemos distinguir dependiendo de si la sentencia sea o no *self-executing* respecto a la exigencia de tutela individual sobre el cual el proceso constitucional se ha puesto en movimiento".[14]

Esta perspectiva tiene la virtud de poner en evidencia que los problemas reales respecto de la ejecución de las sentencias constitucionales, no se situarían tanto (o no debieran situarse al menos) en el cumplimiento de aquellas sanciones de actos u omisiones referidos a los derechos de libertad (entendida en sus dimensiones positiva y negativa); sino sobre todo, respecto de aquellas

---

de la tutela de los derechos fundamentales. Cfr. Monroy Palacios, Juan José, *La tutela procesal de los derechos*, Palestra, Lima, 2004, especialmente el Cap. 4. P. 273 y ss.

[13] Cfr. Monroy Palacios, cit. p. 309

[14] Bagni, Silvia. "Modelos" de justicia constitucional y defensa de los derechos. Un ensayo preliminar para una nueva clasificación", traducción de Pedro Grández; en *Justicia Constitucional*, Año 1, N° 2, Lima 2006.

"prestaciones" de parte del Estado configuradas como "derechos de prestación". Sin embargo, como ocurre con toda clasificación, esta perspectiva deja fuera muchas otras variables que complican enormemente la ejecución de una decisión del máximo Tribunal, incluso tratándose de los llamados derechos de libertad o de defensa. Sucede así, por ejemplo, cuando el Tribunal tenga que "vigilar" el cumplimiento de una decisión basada en la protección de un derecho como el de asociación o de reunión. En ambos casos pueden presentarse situaciones de desacato o necesidades de "hacer" de parte del ente (público o privado) denunciado a efectos de garantizar el derecho en cuestión.

Por tanto, una clasificación que en abstracto de cuenta de todos los supuestos en los que se presentan situaciones de incumplimiento o de dificultad para el cumplimiento de las decisiones del Tribunal, parece no sólo difícil de encontrar, sino incluso hasta inconveniente para enfrentar el problema de la ejecución de la sentencia constitucional como teoría general.

ii.2. La sentencia constitucional como "cosa interpretada"

Hasta aquí, hemos podido darnos cuenta, que la sentencia constitucional no puede ser comprendida ni analizada desde las perspectivas desarrolladas por la teoría general del proceso, ni por las teorías que estudian los efectos de las sentencias de la perspectiva civil o penal. La sentencia constitucional requiere pues, no sólo de una teoría nueva que la fundamente, sino también, de nuevas herramientas de actuación que abandonen la idea clásica de clasificación entre actos de declaración del derecho y actos de ejecución de los mismos.

Su dimensión como decisión que interpreta con la máxima fuerza jurídica las disposiciones constitucionales, le otorgan una posición de primer orden entre las decisiones del Estado Democrático de Derecho. Sus peculiaridades resultan por tanto: 1) de la especial naturaleza de las pretensiones sobre las que se pronuncia (bienes indisponibles); 2) del valor y fuerza que le otorga el sistema jurídico a sus interpretaciones (IV Disp. Final de la Const.., art. 1° de su propia Ley Orgánica, y art. VI del Código Procesal Constitucional) y; 3) del poder extrapartes y sólo sometido a la Constitución y su Ley Orgánica con que actúa el Tribunal.

a) Relevancia de objeto.- La especial naturaleza de las pretensiones sobre las que se pronuncia, implica que sus decisiones, en muchos casos, puede rebasar las propias alegaciones fácticas o jurídicas de las partes. En efecto, a partir de determinados hechos presentados por las partes, el Tribunal puede definir situaciones con implicancias no sólo para éstas, sino también para terceros. Esto sucede, por ejemplo, con las decisiones donde el Tribunal se pronuncia sobre un Estado de cosas inconstitucional (Exp 2579-2003-HD/TC y 3149-2004-AC/TC), esto al margen de la competencia conocida de los Tribunales Constitucionales con relación a la llamada inconstitucionalidad por conexión propia de los procesos de control normativo (Art. 78 del CPC).

También en los procesos constitucionales de la libertad, las propias normas de los procesos constitucionales hacen ahora referencia a esta dimensión de las decisiones del máximo Tribunal. Así por ejemplo, el artículo 60 del Código Procesal Constitucional, según el cual el Juez Constitucional en vía de ejecución puede "homologar" los casos que se presenten con decisiones ya pronunciadas o por el propio Juez o por el Tribunal a efectos de anular el trámite procesal y convertir la admisión de la demanda en ejecución de una sentencia anterior. Esto es impensable en otros procesos y sólo se justifica en la medida de la especial relevancia y urgencia con que deben ser respondidas las pretensiones en la vía constitucional.

La ejecución de este tipo de pronunciamientos supone por ello, un serio reto para la justicia Constitucional, que requiere equiparar al poder de decisión, las competencias y poderes también en la fase de ejecución. Es decir, quien decide con tal fuerza y deja en manos de quien no tiene tal poder la ejecución de lo decidido, corre el riesgo de perder en esta fase lo logrado con la sentencia. La advertencia en este tramo está dirigida a otorgar potestades y competencias al Juez de Ejecución, similares a los que tiene el máximo Tribunal al momento de decidir.

b) Fuerza jurídica de las interpretaciones.- Además del concepto de "cosa juzgada", con que viene revestida toda sentencia, en el caso de las sentencias del Tribunal Constitucional se suele hablar ahora de "cosa interpretada" siguiendo el *"nomen iuris"* que suele otorgarse a los efectos de las decisiones de las instancias supranacionales respecto de los estados sujeto a dicha jurisdicción.[15] Tal dimensión puede evidenciarse a partir de la concepción de un Tribunal como Supremo Intérprete de la Constitución (art. 1° de la LOTC). El concepto de "cosa interpretada" incorpora la posibilidad de que el Tribunal pueda hacer evolucionar su propia jurisprudencia, "retocando" así la idea tradicional del propio concepto de cosa juzgada que suele presentar las decisiones, también del Tribunal Constitucional, como "cosas intocable. El concepto de cosa juzgada permite de este modo, "una eliminación gratuita y absurda de las mejores posibilidades de un Tribunal Constitucional adaptando un texto Constitucional a circunstancias y situaciones inevitablemente variables".[16]

Como lo pone de manifiesto Ruiz Miguel, "el efecto de *cosa interpretada* es inseparable del problema del valor de la jurisprudencia como fuente de derecho".[17] Los efectos de *cosa interpretada* de las decisiones del máximo Tribunal se expresan de dos maneras. Por un lado supone que ningún Juez puede desatender las interpretaciones que realiza el TC conforme lo exige el artículo VI del CPC y; en segundo lugar, los efectos de cosa interpretada se proyectan también

---

[15] Véase en este sentido, Ruiz Miguel, Carlos. *La ejecución de las sentencias del Tribunal Europeo de Derechos Humanos*, Tecnos 1997, p. 53 y ss. Mas recientemente, Argelia Queralt Jiménez "El alcance del efecto de cosa interpretada de las sentencias del TEDH" en *Integración europea a través de derechos fundamentales: de un sistema binario a otro integrado*/Francisco Javier García Roca y Pablo A. Fernandez-Sanchez (Coord.), 2009, p. 229-255

[16] Cfr. Eduardo García de Enterría y Tomás R. Fernández, *Curso de Derecho administrativo*, Tomo II, 2da. Edición, Madrid, 1981, p. 174.

[17] Ruiz, Miguel, C. *Op. cit.*, p. 53

no sólo a los Jueces, sino a los terceros que llevan sus causas ante la Justicia Constitucional, quienes podrán invocar tales interpretaciones y hacerlas valer como doctrina jurisprudencial del Tribunal.

Tal dimensión de la sentencia constitucional en los procesos de tutela de los derechos y libertades resulta especialmente relevante, pues permite una función pedagógica y de protección no sólo subjetiva, sino también objetiva de los procesos constitucionales. Las interpretaciones del Tribunal valen acá ya sea como doctrina jurisprudencial, o llegado el caso y cuando así lo configure el propio Tribunal, también como precedente vinculante para todos los poderes públicos.[18]

La ventaja de considerar como *cosa interpretada* y no como "cosa juzgada" las decisiones del máximo Tribunal, permite poner de relieve que es el propio Tribunal quien puede, atendiendo a nuevas circunstancias, volver a analizar un caso que ya ha sido decidido con pronunciamiento incluso sobre el fondo. Esto resulta especialmente relevante tratándose por ejemplo del control abstracto de normas, donde la sentencia desestimatoria parece no aconsejar un efecto de cosa juzgada en el sentido tradicional, puesto que si se defiende una posición en tal sentido "quedaría de algún modo petrificada la primera norma y el Tribunal Constitucional rígidamente vinculado a sus precedentes",[19] incluso contra una tradición bastante arraigada en los sistemas del *civil law*, donde no rige el principio de *stare decisis* y, por tanto, el concepto de precedente resulta bastante flexible.

c) Configuración del proceso y ampliación a la etapa de ejecución.- La eficacia de los derechos fundamentales, no queda configurada con la sola intervención del legislador. Como ha escrito Marinoni, "si el Estado tiene el deber de proteger los derechos, sería incoherente suponer que ese deber depende solo de *acciones normativas*": la protección judicial de los derechos supone desde luego acciones orientadas a la efectividad y ello, en ultima instancia supone, un conjunto de estrategias y mecanismos para la concreción de los mandatos judiciales contenidos en las sentencias.

De este modo la configuración del proceso mismo queda sujeto, en buena parte, a la capacidad procesal del Tribunal para "fijarse" sus propios límites (piénsese por ejemplo en el principio *iura novit curia* o en las propias lecturas que suele hacer el Tribunal a partir de la narración propuesta por las partes). El Tribunal ha encontrado, en más de una ocasión, una pretensión distinta o, en algunos casos, incluso ha podido "convertir" un proceso de cumplimiento en Amparo a efectos de dar "una mejor protección" al recurrente.[20]

---

[18] Es verdad que la distinción de "doctrina jurisprudencial" y "precedente" es ahora incierta y dudosa en la propia jurisprudencia del TC, pero es de esperar que vengan tiempos de aclaración conceptual que permita algún criterio meridiano de distinción racional.

[19] Blasco Soto, Ob. cit., p. 39

[20] Cfr. Exp. 4080-2004-PC/TC, en esta ocasión el Tribunal ha desarrollado nada menos que el derecho a la ejecución de una sentencia a partir de convertir un proceso de cumplimiento en proceso de amparo y solo así ha podido atender al derecho a la tutela judicial que en el caso había sido violado con el retardo en la ejecución de la sentencia.

Estas "operaciones" procesales del Tribunal han encontrado apoyo en cierta doctrina alemana[21] aun cuando no ha estado exenta de debates y controversias.[22] Pero es verdad también que si somos consientes de la relevancia de las cuestiones que decide un Tribunal Constitucional, habrá que aceptar que una dosis de "autonomía" resulta innegable,[23] puesto que no resultaría legítimo argumentar que el principio de legalidad interfiere de manera insalvable en la realización efectiva de los derechos. En cualquier caso, la no regulación de mecanismos procesales para hacer efectiva la protección dispuesta por un Tribunal Constitucional, habilitaría al propio Tribunal a "crear" las reglas procesales necesarias. Esta "creación" estaría respaldada no ya en una cierta "autonomía" reservada siempre de modo implícito a los Tribunales Constitucionales, sino también en la propia efectividad de los derechos cuya protección ultima recae en el Tribunal Constitucional.

Especialmente relevante y sugestiva se presenta en este punto la posibilidad de trasladar, también al ámbito de la ejecución de las sentencias, la idea de "configuración procesal" o "autonomía procesal jurisdiccional", como parte indisoluble de la idea de tutela que legitima la actuación del Tribunal. Se trata aquí de comprender que el proceso no concluye con la expedición de una orden sino con la concreción y efectividad de la orden. En esta dirección merece especial atención las anotaciones del Profesor Marinoni, que desde el Derecho Procesal moderno, ha llamado la atención sobre la necesidad de "conferir al juez un poder suficiente para la efectivización de la tutela", exigiendo al mismo tiempo y en proporción a la ampliación del poder del Juez en etapa de ejecución, un razonable control a través de la justificación de sus decisiones ejecutivas, en la medida que "la justificación es la otra cara del incremento del poder del Juez".[24]

Es verdad que las reglas procesales disponen, para el caso de los procesos de tutela de los derechos, que sea el "juez de la demanda" el encargado de concretar las órdenes o disposiciones del Tribunal. Pero cabría hacer un balance de este traslado de jurisdicción de ejecución o coparticipación en la tutela efectiva de los derechos. Parece apropiado a las condiciones de la ejecución del mandato, el que el Tribunal no abandone por completo sus funciones de tutela hasta cuando la sentencia se haya cumplido de conformidad a "sus propios términos". El Juez de ejecución debiera participar "acompañado" y respaldado por quien es autor del mandato en este punto. A estas cuestiones nos remitimos en seguida para evaluar su incorporación en sede interna.

---

[21] Cfr. Entre otros, su trabajos, Häberle, P. "El Derecho procesal constitucional como derecho constitucional concretizado frente a la judicatura del Tribunal Constitucional", *en Nueve Ensayos y una lección jubilar*, Palestra, Lima 2004, p. 23 y ss.

[22] Cfr. Monroy Galvez, Juan "La Teoría del proceso a la luz lánguida del Tribunal Constitucional Peruano. Sobre la presunta "Autonomía Procesal Constitucional" en, *Revista peruana de derecho procesal*, N° 12, 2008, p. 145-189. También en sentido crítico se ha pronunciado, Luis Castillo Córdova, "¿Activismo extralimitado del Tribunal Constitucional? a propósito de un caso de vinculación de los jueces a la jurisprudencia del Tribunal Constitucional", en: ¿*Guerra de las Cortes?* A propósito del proceso competencial entre el Poder Ejecutivo y el Poder Judicial", en, *Cuadernos de Análisis y Crítica a la Jurisprudencia Constitucional*, N° 4, Palestra, Lima, diciembre de 2007.

[23] Cfr. Landa Arroyo, C. "Autonomía procesal del Tribunal Constitucional" en *Justicia Constitucional* N° 4, Lima, Palestra 2006 p. 63 y ss.

[24] Cfr. Marinoni, L.G. *ob. cit.*, p. 266.

iii. Ejecución y "supervisión" del cumplimiento de las sentencias

Varias son las cuestiones que han sido ya adelantadas: a saber, a) la insuficiencia de la teoría procesal para caracterizar las decisiones de los jueces constitucionales, especialmente las del Tribunal Constitucional; b) la necesidad de instrumentalizar los mecanismos de tutela de los derechos en función del tipo de pretensión "material" de los derechos (lo que llevaría a pensar en una diversidad de formas de ejecución de mandatos en función del contenido de las órdenes o mandatos de la sentencia); c) la variedad de formas y dimensiones que adquieren las sentencias constitucionales que protegen derechos, que hace suponer que no es conveniente que en la fase de ejecución queden libradas "al juez de la demanda". Corresponde ahora, detenernos en observar la necesidad de que algunos de estos mandatos deban ser "supervisados" para que la tutela llegue a ser realmente efectiva conforme lo ordena la Constitución..

La "supervisión" de las sentencias del TC no es un instituto que se encuentre reglado entre las disposiciones procesales. Por tanto, hay que construir los argumentos que nos permitan justificar su presencia. Dos tipos de argumentos se pueden ensayar: i) en primer lugar, la formula de la tutela "jurisdiccional" a que se refiere el artículo 139.3 de la Constitución. Esta no se agota, como lo ha entendido la doctrina y la jurisprudencia del Tribunal Constitucional,[25] en la sola admisión de la demanda, el debido proceso y el pronunciamiento sobre las cuestiones planteadas por las partes, es necesario (indispensable) que ésta se concrete en la realidad. En la medida que la tutela jurisdiccional corresponde prestarla a los órganos jurisdiccionales, la ejecución no deja de configurarse como un espacio de actuación de la jurisdicción. La "supervisión" se presenta en este caso como una manifestación de los deberes de la jurisdicción hasta el momento en que las sentencias hayan sido cumplidas en su integridad, conforme a los criterios de la jurisdicción.

Una segunda línea argumentativa tiene que ver con los ejemplos que se observan en la actuación de los Tribunales y Cortes encargadas de la protección de derechos humanos. La Corte de San José suele hacer referencia que en la supervisión de sus sentencias, actúa, ejercitando una "facultad inherente a su función jurisdiccional".[26] Estas facultades "inherentes" no son diferentes tratándose de cualquier órgano jurisdiccional al interior de cualquier Estado. La regulación de supervisar el cumplimiento de sus decisiones, para el caso de la CIDH se recoge en los artículos 33, 62.1, 62.3 y 65 de la Convención Americana, 30 de su Estatuto y 69 de su Reglamento.[27] El hecho que las actuaciones de supervisión no estén reguladas no debiera dejar fuera de toda intervención al Tribunal Constitucional.

---

[25] En tal sentido tiene establecido el TC que, "Si bien nuestra Carta Fundamental no se refiere en términos de significado a la "efectividad" de la tutela jurisdiccional, resulta claro que la tutela jurisdiccional que no es efectiva no es tutela. En este sentido, el derecho al cumplimiento efectivo y, en sus propios términos, de aquello que ha sido decidido en el proceso, forma parte inescindible del derecho a la tutela jurisdiccional a que se refiere el artículo 139.3 dela Constitución" (STC 4119-2005-AA/TC, fundamento 64).

[26] Cfr. Caso Penal Castro Castro Vs. Perú. Supervisión y Cumplimiento, Considerando 2°.

[27] *Cfr. Caso Baena Ricardo y otros Vs. Panamá. Competencia.* Sentencia de 28 de noviembre de 2003. Serie C, N. 104, párrs. 131-133.

Esta línea de razonamiento ya ha sido avanzada por la jurisprudencia del Tribunal Constitucional que en un Auto referido a la ejecución de la sentencia sobre Homologación de los salarios de los docentes de las Universidades Públicas (Ex. 0023-2007-AI/TC auto de Ejecución de 22 de junio de 2010) y, "(...)asumiendo jurisdicción sobre la *fase de ejecución* de la sentencia" avanzó dando órdenes concretas, "cumpliendo, de este modo, el mandato de ser el órgano de control de la Constitución, establecido en el artículo 201 de nuestra Carta Fundamental, y viabilizando el fin último de los procesos constitucionales, tanto orgánicos como de la libertad, que es garantizar la supremacía jurídica de la Constitución y la vigencia efectiva de los derechos fundamentales (artículo II del Título Preliminar del C.P.Const.)".[28]

Esta es, sin embargo, un pasaje solitario en la jurisprudencia constitucional que no ha sido continuada ni menos desarrollada. Por ello, conviene mirar algunas experiencias del Derecho comparado que nos pueden ayudar a motivar al Tribunal a avanzar en la línea de la supervisión de sus decisiones. Esta función de supervision pueden resultar especialmente relevante para concretar la tutela de derechos sociales o, cuando el Tribunal se ha pronunciado sobre el derecho a la salud en el contexto de un asentamiento minero que se había "urbanizado" con el transcurso del tiempo[29] o en el caso ONP en el que ha encargado la supervisión a la Defensoría del Pueblo que no es un órgano con prerrogativas jurisdiccionales.[30]

Piénsese en las órdenes que se establecen en uno de estos casos referido a la afectación del Derecho a la Salud. En el caso La Oroya, el Tribunal al declarar Fundada la Demanda dispuso lo siguiente:

1. Ordena que el Ministerio de Salud, en el plazo de treinta (30) días, implemente un sistema de emergencia para atender la salud de la personas contaminadas por plomo en la ciudad de La Oroya, debiendo priorizar la atención médica especializada de niños y mujeres gestantes, a efectos de su inmediata recuperación, conforme se expone en los fundamentos 59 a 61 de la presente sentencia, bajo apercibimiento de aplicarse a los responsables las medidas coercitivas establecidas en el Código Procesal Constitucional.

2. Ordena que el Ministerio de Salud, a través de la Dirección General de Salud Ambiental (Digesa), en el plazo de treinta (30) días, cumpla con realizar todas aquellas acciones tendentes a la expedición del diagnóstico de línea base, conforme lo prescribe el artículo 11º del Decreto Supremo 074-2001-PCM, Reglamento de Estándares Nacionales de Calidad Ambiental del Aire, de modo tal que, cuanto antes, puedan implementarse los respectivos planes de acción para el mejoramiento de la calidad del aire en la ciudad de La Oroya.

3. Ordena que el Ministerio de Salud, en el plazo de treinta (30) días, cumpla con realizar todas las acciones tendentes a declarar el Estado de Alerta en la ciudad de La Oroya, conforme lo disponen los artículos 23 y 25 del Decreto Supremo 074-2001-PCM y el artículo 105 de la Ley 26842.

---

[28] El auto da cuenta además "Que si bien conforme al artículo 118.9 de la Constitución corresponde al Presidente de la República: "Cumplir y hacer cumplir las sentencias y resoluciones de los órganos jurisdiccionales"; frente a la renuncia reiterada de los órganos encargados de cumplir las decisiones jurisdiccionales, la ejecución forzada se presenta como la única solución a la que este Colegiado no puede renunciar, llegado el caso, a efectos de que, reivindicando el Estado de Derecho, se obligue al poder a someterse al Derecho", cfr. Auto de Ejecución, Exp. 0023-2007-AI/TC fundamento 9..

[29] Cfr. Caso La Oroya, Exp. 2002-2006-AC/TC

[30] Cfr. Caso ONP

4. Ordena que la Dirección General de Salud Ambiental (Digesa), en el plazo de treinta (30) días, cumpla con realizar acciones tendientes a establecer programas de vigilancia epidemiológica y ambiental en la zona que comprende a la ciudad de La Oroya.

5. Ordena que el Ministerio de Salud, transcurridos los plazos mencionados en los puntos precedentes, informe al Tribunal Constitucional respecto de las acciones tomadas para el cumplimiento de lo dispuesto en la presente sentencia.

6. Exhorta al Gobierno Regional de Junín, Municipalidad Provincial de Yauli-La Oroya, Ministerio de Energía y Minas, Consejo Nacional del Ambiente y empresas privadas, como Doe Run Perú SRL, entre otras, que desarrollan sus actividades mineras en la zona geográfica que comprende a la ciudad de La Oroya, a participar, urgentemente, en las acciones pertinentes que permitan la protección de la salud de los pobladores de la referida localidad, así como la del medio ambiente en La Oroya, debiendo priorizarse, en todos los casos, el tratamiento de los niños y las mujeres gestantes.[31]

Han pasado varios años desde la emisión de esta decisión y la Oroya sigue siendo un espacio de contaminación sin controles. Una sentencia de este tipo muestra la necesidad de mecanismos de supervisión por parte del propio Tribunal Constitucional, incluso con participación de la población involucrada y la ayuda de expertos que permitan al Tribunal un conocimiento objetivo sobre el grado de cumplimiento de las decisiones, así como de sus posibilidades reales. Esta es la experiencia de la Corte Suprema de los Estados Unidos y de la Corte Colombiana que pasamos a tratar muy brevemente en seguida.

iii.1. Dos lecciones de la jurisprudencia constitucional comparada

La actuación "supervisada" por parte de la propia Corte o tribunal que ampara la protección de los derechos en cuestión, forma parte de algunas de las hazañas más celebradas de la justicia constitucional en el Derecho comparado. Revisamos a continuación dos decisiones que nos parecen ilustrativas al respecto.

iii.1.1. El caso de la desegregación en las decisiones de la Corte Suprema de los EE. UU.

La "supervisión" de las decisiones de la Corte, tienen especial relevancia en casos de alto contenido social o que impactan en las estructuras económicas y sociales. Estas decisiones no son de rutina en la jurisprudencia, pero marcan hitos en la jurisprudencia constitucional. El Caso *Brown* es uno de aquellos casos en los que la etapa de ejecución con activa participación de la propia Corte supone también desde esta perspectiva, una lección adicional.

Como es conocido, en el caso *Brown v. Board of Education of Topeka*, la Corte Suprema de los EE. UU., cerró un periodo oscuro en su jurisprudencia que había convalidado las prácticas sociales de segregación racial en los espacios públicos,[32] aunque en un primer momento con referencia a la sola declaración

---

[31] Parte dispositiva de la sentencia en el caso La Oroya: Exp. 2002-2006-AC/TC

[32] Cfr. El caso Plessy contra Ferguson, 163 U.S. 537 (1896) que imprimió en la Jurisprudencia la conocida doctrina «Separate but equal», que establecía que la segregación no era contraria al mandato de igualdad ante la Ley de la XIV enmienda.

de ilegitimidad de las normas que admiten la segregación de las escuelas públicas.[33] En un primer momento, la Corte renuncia a adoptar resoluciones de actuación en determinado sentido y deja, de alguna manera, en manos del Poder Ejecutivo y de la administración en general, la adopción de políticas concretas de desegregación. Sin embargo, debido a las dificultades operativas y la poca o nula actuación de los entes públicos, era necesario concretar los medios por los que se debía proceder a la integración racial en las escuelas públicas.

Vista la dimensión social del caso, la Corte aprovecha un nuevo caso en el año 1955 y dispone al final una nueva audiencia, a la que se invitan al fiscal general de los Estados Unidos y de cada uno de los Estados en los que la segregación racial en las escuelas públicas es obligatoria o permitida. La sentencia resultante es conocida como *Brown II*.[34] Mediante esta decisión, la Corte remite a los tribunales de los que proceden los recursos planteados la tarea de controlar que la integración racial se vaya efectuando en las escuelas públicas de forma apresurada (*«with all deliberate speed»*) en una suerte de ejecución inmediata de la sentencias.[35]

De acuerdo con la estructura del sistema jurídico norteamericano, los efectos de las mencionadas sentencias no se limitaron a los recurrentes. Entendiendo que la segregación racial en las escuelas públicas era contraria a la Constitución, las autoridades de algunos distritos escolares trataron de proceder a la integración. De esto se desprende de nuevo una suerte de "Estado de cosas inconstitucional" ya enarbolada por la Corte Suprema Norteamericana[36] y que ha sido recientemente "redescubierta" como técnica eficaz por la Corte Constitucional Colombiana.[37]

Con todo, en el sur de los Estados Unidos, la a las decisiones de la Corte fue mayor llegando a niveles de verdadera resistencia en Arkansas. En una escuela de la capital de ese Estado, la *Little Rock Central High School*, tropas federales tuvieron que proteger con armas en mano a los jóvenes negros que trataban de acudir a ella. Según la narración de Xavier Arbos "Los soldados habían llegado allí por orden del presidente Eisenhower, que había podido comprobar cómo el gobernador de Arkansas no estaba dispuesto a acatar las

---

[33] "Concluimos que en el campo de la enseñanza pública no tiene cabida la doctrina "separados pero iguales". Un sistema con escuelas separadas es intrínsecamente desigualitario. Por lo cual afirmamos que a los demandantes, y a todos aquellos que se encuentran en una situación similar, la segregación de la que se quejan les ha privado de la protección equitativa de las leyes garantizada por la 14 Enmienda..." Cfr. Beltrán de Felipe *cit. Pg. 290*

[34] Cfr. 394 US 294. La información resumida del proceso de adopción de medidas de ejecución en este tramo de la exposición las tomo en forma resumida del trabajo de Silvia Bagni, citado.

[35] Resulta interesante observar en este caso, una especie de antecedente en la jurisprudencia norteamericana de lo que hoy se conoce como ejecución inmediata de la sentencia. La Corte se apoya en la judicatura de los niveles inferiores a los que insta actuar en determinado sentido.

[36] Revelador es en este sentido la frase puesta en la sentencia en el caso Brown donde se lee, "por lo cual afirmamos que a los demandantes *y todos aquellos que se encuentran en una situación similar....*". (resaltado nuestro).

[37] Sobre la técnica de la declaración de un "estado de cosas inconstitucional" en la jurisprudencia de la Corte Constitucional de Colombia, véase, Vargas Hernandez, Clara Ines "La garantía de la dimension objetiva de los derechos fundamentales y labor del juez constitucional colombiano en sede de accion de tutela: el llamado "estado de cosas inconstituconal", en *Estudios constitucionales*, Revista del Centro de Estudios Constitucionales de la Universidad de Talca, Santiago de Chile, 2003, p. 203 y ss.

sentencias del Tribunal Supremo; antes bien al contrario, había enviado a la guardia nacional bajo sus órdenes para mantener alejados a los negros de la escuela".

En el caso *Cooper v. Aaron*, el Tribunal Supremo volvió a recordar a todas las autoridades, el deber de acatar la Constitución, al tiempo que reiteraba la doctrina de *Brown.* En Griffin v. Prince Edward County (1964), El Tribunal Supremo anuló las subvenciones que las autoridades de un Condado de Virginia habían otorgado a los colegios privados (tras cerrar los colegios públicos para evitar que se juntaran blancos y negros). Ello propició que el Tribunal Supremo diera orden a los Jueces Federales a reasignar recursos con el fin de volver a abrir los Colegios Públicos.[38]

Es importante analizar la capacidad de actuación de sus mandatos en fase de ejecución por parte de la Corte Suprema norteamericana, que apoyado en la organización judicial federal logra hacer cumplir sus decisiones, incluso como se vio, apelando a la fuerza pública. Debe recordarse además, que en el caso *Brown* la Corte se pronunció en términos concretos sobre la inconstitucionalidad de la segregación racial en las escuelas públicas, es decir, no se pronuncio sobre el problema general de la discriminación generalizada en la sociedad norteamericana. Siguiendo el precedente sentado en *Brown,* el Tribunal extiende su doctrina a los clubes de golf (*Holmes v. City of Atlanta,* 350 U.S. 879 -1955); piscinas (*Mayor and City Council ofBaltimore v. Dawson,* 350 U.S. 877-1955); o autobuses municipales (*Gayler v. Browder,* 352 U.S. 903 -1955).[39]

La forma como actúa en estos casos la Corte, es mediante la implementación de una técnica ya conocida con antelación; las llamadas sentencias *per curiam*. Se trata de una especie de mandato ejecutivo que apela a un precedente, simplemente invocándolo escuetamente. Como bien señala Xavier Arbos, se trata de una suerte de Certiorari pero con decisión sobre el fondo: "Se supone que una resolución *per curiam* ha entrado en el fondo del asunto, y es tan escueta como la mera inadmisión de un recurso, esto es, la denegación del llamado «writ of certiorari».[40]

En todos estos supuestos, puede decirse que lo que está en el centro del debate es, a final de cuentas, la ejecución en sentido lato de una decisión de la máxima instancia jurisdiccional. Las herramientas ideadas por la Corte Norteamericana y sus mecanismos de implementación son una buena muestra de cómo los Tribunales a través de la ejecución efectiva de sus decisiones, pueden cambiar no sólo situaciones particulares, sino que pueden lograr también cambios sociales, culturales e históricos de profunda significación para el desarrollo de las sociedades. De ahí también la importancia del estudio de los mecanismos de aseguramiento o ejecución de las decisiones judiciales en general

---

[38] Cfr. Estudio de presentación a la sentencia Brown (Miguel Beltrán, cit. p. 280)

[39] Cfr. Arbos Xavier, "De Wechsler a Bickel. Un Episodio de la doctrina constitucional norteamericana", *REDC*, N° 44, 1995, pgs. 268 y ss.

[40] *Ibidem*

y, en especial, de las decisiones de la máxima instancia jurisdiccional, como es en nuestro caso, la sentencia Constitucional.[41]

iii.1.2. El caso de los desplazados y la supervisión de las sentencias de la Corte Colombiana

La Corte Constitucional Colombiana se ha consolidado en poco tiempo, como una de las Cortes Constitucionales más progresistas y comprometida con la eficacia de los derechos humanos en la Región. Quizá en esta valoración tenga algún peso de importancia el hecho que la Corte cuente, a diferencia de otros Tribunales de la Región, con mecanismos normativos que le permiten mantener sus competencias en etapa de ejecución de sus decisiones.

Conforme lo establece el artículo 27 del Decreto 2591 de 1991, "el juez establecerá los demás efectos del fallo para el caso concreto y *mantendrá la competencia hasta que esté completamente restablecido* el derecho o eliminadas las causas de la amenaza" (subrayado nuestro)".[42] Esta prerrogativa ha permitido que la Corte mantenga abierta la ejecución de sus fallos por periodos que pueden llegar a los 10 años como es el caso que ahora nos ocupa.

En la sentencia T-025 de 2004 (M.P. Manuel José Cepeda), la Corte se ocupó de un tema de enormes connotaciones sociales, declarando "la existencia de un estado de cosas inconstitucional en la situación de la población desplazada". Las cuestiones que habían llegado a la Corte a través de múltiples demandas que fueron luego acumuladas, daban cuenta, conforme al resumen de la propia corte de los siguientes derechos en juego:

> Los demandantes interpusieron acción de tutela contra la Red de Solidaridad Social, el Departamento Administrativo de la Presidencia de la República, el Ministerio de Hacienda y Crédito Público, los Ministerios de Salud y del Trabajo y Seguridad Social (hoy Ministerio de Protección Social), el Ministerio de Agricultura, el Ministerio de Educación, el INURBE, el INCORA, el SENA, así como contra varias administraciones municipales y departamentales, por considerar que dichas autoridades no estaban cumpliendo con su misión de protección a la población desplazada y por la falta de respuesta efectiva a sus solicitudes en materia de vivienda y acceso a proyectos productivos, atención de salud, educación y ayuda humanitaria.

Las reclamaciones de los solicitantes de tutela, planteadas a las distintas instancias del gobierno no habían dado ninguna solución al problema y, por el contrario, dichas solicitudes habían sido siempre respondidas con excusas de toda índole.[43] La Corte asume entonces un papel especialmente receptivo de las cuestiones planteadas y logra formularse un verdadero caso de "litigio

---

[41] Si bien aquí nos referimos a la ejecución de la sentencia del TC, en realidad igual importancia habría que asignar a la ejecución de la sentencia constitucional en general, entendida como aquella emitida, tanto por los jueces del Poder Judicial en los procesos de tutela de los derechos, como por el propio Tribunal Constitucional.

[42] Una disposición parecida se recoge en la Nueva Ley de Amparo Mexicana de Abril de 2013, al establecer en su artículo 93: "*En el supuesto de que sea necesario precisar, definir o concretar la forma o términos del cumplimiento de la ejecutoria, cualquiera de los órganos judiciales competentes podrá ordenar, de oficio o a petición de parte, que se abra un incidente para tal efecto*".

[43] Cfr. El resumen en los 10 puntos resumidos por la propia Corte, disponible en: http://www.corteconstitucional.gov.co/relatoria/2004/t-025-04.htm

estructural".[44] Al plantearse las cuestiones "jurídicas" que deben ser resultas en el presente caso, la Corte adelantó en el primer punto, la dimensión de la decisión que estaba asumiendo:

1. ¿Procede la acción de tutela para examinar las acciones y omisiones de las autoridades públicas respecto de la atención integral a la población desplazada para determinar si problemas en el diseño, implementación, evaluación y seguimiento de la respectiva política estatal contribuyen de manera constitucionalmente relevante a la violación de sus derechos constitucionales fundamentales?

En la decisión la Corte que contiene 23 puntos en su parte resolutiva, dispone en primer lugar:

PRIMERO.- DECLARAR la existencia de un estado de cosas inconstitucional en la situación de la población desplazada debido a la falta de concordancia entre la gravedad de la afectación de los derechos reconocidos constitucionalmente y desarrollados por la ley, de un lado, y el volumen de recursos efectivamente destinado a asegurar el goce efectivo de tales derechos y la capacidad institucional para implementar los correspondientes mandatos constitucionales y legales, de otro lado.

La sentencia, que ha merecido estudios y comentarios no siempre elogiosos por la doctrina comparada, ha sido también calificada como, "el intento judicial latinoamericano más explícito y sistemático por asegurar la implementación de una macrosentencia." Conforme se lee en uno de los estudios más completos sobre el impacto para la propia teoría constitucional de esta sentencia, "durante el periodo de seis años (enero de 2004 a enero de 2010), la Corte Constitucional mantuvo jurisdicción sobre el caso para impulsar el cumplimiento de sus órdenes, a través de 84 decisiones de seguimiento (autos) y 14 audiencias públicas de discusión, que hicieron balances del trabajo del Gobierno, y ha dictado nuevas órdenes para impulsar la protección de los derechos de la población desplazada".[45]

El espacio que abre una sentencia como esta en la etapa de ejecución, ha sido destacado como favorable a la activación de un debate deliberativo que promueve la participación de la propia política y de los grupos activistas de derechos humanos, en la agenda pública a favor de la eficacia de los derechos. La actuación de la Corte en la etapa de supervisión abarca tres ámbitos que van desde, i) *La creación de un plan de acción* para superar el estado de cosas inconstitucional, ante la ausencia de políticas públicas sobre el desplazamiento; ii) 2. *La realización de todos los esfuerzos posibles para conseguir el presupuesto requerido* a fin de atender a los desplazados, según el cálculo exigido al mismo Gobierno. Para el cumplimiento de esta orden se fijó un plazo de un año.iii). *La garantía del goce efectivo del contenido esencial de los derechos básicos de la población desplazada*. A saber, el derecho a la vida; el derecho a la dignidad y a la integridad personal; el derecho a la familia y la unidad familiar; el derecho a la subsistencia; el dere-

---

[44] La comprensión de este tipo de litigio tiene que ver con la dimensión estructural de los reclamos planteados ante la jurisdicción, de los actores y de la forma en que suele presentarse los remedios de tutela. Sobre este enfoque del litigio puede verse, Fiss, Owen: *El derecho como razón pública*, Marcial Pons, 2007; especialmente el capítulo II."Los fundamentos políticos y sociales de la adjudicación".

[45] Cfr. Rodríguez Garavito, Cesar y Diana Rodríguez Franco, *Cortes y cambio social. Cómo la Corte Constitucional. transformó el desplazamiento forzado en Colombia*, Centro de Estudios de Derecho, Justicia y Sociedad, Dejusticia, 2010. p. 14

cho a la salud básica; el derecho a la no discriminación; el derecho de los niños a la educación básica; el derecho a la asesoría para la estabilización económica y social; y el derecho a decidir libremente sobre el retorno al lugar de origen o la permanencia en el lugar de desplazamiento.[46]

El estudio mencionado da cuenta del efecto favorable del mecanismo de supervisión en la etapa de ejecución, al destacar que con la participación de la Corte se "ha empezado a delinear una ruta y ha acompañado al Gobierno en la delineación de esa ruta. Ese ha sido el aporte. No ha sido sólo "cumpla"' y que el Gobierno verá qué hace, sino que también ha sido "cumpla pero creo que usted debería mirar estos parámetros para cumplir". Eso no lo tiene ninguna sentencia".[47]

Este no es el lugar apropiado para profundizar sobre el análisis de todas las dimensiones de esta importante pieza del derecho constitucional contemporáneo. Aquí solo ha sido traído en forma de "muestra" sobre las dimensiones que puede alcanzar la efectividad de la tutela cuando hay imaginación y voluntad para asumir en serio la concreción de los derechos. El acompañamiento de la Corte a través de "recomendaciones" "lineamientos a seguir", audiencias públicas con participación de los interesados, académicos, estudiantes de Derecho y publico en general, da cuenta de una dimensión que no hemos explorado en nuestro contexto y que puede ayudarnos a reencausar los horizontes de la justicia constitucional de nuestros días.

iii.2. Necesidad de incorporar mecanismos de "supervisión" en la ejecución de las sentencias del TC

Como se ha adelantado, en el caso peruano no existen previsiones normativas para la "supervisión" de las sentencias en fase de ejecución. La Constitución prevé que sea el Presidente de la República, quien se encargue de "cumplir y hacer cumplir las sentencias y resoluciones de los órganos jurisdiccionales" (art. 118.9 de la Const.). Esta es, sin embargo, una formula que no ha brindado eficacia a las sentencias, aun cuando desde luego, puede y debe invocarse por los jueces de ejecución, llegada el extremo, incluso notificando al Presidente, cosa que no ha ocurrido hasta donde conocemos.

Por otro lado, el mecanismo de remisión al "juez de la demanda" tampoco ha asegurado de mejor manera las decisiones del TC que, en muchos casos, ha tenido que actuar mediante otros mecanismos, algunos de ellos construidos jurisprudencialmente, para lograr compeler al cumplimiento de sus decisiones.[48] En esta dirección puede establecerse que la "supervisión" se ha ido poco a poco implementando a través de la práctica de la jurisprudencia.

---

[46] Rodríguez Garavito y Diana Rodríguez, ob, cit. p. 58-59

[47] Entrevista recogida por los autores citados supra (nota de pie nº 40) con Viviana Ferro, subdirectora de atención a la población desplazada de Acción Social, 8 de enero de 2009.

[48] Este es el caso del Recurso de Agravio para facilitar la ejecución, establecido mediante Resolución Nº 0168-2007-Q/TC.

Un paso mas, aun cuando el Auto proviene en este caso de un proceso de inconstitucionalidad, pero debe rescatarse que el Tribunal ya ha establecido de manera meridiana, el concepto base para otras intervenciones en etapa de ejecución. Me refiero a la idea que el Tribunal "mantiene sus plenos poderes jurisdiccionales" hasta cuando la decisión contenida en una sentencia, haya sido cumplido satisfactoriamente. Esa fue la consideración del Tribunal en el Auto de Ejecución, Exp. 0023-2007-AI/TC que ya hemos aludido *supra*.

Podría argumentarse que dicha actuación resulta comprensible en procesos en los que el Tribunal actúa como jurisdicción exclusiva y excluyente respecto del Poder Judicial. No obstante, el argumento de base no es éste, sino en todo caso, la calidad de órgano jurisdiccional obligado a brindar tutela efectiva que recae también en el Tribunal Constitucional en forma especialmente comprometida en el caso de la protección de los derechos.

Pero quizá la puerta de entrada "legal" tanto para habilitar mecanismos de "supervisión" como también para abrir espacios de debate y discusión en casos de gran impacto social o económico, lo constituye el propio artículo 59° del Código Procesal Constitucional que establece que, "el Juez (…) mantendrá su competencia hasta que esté completamente restablecido el derecho". Se refiere al Juez de Ejecución sin duda, pero ello no quita que el propio Tribunal en cuanto Juez de la máxima instancia constitucional pueda también verse orientado por esta disposición para acudir en auxilio o incluso, para "rectificar" las desviaciones en fase de ejecución.

La "supervisión" también podría reivindicar otro aspecto especialmente relevante de la tutela jurisdiccional. La necesidad de que sea el máximo Tribunal que emitió la orden o mandato quien pueda otorgar satisfacción del cumplimiento "en sus propios términos" a decisiones que no siempre recogen reglas imperativas, que deban siempre acogerse en términos de "todo o nada". También las órdenes de ejecución, especialmente en situaciones o procesos complejos, pueden requerir el elemento *sine quanon* de toda actuación jurisdiccional: me estoy refiriendo a la idea implícita en el ejercicio del poder jurisdiccional, el mandato de que las órdenes siempre deben contener un mandato razonable, en sentido de posible de realizar en un determinado contexto.

Desde luego, hay que agregar en seguida que no creemos que en todos los casos deba abrirse un expedientillo de "supervisión de sentencias", situación que por lo demás podría complicar las funciones ya recargadas del actual Tribunal. Esto debe estar dispuesto para los casos complejos, aquellos que, por ejemplo, recogen en la parte dispositiva el dictado de una declaración de "estado de cosas inconstitucional". Igualmente, decisiones sobre la afectación de derechos sociales o la actuación de la administración para regularizar situaciones que vienen estructuralmente orientadas a causar lesiones "estructurales" a los derechos. Casi siempre en decisiones que tienen impacto sobre un grupo amplio de la población, la supervisión e incluso las audiencias de ejecución, parecen una práctica recomendable.

Algunos ejemplos muestran de manera palmaria esta necesidad. El caso FONAVI es un ejemplo en el que la decisión genera dificultades de orden fáctico en la ejecución. En la sentencias 1078-2007-AA/TC y 3283-2007-AA/TC, el

TC declaró que las aportaciones dadas por los ciudadanos para que se satisfaga la necesidad de vivienda de forma progresiva no tenían carácter tributario, por lo que su devolución podía someterse a referéndum. Esto pese a que en decisiones anteriores, el TC le había reconocido el carácter de tributo destinado a fines predeterminados, lo que significaba que la transferencia de activos y pasivos de FONAVI debía pasar al Fondo Mi Vivienda y no al Ministerio de Economía, pues la acción recaudatoria se convertiría en confiscatoria (Sentencia001-1999-AI/TC. Esta sentencia fue citada en el voto singular de los magistrados Landa y Mesías).

La consecuencia de estas sentencias fue que el JNE admitiera el pedido de referéndum, que éste se lleve a cabo y que gane el *sí* para la devolución.[49] Esto ponía al Ejecutivo en el centro de un problema financiero: cómo presupuestar el pago de esta deuda interna con los ciudadanos. Si bien no se había logrado satisfacer la necesidad de vivienda en la ciudadanía, el Ejecutivo había emprendido acciones destinadas a ello, como el Fondo Mi Vivienda. De ahí que la devolución en montos dinerarios resultara ajena al reconocimiento de esta realidad.

Frente a este problema, la solución la planteó el propio TC. A través de "precisiones que el Congreso y el Ejecutivo podrían tomar en cuenta", propuso una ejecución razonable de los efectos de su decisión previa. Lo que algunos consideraron como un "retroceso" resultó ser la respuesta que daba sentido a la vulnerable línea de razonamiento inicial trazada por el TC. En la resolución 5180-2007-AA (f. 8.a), el TC señaló que no era inconstitucional que la devolución pueda operar mediante bonos, materiales de construcción, programas sociales de vivienda a favor de los aportantes. Además, se precisó que el FONAVI no se consideró como un aporte a un fondo individual, por lo que "los mecanismos de la devolución pueden tener un carácter colectivo" (f. 8.b).

Al aprobarse la Ley por referéndum, esta fue cuestionada en su constitucionalidad, por considerarse que ésta preveía una devolución individual, por no seguir los procedimientos para la aprobación de leyes presupuestarias y por prever un gasto público no ser proporcional. El TC confirmó la constitucionalidad de la ley, interpretándola en el sentido de la devolución de los aportes de los empleadores y del Estado "se destinarán a un fondo colectivo y solidario, con el objeto de lograr la *necesidad básica de vivienda*" (Sentencia 0007-2012-AI/TC).

Se observa entonces que una primera respuesta razonable puede encontrarse en las pautas dadas por el TC en la resolución N° 5180-2007-AA/TC, para finalmente aterrizarlas y atenuarlas en la sentencia 0007-2012-AI/TC. La razonabilidad en este caso se manifiesta en la comprensión de los bienes constitucionales en juego y las posibilidades fácticas de lograr su máxima satisfacción. Desde luego, esta manera de proceder no está exenta de críticas en la medida que el Tribunal pudo prever estos inconvenientes. Rescato aquí, en cualquier caso, la forma de actuación en etapa de ejecución mediante meca-

---

[49] Cfr. Salcedo Cuadros, Carlo Magno, "La ejecución de las sentencias de los jueces constitucionales. A propósito de la sentencia del TC respecto al referéndum sobre el Fonavi", en *Gaceta Constitucional* N° 2, Lima, 2008 p. 73 y ss.

nismos diversos no siempre reglados. Casos como este, debieran sin embargo ser seguidos con más atención, también por la ciudadanía, lo que se facilitaría si el TC incorporara la práctica de las "audiencias" en la etapa de ejecución de sus fallos.

Otro caso que muestra en toda su dimensión la problemática de la ejecución de las decisiones del TC y la necesidad de una actuación "razonable", lo constituye las decisiones de ejecución que el Tribunal ha tenido que adoptar en el caso de los nombramientos de dos Fiscales Supremos por parte del Consejo Nacional de la Magistratura.[50]

El caso Castañeda Segovia muestra que incluso las decisiones del máximo intérprete de la Constitución también requieren de razonabilidad para su ejecución. El aspirante a fiscal supremo ya había obtenido sentencias constitucionales que declaraban que el CNM había vulnerado sus derechos a la debida motivación de resoluciones, así como su derecho de acceso a la función pública y a la presunción de inocencia. Debido a que el juez de ejecución no concretó la sentencia del TC *en sus propios términos*, el recurrente interpone una apelación por salto, para exigir se respete su derecho a la ejecución de sentencias. Este caso muestras el problema de coordinación con el juez de ejecución y la necesidad de "acompañamiento" más cercano para no ver desvirtuadas sus decisiones. En uno de los tramos del proceso de Ejecución el Juez del Quinto Juzgado, incluso había dispuesto que en el caso se habría ya producido un daño irreparable, en la medida que el CNM, mientras se tramitaba la ejecución de la sentencia, había cubierto la plaza en disputa, tras asumir la imposibilidad jurídica y fáctica del mandato dispuesto por el Tribunal Constitucional.

La sentencia (sic) 791-2014-PA/TC se emitió con ocasión de la segunda apelación por salto presentada por Castañeda Segovia. Considerando que, frente a la reiterada renuencia del CNM de nombrar al recurrente como fiscal supremo, se requería una reparación "adecuada y suficiente" en los términos de la Corte Interamericana de Derechos Humanos, estimó que ésta sería el ordenar su nombramiento. De esta forma, invocando un artículo del Código Procesal Constitucional que confiere al juez de ejecución la posibilidad de emitir, "una sentencia ampliatoria que sustituya la omisión del funcionario y regule la situación injusta conforme al decisorio de la sentencia" (art. 59 del CP-Const.); el TC contravino un mandato constitucional explícito: El artículo 150 de la Constitución que señala que "El Consejo Nacional de la Magistratura se encarga de la selección y el nombramiento de los jueces y fiscales", precisando además, en el artículo 154° que para dichos nombramientos se "requieren el voto conforme de los dos tercios del número legal de sus miembros."

La irrazonabilidad constitucional de esta decisión "ampliatoria", radica por ello en que se ha invertido el principio de interpretación de conformidad

---

[50] Cfr. EXP. N° 01044-2013-PA/TC Recurso de Agravio por salto declarado Fundado a favor de MATEO GRIMALDO CASTAÑEDA SEGOVIA. La parte dispositiva ordena que el CNM, "Reponiéndose las cosas al estado anterior de la vulneración de los derechos invocados, y en aplicación del artículo 59° del Código Procesal Constitucional, ordena al Consejo Nacional de la Magistratura, proceder a nombrar, entre los postulantes que quedan en carrera, esto es, don Mateo Grimaldo Castañeda Segovia o don César José Hinostroza Pariachi, a aquel que corresponda desempeñarse como Fiscal Supremo, conforme a las bases y reglamentos vigentes al momento de realizarse la convocatoria para dicha plaza."

con la Constitución para convertirlo en un principio de "interpretación de la Constitución de conformidad con la Ley". Parece meridiano que el enunciado del artículo 159° del CPCOnst. no se puede invocar para "ejecutar" una orden que contraviene una competencia que la Constitución reserva de forma expresa a otro órgano constitucional autónomo de la misma relevancia que el Tribunal Constitucional en el marco de sus competencias. Una teoría leal al modelo constitucional, aconsejaría asumir un control constitucional residual respecto de órganos que cuentan con una reserva constitucional de esta naturaleza. Así lo exige no sólo el principio de corrección funcional, tantas veces invocado por la propia jurisprudencia constitucional, sino también el principio de razonabilidad que exige que las órdenes de los poderes públicos sean posibles desde un punto de vista fáctico o jurídico: El tribunal no puede convertir por mandato de razonabilidad fáctica, el día en noche, como tampoco podríamos admitir que una ley autorice al tribunal dejar sin contenido una norma constitucional (esto sería un claro imposible jurídico para las órdenes de un Tribunal).[51]

iv. Ideas finales: Razonabilidad y jurisdicción

Ahora estamos en condición de dejar, al menos anotado de manera muy preliminar, algunas ideas sobre las distancias que hay que superar para encarar con éxito la problemática de la ejecución de las sentencias constitucionales, especialmente, cuando de sus fallos no se desprenden ordenes perentorias sino decisiones de amplio calado como ocurre con algunos de los casos propuestos.

Para estos casos parece recomendable no solo una buena dosis de imaginación a la hora de implementar su concreción, sino además, la necesidad de mantener la competencia jurisdiccional hasta cuando la decisión se haya concretado en los términos que el Tribunal encuentro cumplido el mandato. Por otro lado, parece aconsejable, en estos casos, mantener también el mandato de "razonabilidad", asumiendo que las decisiones emitidas puedan sufrir el impacto de las "circunstancias" del contexto durante el proceso de su ejecución.

La razonabilidad no es un concepto pacífico. Para muchos autores, ahí donde se habla de "decisiones razonables", se abre una caja de pandora que deja en manos de los hombres lo que debiera ser resuelto por las leyes. No obstante, los casos muestran que en muchas ocasionan invocando "reglas claras e indubitables", los jueces renuncian a sus compromisos básicos con la justicia y la tutela efectiva de los derechos. Si se tratara de presentar los dos extremos dañinos de esta extrapolación, tan irrazonable resultará que los jueces renuncien a sus responsabilidades públicas invocando las letras de la ley o la "claridad de las órdenes", como también que invocando la propia "razonabilidad" se intente legitimar cualquier manipulación para presentarlo con un mando de

---

[51] Como se lee en un bello pasaje de *El principito de* Antoine Saint Exupery "Debe exigirse de cada uno lo que cada uno puede dar – prosiguió el rey. – La autoridad se fundamenta en primer lugar en la razón. Si ordenas a tu pueblo que se tire al mar, hará la revolución. Yo tengo el derecho de exigir obediencia porque mis órdenes son razonables." Cap. X.

juridicidad y de justicia ad-hoc. Pareciera que la medida de la razonabilidad es, aunque parezca circular, la propia razonabilidad.

Razonabilidad y *jurisdicción*, son en este sentido, un par conceptual que se articulan y van juntos. La razonabilidad es el mandato abierto del Estado Constitucional que vincula especialmente a un "Tribunal de las posibilidades" en la bella expresión de Häberle.[52] En tal sentido, el Tribunal no "ejecuta" las cláusulas de la Constitución, más bien construye soluciones a partir de que los actores de los procesos reivindican dichas cláusulas enormemente indeterminadas o incluso, abiertas al futuro. La razonabilidad es entonces solo una de las tantas consecuencias de haber establecido un conjunto de principios como pautas de Derecho que se coloca en el vértice del sistema de fuentes.

Como ha escrito Angel Carrasco,[53] "este principio de apertura (a través de los principios y valores) exige del juez constitucional una «vinculación a la razonabilidad» *(Zwang zur Rationalität)*, como garantía de un proceso democrático estable". La comprensión de las decisiones razonables en el derecho, muestran que se pueden hacer juicios externos respecto de las decisiones jurídicas y, por otro lado, muestra también que el marco de actuación último incluye variables como el de la aceptabilidad, permitiendo de este modo, conectar las razones constitucionales con el "sentido común" de una determinada comunidad, en cualquier caso se trata de un límite ultimo.

Manuel Atienza ha destacado que el marco de los juicios de racionalidad jurídica, pueden tener en la razonabilidad un último parámetro de validación, en la medida que las decisiones razonables deben asumirse como racionales, mientras no ocurre lo mismo con las decisiones racionales, que podrían llegar a ser no razonables.[54] Esto muestra, que pueden ocurrir algunos casos que en etapa de ejecución de la sentencia se siguen "lógicamente" de mandatos incluso claros de las decisiones, pero que analizados en los contextos en los que deben concretarse resultan imposibles o contraproducentes o absolutamente insatisfactorios.

Pienso en el caso de una decisión que ordena la reposición de un trabajador un día "X", pero que al siguiente día de notificado el mandato, un terremoto destruye por completo la fabrica en la que laboraba llevando a la quiebra absoluta a la empresa. O el caso en el que las órdenes establecidas para garantizar los derechos que han sido protegidos por la sentencia, tengan un formato parecido a los que hemos reseñado en este trabajo. Para estos casos, la razonabilidad puede convertirse en el marco de referencia último para que las decisiones se mantengan como "mandatos vivientes" que pueden ser supervisados en su cumplimiento por el propio Tribunal Constitucional.

La idea de la razonabilidad, por lo demás, no ha estado ausente en la regulación del Derecho Procesal Constitucional. La reciente Ley de Amparo Mexicana (abril de 2013) prevé, en cierta medida, la "ejecución razonable" de

---

[52] Cfr. Häberle, P. *El Estado Constitucional*, traducción de Héctor Fix Fierro, UNAM, México, 2003.

[53] Cfr. Carrasco Perera, Angel "El 'Juicio de razonabilidad´ en la justicia Constitucional" en, *REDC*, año 4, Numero 11, Madrid, 1984

[54] Cfr. Atienza, Manuel, "Para una razonable definición de "razonable"" en *Doxa*, N° 4, 1987, p. 193

las sentencias. Al establecer al menos con relación al plazo de ejecución, la posibilidad de que, *"El órgano judicial de amparo, al hacer los requerimientos, podrá ampliar el plazo de cumplimiento tomando en cuenta su complejidad o dificultad debiendo fijar un plazo razonable y estrictamente determinado. Asimismo, en casos urgentes y de notorio perjuicio para el quejoso, ordenará el cumplimiento inmediato por los medios oficiales de que disponga"*.[55]

A lo largo de este trabajo, he tratado de poner de manifiesto, alguno de los problemas para la eficacia de los derechos fundamentales en el marco de la ejecución de las sentencias constitucionales. Pensar la sentencia en "sus propios términos" o como "mandato concreto" que se debe cumplir en los dos días posteriores a la notificación, (art. 59° del CPConst.), nos muestra la imagen de un mundo que no se ajusta a lo que ocurre en la realidad. Esta disposición copiada de manera literal de la Ley Orgánica del Tribunal Español[56] nos muestra, por otro lado, que los autores del Código Procesal Constitucional no se han orientado por el contexto y las realidades circundantes en este punto.

Mas apropiado resulta pensar la tutela desde la perspectiva de los fines. En este sentido, los procesos de protección de derechos tienen como finalidad, "proteger los derechos constitucionales, reponiendo las cosas al estado anterior a la violación o amenaza de violación de un derecho constitucional, o disponiendo el cumplimiento de un mandato legal o de un acto administrativo."

Pensar la tutela de los derechos desde una perspectiva de los fines, permite al propio tiempo, instrumentalizar los mecanismos de protección a través de los procesos constituciones, lo que desde luego alcanza la etapa de ejecución. En un escenario tal, el principio de razonabilidad, permite orientar los resultados que se obtiene relacionándolos con las finalidades y las posibilidades de su realización. Visto así, debe también permitirnos que las órdenes, cuando no son razonables al momento de su ejecución, encuentren una vía excepcional que impida que el Tribunal ponga en riesgo su propia legitimidad insistiendo con decisiones que pueden resultar "imposibles" de cumplir jurídica o fácticamente.

---

[55] Art. 92 de la Nueva Ley de Amparo de abril de 2013.

[56] Ley Orgánica 2/1979, *Artículo noventa y tres:* Contra las sentencias del Tribunal Constitucional no cabe recurso alguno, pero en el plazo de dos días a contar desde su notificación las partes podrán solicitar la aclaración de las mismas.

— 7 —

Algumas notas acerca da vinculação de particulares aos Direitos Fundamentais no Direito Constitucional norte-americano e sua possível aplicação no Brasil

INGO WOLFGANG SARLET[1]

LEANDRO MACIEL DO NASCIMENTO[2]

SUMÁRIO: 1 – Considerações introdutórias; 2 – A eficácia dos direitos fundamentais nas relações particulares: uma visão panorâmica; 3 – A eficácia dos direitos fundamentais nas relações particulares no Direito norte-americano – a assim chamada *state action doctrine;* 3.1 – Origens e desenvolvimento da assim chamada *state action doctrine;* 3.2 – Caracterização da assim chamada *state action doctrine;* 3.3 – Conteúdo e fundamentos da *state action doctrine;* 3.3.1 – Teoria da função pública; 3.3.2 – Teoria do envolvimento significativo entre o particular e algum ente estatal; 3.3.3 – Teoria do estímulo ou encorajamento; 4 – Considerações finais – algumas reflexões sobre a possível repercussão da doutrina da *state action doctrine* no Brasil; Referências.

1 – Considerações introdutórias

A eficácia dos direitos fundamentais nas relações entre particulares, especialmente a partir do Segundo Pós-Guerra, tornou-se um dos temas que mais atrai a atenção da comunidade jurídica. Inúmeras são as controvérsias que desafiam a aplicação de direitos (e, em contrapartida, de deveres) constitucionais em assuntos, anteriormente, regidos apenas pelo contrato ou com base nos princípios e regras do Direito Privado. Com a afirmação da supremacia da constituição e do controle judicial de constitucionalidade das leis e atos normativos, ensejando a intervenção pelo Poder Judiciário nas opções legislativas, também passou a ganhar relevo o problema da vinculação de atos praticados por atores privados à Constituição e especialmente aos direitos e garantias fundamentais. De outra parte, com a ampliação e a cada vez maior complexidade dos conflitos, o Poder Judiciário acaba sendo mais requisitado como instância

---

[1] Doutor e Pós-Doutor em Direito pela Universidade de Munique, Alemanha. Professor Titular da PUCRS. Juiz de Direito no RS.

[2] Mestrando em Direito pela Pontifícia Universidade Católica do Rio Grande do Sul – PUCRS. Professor de Direito Constitucional. Procurador do Ministério Público de Contas do Estado do Piauí.

de solução das controvérsias da mais diversa natureza, em muitos casos envolvendo violações de direitos fundamentais na esfera das relações privadas.

A despeito do desenvolvimento do tema no ambiente jurídico norte-americano, o problema da eficácia dos direitos fundamentais nas relações privadas nos Estados que integram a assim chamada família da *Civil Law* teve o seu impulso e formatação mais relevante, considerando especialmente a influência sobre outras ordens constitucionais, na Alemanha, particularmente a partir da década de 1950, não causando espécie o fato de que as teorias e os modelos mais conhecidos e aplicados relativamente à eficácia dos direitos fundamentais nas relações entre particulares têm origem germânica.

Se na Europa o tema foi "descoberto" apenas na segunda metade do Século XX (o que não quer dizer que não se falasse na relação entre a constituição e o Direito Privado, como sucedeu, inclusive, no Brasil), no direito norte-americano já se debatia o assunto, embora sob outra ótica, há mais tempo. Lá, desde o século XIX, consolidou-se o entendimento de que as normas constitucionais somente se aplicam diretamente aos órgãos estatais, de tal sorte que os particulares, em regra, não estão vinculados pelas normas de direitos fundamentais, apenas os órgãos estatais. Assim, eventual vinculação dos particulares aos direitos fundamentais apenas poderá ser justificada apenas e se em causa estiver também uma ação estatal. Cuida-se da assim chamada *state action doctrine*, que, nos Estados Unidos, opera como requisito para a vinculação de pessoas privadas aos direitos fundamentais. Nessa toada, o objetivo é o de identificar a avaliar os traços essenciais de tal doutrina nos Estados Unidos da América, além de verificar qual sua possível contribuição para o direito brasileiro. Em verdade, o desenvolvimento que o direito norte-americano deu à matéria mostrou-se mais complexo do que a breve descrição feita acima, tendo sido marcado, ademais, por "avanços" e "retrocessos", além de produzir categorias argumentativas aplicadas à solução de casos concretos de violação de direitos fundamentais oriundas de atores não estatais.

O tema, embora abordado de forma panorâmica, é de grande importância, mesmo em um país, como o Brasil, cuja constituição é extensa, detalhista e que prevê diversas hipóteses expressas de vinculação direta de particulares a direitos fundamentais, como dão conta os direitos dos trabalhadores e, dentre outros, o direito à indenização por violação dos direitos à vida privada e à honra. Sem dúvida, a análise crítica dos argumentos utilizados, ao longo dos anos, para justificar a aplicação ou não de direitos constitucionais às relações entre particulares, mostra-se importante subsídio para o aperfeiçoamento da matéria no direito brasileiro.

Muito embora o foco na experiência norte-americana e sua possível relevância para o direito brasileiro, na primeira parte do presente texto, será apresentado um panorama sobre o problema da eficácia dos direitos fundamentais nas relações privadas em termos gerais, designadamente, a origem e evolução do debate doutrinário e jurisprudencial na Alemanha e, além disso, na Espanha e em Portugal, posto que tal trajetória (que apresenta matizes em boa parte distintos) influenciou profundamente a teoria e a prática no Brasil, inclusive com reflexos na esfera jurisprudencial, mormente do Supremo Tribunal

Federal (doravante STF). Na sequência serão então apresentados os elementos nucleares caracterizadores da *state action requirement*, onde serão indicadas a origem, o desenvolvimento, as principais teorias e os julgados mais representativos proferidos pela Suprema Corte dos Estados Unidos da América na matéria, com o intuito de oferecer uma síntese o mais fidedigna possível, de modo a, ao final, tecer algumas considerações sobre a possível repercussão do modelo norte-americano para o Direito brasileiro, que, de resto, como se terá ocasião de verificar, não quedou completamente insensível ao que se passou nessa seara nos Estados Unidos.

2 – A eficácia dos direitos fundamentais nas relações particulares: uma visão panorâmica

A existência, especialmente a partir do século XX, de um debate sobre a aplicação dos direitos fundamentais às relações privadas partiu do pressuposto de que havia um paradigma jurídico que não reconhecia tal eficácia.[3] Com efeito, do final do século XVIII até meados do século XX, o universo jurídico europeu e americano era polarizado entre dois campos de atuação distintos: as esferas particular e pública.[4] A primeira dimensão tratava do âmbito privado, da pessoa enquanto proprietário, contratante, associado, membro de família ou herdeiro, assuntos que eram regidos, especialmente a contar da codificação napoleônica, pelos códigos civis. A segunda dimensão dizia respeito às relações das pessoas com o Estado, especialmente quanto à organização das estruturas estatais e a declaração de direitos fundamentais, destinados a vincular (e ainda assim de modo muito insipiente, dada a ausência de controle judicial de constitucionalidade no ambiente europeu durante muito tempo) o poder público. No entanto, impende frisar que tanto o constitucionalismo moderno quanto as codificações a partir do século XIX são fruto do mesmo contexto histórico, ou seja, de consolidação da Modernidade no e para o Direito.[5]

---

[3] "Como esta mesma designação já indicia, a relevância directa dos direitos fundamentais nas relações entre particulares começou por ser negada no entendimento liberal tradicional. Numa época em que o indivíduo era concebido isoladamente no espaço social e político e a Sociedade e o Estado eram considerados dois mundos separados e estanques, cada um governado por uma lógica de interesses própria e obedecendo, por isso, respectivamente, ao direito privado ou ao direito público, não admira que os direitos fundamentais pudessem ser e fossem exclusivamente concebidos como direitos do indivíduo contra o Estado." (ANDRADE, 2012, p. 231). No mesmo sentido, SARLET (2000, p. 117-118).

[4] "Por volta do século XVIII, passa-se a realçar a diferenciação entre a esfera das relações econômicas e a esfera das relações políticas, entre sociedade civil e Estado. Nesse contexto, a dicotomia *público v. privado* volta a se apresentar sob a forma de distinção entre a sociedade política (o reino da desigualdade) e sociedade econômica (o império da igualdade). Cada uma dessas sociedades é caracterizada pela presença de sujeitos diversos: o *citoyen* da sociedade política, que titulariza interesses públicos, e o *bourgeois* da sociedade econômica, que cuida dos seus próprios interesses privados. É nesse contexto histórico que se revela mais intensa a divisão dicotômica entre público e privado e suas derivações – a separação entre Estado e Sociedade, Política e Economia, Direito e Moral. Essa visão dicotômica de mundo repercute no mundo jurídico, com a acentuação da diferença entre Direito Público e Direito Privado. O Direito Público passa a ser visto como o ramo do direito que disciplina o Estado, sua estruturação e funcionamento, ao passo que o Direito Privado é compreendido como o ramo do direito que disciplina a Sociedade civil, as relações intersubjetivas, e o mundo econômico (sob o signo da liberdade)." (FACCHNI NETO, 2010, p. 41-42).

[5] "O projeto constitucional e o projeto de codificação do direito civil são expressões jurídicas da modernidade e de uma de suas principais metas: '(...) assegurar para todos os indivíduos a realização da ideia-força do

Em face justamente da forte separação entre sociedade e Estado que vigorava naquela época, predominava a noção de divisão do direito em público e privado, em que ambos seriam ramos distintos e distantes, com objetos próprios, incomunicáveis e regidos por princípios específicos.[6] De um lado, a previsão de direitos fundamentais nas constituições visava a proteger as pessoas contra a ação do Estado.[7] De outro, no direito privado, durante muito tempo influenciado pelo Código Civil francês de 1804,[8] prevalecia a ética da liberdade formal (Facchini Neto, 2010, p. 44), a autonomia da vontade, da força obrigatória dos contratos, do conservadorismo em matéria de propriedade, em assuntos familiares[9] e em matéria de relações de trabalho.[10] Ressalte-se que tais assuntos eram atribuídos ao domínio do "privado" e em regra situados fora do alcance da intervenção estatal.[11] Especialmente por tais razões os direitos fundamentais eram vistos "como um instituto específico das relações entre indivíduo e Estado, consagrado com um fim determinado: a salvaguarda da liberdade individual e social" (Andrade, 2012, p. 231).

A ideia de que o algoz por excelência dos direitos fundamentais é o Estado fez prevalecer o entendimento de que somente haveria duas partes em uma relação de direitos fundamentais: o particular (como beneficiário) e o Poder Público (como destinatário).[12] Fora desta relação bilateral, qualquer outro ator é considerado um terceiro. Por tal razão, quando se passou a reconhecer que particulares também poderiam violar direitos fundamentais, a doutrina de

---

Iluminismo, a autonomia'. Originalmente, contudo, tais projetos assumiram um traçado paralelo – incidindo a Constituição e o Código, cada um separadamente, sobre um conjunto próprio de relações jurídicas." (NEGREIROS, 2002, p. 48). No mesmo sentido, ZAGREBELSKY (2011, p. 31-32).

[6] "De fato, num tempo em que o muro a separar o Estado e a sociedade ainda estava de pé, as relações ditas privadas circunscreviam-se ao espaço normativo delimitado pelo Código. Em qualquer uma de suas manifestações específicas surgidas a partir do *Code* francês, de 1804, o projeto de codificação tivera a pretensão de ali abarcar, num único *corpus*, e graças à acuidade científica das categorias técnicas então formuladas, todas as relações jurídicas referentes àquele ramo do Direito. (...) À Constituição caberia, ao invés, ordenar as relações públicas – definidas subjetivamente como as relações das quais participasse o Poder Público – e, em se tratando do indivíduo, protege-lo frente ao poder de império do Estado." (NEGREIROS, 2002, p. 49).

[7] No Estado clássico e liberal de Direito, os direitos fundamentais alcançavam sentido apenas nas relações entre os indivíduos e o Estado, dentre outros motivos, "em virtude de uma preconizada separação entre Estado e sociedade, entre o público e o privado (...)." (SARLET, 2011, p. 377).

[8] Predominava a "ideologia dos 3 Cs", segundo a qual se pretendia que os códigos fossem completos (sem lacunas); claros (contendo apenas regras de fácil interpretação e sem conteúdos ambíguos ou polissêmicos) e coerentes (sem qualquer antinomia) (FACCHNI NETO, 2010, p. 44).

[9] "O tom geral do *Code* de 1804 é nitidamente conservador, como demonstra o respeito aos direitos de família e de propriedade como base da ordem social." (CAENEGEM, 2000, p. 10).

[10] "Havia também discriminação contra o direito dos trabalhadores, como mostra, por exemplo, o sistema de registro de operários (*livrets d'ouvriers*). A norma do artigo 1.781 do *Code* era particularmente desfavorável: no caso de disputa entre empregador e empregado a propósito de uma questão de pagamento ou de obrigação recíproca, prevalecia a palavra do empregador." (CAENEGEM, 2000, p. 13).

[11] No entanto, "[...] a ortodoxia liberal não dispensa um Estado forte. As funções estatais, porém, ao invés de dirigidas às políticas sociais, concentram-se em certos aspectos da política econômica: estabilidade monetária, contenção orçamentária, redução da carga tributária incidente sobre as rendas mais altas são alguns dos pontos fundamentais da cartilha liberal, cuja fiel execução não prescinde de um poder estatal devidamente aparelhado." (NEGREIROS, 2002, p. 77).

[12] "Poder-se-ia até afirmar que os direitos fundamentais não poderiam deixar de ser então concebidos desta maneira: para além da natural influência de um contexto favorável, estava em causa uma exigência teórica e prática, visto que os direitos fundamentais tinham precisamente como finalidade a proteção da sociedade contra as intromissões do poder público." (ANDRADE, 2012, p. 231).

língua alemã, pelo menos em termos gerais, adotou a expressão *Drittwirkung*, que, numa tradução literal, quer dizer "eficácia em relação a terceiros".[13]

Assim, no plano europeu foi especialmente (mas não exclusivamente) no direito alemão, mais precisamente nos anos cinquenta do Século XX,[14] que se passou a reivindicar a aplicação dos direitos fundamentais também nas relações entre particulares.[15] A primeira importante contribuição sobre o tema surgiu no âmbito do direito do trabalho, mediante a inspiração doutrinária e jurisdicional de Hans Carl Nipperdey, então presidente do Tribunal Federal do Trabalho da Alemanha, migrando posteriormente para outros domínios, com destaque para o direito civil, além de passar a ser discutido em outros países (Sarlet, 2011, p. 375; Sarmento, 2008, p. 186). Que a seara das relações de trabalho tenha sido a primeira explica-se pelo fato de se tratar de um ambiente marcado, em regra, pelo desequilíbrio econômico entre as partes e por uma relação de subordinação a exigir uma intervenção protetiva pelo poder público em prol da parte mais fragilizada.[16]

Importante é que cada vez mais se passou a reconhecer outras fontes de opressão além do Estado: o mundo das relações privadas, no âmbito do mercado, da família, da empresa e da sociedade civil (Sarmento, 2008, p. 185). Admitiu-se, portanto, que particulares dotados de poder econômico e social (mas não apenas esses) são autores de violações de direitos fundamentais (Canotilho, 2003, p. 1.293). Segundo Rivero e Moutouh (2006, p. 204-205):

> Subestima-se, com facilidade, a gravidade dos atentados que certos particulares podem cometer contra a liberdade alheia. Contudo, o poder político não é o único a se exercer numa sociedade. Existem outros: poder econômico, autoridade moral, sem lembrar sequer a simples força física. Assim sendo, se deixamos de lado o dogma da igualdade jurídica das vontades privadas e nos voltarmos às realidades, a frequência das situações de dependência que permite a quem se encontra em posição de superioridade impor sua vontade ao inferior fica evidente.

Foi especialmente na Alemanha que a matéria se desenvolveu e se irradiou de tal forma, que Ingo von Münch passou a afirmar que a eficácia dos

---

[13] "A temática da eficácia dos direitos fundamentais nas relações privadas foi inserida na discussão jurídica dos anos 50 e 60 do século passado, expressando um fenômeno que foi originalmente concebido e estudado na Alemanha sob a denominação de *Drittwirkung der Grundrecht*, que, em tradução livre, significa 'eficácia dos direitos fundamentais perante terceiros'." (DUQUE, 2013, p. 40).

[14] "O debate sobre tal questão desenvolveu-se, inicialmente, na Alemanha, logo após o advento da Lei Fundamental de Bonn, onde foram gestadas as teorias da eficácia direta ou imediata dos direitos fundamentais entre terceiros, e a teoria da eficácia indireta ou mediata destes direitos, cujos contornos serão adiante expostos. Foi também no cenário germânico que se delineou posteriormente uma corrente que tentava explicar a penetração dos direitos fundamentais no âmbito privado através da teoria dos deveres de proteção aos direitos fundamentais (...)." (SARMENTO, 2008, p. 186).

[15] "A questão relativa à eficácia dos direitos fundamentais no âmbito das relações entre particulares marcou o debate doutrinário dos anos 50 e do início dos anos 60 na Alemanha. Também nos Estados Unidos, sob o rótulo da *state action*, tem-se discutido intensamente a aplicação dos direitos fundamentais às relações privadas." (MENDES, 2013, p. 38)

[16] "Mas foi no âmbito das relações de trabalho que o tema adquiriu seu impulso inicial. Efetivamente, o campo das relações de trabalho revelou-se como terreno fértil para o desenvolvimento de um debate em torno da *Drittwirkung*, já que se afirma como típico caso de relações entre sujeitos privados, nas quais os direitos fundamentais podem assumir um significado preponderante, independentemente da presença do Estado em um dos polos da relação. Além disso, a desigualdade de poder, típica das relações de trabalho, revelou com considerável nitidez a possibilidade de uma parte – considerada mais forte, notadamente o empregador – restringir direitos fundamentais da parte mais fraca – o empregado." (DUQUE, 2013, p. 41).

direitos fundamentais entre particulares ("eficácia em relação a terceiros", como o assunto é conhecido naquele país) constitui mais um produto de exportação *made in Germany* (Canaris, 2006, p. 10).[17] Atualmente, "no panorama romano-germânico é hoje praticamente consensual a ideia de que os direitos fundamentais penetram nas relações privadas, subsistindo dúvidas apenas em relação à forma e à extensão desta incidência" (Sarmento, 2008, p. 187-188).[18] Há, inclusive, crítica quanto à expressão "eficácia em relação a terceiros" (*Drittwirkung*), no sentido de não ser a mais adequada para tratar do assunto, pois na relação travada entre beneficiários e destinatários de direitos fundamentais, os particulares não são mais "terceiros", estranhos à posição de devedor do respeito aos direitos fundamentais.[19]

Certo é, nessa quadra, que poucos ainda defendem um modelo de completa ineficácia dos direitos fundamentais nas relações particulares (Ubillos, 2010, p. 270), pois o foco das discussões está na forma e na intensidade da aplicação dos direitos fundamentais às relações privadas, especialmente em virtude de suas peculiaridades quando comparadas com as relações entre os particulares e o Estado. Registre-se, ademais, que mesmo nos países, cujas constituições preveem expressamente a vinculação dos particulares, como é caso de Portugal,[20] isso não impediu o estabelecimento de forte controvérsia sobre o tema[21]

---

[17] A informação está no prefácio escrito por Ingo Wolfgang Sarlet e Paulo Mota Pinto, que também foram os tradutores da obra do festejado jurista alemão.

[18] "(...) parece pacífico que a recusa de qualquer eficácia dos direitos fundamentais nas relações entre particulares é inaceitável. O simples facto da existência de uma discussão que se prolonga por mais de cinquenta anos não permitiria, de resto, outra conclusão: alguma eficácia terá de haver, pois não pode toda a gente ter andado a discutir sobre o vazio durante todo este tempo. (...) o verdadeiro problema que o tema da eficácia dos direitos fundamentais nas relações entre particulares encerra não é um problema sociológico, mas jurídico-constitucional. Não é o problema de saber se as relações entre privados se caracterizam pela horizontalidade ou verticalidade, se a liberdade individual pode ser ameaçada por outros particulares ou se nas relações privadas há relações de poder. Obviamente, tudo isso existe, é reconhecido e está explicado. O problema é o de saber qual o enquadramento dogmático mais adequado dos conflitos jurídicos que emergem dessas realidades e, especificamente, qual o tipo e natureza das garantias jurídicas de que os particulares aí devem dispor para se defenderem de tais ameaças e quais as responsabilidades e margens de decisão dos diferentes órgãos estaduais na resolução desses conflitos." (NOVAIS, 2006, p. 72;103).

[19] "Com efeito, como já tivemos oportunidade de apontar em outra ocasião (...) verifica-se um dissenso no que diz com a terminologia apropriada, sendo cada vez maiores as críticas em relação às expressões mais conhecidas, como é o caso da *Drittwirkung* (eficácia em relação a terceiros ou eficácia externa) dos alemães, as também da expressão eficácia horizontal, já que, relativamente ao primeiro termo, não estaria em causa verdadeiramente um terceiro nível eficacial (tendo em conta que os direitos ou operam nas relações indivíduo-Estado ou na esfera das relações das pessoas privadas entre si), ao passo que a expressão eficácia horizontal não dá conta das situações de manifesta desigualdade de poder entre indivíduos e portadores de poder social, que, no que diz com o exercício do poder e imposição da vontade em detrimento da outra parte da relação jurídico-privada, assumem feições manifestamente verticalizadas, no sentido de similares às relações entre os particulares e o poder púbico. Por tais razões, o mais apropriado é, de fato, falarmos de uma vinculação dos particulares aos direitos fundamentais ou eficácia dos direitos fundamentais nas relações entre particulares." (SARLET, 2011, p. 375). A menção está na nota de rodapé n° 474.

[20] "No que respeita à nossa Constituição [portuguesa], devemos começar por negar que o preceituado no n. 1 do artigo 18 possa ser considerado suficiente para a resolução do problema. Se é certo que aí se afirma claramente que os preceitos constitucionais vinculam as entidades privadas, não se diz em que termos se processa essa vinculação e, designadamente, não se estabelece que a vinculação seja idêntica àquela que obriga as entidades públicas. Além de que ainda resta averiguar o sentido a dar à palavra 'entidades': se ela se refere a todos e quaisquer indivíduos ou apenas a pessoas coletivas ou individuais 'poderosas' (ANDRADE, 2012, p. 241-242).

[21] "Um recente curso de mestrado na Faculdade de Direito da Universidade de Lisboa subordinado a este tema e frequentado em igual número por estudantes brasileiros e portugueses proporcionou esta clara ve-

e mesmo a formação de doutrina contrária, em regra, a uma eficácia do tipo direta (Novais, 2006, p. 69-116),[22] ainda que existam autores de nomeada que a admitam ainda que com divergências importantes quanto ao modo e hipóteses em que ocorre a vinculação direta dos particulares (Canotilho, 2003, p. 1285-1295; Miranda, 2000, p. 320-327; Andrade, 2012, p. 229-262).[23]

O que se percebe, mediante uma primeira aproximação, é que uma das principais fontes de questionamentos quanto ao grau de vinculação decorre da constatação de que, na relação entre particulares, há dois titulares de direitos fundamentais,[24] ao passo que quando a relação se estabelece entre o particular e o Estado este último, em regra (mas não sempre),[25] não atua como titular de direitos, mas sim, como o seu destinatário, na condição de vinculado.[26]

---

rificação inicial: enquanto os estudantes brasileiros se pronunciavam unanimemente pela aplicação direta dos direitos fundamentais aos particulares, já os estudantes portugueses eram muito mais reticentes a esta ideia. O curioso é que esta divergência reproduz uma divisão no mesmo sentido que é possível perceber entre as doutrinas brasileira e portuguesa. Ou seja, enquanto que praticamente todos os autores brasileiros que ultimamente têm escrito sobre o tema aderem, com diferenciações de pormenor, à tese da eficácia ou aplicabilidade directa, já parte substancial da melhor doutrina portuguesa pronuncia-se em sentido diverso. *Daí uma primeira perplexidade* e uma primeira sugestão. *A perplexidade advém desse facto: a Constituição brasileira não tem nenhuma afirmação clara sobre a questão e, no entanto, os brasileiros convergem na afirmação da aplicabilidade ou eficácia directa; a Constituição portuguesa consagra a aplicabilidade directa de forma aparentemente inequívoca, pelo menos no sentido em que não distingue a vinculação das entidades públicas da vinculação das privadas ('os preceitos constitucionais respeitantes aos direitos, liberdades e garantias são directamente aplicáveis e vinculam as entidades públicas e privadas') e os portugueses manifestam evidentes reservas em adoptar essa posição.* A sugestão que anunciámos deriva dessa perplexidade: dado que a leitura da Constituição [portuguesa] não permite, por si só, retirar qualquer conclusão segura, parece preferível não nos centrarmos acirradamente na exegese do texto constitucional – donde é sempre possível retirar mais ou menos do que ele efetivamente diz – e considerar preferencialmente o problema no plano geral da controvérsia que tem ocupado a doutrina e a jurisprudência dos Estados de Direito há mais de meio século" (NOVAIS, 2006, p. 69-70. Grifado).

[22] "A tese da eficácia imediata insistiu tanto na demonstração de que os direitos fundamentais deviam valer contra os particulares e concentrou-se tanto em fazer prevalecer essa ideia, que descurou absolutamente a fase seguinte. Na melhor das hipóteses, a tese da eficácia directa teria demonstrado que os direitos fundamentais devem ter uma validade e eficácia generalizadas, que valem como direitos subjectivos contra os outros particulares, e assim criou a ilusão de ter resolvido o problema, mas, e daí? Que fazer dessa conclusão? *É neste último plano que o contributo da tese da eficácia directa é, não apenas desoladoramente improfícuo, como mesmo inconveniente do ponto de vista da garantia da liberdade individual, da efectividade dos direitos fundamentais e da força normativa da Constituição*" (NOVAIS, 2006, p. 109-110. Grifado).

[23] "A leitura da CRP inequivocamente depõe no sentido da adoção da primeira teoria da vinculação direta, ainda que essa disposição deva ser apreciada *cum grano salis*, na medida em que não pode fugir da evolução posterior da contraposição daquelas duas teorias, fazendo confluir a solução dogmática do problema para uma solução geral de colisão de direitos, ainda que se possa defender a CRP como preferindo um entendimento mais reforçado na vinculação dos direitos, liberdades e garantias às entidades privadas" (GOUVEIA, 2013, p. 1005).

[24] "A questão sobre como as normas de direitos fundamentais produzem efeitos na relação cidadão/cidadão é algo que diz respeito a um problema de construção. A questão sobre em que extensão elas o fazem é uma questão que expressa um problema substancial, a saber, um problema de colisão. Tanto o problema de construção quanto o de colisão resultam de uma diferença fundamental entre a relação Estado/cidadão e a relação cidadão/cidadão. A relação Estado/cidadão é uma relação entre um titular de direitos fundamentais e um não-titular. A relação entre cidadão/cidadão é, ao contrário, uma relação entre titulares de direitos fundamentais." (ALEXY, 2008, p. 528)

[25] A título ilustrativo, a jurisprudência do Tribunal Constitucional espanhol reconhece, embora de modo pontual e restritivo, alguns direitos fundamentais a pessoas jurídicas de direito público: "Ya desde una temprana jurisprudencia constitucional se ha negado con carácter general la titularidad de los derechos fundamentales por parte de las personas juridico-públicas, a las que sólo se ha reconocido *el derecho a la tutela judicial efectiva* (STC 64/1988, FJ 1°), *el derecho a la igualdad* en conexión con el anterior (STC 100/1993, FJ 2°), y ocasionalmente *la libertad de información* (STC 190/1996, FJ 3°). En apoyo de esta titularidad tan restringida nuestro Alto Tribunal parte de la tradicional concepción de los derechos fundamentales como derechos públicos subjetivos, cuyo beneficiario es el individuo y cuyo principal obligado es el poder público. Ello coloca

Sobre o tema, costumam ser apresentados pelo menos três modelos de aplicação dos direitos fundamentais nas relações privadas.[27] O primeiro diz respeito à aplicação indireta (através da mediação do legislador e/ou do juiz), o segundo trata da aplicação direta, independentemente de confirmação infra-constitucional e o terceiro modelo aborda a questão dos deveres de proteção estatal. Há, ainda, modelos mistos, dentre os quais assume relevo a proposta formulada por Alexy (2008, p. 533).

Como adiantado, as propostas acima referidas têm origem na doutrina alemã ou pelo menos lá tiveram maior desenvolvimento. Como bem pontua Duque (2013, p. 40-41), em trecho que aqui tomamos a liberdade de transcrever:

> O fato de a questão em torno da eficácia dos direitos fundamentais nas relações privadas ter encontrado o seu mais alto desenvolvimento dogmático na Alemanha não é por acaso. Isso se deve não apenas à diferenciada capacidade dos juristas alemães, no sentido de assimilar e tentar equacionar problemas jurídicos, como também a motivos históricos. A trágica experiência trazida pelo nacional socialismo contribuiu para a necessidade de se fortalecer os direitos fundamentais. Evidentemente que o preço pago, para tanto, foi alto demais. Todavia, o fato de a liberdade dos particulares ter sido severamente violado no curso dessa ditadura, não apenas por organismos estatais, mas também por organizações privadas gerou uma necessidade de séria reflexão no sentido de que não apenas o Estado, mas igualmente organizações privadas, podem tornar-se implacáveis contra os direitos fundamentais.

Em termos gerais, as principais teorizações produzidas na Alemanha foram objeto de apresentação e avaliação por vários autores, como Sarlet (2000, p. 107-163), Ubillos (2010, 269-379), Canotilho (2003, p. 1285-1295), Miranda (2000,

---

a las personas jurídico-públicas más en esta última posición que en la de beneficiarias de los derechos. Sin embargo, el mismo argumento que utiliza el Tribunal para reconocerles ocasionalmente ciertos derechos de corte procesal debiera servir, a nuestro entender, para fundamentar la titularidad general por parte de las personas jurídico-públicas de aquellos derechos que por su naturaliza puedan ejercer. En el moderno Estado democrático, Estado y sociedad no han de ser vistos como dos compartimentos estancos, sino como dos ámbitos permeables en los que se ubica el individuo. Éste no sólo realiza su dignidad y desarrolla libremente su personalidad mediante la garantía de una serie de ámbitos libres de poder público, sino que también lo hace a través de su plena participación en la comunidad, esto es, mediante unos derechos que lo que garantizan, precisamente, es su capacidad para participar en el proceso público de ejercicio del poder, del que son expresión las personas jurídicas públicas." (CORRAL, 2004, p. 89-90. Grifado).

[26] "Com efeito, a exemplo do que tem sido reconhecido no âmbito do direito comparado, onde o tema tem alcançado certa relevância, também no direito constitucional brasileiro é possível identificar algumas hipóteses atribuindo a titularidade de direitos fundamentais às pessoas jurídicas de direito público, o que se verifica especialmente na esfera dos *direitos de cunho processual* (como o de ser ouvido em Juízo, o direito à igualdade de armas – este já consagrado no STF – o direito à ampla defesa), mas também alcança **certos direitos de** *cunho material*, como é o caso das Universidades (v. a *autonomia universitária* assegurada no art. 207 da CF), órgãos de comunicação social (televisão, rádio, etc.), corporações profissionais, autarquias e até mesmo fundações, que podem, a depender das circunstancias, ser titulares do *direito de propriedade*, de posições defensivas em relação a intervenções indevidas na sua esfera de autonomia, **liberdades** *comunicativas*, entre outros" (SARLET, 2011, p. 224. Grifado).

[27] NOVAIS (2006, p. 71-72) indica quatro modelos: "Salientamos, desde logo, a distribuição da doutrina por quatro grandes orientações ou teses quanto à eficácia dos direitos fundamentais relativamente a terceiros (assim considerados a partir da ideia originaria de que os direitos fundamentais relevam das relações entre Estado e indivíduos) ou, numa fórmula de vocação mais abrangente, nas relações entre privados: a tese da recusa da eficácia (incluindo aí, com as necessárias reservas, a doutrina do *state action* norte-americana); a tese eficácia mediata ou indireta; a tese dos deveres de protecção; e a tese da eficácia directa ou imediata." Por sua vez, MIRANDA (2000, p. 325) aponta apenas duas posições: "Afora uma atitude (dificilmente sustentável) a favor da irrelevância dos direitos, liberdades e garantias, são duas as teses de carácter geral que se deparam: a da relevância mediata e a da relevância imediata".

p. 324), Andrade (2012, p. 229-262), Novais (2006, p. 68-116), Queiroz (2010, p. 377-388), Sarmento (2008, p. 185-233), Silva (2008, p. 66-106), Steinmetz (2004, p. 135-185), Duque (2013, p. 102-383) e Sombra (2013, p. 75-95), mas não será aqui o local para que as respectivas teorizações sejam detalhadamente descritas, visto que o presente texto encontra-se centrado no estudo da "solução" adotada nos Estados Unidos da América.

Quanto ao direito brasileiro, embora o estudo do tema, pelo menos na perspectiva da dogmática dos direitos fundamentais e mediante recurso à tradição alemã e europeia na matéria, a matéria é relativamente recente (Sarlet, 2013, p. 58).[28] Entretanto, observa-se um direcionamento, pois, embora exista quem defenda uma eficácia eminentemente indireta dos direitos fundamentais no âmbito das relações particulares (Dimoulis; Martins, 2012, p. 106; Duque, 2013) converge-se para a eficácia direta (a princípio, pelo menos), com respaldo no art. 5º, § 1º, da Constituição Federal, que dispõe sobre aplicabilidade imediata das normas de direitos fundamentais, o que, ademais, implica a priorização de uma pauta de soluções adequada com as exigências do direito constitucional positivo. Além disso, a matéria é complexa, e o problema da eficácia dos direitos fundamentais nas relações privadas requer reflexão e temperamentos, pois várias situações reclamam soluções diferenciadas. Com efeito:

> Se a tese da assim designada eficácia mediata (indireta) segue dominante na doutrina e jurisprudência alemãs, inclinamo-nos hoje – pelo menos à luz do direito constitucional positivo brasileiro – em prol de uma necessária vinculação direta (imediata) *prima facie* também dos particulares aos direitos fundamentais, sem deixar de reconhecer, todavia, na esteira de Canotilho e outros, que o modo pela qual se opera a aplicação dos direitos fundamentais às relações jurídicas entre particulares não é uniforme, reclamando soluções diferenciadas (SARLET, 2011, p. 382-383).

Importa sublinhar, nessa toada, que aplicação imediata e direta requer "cautela redobrada em seu manejo", pois "se está a deslocar para o Judiciário a decisão final sobre a ponderação dos direitos esgrimidos entre os sujeitos privados" (Sarlet, 2011, p. 383). Neste sentido, "em situações de grande complexidade e de ausência de consenso social sobre o sentido da composição devida entre diferentes direitos fundamentais (...), não há nenhuma razão especial para crer que o juiz está mais habilitado que o legislador para chegar a um resultado correcto" (Novais, 2006, p. 107). Com efeito, a preocupação decorre da constatação de que o procedimento decisório vai operar com "valores mais ou menos abstratos e sujeitos às mais variadas interpretações" (Sarlet, 2011, p. 383), atraindo os riscos inerentes a decisões que envolvem esse tipo de matéria, inclusive uma intervenção desnecessária e mesmo desproporcional nas opções legislativas em matéria de direito privado ou mesmo na esfera da autonomia privada.

No entanto, tomando-se os devidos cuidados na configuração concreta dos conflitos entre particulares e na metódica da solução (fundamentação), uma vez que "as hipóteses de um conflito entre os direitos fundamentais e o

---

[28] Conforme o autor, embora "se possam identificar algumas vozes isoladas que já há mais tempo pugnam por uma aplicação dos direitos fundamentais na seara do direito privado, ou, pelo menos, apontam para algumas dimensões desta temática, certo é que o debate propriamente dito, seja na doutrina, seja na jurisprudência, é relativamente recente, coisa de aproximadamente, no máximo, 15 anos."

princípio da autonomia privada pressupõem sempre uma análise tópico-sistemática, calcada nas circunstâncias específicas do caso concreto", há de se reconhecer que não há impedimento a uma eficácia direta "ainda mais no sentido de uma eficácia direta *prima facie*" (Sarlet, 2011, p. 383) dos direitos fundamentais nas relações entre particulares no direito brasileiro. Com isso não se está deixando de reconhecer a necessidade de verificar a existência de alguma opção legislativa a incidir no caso concreto, o que exigirá, em se tratando de uma intervenção restritiva de um ou mais direitos fundamentais, um rigoroso controle de sua legitimidade constitucional (da opção legislativa), privilegiando-se, em sendo possível, uma interpretação conforme a Constituição. Não sendo o caso, o recurso direto às normas de direitos fundamentais, não dispensa, pelo contrário, exige cuidados adicionais, dentre os quais a criteriosa observância e demonstração dos elementos da proporcionalidade e a salvaguarda núcleo essencial dos direitos fundamentais afetados. De qualquer modo, também no caso brasileiro e a despeito do mandamento da aplicabilidade imediata das normas de direitos fundamentais, o que se verifica é uma concorrência entre as modalidades chamadas de vertical e horizontal da eficácia dos direitos fundamentais e uma possível convivência do modo direto e indireto de promover a sua aplicação nas relações privadas (SARLET, 2011, p. 382-383). O quanto isso reflete na esfera jurisprudencial, especialmente na prática decisória do STF, ainda será objeto de nossa atenção, designadamente quando da avaliação da possível influência da doutrina norte-americana da *state action* no direito brasileiro.

3 – A eficácia dos direitos fundamentais nas relações particulares no Direito norte-americano – a assim chamada *state action doctrine*

3.1 – Origens e desenvolvimento da assim chamada "state action doctrine"

Embora os direitos fundamentais façam parte da essência de qualquer constituição, o documento norte-americano original, com exceção de poucos dispositivos (Nowak; Rotunda, 2010. p. 415), não previa um conjunto de direitos fundamentais (Farber, 2007, p. 30).[29] Esses direitos somente foram incorporados em 1791, por meio das dez primeiras emendas, as quais, juntamente com as emendas da reconstrução do país após a Guerra Civil, ficaram conhecidas como *American Bill of Rights* (Amar, 1998, p. 284).[30]

---

[29] Situação curiosa para os padrões atuais. Segundo o autor: "From our point of view, one of the most striking things about the Constitution as it went out for ratification was the almost complete absence of protection for individual rights. It did protect the right to habeas corpus, ban certain retroactive laws, and provide for juries in criminal cases. But it said nothing about religious freedom, freedom of press, immunity from self-incrimination, and other constitutional rights that we have come to take for granted. We think of these guarantees as being at the heart of Constitution, but originally they were not there at all." (FARBER, 2007, p. 30)

[30] "Clause by clause, amendment by amendment, the Bill of Rights was refined and strengthened in the crucible of the 1860s. Indeed, the very phrase bill of rights as a description of the first ten (or nine, or eight) amendments was forged anew in these years. (…) Here, then, is a remarkable fact: before the adoption of the Fourteenth Amendment, the Supreme Court never – not once – referred to the 1791 decalogue as 'the' or 'a' 'bill of rights'." (AMAR, 1998, p. 284).

Convém ressaltar que, a segunda metade do século XIX, os direitos previstos nas dez primeiras emendas não eram dirigidos aos governos estaduais, mas apenas ao federal. Dessa forma, leis estaduais que violassem liberdades ou outras garantias estariam fora do alcance do controle de constitucionalidade.[31]

Com a XIV Emenda, a situação foi corrigida, visto que o dever proteger os direitos fundamentais passou a ser dirigido de modo expresso aos estados. Sem maior detalhamento, a emenda em questão possui dois comandos mais relevantes. O primeiro (Seção 1) estabelece que todos os norte-americanos (nascidos ou naturalizados) são cidadãos dos Estados Unidos da América e do estado onde residam; que nenhum estado pode: 1) elaborar ou aplicar leis que violem os privilégios e imunidades dos cidadãos norte-americanos; 2) privar qualquer pessoa de sua vida, liberdade ou propriedade sem o devido processo legal e 3) negar a qualquer pessoa sob sua jurisdição igual proteção das leis. O segundo (Seção 5) estabelece que o Congresso (federal) tem o poder de fazer cumprir, através da legislação apropriada, as determinações da emenda.

De qualquer modo, naquele país, em linhas gerais, a defesa de direitos fundamentais não utiliza artigos da Constituição original como fundamento jurídico, mas o conteúdo das emendas.[32] Exemplos: processar criminalmente alguém por queimar a bandeira nacional em protesto público viola a liberdade de expressão prevista na 1ª Emenda[33] e impedir alguém de interromper a gravidez até o primeiro trimestre viola direitos fundamentais contidos na 1ª, 4ª, 5ª, 9ª, e 14ª Emendas.[34]

Por outro lado, como já dito, fora a 13ª Emenda, que proíbe a escravidão, todas as demais que compõem o *Bill of Rights* têm como destinatário expresso o poder público; não os particulares. Além disso, ao contrário do Brasil, em linhas gerais compete aos estados (e não ao governo nacional) legislar sobre direito privado (Sarmento, 2008, p. 189; BArron; Dienes, p. 619). Assim, uma lei do Congresso dos Estados Unidos não pode, a princípio, atribuir obrigações (de natureza contratual, por exemplo) a particulares, a não ser que diga respeito ao comércio internacional ou interestadual (matérias de competência federal). No entanto, o que se pode chamar de "argumento federativo" (proteção à autonomia legislativa dos estados) foi flexibilizado ao longo do século XX, tendo como pano de fundo a constatação de que, por meio do Senado, os estados-membros participam do processo legislativo e podem "se defender" de leis federais (Quinn, 1976, p. 150). Um exemplo foi a mudança do entendi-

---

[31] "In an early decision the Supreme Court ruled that these tem amendments to the Constitution were not applicable to the states. This holding was correct historically because the drafters of the Bill of Rights designed the amendments as a check on the new national government. This judicially perceived intent of the drafters, however, limited the ability of the courts to control the substance of the state law under the federal constitution." (NOWAK; ROTUNDA, 2010, p. 416).

[32] "Os direitos fundamentais encontram-se no *Bill of Rights* composto pelas primeiras dez emendas à constituição, que ao contrário do modelo brasileiro, ficam de fora do texto, integrando a constituição após seu último artigo, numa secção destinadas às emendas à constituição." (MOREIRA, 2007. p. 94)

[33] Caso *Texas v. Johnson* (1989) (HARTMAN; MERSKY; TATE, 2007. p. 434-435).

[34] Caso *Roe v. Wade* (1973) (HARTMAN; MERSKY; TATE, 2007. p. 08-10).

mento da Suprema Corte[35] e a aprovação, por lei do Congresso Nacional, do *Civil Rights Act* da década de 1960, os quais tratam de matérias equivalentes ao do *Civil Rights Act* de 1875 (o qual, na época, foi julgado inconstitucional pela Suprema Corte).

Outro ponto que merece destaque é sobre o quão influente foi (e ainda é) a questão da escravidão negra na história dos Estados Unidos da América. A omissão constitucional quanto ao tema chamou a atenção em face do conteúdo igualitário da Declaração de Independência dos Estados Unidos.[36] Do mesmo modo, não se tratou da escravidão na redação original da Constituição de 1787, muito menos nas dez primeiras emendas que originaram o *Bill of Rights*, aprovadas em 1791. No entanto, a divergência latente entre o Sul e o Norte veio à tona de tal forma que levou o país à guerra civil, à quase separação e, ao final do conflito, à "Reconstrução".[37] Acrescente-se a este panorama os graves conflitos raciais no século XX e as tentativas de contornar suas consequências, como o fim da doutrina dos "separados mas iguais",[38] através do caso *Brown v. Board of Education*,[39] de 1954, e as decisões e medidas estruturantes que seguiram sua esteira (Jobim, 2013, p. 77-86).[40]

---

[35] "By their terms, the Due Process and Equal Protection Clauses of the Fourteenth Amendment, like the provisions of the Fifteenth Amendment, most notably the Civil Right Cases, the Supreme Court invalidated much Reconstruction civil rights legislation on the ground that, because this legislation purported to regulate the conduct of private citizens in addition to action of the state and its officials, it was not authorized by the Fourteenth Amendment, and hence was facially unconstitutional. Given the background and progeny of the Civil Rights Cases, when the Supreme Court began to reconsider the extent of congressional power under the Fourteenth Amendment in the 1960s a principal issue was thought to be whether, under a new theory of congressional power, Congress would be able to subject private conduct to Fourteenth Amendment limitations." (TRIBE, 2000, p. 961). Ressalvado um ou outro julgado em sentido contrário, a resposta da Suprema Corte foi positiva.

[36] "Despite American protests against the 'slavery' of English rule and the majestic assertion in the Declaration of Independence that 'all men are created equal', the canonists rarely connected the ideology of the Revolution with an opposition to slavery. Jefferson's original draft of the Declaration included slavery and the slave trade as grievances against the king, but the clauses were excised by the Continental Congress. Perhaps the fact that Jefferson himself owned over two hundred slaves undercut the justness of his words." (FARBER; SHERRY, 2005, p. 208)

[37] "In what can only be described as a constitutional revolution, the nation ended slavery, made every person born under the flag an equal citizen, guaranteed a host of civil rights to all American, and extended equal political rights to black men." (AMAR, 2006, p. 351). Contudo, o autor reconhece que o cumprimento de tais normas somente passou a se efetivar com a segunda reconstrução, na segunda metade do século XX.

[38] Estabelecida a partir do caso *Plessy v. Fergusson*, julgado em 1896. Por mais de sessenta anos, a Suprema Corte referiu-se a "separados mas iguais" como uma interpretação jurídica adequada relativamente aos direitos dos cidadãos negros (HARTMAN; MERSKY; TATE, 2007, p. 101).

[39] Indiscutivelmente, o caso Brown é tido por juristas, políticos, acadêmicos e historiadores como um dos dois ou três mais importantes julgados da Suprema Corte norte-americana, tanto por seu conteúdo quanto pelas consequências que gerou, tendo incentivado o movimento negro na reivindicação de direitos e mudado a vida política dos Estados Unidos (HARTMAN; MERSKY; TATE, 2007, p. 38).

[40] "Conforme já aventado, a Suprema Corte dos Estados Unidos havia julgado, em 1896, o caso Plessy v. Ferguson, no qual admitia a segregação racial baseada na doutrina dos *separate but equal*. Pouco mais de 50 anos depois, a mesma Corte deparou-se com um dos seus casos mais importantes, no qual encerrou essa doutrina considerada racista pela comunidade afro-americana, concedendo aos negros o direito de frequentar as mesmas escolas que os brancos, numa interpretação correta da Décima Quarta Emenda da Constituição dos Estados Unidos da América, cujo texto, no que diz respeito ao princípio da igualdade, tem alguma semelhança à Constituição Federal brasileira. Essa mudança de concepção na Suprema Corte deu-se em função da própria modificação cultural da sociedade estadunidense, a qual, preparada para um novo contexto social étnico, tendo o clima político a seu favor, conforme lembra Eduardo Appio, acabou por colocar termo na doutrina do separate but equal no famoso caso Brown v. Board of Education. Apenas a título de referencia,

Neste contexto, boa parte dos casos levados à Suprema Corte a título de *state action* é relativa à discriminação contra pessoas negras, sendo "um ponto nodal da atribuição dos direitos fundamentais nas relações entre particulares" e que "esconde questão cultural ainda não resolvida." (Moreira, 2007, p. 98). Assim, o debate sobre o conteúdo e extensão da referida *state action doctrine* teve, em inúmeros casos, a questão racial como pano de fundo.[41] Inclusive na sua origem, quando do julgamento dos *Civil Rights Cases*, em 1883.

Em 1875, pouco tempo após a Guerra Civil, sendo ainda recentes o fim oficial da escravidão e o assassinato do presidente Lincoln, o Congresso aprovou o *Civil Rights Act*.[42] Esta norma (federal) impunha obrigação de os particulares tratarem igualmente as pessoas, através da proibição de diferenciação por motivos raciais em locais de acomodação pública, como hotéis e restaurantes.[43] De modo expresso, assim determinava a lei, em tradução livre:

---

mesmo se o momento cultural do povo estatunidense não estivesse propício, as decisões emanadas da Suprema Corte dos Estados Unidos, salvo raros casos, acabam por gerar a união da nação para dar efetividade ao que lá foi julgado, razão pela qual, pronta ou não a sociedade, o julgamento sedimentaria uma nova postura cultural de seus cidadãos." (JOBIM, 2013, p. 77-78)

[41] Exemplos: cláusula proibitiva de venda de imóvel para negro, no caso *Shelley v. Kraemer* (1948); exclusão de negros em convenções partidárias, no caso *Terry v. Adams* (1953) e a restrição do acesso de negros a parque aberto ao público, no caso *Evans v. Newton* (1966) e a recusa de um estabelecimento comercial em atender pessoas negras, no caso *Burton v. Wilmington Parking Authority* (1980). A propósito, Laurence Tribe, ao explicar as razões de a Suprema Corte reconhecer *state action* no caso *Burton v. Wilmington Parking Authority* e negá-la nos casos *Blum v. Yaretsky* e *Rendell-Baker v. Kohn*, afirma que: "The best explanation for his seeming retrenchment by the Court may not be wholly doctrinal. First, unlike Burton, neither Yaretstky nor Rendell-Baker involved issues of racial discrimination, and the Court has usually been more willing to find state action when race was envolved." (TRIBE, 1985, p. 251). A informação está no capítulo dezesseis, cujo título é "Refocusing the 'state action inquirity: separating state acts for state actors".

[42] "The reconstruction period saw not only the adoption of the postbellum amendments but also the enactment of significant civil rights statutes by Congress. The most important of these laws the Civil Rights Act of 1875. That statute constituted the culmination of the postbellum Republican program and a decade of efforts to place the ideal of racial equality upon the legal plane. One may go further and see in the 1875 law the last victory for the egalitarian ideal of the Reconstruction period. From 1875 to the middle of the next century, there were to be no further legal gains for racial equality. On the contrary, the civil rights legislation enacted during the Reconstruction decade was soon to be virtually emasculated by both Congress and the Supreme Court." (SCHWARTZ, 1993, p. 165-166).

[43] Extraído do sítio do Senado Norte Americano (www.senate.gov):

"*Landmark Legislation: Civil Rights Act of 1875*. Radical Republican senator Charles Sumner of Massachusetts introduced the Civil Rights Act in 1870 as an amendment to a general amnesty bill for former Confederates. The bill guaranteed all citizens, regardless of color, access to accommodations, theatres, public schools, churches, and cemeteries. The bill further forbid the barring of any person from jury service on account of race, and provided that all lawsuits brought under the new law would be tried in federal, not state, courts. Sumner predicted that the Civil Rights Act would be the greatest achievement of Reconstruction. "Very few measures of equal importance have ever been presented, "he proclaimed. Unfortunately, Sumner did not live to see the fate of his bill. He died of a heart attack in 1874 – just 63 years old. "Don't let the bill fail," the dying Sumner pleaded to Frederick Douglass and others at his bedside. "You must take care of [my] civil rights bill. In the months following Sumner's death, Congress debated the bill. As another Republican senator from Massachusetts, George Boutwell, explained, the Reconstruction amendments (Thirteenth, Fourteenth, and Fifteenth amendments to the Constitution) "did limit the power of the States; they did extend the power of the General Government," but lawmakers in Washington failed to agree on how far the power of the federal government should be extended. After long and at times heated discussions on the Senate floor, the bill's supporters agreed to drop one of the more contentious components of the bill, which would prohibit segregation in public schools. Another contentious debate in the Senate centered on the question of whether or not Congress had the constitutional right to define the composition of juries selected for state courts. The Senate brought the bill to the floor for a vote in late February 1875. Perhaps as a last gesture of respect for the departed Charles Sumner, for whom securing civil rights had been a lifelong pursuit, the Senate passed the bill with a vote of 38 to 26 on February 27, 1875. *The bill became law on March 1, 1875.*"

Todas as pessoas sob a jurisdição dos Estados Unidos devem ter pleno e igual usufruto a acomodações, vantagens, serviços e privilégios em hospedagens, meios de transporte terrestre ou
aquático, teatros e outros locais de diversão; sujeitos somente a condições e limitações estabelecidas por lei, e aplicáveis de maneira similar aos cidadãos de qualquer raça e cor, não obstante
qualquer condição anterior de escravidão.[44]

No entanto, a matéria foi levada à Suprema Corte. Em decisões proferidas em 1883, o tribunal, pelo voto condutor do *Justice* Bradley,[45] considerou a
lei inconstitucional em um conjunto de casos que ficou conhecido como *Civil
Rights Cases*.[46]

Em resumo, a Corte entendeu que o Congresso não tinha poderes para
vincular o comportamento de particulares. Por três motivos: 1) não havia tal
previsão no texto constitucional, muito menos no *Bill of Rights*; 2) a lei questionada estava a violar o pacto federativo e a autonomia legislativa dos estados,
pois estava a invadir a competência estadual para legislar sobre direito privado e 3) o dever de não discriminar violaria a liberdade de entidades privadas,
sem que estas estivessem a exercer qualquer ação estatal (Barron; Dienes, 2013,
p. 619).

Na prática, no que tange à questão racial, tal decisão abriu caminho para
o caso *Plessy v. Ferguson*, no qual foi adotada a polêmica doutrina dos "separados mas iguais".[47] Este precedente (caso *Plessy*) durou décadas e somente foi

---

Disponível em: http://www.senate.gov/artandhistory/history/common/generic/CivilRightsAct1875.
htm. Acesso em 24.09.2013.

[44] "The new law required: 'That all persons within the jurisdiction of the United States shall be entitled to
the full and equal enjoyment of the accommodations, advantages, facilities, and privileges of inns, public
conveyances on land or water, theaters, and other places of public amusement; subject only to the conditions
and limitations established by law, and applicable alike to citizens of every race and color, regardless of any
previous condition of servitude.' The second section provided that any person denied access to these facilities on account of race would be entitled to monetary restitution under a federal court of law." Disponível
em: http://www.senate.gov/artandhistory/history/common/generic/CivilRightsAct1875.htm. Acesso
em 24.09.2013.

[45] "It [Civil Rights Act] contained a prohibition against racial discrimination in inns, public conveyances,
and places of amusement. The prohibition was, however, ruled invalid by the Waite Court in the 1883 Civil
Rights Cases on the ground that it sought to reach discriminatory action that was purely private in nature
and consequently not within the scope of the Equal Protection Clause. 'Can the act of a mere individual',
asked Justice Bradley for the Court, 'the owner of the inn, the public conveyance, or place of amusement,
refusing accommodation, be justly regarded as imposing any badge of slavery or servitude upon the appli-
cant, or only as inflicting an ordinary civil injury, properly cognizable by the laws of the state, and presum-
ably subject to redress by those laws until the contrary appears?' Answering this query in favor of the latter
construction, the opinion asserted, 'Individual invasion of individual rights is not the subject-matter of the
amendment." (SCHWARTZ, 1993, p. 166).

[46] Considerando que o caso foi decidido bem antes de a competência da União para legislar sobre comércio
atingisse seu estágio atual e que a lei questionada não se restringia ao comércio interestadual (matéria de
indiscutível competência legislativa da União), a Corte examinou se as disposições da 13ª e 14ª Emendas
davam ao Congresso Norte-Americano poderes para editá-la. ("In the Civil Rights Cases, 109 U.S 3 (1883),
the Court, per Justice Bradley, held the Civil Rights Atc of 1875, proscribing racial discrimination in places
of public accommodation, unconstitutional. Since the case was decided well before the commerce power
reached the its present expansive proportions, and since the Act was not limited to interstate commerce, the
Court examined whether the enforcement clauses of Thirteenth and Fourteenth Amendments gave Congress power to enact the law" (BARRON; DIENES, 2013, p. 620).

[47] "The Supreme Court declared the law unconstitutional in 1883. In a consolidated case, known as the
Civil Rights Cases, the court found that the Fourteenth Amendment to the Constitution granted Congress
the right to regulate the behavior of states, not individuals. The decision foreshadowed the 1896 Plessy v.
Ferguson decision in which the Court found that separate but equal facilities for blacks and whites were

revertido (sem qualquer alteração do texto constitucional) quando do julgamento do caso *Brown v. Board of Education*, em 1954 (Barroso, 2009, p. 145).[48]

Ressalte-se que a decisão tomada nos *Civil Rights Cases*, em 1883, foi polêmica desde sua origem. Houve divergência na Corte. Na ocasião, o *Justice* Harlan defendeu a tese de que a cláusula da 14ª Emenda (em Seção 1) que atribuía cidadania aos negros poderia e deveria ser protegida diretamente por leis do Congresso. E mais. Argumentou que sua Seção 5 dava mais poderes ao legislativo federal: o poder de estabelecer obrigações positivas e negativas com vistas a assegurar o cumprimento das emendas constitucionais oriundas do fim da Guerra Civil (Novak; Rotunda, 2010, p. 1235). Por fim, entrando na discussão da *state action*, o voto dissidente ainda argumentou que os proprietários de acomodações públicas seriam agentes estatais, pois estavam submetidos, a respeito de deveres e funções, a regulação pública.[49] No entanto, sua posição divergente foi derrotada.[50] A Corte entendeu, conclusivamente, que discriminação racial em locais públicos não teria qualquer relação com escravidão ou servidão involuntária e que a violação de qualquer direito da parte deveria ser apreciada de acordo com leis estaduais (Barron; Dienes, 2013, p. 622).

Em todo caso, a análise das decisões posteriores acerca da *state action doctrine* aponta para um caráter casuístico, incoerente e oscilante,[51] variando de acordo com a composição da Suprema Corte norte-americana, ao longo do século XX.[52] Nesse contexto, cumpre, ainda, lembrar que se a posição do *Justice*

---

constitutional." Disponível em: http://www.senate.gov/artandhistory/history/common/generic/Civil-RightsAct1875.htm. Acesso em 24.09.2013.

[48] "*Brown v. Board of Education*, julgado em 1954, representou, no plano jurídico, a superação da doutrina do 'separados, mas iguais', estabelecida em *Plessy v. Ferguson*, ao considerar inconstitucional a separação entre crianças brancas e negras nas escolas públicas e determinar a adoção de uma política de integração. Warren conseguiu liderar a Suprema Corte a uma decisão unânime, de apenas doze páginas, cuja ênfase recaía não em aspectos jurídicos – como o sentido e o alcance da Emenda 14 ou a superação de *Plessy* –, mas no argumento da intrínseca desigualdade da discriminação em matéria de educação, pelo sentimento de inferioridade que ela produzia nas crianças negras, tal como demonstrado em estudos psicológicos expressamente levados em conta no acórdão. Os efeitos dessa decisão histórica se projetariam pelas décadas seguintes." (BARROSO, 2009, P. 145-146)

[49] "Only Justice Harlan – a former slaveholder – dissented from this narrow construction of the Fourteenth Amendment. He declared that the majority's narrow concept of 'state action' reduced the amendment to 'splendid baubles', thrown out to delude those who deserved fair and generous treatment at the hands of the nation.' Similarly, Frederick Douglas attacked the decision as 'a concession to prejudice' and contrary to Christianity, the Declaration of Independence, and the spirit of the age." (SCHWARTZ, 1993, p. 167).

[50] Despite the attraction of the Harlan dissent for present-day jurists, the Court has continued to follow the rule laid down in the Civil Rights Cases. As stated in the leading modern case, 'The principle has become firmly embedded in our constitutional law that the action inhibited by the first section of the Fourteenth Amendment is only such action as may fairly be said to be that of the States. That Amendment erects no shield against merely private conduct, however discriminatory or wrongful'". (SCHWARTZ, 1993, p. 167).

[51] "Atribuir um grau de participação do Estado nos processos entre particulares foi tarefa dos advogados e juristas norte-americanos, que se desenvolveu em vários níveis, produzindo, em alguns casos, ligações entre Estado e particular por ficção jurídica; em outros casos, a negativa da relação entre ato estatal e particular causa espanto." (MOREIRA, 2007, p. 97)

[52] "When can private action qualify as state action? This is the critical question in state action cases. During the Warren Court years, the Court seemed so willing to find sate action in nominally private conduct that commentators began to speak of the twilight of the state action doctrine. It seemed as is the doctrine was being merged into the issue of whether the right was violated rather than serving as a threshold issue of wether the constitutional right was even implicated. But beginning with the Burger Court, the state action doctrine has been restored – and with a vengeance." (BARRON; DIENES, 2013, p. 625).

Harlan sobre o significado das Emendas da Guerra Civil (no julgamento dos *Civil Rights Cases* de 1883) tivesse sido aceita por seus pares, muito da confusa história da *state action doctrine* poderia ter sido evitada (Barron; Dienes, 2013, p. 623).

3.2 – Caracterização da assim chamada "state action doctrine"

Como visto na primeira parte do presente artigo, a evolução teórica e prática da eficácia dos direitos fundamentais nas relações particulares teve impulso e maior desenvolvimento no direito alemão a partir da década de cinquenta do século XX.[53] No entanto, bem antes de a matéria ser debatida com mais atenção em solo europeu, os norte-americanos se depararam com esse problema, consoante, aliás, buscamos demonstrar no item anterior, a respeito das origens e evolução da *state action doctrine*.[54] Nesse contexto, verifica-se que a tradição jurídica norte-americana parte do pressuposto, há muito assentado, de que a Constituição e os direitos fundamentais vinculam unicamente o poder público, e não os particulares.[55] Atendo-se ao elemento gramatical, dentre os dispositivos que compõem a *Bill of Rights* da Constituição dos Estados Unidos da América (EUA),[56] apenas a décima terceira emenda (que aboliu a escravidão na segunda metade do século XIX) dirige-se expressamente aos particulares.[57]

Igualmente, como já adiantado, foi de modo bastante precoce, ainda no século XIX, que a questão relativa à vinculação dos particulares a direitos fundamentais chegou à Suprema Corte dos Estados Unidos. Assim, quando chamada a julgar casos envolvendo deveres de igualdade e proibição de tratamento discriminatório (no contexto da reconstrução do país após o fim da escravidão, em decisões cujo conjunto ficou conhecido como *Civil Rights Cases* de

---

[53] "Com efeito, apesar da dificuldade de se estabelecer com precisão até que ponto a reivindicação do propagado pioneirismo e originalidade é correta, não há como negar ter sido na Alemanha, especialmente a partir da Lei Fundamental de 1949, que o tema encontrou seu maior desenvolvimento, gerando acirrada controvérsia na doutrina e na jurisprudência, acabando por atrair (e influenciar) as atenções da doutrina europeia em geral, até mesmo – embora ainda de forma tímida – a doutrina e a jurisprudência francesas." (SARLET, 2000, p. 200).

[54] "Sem dúvida alguma, por motivos que serão analisados posteriormente, é na Alemanha que o problema é estudado de forma sistemática há mais tempo. Mas também nos Estados Unidos, ainda que de forma assistemática, o tema é velho conhecido da doutrina e, especialmente, da jurisprudência." (SILVA, 2008, p. 19).

[55] "It is firmly established that the Constitution applies only to government conduct, usually referred as 'state action'. The behavior of private citizens and corporations is not controlled by the Constitution." (CHEMERINSKY, 1985, p. 507). Como o título do trabalho sugere ("Rethinking state action"), o autor não se resigna com o conteúdo da afirmação e propõe, ainda na década de 1980, repensar a *state action doctrine*.

[56] Como se sabe, a redação original da Constituição dos Estados Unidos da América, de 1787, não continha uma declaração de direitos. Esta só veio com a aprovação das dez primeiras emendas, em 1791, sob a liderança de James Madison, cumprindo o compromisso assumido quando do processo de união das ex-colônias após a independência da Inglaterra. Posteriormente, a declaração de direitos veio a ser complementada com as emendas aprovadas após a Guerra Civil, no período conhecido como "Reconstrução", com destaque para Décima Terceira (que aboliu a escravidão) e a Décima Quarta (que, dentre outros pontos, estendeu aos Estados o dever de respeito e cumprimento aos direitos fundamentais). (AMAR, 1998; FARBER, 2007; ACKERMAN, 2006).

[57] "With one exception ['Only the thirteenth amendment prohibition of slavery applies to private as distinguished from governmental action.'], the Constitution does not seek to govern or regulate the affairs of individuals and private entities" (STRICKLAND, 1991, p. 591). No mesmo sentido: NOVAK; ROTUNDA (2010, p. 595) e TRIBE (1985, p. 246).

1883), a resposta foi no sentido de consolidar duas teses: 1) o Poder Legislativo Nacional não pode legislar sobre direito privado e 2) na ausência de dispositivo legal expresso, os particulares não estão vinculados a deveres (como contrapartidas dos direitos de outros particulares) previstos na Constituição, a não ser que a conduta possa caracterizar alguma ação estatal (Barron; Dienes, 2013, p. 620; Chemerinsky, 1985, p. 507-509). Estabeleceu-se, então, a *state action doctrine*.[58] Desde então, o tema se tornou um dos mais complexos e debatidos no âmbito do direito norte-americano.[59]

Em resumo, nos Estados Unidos, a matéria é tratada da seguinte forma: 1) em regra, as normas constitucionais não vinculam particulares;[60] 2) para vincular os particulares, as normas constitucionais precisam de confirmação legal[61] e 3) na ausência de confirmação legal, os particulares somente serão obrigados a respeitar direitos fundamentais se houver alguma ação estatal de sua parte.[62]

Na prática, o problema está em saber em que exatamente consiste a ação estatal, pois o entendimento dado à matéria variou conforme a composição da Suprema Corte ao longo do tempo (Barron; Dienes, 2013, p. 623-624). Em verdade, a doutrina da ação estatal permite duas leituras: 1) a desvinculação de particulares aos direitos fundamentais seria um pressuposto tão forte no direito norte americano, que se exige a comprovação de uma *state action* para afastá-lo;[63] ou 2) a *state action*, em outra interpretação, seria uma válvula de escape,

---

[58] A Suprema Corte norte-americana já havia, entretanto, anunciado a *state action doctrine* antes mesmo dos *Civil Rights Cases* de 1883: "The Civil Rights Cases are frequently credited with being the origin of the state action doctrine requirement. (...) Prior to Civil Rights Cases, however, the Supreme Court already had announced the state action doctrine. See Viginia v. Rives, 100 US 313, 318 (1879); United States v. Cruikschank, 92 U.S. 542, 554-55 (1875)." (CHEMERINSKY, 1985, p. 508). A informação está na nota de rodapé n. 17.

[59] "During the 1950's and 1960's, probably no topic attracted more attention in law review articles than 'state action'. Litteraly dozens of articles were written. In 1967, Yale Professor Charles Black observed that state action 'is the most important problem in American Law. We cannot think about it too much; we ought to talk about it until we settle on a view both conceptually and functionally right.'" (CHEMERINSKY, 1985, p. 503).

[60] "Most of protections for individual rights and liberties contained in the Constitution and its amendments apply only to the actions of governmental entities. The safeguards against deprivations of individual rights which are contained in the text of the Constitution specifically apply to the activities of either the state or federal governments. Similarly, the Bill of Rights by its terms and necessary implications has been viewed only to limit the freedom of the government when dealing with individuals. Finally, the amendments to the Constitution which protect individual liberties specifically address themselves to actions taken by the United Sates or a state." (NOVAK; ROTUNDA, 2010, p. 595).

[61] "O Legislativo, ao entender que determinada hipótese é merecedora de tutela, tem legitimidade para criar uma espécie legislativa que seja a ela aplicável. Tal proteção pode ser vista, por exemplo, no direito do trabalho, como aquela dada pela lei federal *Labor-Managenment Relations Act*, que garante o direito trabalhista de associação ou de participação em manifestação sindicais. Com efeito, talvez a legislação mais importante a regular relações privadas é a *Civil Rights Act of 1964*, editada como resultado dos acalorados movimentos de direitos civis da década de 60. A lei proíbe a discriminação relacionada a trabalho e educação e garante idêntico direito de todos de terem acesso a locais públicos." (BORGES NETO, 2008, p. 167)

[62] "Assim, de acordo com a interpretação dada pela Suprema Corte ao texto da Décima Quarta Emenda, conclui-se que, em caso de ausência de um tato legislativo estendendo as garantias constitucionais contra abusos decorrentes de relações entre particulares, somente a violação de um direito fundamental cometida por um agente público será sujeita à apreciação pelo Judiciário. *A contrario sensu*, caso a mesma perturbação seja cometida por um ente privado, tal direito constitucional não seria merecedor da tutela jurisdicional, restando desamparado" (BORGES NETO, 2008, p. 166)

[63] É a leitura que se extrai de Daniel Sarmento. Segundo o autor, "é no direito norte-americano que a tese da não vinculação dos particulares aos direitos fundamentais estabelecidos em sede constitucional teve maior difusão. É praticamente um axioma do Direito Constitucional norte-americano, quase universalmente

um atalho ou um pretexto jurisprudencial para vincular particulares em um país cuja tradição liberal ainda é apegada à tese de que direitos constitucionais somente se dirigem ao poder público.[64]

Como funciona, então, a doutrina da ação estatal? Para tanto nos louvamos da leitura que, entre nós, foi levada a termo por Steinmetz (2004, p. 179):

> Um particular demanda judicialmente contra outro particular para fazer valer um direito individual constitucional ou uma pretensão nele fundada. Recebida a demanda, o juiz ou o tribunal (i) verifica se a demanda é contra o Estado (funcionário, agência, entidade pública, etc.) ou um particular. Se o demandado não é o Estado, então o juiz ou tribunal (ii) verifica se a ação ou ações do demandado-particular podem ser imputados, por alguma razão, ao Estado, isto é, se ela(s) podem ser subsumidas ao conceito de *state action*.

Em outras palavras, no dia a dia das demandas judiciais, a alegação de ação estatal funciona como um requisito para o conhecimento do caso pelo Poder Judiciário, especialmente a Suprema Corte. Se entender que a ação estatal está presente, determinará o fim da violação do direito fundamental e a responsabilização do particular acusado.[65] Na hipótese de o tribunal entender que não há *state action*, a causa é afastada de plano e não será julgada, [66] de modo que o particular continuará a sofrer a violação contra a qual reclamara.[67]

Chemerinsky (1985, p. 506) critica severamente esta doutrina. Argumenta ser inconstitucional, impertinente e desnecessária. Para o autor, seria um mecanismo para a Suprema Corte afastar inúmeras causas sem apreciar o mérito, quando, na realidade, o ideal seria julgar o cerne da questão, ou seja, a violação ou não de direitos fundamentais, sem a necessidade de questionar se haveria ou não ação estatal. Por sua vez, Novak e Rotunda (2010, p. 597-599) apontam dois procedimentos utilizados pela Suprema Corte dos Estados para verificar a existência de *state action* nos casos levados a julgamento. Segundo os autores, até a década de 1980, a análise era relativamente simples: o tribunal verificava se 1) o particular apontado como violador de um direito fundamental estava exercendo alguma tradicional atividade governamental ou se 2) se as circuns-

---

aceito, a ideia de que os direitos fundamentais, previstos no *Bill of Rights* da Carta estadunidense, impõe limitações apenas para os Poderes Públicos e não atribuem aos particulares direitos frente a outros particulares com exceção apenas da 13ª Emenda, que proibiu a escravidão." (SARMENTO, 2008, p. 189.)

[64] É o que se depreende de Virgilio Afonso da Silva. De acordo com ele, a "doutrina da *state action* procura determinar quando um ato privado que viole direitos fundamentais, especialmente o direito de igualdade, pode ser objeto de controle judicial. (...) Ao invés de negar a aplicabilidade dos direitos fundamentais às relações privadas, a doutrina da *state action* tem como objetivo justamente definir em que situações uma conduta privada está vinculada às disposições de direitos fundamentais." (SILVA, 2008, p. 99).

[65] Virgilio Afonso da Silva aponta, com base em análise quantitativa feita por Thomas Giegerich, que a vinculação do requisito formal (comprovação de uma ação estatal) com o mérito da demanda (violação de um direito fundamental) é tão forte que "com exceção de dois casos, em todas as decisões em que se equiparou uma conduta privada a uma ação estatal houve, ao mesmo tempo, o reconhecimento de violações a direitos fundamentais." (SILVA, 2008, p. 102).

[66] "Eliminating the concept of state action merely means that the court would have to reach the merits and decide if a sufficient justification exists; courts could not dismiss cases based solely on the lack of government involvement. Thus, the balance might be different with nongovernmental actors than with the government, but the key is that courts would have to balance and could not dismiss cases based on the lack of sate action." (CHEMERINSKY, 1985, p. 506).

[67] "If the Court finds that the alleged wrongdoer is not involved with state action, it will afford no remedy to the aggrieved party, who must continue to suffer whatever discrimination he has complained of." (NOVAK; ROTUNDA, 2010, p. 604)

tâncias do caso concreto permitiam ligar o governo ao particular e ao dano, de modo a concluir que o agente privado praticou *state action*.[68] A partir do final da década de 1980, afirmam, a Corte adotou um duplo questionamento: 1) se a suposta violação a direito fundamental seria resultado do exercício de um direito (ou privilégio) fundado em autoridade estatal e 2) se o suposto violador (particular) do direito fundamental poderia ser descrito como um agente estatal.[69] E é este teste que os órgãos judiciários exercem atualmente nos julgamentos sobre a matéria.

Em linhas gerais, a abordagem norte-americana não recebe muita atenção da doutrina civil-constitucional em língua portuguesa.[70] Na realidade, tal fato gera surpresa, tendo em vista se tratar de um dos temas jurídicos mais complexos naquele país e que abrange tanto o direito público quanto as relações particulares, cujos fundamentos podem ser muito úteis a uma maior eficácia dos direitos fundamentais no Brasil.

Embora tenha havido diminuição da produção doutrinária, o que apenas reflete o caráter mais restritivo nas ultimas décadas[71] da aplicação da doutrina pela Suprema Corte norte-americana, em contraposição ao que era feito du-

---

[68] "(...) the Court merely determined whether: (1) the private actor who caused the harm to another individual was performing a traditional government function (so that the private actor would automatically be acting with state action) or (2) whether the totality of facts and circumstances in the case connected the government to the private actor and harm in a way that made it fair to say that the private actor had acted with state action." (NOVAK; ROTUNDA, 2010, p. 599).

[69] "In the late 1980s and 1990s, Supreme Court majority opinions stated that a court should make two inquiries in determining whether a private actor who has harmed other persons acted with 'state action'. The Court said that it would determine first: 'whether the claimed constitutional deprivation (...) resulted from the exercise of a right or privilege having its source in state authority (...) and, second, whether the private party charged with the privation could be described in all fairness as a state actor'." (NOVAK; ROTUNDA, 2010, p. 597).

[70] A título ilustrativo: "É compreensível que a *state action doctrine* tenha encontrado abrigo nos Estados Unidos da América. Trata-se de uma teoria construída engenhosamente no marco de uma Constituição que é a mais genuína expressão do paradigma constitucional liberal. Assim, a *state action doctrine* não é relevante – não encontra referibilidade – no marco de constituições desenhadas segundo os paradigmas do constitucionalismo social e do constitucionalismo democrático. Para ser mais preciso e já exemplificando, a *state action doctrine* no marco da CF não é uma teoria constitucionalmente adequada sobre a vinculação dos particulares a direitos fundamentais, porque a CF é uma Constituição que, além de normatizar as relações entre indivíduo e Estado, tem a pretensão de modelar, em questões fundamentais, as relações sociais." (STEINMETZ, 2004, p. 181). Em sentido semelhante: "A própria *state action*, se bem que auto-assumida como tese de recusa, na realidade não o é; todavia, a sua exclusividade norte-americana dispensa maiores desenvolvimentos, embora, como se verá, a reinvistamos parcialmente no quadro da proposta que aqui defendemos." (NOVAIS, 2006, p. 73).

[71] "Los jueces son instrumentos del derecho y encarnan esa razón. Su función consiste en evaluar la realidad práctica a la luz de los valores que el derecho dota de autoridad, y en hallar luego las vías adecuadas para adaptar la realidad a estos valores. Esta concepción del derecho hunde sus raíces en la decisión de 1954 de la Corte Suprema en el fallo Brown v. Board of Education. (...) Hoy es difícil concebir el derecho en estos términos. La fe en la razón pública ha sido destruida, así como la creencia en que los jueces pueden o están dispuestos a usar la razón para dar significado concreto a los valores constitucionales. Muchos apuntan con dedo acusador a la decisión de la Corte Suprema de diciembre de 2000 en el fallo Bush v. Gore como la causa de esta deplorable situación. Esta sentencia impidió un nuevo conteo manual de miles de tarjetas electorales del estado de Florida, y, con ello, trascendió los más elementares principios jurídicos. Sin embargo, como lo explico en el capítulo final de este libro, Bush v. Gore no tiene ninguna particularidad especial. Más bien, constituye la culminación de veinticinco años de historia de la Corte Suprema, bajo las presidencias de Warren Burger y, luego, de William Rehnquist, en los cuales se repudió el legado de la Corte Warren y se dio al traste con la realización progresista de la Constitución. Aunque durante este período los magistrados rindieron tributo a Brown v. Board of Education y a los múltiples casos que este fallo alentó, de hecho los pusieron de cabeza para negarles gran parte de su significado práctico." (FISS, 2007, p. 15-16).

rante a chamada Corte Warren (Chemerinsky, 1985, p. 503-504), o tema continua atual, principalmente em face da aproximação e interpenetração cada vez maior entre o público e o privado (Harvard Law Review, 2010, p. 1250-1251). Além disso, os contornos do requisito de ação estatal podem definir os dos direitos fundamentais nas situações concretas que demandam proteção.[72]

Ademais, a análise de suas linhas gerais é útil para a melhor compreensão da vinculação dos particulares aos direitos fundamentais no direito brasileiro. Primeiramente, deve ser lembrada a influência norte-americana no início do constitucionalismo republicano brasileiro (Franco, 1960, p. 134).[73] Quanto à *state action* propriamente dita, diversos traços de sua presença podem ser encontrados no direito pátrio, como no caso das ações de *habeas corpus* e de mandado de segurança (Silva, 2008, p. 102-103).

A propósito, em um importante precedente, o STF[74] utilizou a *state action doctrine* como reforço argumentativo em um caso que envolvia a vinculação de uma associação ao dever de assegurar o devido processo legal na expulsão de um associado. Na ocasião, após tecer considerações sobre a eficácia dos direitos fundamentais nas relações entre particulares, o ministro Gilmar Mendes, autor do voto condutor, assim se manifestou:

> Essas considerações parecem fornecer diretrizes mais ou menos seguras e, até certa parte, amplas, para a aplicação do direito de defesa no caso de exclusão de associados. Todavia, afigura-se-me decisivo no caso em apreço, tal como destacado, a singular situação da entidade associativa, integrante do sistema ECAD, que, como se viu na ADI 2.054/DF, exerce uma atividade essencial na cobrança de direitos autorais, que poderia até *configurar um serviço público por delegação legislativa. Esse caráter público ou geral da atividade parece decisivo aqui para legitimar a aplicação direta dos direitos fundamentais concernentes ao devido processo legal, ao contraditório e à ampla defesa (art. 5º, LIV e LV, da CF) ao processo de exclusão de sócio de entidade.* (BRASIL, 2009, p. 837. Grifado.)

Sem dúvida, a fundamentação acima em muito se assemelha à *state action doctrine* e foi utilizada, conforme dito, como um dos fatores decisivos para o reconhecimento da eficácia dos direitos fundamentais no caso submetido ao STF.

No entanto, dada a riqueza do debate, a doutrina da ação estatal merece maior atenção e detalhamento, conforme será feito a seguir. Por questão de

---

[72] "Despite a recent lull in scholarly engagement with the doctrine – perhaps out of sheer frustration – the task of defining state action and determining its proper limits is no less important today than it was in the previous century. As the public becomes more private, and the private becomes more public, the contours of the state action doctrine may come to define the contours of our most basic constitutional rights." (HARVARD LAW REVIEW, 2010, p. 1250).

[73] "A Constituição de 1891 era a encarnação, em texto legal, do liberalismo republicano e moderado que havia se desenvolvido nos EUA. Importaram-se dos Estados Unidos as instituições e os valores do liberalismo, para uma sociedade que nada tinha de liberal: o exemplo acabado de 'idealismo na Constituição'. (...) A influencia norte-americana foi sentida até na mudança do nome do país, que passou a se chamar oficialmente de 'Estados Unidos do Brasil'" (SARMENTO; SOUZA NETO, 2012, p. 109). No mesmo sentido: "É a ocasião em que o liberalismo brasileiro, sem a contrapartida tradicionalista da realeza geradora da Carta de 24, ou seja, sem o contrapeso absolutista das prerrogativas do Poder Moderador, alcança seu ponto mais alto de teorização. A doutrina é toda inspirada na obra de sublimação idealista em que se convertera para o Brasil o texto dos constituintes da Filadelfia" (BONAVIDES; ANDRADE, 2004, p. 15).

[74] A decisão foi proferida no julgamento do Recurso Extraordinário nº 201.819-RJ. http://www.stf.jus.br/arquivo/cms/publicacaoRTJ/anexo/209_2.pdf. Acesso em: 18.09.2013.

espaço, apresentará uma visão global do tema, com ênfase na origem e nas principais justificativas de sua aplicação, mas com o cuidado no sentido de que "um país não deve criticar o sistema jurídico de outro, pois não está sujeito à sua cultura, sua população e sua história, nem experimentou – ou jamais experimentará – os efeitos concretos da influência destas determinantes" (BORGES NETO, 2008, p. 159).

3.3 – Conteúdo e fundamentos da "state action doctrine"

Após os julgamentos dos *Civil Rights Cases* no final do Século XIX, a Suprema Corte dos Estados Unidos não alterou seu entendimento sobre o assunto. Em termos gerais, manteve-se firme no sentido de que o Poder Judiciário não pode julgar casos de violação de direitos fundamentais por particulares sem a caracterização da *state action*.

No entanto, a partir dos anos de 1940, houve mudanças consideráveis no conteúdo do que se entendia por ação estatal. Na prática, a Corte passou a identifica-la em situações nas quais anteriormente seria improvável reconhecer. Para tanto, adotou algumas teorias justificativas.[75]

Ao longo das décadas que se seguiram, a configuração da *state action* (mais abrangente ou mais restritiva) variou conforme a composição do tribunal. Com juízes mais liberais, como no caso da Corte Warren,[76] seus limites foram elastecidos. Com componentes mais conservadores, como na presidência dos *Chief Justices* Warren Burger e William Rehnquist, o Tribunal foi mais restritivo quanto à matéria (Strickland, 1976, p. 588-589).

A análise de várias decisões da Suprema Corte, ao aceitar ou negar a alegação de *state action*, aponta fundamentação assistemática, conforme Silva (2008, p. 99-100):

> Os direitos fundamentais são aplicáveis somente nas relações entre Estado e particulares. Mas a construção jurisprudencial da *state action* tem por objetivo justamente romper com essa limitação e, para alcançar esse objetivo, tenta definir – ainda que de forma assistemática e casuística – quando uma ação privada é equiparável a uma ação pública. Sempre que essa equiparação for possível, e como se verá adiante, na maioria das vezes essa equiparação é artificial e feita com o intuito de coibir o ato privado violador dos direitos fundamentais, as relações entre particulares estarão vinculadas às disposições de direitos fundamentais. Assim, mesmo que a doutrina

---

[75] "The Court did not modify its strict position concerning state action until the 1940s, when the Justices began to find violations of the Fourteenth Amendment in actions taken by private parties who were not formally linked to any action by state officials. From these early cases to the present, the Court has developed a series of theories by which it may be established that a private person is sufficiently tied to the activities of government so that his actions might violate certain constitutional provisions." (NOVAK; ROTUNDA, 2010, p. 603).

[76] "Como Juiz Presidente por quinze anos, Warren tinha liderado uma revolução judiciária que transformou muitos relacionamentos sociais e políticos na América. A Corte Warren muitas vezes lançara o país em amargas controvérsias, como quando decretou o fim da discriminação racial apoiada publicamente, baniu as orações nas escolas públicas e estendeu as garantias constitucionais aos negros, aos indigentes, aos comunistas, e a todos os que eram interrogados, presos ou detidos pela polícia. Os assessores de Warren reverenciavam-no como a um símbolo, o fulcro de muito do que acontecera. O antigo e intrépido Promotor de Justiça, três vezes governador da Califórnia e indicado pelos republicanos para a vice-presidência, causara, como Juiz Presidente, maior impacto no país do que a maioria dos presidentes." (ARMSTRONG; WOODWARD, 1985, p. 11-12). No mesmo sentido, RODRIGUES (1991, p. 75) e SCHWARTZ (1993, p. 263).

norte-americana costume encarar os direitos fundamentais como aplicáveis somente na relação Estado-indivíduos, não é difícil notar que o raciocínio é artificial e apenas encobre o que de fato acontece. (...) Nesse sentido, ainda que, com a doutrina da *state action*, se queira, aparentemente, negar a vinculação de entidades não-estatais aos direitos fundamentais, não é isso que acontece de fato, já que o casuísmo da Suprema Corte norte-americana sempre encontra uma forma, por mais artificial que seja, de igualar o ato privado questionado a um ato estatal quando se quer coibir alguma violação a direitos fundamentais por parte de pessoas privadas.

Quando o Estado (ou qualquer de seus agentes) está presente ou existe lei estendendo a vinculação do particular, a situação é de solução fácil. No entanto, nem sempre é assim. Para esses casos, a jurisprudência da Suprema Corte reconhece *state action*, mas sob os seguintes fundamentos: 1) o particular exerce alguma função pública? (*public function theory*); 2) há significativa participação ou envolvimento do poder público na atuação do particular? (*significant involvement, joint participation, mutual contacts*) e 3) há incentivo, encorajamento, aprovação ou autorização por parte do poder público? (*commandment, encouragement, authorization and approval*) (Novak; Rotunda, 2010, p. 604-640; Barron; Dienes, 2013, p. 625-638).

3.3.1 – Teoria da função pública

De acordo com a teoria da função pública, se o particular agir no exercício de atividades tipicamente estatais exerce *state action* e está vinculado aos direitos fundamentais de outros particulares.

Uma das maiores vantagens desta justificativa consiste em impedir que o Poder Público escape de suas responsabilidades ou por delegar a particulares atividades tipicamente estatais ou por criar entes privados para exercê-las:

Esta teoria impede, em primeiro lugar, que o Estado se livre da sua vinculação aos direitos constitucionais pela constituição de empresas privadas, ou pela delegação das suas funções típicas para particulares, pois estes, quando assumem funções de caráter essencialmente público, passam a sujeitar-se aos mesmos condicionamentos constitucionais impostos aos Poderes Públicos (Sarmento, 2008, p. 190).[77]

Parte-se do pressuposto de que algumas atividades são intrinsecamente governamentais, de modo que, mesmo exercida por particulares, correspondem a uma função pública. Facilmente justificável na teoria, em sua aplicação mostra-se difícil determinar quais atividades devem ser consideradas funções públicas e, dessa forma, submetidas a limitações constitucionais.

Adotando-se um critério prático, Nowak e Rotunda (2010, p. 604) defendem que apenas as atividades ou funções que são tradicionalmente associadas à soberania estatal e que são operadas quase que exclusivamente por entidades governamentais poderiam ser inseridas no conceito de função pública. No

---

[77] "The state cannot free itself from the limitations of the Constitution in the operation of its governmental functions merely by delegating certain functions to otherwise private individuals. If private actors assume the role of the state by engaging in these governmental functions the they subject themselves to the same limitations on their freedom of action as would be imposed upon the state itself. The functions of government which are subjected to these restraints are termed 'public functions'." (NOVAK; ROTUNDA, 2010, p. 604)

Brasil, o paralelo seria com serviços públicos e com as chamadas "atividades de Estado".

Na verdade, a análise é feita caso a caso, de modo indutivo, tentando-se extrair a essência desta teoria. Os autores citam os seguintes exemplos de *public function*: a operação de sistemas de eleição, a administração de cidades e vilas, e ("talvez") a operação de facilidades aparentemente públicas tais como parques públicos. No entanto, fazem o seguinte contraponto: a mera operação de negócios que poderiam ser feios pelo governo não os caracteriza como função pública porque isto envolve uma determinação baseada na importância pratica da atividade ao invés de sua simples relação com a função estatal. Assim, exemplificam, a operação de um serviço público como o de uma companhia de energia não foi considerada uma função pública pela Suprema Corte, em decisão proferida na década de 1970 (Nowak; Rotunda, 2010, p. 604).

Pelo trecho acima, observa-se que o reconhecimento de função pública é casuístico. Senão, observe-se. Em julgamento de casos envolvendo convenções partidárias, a Suprema Corte entendeu que excluir negros do processo de escolha dos candidatos viola a 14ª Emenda.[78] No entanto, a regra não foi generalizada, pois "se as ações do partido político sempre constituem *state action* não foi decidida, mas parece improvável que assim o seja" (Barron; Dienes, 2013, p. 625).

Dos casos envolvendo *state action* e *public function*, o julgado proferido em *Marsh v. Alabama* (1946) é um dos mais relevantes. Aqui, Testemunhas de Jeová foram impedidas pela administração de uma *company town* (ou "cidade privada", como consta em algumas traduções em português[79]) de fazer pregação e distribuir impressos no âmbito de área residencial e comercial por ela administrada. A disputa chegou ao Poder Judiciário sob o argumento de que a liberdade religiosa e de expressão haviam sido irregularmente violadas.[80] Ao julgar o caso, a Suprema Corte entendeu que o fato de o Poder Público ter permitido que um particular o substituísse e exercesse todas as funções e atividades normalmente exercidas por uma cidade caracterizaria indiscutivelmente o exercício de uma função pública. Dessa forma, a *company town* estava vinculada aos

---

[78] "The public function concept appears to have originated in series of decisions relating to the applicability of the Fourteenth and Fifteenth Amendments to primary elections in Texas which were segregated by race. As early as 1927 the Supreme Court held that the Texas state laws which excluded blacks from democratic primaries violated the Fourteenth Amendment." (NOVAK; ROTUNDA, 2010, p. 604)

[79] "Discutia-se se uma empresa privada, que possuía terras no interior das quais se localizavam ruas, residências, estabelecimentos comerciais, et., podia ou não proibir Testemunhas de Jeová de pregarem no interior da sua propriedade. A Suprema Corte declarou inválida tal proibição, pois ao manter uma 'cidade privada' (*private owned town*), a empresa se equiparava ao Estado e se sujeitava à 1ª Emenda da Constituição Norte Americana, que assegura a liberdade de culto" (SARMENTO, 2008, p. 191).

[80] "Perhaps the strongest use of the public function doctrine came in the case of Marsh v. Alabama. This case involved a 'company town' which was a privately owned area encompassing both residential and commercial districts. The Gulf Shipbuilding Corporation owned and governed this area but it had no formal ties to any state agency or authority. Agents of the corporation had ordered a Jehovah Witness to leave the privately owned business district and to refrain from distributing religious leaflets within the boundaries of the company town. If the order were valid it would have subjected the leafleter to conviction under state trespass laws for her refusal to leave the area or stop distributing literature. Unquestionably this town would have violated the First Amendment if it were an agency of the state attempting to suppress the distribution of the literature. Thus, the only issue in the case was the applicability of the First and Fourteenth Amendments to the conduct of the corporation that owned the town." (NOVAK; ROTUNDA, 2010, p. 605).

direitos fundamentais e deveria permitir o exercício da liberdade de expressão e religiosa em seu perímetro.

Debate interessante surgiu quanto às atividades de *shopping centers* e a liberdade de expressão em seu interior. Em um primeiro momento, a Suprema Corte entendeu que se a manifestação estivesse relacionada com as atividades do empreendimento, haveria *state action,* e a liberdade de expressão deveria ser garantida em seu interior.[81] No entanto, posteriormente, a Corte entendeu que a distinção baseada no conteúdo da expressão (se relacionada ou não com as atividades do *shopping center*) seria uma discriminação inadmissível frente à cláusula da liberdade de expressão (Barron; Dienes, 2013, p. 626).

Já no contexto de uma composição mais conservadora, a Suprema Corte norte-americana afastou o reconhecimento de *state action* em casos que, sob a ótica do direito brasileiro, causaria surpresa. No caso *Jackson v. Metropolitan Edison Co.* (1974), a Corte discutiu se a fornecedora de energia deveria seguir o devido processo legal para cortar o fornecimento a consumidor inadimplente. O Tribunal não visualizou qualquer *state action,* embora fosse um serviço em regime de monopólio e sujeito à licença do Estado. Segundo a decisão, havia pouco contato entre o serviço e o poder público "a justificar restringir as atividades por limitações constitucionais" (Nowak; Rotunda, 2010, p. 607).

Mais dois casos chamam a atenção pelo caráter restritivo da Suprema Corte sobre a matéria. Em *Rendell-Baker v. Kohn* (1982), foi aplicado o entendimento de que uma escola privada para estudantes com dificuldade de aprendizagem ou com problemas de comportamento (*maladjusted students high school*) não exercia função pública, mesmo sendo financiada, na sua maior parte, por recursos públicos (Barron; Dienes, 2013, p. 629). Por fim, em *Blum v. Yaretsky* (1982), ficou assentado que o estado não é responsável por decisões sobre a transferência ou exclusão de pacientes em casa de repouso (*nursing home*), mesmo na hipótese de 90% dos recursos serem de origem pública. Sob este entendimento, mesmo que o Estado fosse obrigado por lei a fornecer tal serviço, não se poderia concluir que as decisões do dia a dia da administração seriam "o tipo de decisão tradicional e exclusivamente feita pelo soberano para e em benefício do público". Ou seja, não havia *state action* a justificar aplicação de direitos fundamentais (Barron; Dienes, 2013, p. 629).

Em suma, a teoria da função pública é, em tese, um forte argumento para vincular particulares ao direitos fundamentais de outros agentes privados. No entanto, sua efetivação por parte dos juízes norte-americano é muito oscilante e de difícil sistematização.[82] No entanto, ainda possui o mérito de impedir o Poder Público de fugir à responsabilidade de destinatário de direitos simplesmente por atribuir (delegar) o exercício de suas atividades típicas a particulares.

---

[81] Caso *Amalgamated Food Employees Union Local 590 v. Logan Valley Plaza, Inc.* (1968).

[82] "Diante destas oscilações, a doutrina tem apontado o caráter errático e a falta de critério seguro da jurisprudência na aplicação da *public function theory*. Ademais, manifesta-se na Suprema Corte, desde a década de 70, uma tendência restritiva na aplicação desta teoria, o que contribui para manutenção de vastos espaços na vida humana ao abrigo da incidência da Constituição dos Estados EUA" (SARMENTO, 2008, p. 192).

3.3.2 – Teoria do envolvimento significativo entre o particular e algum ente estatal

Pela teoria do envolvimento significativo (*mutual contacts*), o critério consiste em verificar a natureza da relação entre o particular e o poder público. A princípio, havendo uma relação próxima entre ambos, existirá *state action* a justificar a vinculação do particular aos direitos fundamentais.

Tal doutrina atingiu seu ápice no caso *Burton v. Wilmington Parking Auth* (1961). O caso tratava de restaurante particular, cujo estacionamento era propriedade municipal, mas explorado mediante contrato de aluguel. Sendo assim, o empreendimento "estava vinculado ao princípio da isonomia e não podia discriminar sua clientela com base em motivos raciais" (Sarmento, 2008, p. 192).

No entanto, a abertura dada à *state action requirement* neste caso não se confirmou nos anos seguintes. Situações aparentemente parecidas (ou com uma maior presença do poder público) não tiveram a *state action* reconhecida. Nesse contexto, mesmo recebendo financiamento direto do poder público, a ação estatal não foi reconhecida em diversos casos posteriores, como em *Blum v. Yaretstky* (1982) e *Rendell-Baker v. Kohn* (1982).[83]

Por fim, cita-se o caso *San Francisco Arts & Athletics Inc. v. United States Olimpic Comitee* (1987). Aqui, lei federal atribuía ao *United States Olimpic Comitee* o uso exclusivo da palavra *"olimpic"* nos Estados Unidos. Ao negar o uso da referida expressão em um evento atlético *gay* o comitê foi acusado de ter agido de forma discriminatória e ter violado o direito constitucional à liberdade de expressão. Como resposta, a Suprema Corte entendeu "que a outorga de direito exclusivo para usar a palavra e símbolo olímpico para o Comitê Olímpico dos Estados Unidos não violava a liberdade de expressão assegurada na Primeira Emenda daquelas pessoas que queriam usar a palavra para promover seus próprios interesses" (Nowak; Rotunda, 2010, p. 624).

Neste caso, independentemente de o comitê ser regulado por lei federal, a Suprema Corte entendeu que o referido comitê não seria agencia governamental e nem haveria *state action* apta a vincula-lo aos direitos fundamentais. Portanto, sua conduta não seria discriminatória nem violaria a liberdade de expressão de outros particulares. Neste caso, não se reconheceu envolvimento significativo entre particular e Poder Público, apto a caracterizar *state action*.

3.3.3 – Teoria do estímulo ou encorajamento

Segundo ainda a Suprema Corte, a *state action* pode ser verificada nas hipóteses em que a conduta violadora for fruto de incentivo ou encorajamento

---

[83] "In others words, the Justices do not believe that constitutional principles limit the autonomy of private persons or corporations simply because there is receipt of government funds. Further involvement between the private actor and government must be shown before these Justices will employ the Constitution to limit the actions of private entities. Thus, in Blum v.Yaretsky the Court found that due process principles did not restrict a nursing home's freedom to discharge or transfer patients even though the home and patients received substantial government funding" (NOVAK; ROTUNDA, 2010, p. 637).

por parte do Poder Público. Ou melhor, "o Estado não pode estimular, de qualquer forma, direta ou indiretamente, o desrespeito aos direitos fundamentais pelos particulares" (Sarmento, 2008, p. 192).

A princípio, o foco está na existência de "ajudas especiais" do Poder Público, sob a forma de benefícios fiscais, subsídios e outras formas de incentivar a atuação particular. Em regra, havendo o benefício, haverá *state action*; se o benefício violar algum direito fundamental, deverá ser corrigido.

Dois casos devem ser citados. O primeiro, *Shelley v. Kraemer* (1948), que está assim resumido por Hartman, Mersky e Tate, (2007, p. 118):

> Shelley, uma pessoa negra, comprou propriedade sem saber que ela estava gravada por um acordo restritivo ao tempo da compra. A convenção declarava que "nenhuma parte desta propriedade deve ser ocupada por qualquer pessoa que não seja da raça caucasiana. Shelley ajuizou ação na corte estadual". A corte entendeu que a convenção nunca tinha se tornado válida por que não fora assinada por todos os proprietários. A suprema corte estadual reformou o julgado, considerando que a convenção era válida e não violava qualquer direito constitucional de Shelley. A Suprema Corte concordou em apreciar o caso.

Ao decidir, a Suprema Corte adotou fundamentação no mínimo curiosa. Afirmou que a dita convenção não violava a 14ª Emenda; mas a sua confirmação pela justiça estadual, sim.[84] Ou seja, a restrição contratual seria válida; mas a sua ratificação pelo Poder Judiciário, não. Nesse caso, a decisão judicial caracterizaria *state action*, pois o Estado não poderia incentivar ou beneficiar atitudes de particulares a violarem direitos constitucionais.[85]

Como dito, embora tenha atingido um resultado constitucionalmente adequado, a argumentação é no mínimo heterodoxa para os padrões brasileiros, conforme SILVA (2008, p. 101):

> Ora aqui há um problema argumentativo que não pode ser ignorado. Não é possível que a inconstitucionalidade surja somente com a decisão judicial inferior, já que ela nada mais fez do que fazer valer uma cláusula contratual. Se a cláusula contratual é constitucional, a decisão de manter seus efeitos também deve ser. E a recíproca tem que ser verdadeira.

Com essa fundamentação,[86] aqueles que se sentissem violados em algum direito fundamental estariam autorizados a ajuizar ações com causa de pedir (no mínimo, duvidosa) "contra tal ato para então, com a recusa do provimento judicial, recorrer à instância superior alegando, agora sim, violação por parte do Estado que, via sentença judicial, manteve cláusula contratual discriminatória" (Silva, 2008, p. 102). Sem dúvida, a crítica procede.

Na mesma linha, mas agora tratando não de ato judicial, mas de ato legislativo, é o caso *Reitman v. Mulkey* (1967). Na decisão, a Suprema Corte "invalidou emenda à Constituição do Estado da Califórnia, que concedia aos

---

[84] "Chief Justice Vinson wrote the opinion, saying that private agreements to exclude persons of designated race or color from the occupancy of a residence does not violate the Fourteenth Amendment, but it violates the equal protection clause for the state courts to enforce them" (HARTMAN; MERSKY; TATE, 2007, p. 118).

[85] *"Thus, in granting judicial enforcement of these agreements, the state denied Shelley the equal protection of the laws"* (HARTMAN; MERSKY; TATE, 2007, p. 118).

[86] Segundo TRIBE (1985, p. 259), *Shelley v. Kraemer* seria o mais problemático e controverso de todo os casos a tratar de *state action*.

proprietários de imóveis o poder de negar-se a vendê-los ou arrendá-los a quem quisessem", sob o fundamento de que havia o "objetivo de estimular a discriminação racial privada no acesso à moradia" (Sarmento, 2008, p. 193). A violação aos direitos fundamentais estaria no ato legislativo que encorajou e incentivou condutas particulares discriminatórias. Com este entendimento, a Suprema Corte julgou inconstitucional o dispositivo da constituição estadual submetido à apreciação.

No entanto, a Suprema Corte recuou e passou a adotar entendimentos mais restritos quanto à teoria do incentivo. Tal posicionamento começou a ser adotado no começo da década de 1970, o que coincidiu com a o fim do período conhecido como Corte Warren.

4 – Considerações finais – algumas reflexões sobre a possível repercussão da doutrina da *state action doctrine* no Brasil

O estudo da eficácia dos direitos fundamentais nas relações particulares nos Estados Unidos da América revela alguns pontos pacíficos e muitas divergências, que aqui procuraremos sintetizar.

Primeiro: somente a Décima Terceira Emenda à Constituição dos Estados Unidos dirige-se expressamente aos particulares como destinatários dos direitos fundamentais. Todas as demais apontam somente o Poder Púbico como o potencial violador de tais direitos. Contudo, a ausência de previsão expressa da vinculação dos particulares não tem sido um obstáculo para a eficácia das normas constitucionais, o que foi objeto do labor da doutrina e especialmente da jurisprudência da Suprema Corte, cabendo ainda lembrar que nos Estados Unidos nem mesmo o controle judicial de constitucionalidade das leis tem previsão expressa no texto constitucional, embora lá tenha sido pioneiramente instituído e praticado com eficácia pela Suprema Corte.

Segundo: para que os particulares sejam vinculados aos direitos fundamentais, exige-se a edição de uma lei prevendo tal possibilidade, o que, ao fim e ao cabo, corresponde a uma eficácia indireta (mediada pelo legislador e aplicada pelos juízes) dos direitos fundamentais nas relações privadas. Como demonstrado, em face do arranjo federativo daquele país, tais normas hão de ser estaduais, uma vez que a União não tem, a princípio, competência para legislar sobre direito privado (a menos que se trate de comércio interestadual ou internacional). No entanto, tal entendimento foi flexibilizado e é possível a edição de leis federais que tratam da proteção a direitos humanos, como no caso do *Civil Rights Act* da década de 1960.

Terceiro: na ausência de lei, exige-se a presença de alguma ação estatal, *state action*, ou seja, da presença do Estado na esfera das relações privadas, para que atores particulares, a depender do caso e das circunstâncias, possa então ser tido como vinculado pelos direitos fundamentais. O que vem a ser tal ação estatal variou ao longo dos anos, conforme os casos foram sendo levados à Suprema Corte. Todas as teorias e justificativas utilizadas na fundamentação das decisões (exercício de função pública, envolvimento/parceria e incentivo/encorajamento) foram utilizadas de modo mais ou menos restritivo, de acordo com a natureza da composição da corte.

Ressalte-se, nessa quadra, que tal como ocorreu em relação a outros temas relevantes envolvendo direitos e garantias fundamentais, a Corte Warren (1953-1969) foi uma das que adotou interpretação extensiva quanto à matéria, como no caso *Burton v. Wilmington Parking Auth.* (julgado em 1961), em que, por explorar um estacionamento pertencente ao Poder Público, um restaurante foi responsabilizado por discriminar clientes por motivos raciais. No entanto, anteriormente, em situação semelhante, a mesma Suprema Corte ao apreciar os *Civil Rights Cases* em 1883, julgara inconstitucionais dispositivos que proibiam (e sancionavam) discriminação em locais de acomodação pública, o que bem revela a evolução positiva que se operou também nessa esfera.

Mas considerando as peculiaridades da doutrina da *state action* e a adoção, pelo Brasil, do modelo germânico-europeu quanto ao trato da matéria, tendendo para o reconhecimento de uma eficácia direta *prima facie* dos direitos fundamentais nas relações privadas, coloca-se a indagação de qual poderia ser, afinal de contas, a contribuição da experiência norte-americana nessa seara para o direito brasileiro? Para que se possa avaliar tal aspecto, nada melhor do que recorrer à decisão do STF sobre o tema, considerado *o leading case* especialmente para a jurisprudência Pós-1988, qual seja, a decisão proferida quando do julgamento do RE n. 201.819-RJ, ocorrido no ano de 2004 pode ser esclarecedor. Tratava o caso de uma lide entre uma associação e um associado, este pessoa física, sendo ambos atores privados. Após cumprir as exigências estatutárias, a associação decidiu expulsá-lo de seus quadros. O associado, inconformado, provocou o Poder Judiciário com o intuito de anular a expulsão, sob o fundamento de violação do devido processo legal e de ausência de contraditório e ampla defesa. O pedido foi acolhido pelo juiz de primeiro grau e confirmado pelo respectivo Tribunal de Justiça (Brasil, 2009, p. 822).[87] Irresignada, a associação interpôs recurso extraordinário ao STF. Em votação por maioria, o recurso extraordinário foi conhecido, mas lhe foi negado provimento.

Segundo consta da ementa, o fundamento acolhido pelo STF seria a eficácia **direta** dos direitos fundamentais nas relações entre particulares.[88] No entanto, a leitura do inteiro teor do acórdão revela a forte presença da *state action doctrine* na formação do convencimento do colegiado. A relatora ministra Ellen Gracie (em voto vencido) entendeu inaplicáveis ao caso os direitos fundamentais tidos por violados, "sendo totalmente descabida a invocação do disposto

---

[87] A ementa da decisão proferida pelo Tribunal de Justiça do Rio de Janeiro tem o seguinte teor: "Sociedade Civil. União Brasileira de Compositores. Exclusão de sócio. Alegado descumprimento de resoluções da sociedade e propositura de ações que acarretaram prejuízos morais e financeiros à entidade. Direito constitucional de ampla defesa desrespeito. Antes de concluir pela punição, a comissão especial tinha de dar oportunidade ao sócio de se defender e realizar possíveis provas em seu favor. Infringência ao art. 5º, inc. LV da Constituição Federal. Punição anulada. Pedido de reintegração procedente. Recurso desprovido." (BRASIL, 2009, p. 822)

[88] "Eficácia dos direitos fundamentais nas relações privadas. As violações a direitos fundamentais não ocorrem somente no âmbito das relações entre o cidadão e o Estado, mas igualmente nas relações travadas entre pessoas físicas e jurídicas de direito privado. Assim, os direitos fundamentais assegurados pela Constituição vinculam *diretamente* não apenas os poderes públicos, estando direcionados também à proteção dos particulares em face dos poderes privados" (BRASIL, 2009, p. 821).

no art. 5º, LV, da Constituição para agasalhar a pretensão do Recorrido em reingressar nos quadros da UBC".[89] O voto acolhido pela maioria do colegiado, proferido pelo ministro Gilmar Mendes, após apresentar o panorama do tema no direito alemão e no norte-americano, apontou julgados proferidos pelo STF nos anos 1990, os quais, mesmo sem se aprofundar na matéria, entenderam aplicáveis os direitos fundamentais entre particulares. Disso, consta do voto a premissa de que "o Supremo Tribunal Federal já possui histórico identificável de uma jurisdição constitucional voltada para a aplicação desses direitos às relações privadas" (Brasil, 2009, p. 834).

No entanto, como já dito, o fundamento decisivo, para a solução do caso (a anulação da expulsão do associado por ausência do devido processo legal) foi o fato de que a entidade em questão (União Brasileira de Compositores), apesar de privada, exercia "uma atividade essencial na cobrança de direitos autorais, que poderia até configurar um serviço público por delegação legislativa" (Brasil, 2009, p. 837). Em outras palavras, uma espécie de *public function*, a justificar a aplicação direta de direitos fundamentais entre particulares:

> Esse caráter *público* ou *geral* da atividade parece decisivo aqui para legitimar a *aplicação direta* dos direitos fundamentais concernentes ao devido processo legal, ao contraditório e à ampla defesa (art. 5º, LIV e LV, da CF) ao processo de exclusão de sócio de entidade. Estando convencido, portanto, de que as particularidades do caso concreto legitimam a aplicabilidade dos direitos fundamentais referidos já pelo caráter público – ainda que não-estatal – desempenhado pela entidade, peço vênia para divergir, parcialmente, da tese apresentada pela eminente Relatora.

Ou seja, uma vez reconhecido o exercício de uma função pública, a vinculação da entidade aos direitos fundamentais de seus associados seria algo cogente, tal como no direito norte-americano. Interessante notar que, deparando-se com este argumento, a relatora original manteve sua posição, no sentido de que não visualizava uma *public function* no caso, ou seja, deixou entender que, caso se tivesse convencido do contrário, a aplicação dos direitos fundamentais invocados seria pacífica e automática.[90]

Como se pode perceber, ao contrário do que pode aparentar, o modelo de aplicação de direitos fundamentais nas relações entre particulares no direito constitucional norte-americano pode ser um mecanismo de eficácia dos direi-

---

[89] "Entendo que as associações privadas têm liberdade para se organizar e estabelecer normas de funcionamento e de relacionamento entre os sócios, desde que respeitem a legislação em vigor. Cada indivíduo, ao ingressar numa sociedade, conhece suas regras e seus objetivos, aderindo a eles. A controvérsia envolvendo a exclusão de um sócio de entidade privada resolve-se a partir das regras do estatuto social e da legislação civil em vigor. Não tem, portanto, o aporte constitucional atribuído pela instância de origem, sendo totalmente descabida a invocação do disposto no art. 5º, LV, da Constituição para agasalhar a pretensão do Recorrido de reingressar nos quadros da UBC. Obedecido o procedimento fixado no estatuto da Recorrente para a exclusão do Recorrido, não há ofensa ao princípio da ampla defesa, cuja aplicação à hipótese dos autos revelou-se equivocada, o que justifica o provimento do recurso." (BRASIL, 2009, p. 824).

[90] "Não me apercebi, Ministro Gilmar Mendes, de que houvesse um prejuízo econômico ou impedimento de recebimento de direitos autorais, que poderiam, sim, continuar sendo recebidos por meio do Ecad, entidade esta que o Plenário reconheceu como de natureza quase pública, digamos assim, mas não esta associação de compositores, que é apenas uma repassadora dos recursos recolhidos – estes, sim – pelo Ecad. (...) Senhor Presidente, ainda assim, não obstante as brilhantes razões trazidas pelo Ministro Joaquim Barbosa, mantenho o posicionamento anterior, até porque esta sociedade, União Brasileira de Compositores, não é organismo de filiação obrigatória. No caso, o membro excluído não sofre qualquer consequência econômica por não participar da entidade. Isso eu disse, anteriormente, em meu voto. Ele pode receber seus direitos autorais diretamente do Ecade." (BRASIL, 2009, p. 837;844)

tos fundamentais (a depender da extensão a ser dada ao que se entende por ação estatal).[91] Nesse sentido, verifica-se que a *state action doctrine* pode trazer aportes muito relevantes para o equacionamento constitucionalmente adequado do problema da eficácia dos direitos fundamentais nas relações particulares também no Brasil, fornecendo critérios a argumentos adicionais para uma fundamentação consistente e a devida graduação que se deve estabelecer nessa seara quando presente de algum modo uma "ação estatal" ou quando tal não é propriamente o caso.

Com efeito, mesmo que na doutrina, mas especialmente na jurisprudência, não se possa ainda vislumbrar a adoção consensual de um modelo único para a solução das questões que dizem respeito à repercussão dos direitos fundamentais nas relações privadas, a presença de uma ação estatal pode ser considerada, por si só, fundamento suficiente para vincular um dos particulares como destinatário de direitos fundamentais, sem que com isso se esteja a dispensar a aplicação de outros critérios, tais como os que dizem com as exigências da proporcionalidade e da razoabilidade. Nesse sentido, ao contrário do que parece defender parcela considerável dos pesquisadores sobre o tema, o aprofundamento do conhecimento das peculiaridades do modelo norte-americano é de grande relevância para o aperfeiçoamento da teoria e prática brasileira nessa seara. Se o presente texto logrou chamar a atenção para isso já teremos alcançado nosso intento.

Referências

ALEXY, Robert. *Teoria geral dos direitos fundamentais.* Trad. Virgilio Afonso da Silva. São Paulo: Malheiros, 2008.

AMAR, Akhil Reed. *The bill of rights*: creation and reconstruction. New Haven: Yale University, 1998.

——. *America's constitution:* a biography. New York: Randon House Paperback, 2006.

ACKERMAN, Bruce. *Nós, o povo soberano*: fundamentos do direito constitucional. Trad. Mauro Raposo de Mello. Belo Horizonte: Del Rey, 2006.

ANDRADE, José Carlos Vieira de. *Os direitos fundamentais na Constituição Portuguesa de 1976.* 5. ed.. Coimbra: Almedina, 2012.

ARMSTRONG, Scott; WOODWARD, Bob. *Por detrás da Suprema Corte.* Trad. Torrieri Guimarães. São Paulo: Saraiva, 1985.

BARRON, Jerome A.; DIENES, C. Thomas. *Constitutional law in a nutshell.* 8th ed. Saint Paul (MN): West Academic Publishing, 2013.

BARROSO, Luis Roberto. A americanização do direito constitucional e seus paradoxos: teoria e jurisprudência constitucional no mundo contemporâneo. In: BARROSO, Luis Roberto. *Temas de Direito Constitucional.* Tomo IV. Rio de Janeiro: Renovar, 2009. p. 121-174.

BONAVIDES, Paulo; ANDRADE, Paes de. *História constitucional do Brasil.* 5. ed. Brasília: OAB, 2004.

BORGES NETO, Odilon Castello. O instituto americano do *state action* em contraposição ao sistema da eficácia horizontal adotado pela constituição brasileira. *Revista Direitos Fundamentais & Justiça.* Ano 2, nº 02, jan/mar de 2008. Porto Alegre: HS Editora. p. 159-174. Disponível em: http://www.dfj.inf.br/sumarios2.php. Acesso em: 18.09.2013.

BRASIL. Supremo Tribunal Federal. *Revista Trimestral de Jurisprudência.* Vol. 209. T. II. Brasília: Supremo Tribunal Federal, 2009. Disponível em: http://www.stf.jus.br/arquivo/cms/publicacaoRTJ/anexo/209_2.pdf. Acesso em: 18.09.2013.

CAENEGEM, R.C. van. *Uma introdução histórica ao direito privado.* Trad. Carlos Eduardo Lima Machado. São Paulo: Martins Fontes, 2000.

---

[91] "O estratagema judicial é simples e inteligente: amplia-se o campo de abrangência do conceito de *state action* operando eficácia de direitos fundamentais nas hipóteses em que um particular demanda contra outro particular alegando violação de direito fundamental individual e, ao mesmo tempo, preserva-se a tese segundo a qual os direitos fundamentais vinculam somente os poderes públicos" (STEINMETZ, 2004, p. 179).

CANARIS, Claus Wilhelm. *Direitos fundamentais e direito privado.* Trad. Ingo Wolfgang Sarlet e Paulo Mota Pinto. 1ª ed. (Reimpressão da edição de julho de 2003). Coimbra: Almedina, 2006.

CANOTILHO, José Joaquim Gomes. *Estudos sobre direitos fundamentais.* 1ª ed. Brasileira, 2ª ed. portuguesa. São Paulo: Revista dos Tribunais e Coimbra Editora (coedição), 2008. p. 191-215.

———. Direito constitucional e teoria da constituição. 7ª ed. Coimbra: Almedina, 2003.

CHEMERINKSY, Erwin. Rethinking state action. *Northwestern University Law Review.* Vol. 80, nº 03, Fall 1985, Chicago, p. 503-557. Disponível em: http://scholarship. law.duke.edu/cgi/viewcontent.cgi?article=1709&context=faculty_scholarship. Acesso em: 18.09.2013

CORRAL, Benito Aláez. Los sujetos de los derechos fundamentales. In: FREIJEDO, Francisco J. Bastida. et all. *Teoría general de los derechos fundamentales en la constitución española de 1978.* Madrid: Tecnos, 2004. p. 83-102.

DIMOULIS, Dimitri; MARTINS, Leonardo. *Teoria geral dos direitos fundamentais.* 4ª ed. São Paulo: Atlas, 2012.

DUQUE, Marcelo Schenk. *Direito privado e constituição: Drittwirkung* dos direitos fundamentais construção de um modelo de convergência à luz dos contratos de consumo. São Paulo: Revista dos Tribunais, 2013.

FACCHINI NETO, Eugenio. Reflexões histórico-evolutivas sobre a constitucionalização do direito privado. In. SARLET, Ingo Wolfgang (Coord.). *Constituição, direitos fundamentais e direitos privados.* 3ª ed. Porto Alegre: Livraria do Advogado, 2010. p. 37-75.

FARBER, Daniel A. *Retained by the people:* the "silent" ninth amendment and the constitutional rights americans don't know they have. New York: Basic Books, 2007

———; SHERRY, Suzanna. *A history of the american constitution.* 2th edition. St. Paul: Thomson/West, 2005.

FISS, Owen. *El derecho como razón pública.* Trad. Esteban Restrepo Saldarriga. Madrid: Marcial Pons, 2007.FRANCO, Afonso Arinos de Melo. *Curso de direito constitucional brasileiro.* Vol. II: Formação constitucional do Brasil. Rio de Janeiro: Forense, 1960.

GOUVEIA, Jorge Bacelar. *Manual de direito constitucional.* Volume II. 5. ed. Coimbra: Almedina, 2013.

HARTMAN, Gary; MERSKY, Roy M.; TATE, Cindy L. *Landmark Supreme Court Cases:* the most influential decisions of the Supreme Court of the United States. New York: Checkmark Books, 2007.

HARVARD LAW REVIEW. Developments of Law: State Action and the public/private distinction. *Harvard Law Review.* Vol. 123, n. 05, march 2010. p. 1250-1314. Disponível em: http://www.harvardlawreview.org/issues/123/march10/Developments_in_the_Law_6898 .php. Acesso em: 18.09.2013.

JOBIM, Marco Félix. *Medidas estruturantes:* da Suprema Corte Estadunidense ao Supremo Tribunal Federal. Porto Alegre: Livraria do Advogado, 2013.

MENDES, Gilmar Ferreira. Direitos fundamentais: eficácia das garantias constitucionais nas relações privadas. In: BALDUS, Christian. et. all. (Orgs.). *Direito privado, constituição e fronteiras:* encontros da Associação Luso-alemã de juristas no Brasil. 2ª ed. São Paulo: Revista dos Tribunais, 2013. p. 31-55.

MIRANDA, Jorge. *Manual de direito constitucional.* Tomo V: direitos fundamentais. 3ª ed. Coimbra: Coimbra Editora, 2000.

MOREIRA, Eduardo Ribeiro. Obtenção dos direitos fundamentais nas relações entre particulares. Rio de Janeiro: Lumen Juris, 2007.

MOUTOUH, Hugues; RIVERO, Jean. *Liberdades públicas.* Trad. Maria Ermatina de Almeida Prado Galvão. São Paulo: Martins Fontes, 2006.

NEGREIROS, Teresa. *Teoria do contrato:* novos paradigmas. Rio de Janeiro: Renovar, 2002.

NIPPERDEY, Hans Carl. Direitos fundamentais e direito privado. Trad. Waldir Alves. In: HECK, Luis Afonso (Org.). *Direitos fundamentais e direito privado:* textos clássicos. Porto Alegre: Sergio Antonio Fabris, 2012. p. 71-90.

NOVAIS, Jorge Reis. *Direitos fundamentais:* trunfos contra a maioria. Coimbra: Coimbra, 2006.

NOWAK, John E.; ROTUNDA, Ronald D. *Constittutional law.* 8th edition. St. Paul: West Publishing Co., 2010.

QUEIROZ, Cristina. *Direitos fundamentais:* teoria geral. 2. ed. Coimbra: Coimbra/Wolters Kluver, 2010.

QUINN, Thomas G. State Action: a pathology and a proposal cure. *California Law Review.* Vol. 64, Issue 1, jan/1976. p. 146-179. Disponível em: http://scholarship.law.berkeley.edu/ cgi/viewcontent.cgi?article=2468&context=californialawreview. Acesso em: 18.09.2013

RODRIGUES, Leda Boechat. *A corte de Warren (1953-1969):* revolução constitucional. Rio de Janeiro: Civilização Brasileira, 1991.

SARLET, Ingo Wolfgang . *A eficácia dos direitos fundamentais:* uma teoria dos direitos fundamentais na perspectiva constitucional. 11ª ed. Porto Alegre: Livraria do Advogado, 2011.

———. (Coord.). *Constituição, direitos fundamentais e direitos privados.* 3ª ed. Porto Alegre: Livraria do Advogado, 2010.

———. Direitos fundamentais e direito privado: algumas considerações em torno da vinculação dos particulares aos direitos fundamentais. In: SARLET, Ingo Wolfgang (Org.). *A constituição concretizada:* construindo pontes entre o direito público e privado. Porto Alegre: Livraria do Advogado, 2000. p. 107-163.

———. A influência dos direitos fundamentais no direito privado: notas sobre a evolução brasileira. In: BALDUS, Christian. et. all. (Orgs.). *Direito privado, constituição e fronteiras:* encontros da Associação Luso-alemã de juristas no Brasil. 2ª ed. São Paulo: Revista dos Tribunais, 2013. p. 57-89.

DIREITOS HUMANOS E FUNDAMENTAIS NA AMÉRICA DO SUL

SARMENTO, Daniel. *Direitos fundamentais e relações privadas*. 2ª ed. (2ª Tiragem). Rio de Janeiro: Lumen Juris, 2008.

——; SOUZA NETO, Cláudio Pereira de. *Direito constitucional*: teoria, história e métodos de trabalho. Belo Horizonte: Forum, 2012.

SCHWARTZ, Bernard. *A history of the Supreme Court*. New York: Oxford University Press, 1993.

SILVA, Virgílio Afonso da. *A Constitucionalização do direito*: os direitos fundamentais nas relações entre particulares. 1ª ed. (2ª tir.). São Paulo: Malheiros, 2008.

SOMBRA, Thiago Luis Santos. *A eficácia dos direitos fundamentais nas relações privadas*. 2ª ed. São Paulo: Atlas, 2013.

STEINMETZ, Wilson. A vinculação dos particulares a direitos fundamentais. São Paulo: Malheiros, 2004.

STRICKLAND, Henry C.. The state action doctrine and the Rehnquist Court. *Hastings Constitutional Law Quarterly*. Vol. 18, Issue n. 3, Spring/1991. p. 587-666. Disponível em: http://www.hastingsconlawquarterly.org/archives/V18/I3/Strickland.pdf. Acesso em: 13.09.2013.

TRIBE, Laurence. *American constitutional law*. Volume one. 3. ed. New York: Fundation Press, 2000.

——. *Constitutional choices*. Cambridge: Harvard University Press, 1985.

UBILLOS, Juan María Bilbao. ¿Em qué medida viculan a los particulares los derechos fundamentales?. In. SARLET, Ingo Wolfgang (Coord.). *Constituição, direitos fundamentais e direitos privados*. 3ª ed. Porto Alegre: Livraria do Advogado, 2010. p. 263-293.

ZAGREBELSKY, Gustavo. *Historia y constitución*. 2ª ed. Trad. Miguel Carbonell. Editorial Trotta: Madri, 2011.

— 8 —

Problemas de teoria e de prática de ativismo político e tutela judicial de direitos fundamentais sociais[1]

CARLOS LUIZ STRAPAZZON[2]

RODRIGO GOLDSCHMIDT[3]

SUMÁRIO: Introdução; 1. Ativismo judicial; 2.1. A origem: juízes ativistas; 2.2. Tribunais ativistas?; 2.3. Ativismo judicial na literatura jurídica; 2.4. A teoria constitucional brasileira e a aplicação da expressão *ativismo judicial*; Conclusões; Referências.

Introdução

Na sabatina ocorrida no Senado dos Estados Unidos, em 12 de julho de 2005, com o então candidato a uma cadeira da Suprema Corte, o *Justice* John Roberts, afirmou que juízes são, na verdade, *árbitros*. E disse mais. Por serem árbitros, os juízes *"não criam normas. Aplicam-nas. São eles que asseguram que todos vão jogar segundo as regras"* (Toobin, 2009). O episódio lembra um outro *Justice* daquela Corte. Nas cartas que escreveu a Harold Laski, o celebrado Oliver Wendell Holmes defendeu, como ninguém mais, a relação de determinação entre juízes e a aplicação de regras. Disse ele: *"se meus concidadãos desejarem ir ao inferno, eu os ajudarei. Esse é o meu trabalho"* (Holmes e Laski, 1963, p. 248-249).

---

[1] A primeira versão deste trabalho foi publicada com o título "Teoria constitucional e ativismo político: problemas de teoria e de prática com direitos fundamentais sociais", na *Revista Facultad de Derecho y Ciencias Políticas*. Vol. 43, N. 119/p. 567-624 Medellín – Colombia. Enero-Junio de 2013, ISSN 0120-3886. Este trabalho é resultado parcial da pesquisa sobre "Objeções a Direitos Fundamentais Sociais" em andamento no âmbito do estágio pós-doutoral de Carlos Luiz Strapazzon no Programa de Pós-Graduação em Direito da PUC-RS. É parte também da pesquisa em desenvolvimento pela linha de pesquisa em direitos fundamentais sociais no âmbito do Programa de Pós-Graduação em Direitos Fundamentais da UNOESC-SC, onde os autores atuam como pesquisadores. A realização deste trabalho contou com apoio especial do PPGD, UNOESC.

[2] Pós-doutor em Direitos Fundamentais (PUC-RS). Doutor em Direito Constitucional (Universidade Federal de Santa Catarina, Brasil). Líder do Grupo de Pesquisa em Direitos Fundamentais Sociais do PPGD | UNOESC. Professor e pesquisador de Direitos Fundamentais do Programa de Pós-Graduação em Direito, Mestrado acadêmico, Universidade do Oeste de Santa Catarina, Unoesc, Brasil. Prof. de Direito Constitucional (Unoesc, Universidade Positivo, FESPPR). Editor-Chefe da Espaço Jurídico Journal of Law [EJJL]. E-mail: strapazzon.carlos.luiz@gmail.com

[3] Doutor em Direito pela Universidade Federal de Santa Catarina (UFSC). Professor e pesquisador do Programa de Mestrado em Direito da Universidade do Oeste de Santa Catarina – UNOESC. Juiz do Trabalho - SC. E-mail: rodrigo.goldschmidt@unoesc.edu.br

Para Holmes e Roberts, é o povo, segundo procedimentos democráticos, que define o que uma sociedade deve ter para ser uma boa sociedade. Aos juízes cabe aplicar as decisões do povo e dos representantes eleitos (as regras). Não é seu papel divergir dessas escolhas majoritárias feitas pelas instituições democráticas, nem censurar eventuais omissões. O Judiciário, segundo esse modelo de jurisdição, é função subordinada às instituições representativas da democracia. A República é uma *forma*; as instituições democráticas perfazem a *substância*.

O ideário subjacente[4] a essas teses conservadoras da função jurisdicional sustenta que a função primária dos Tribunais é fazer a *justiça* para *as partes* de um caso concreto. Inovações na ordem jurídica, por via jurisdicional, em especial as de efeito geral, ameaçam a democracia.[5] O caráter *inovador* e *político* das decisões judiciais, por isso, tem sido tema de grande interesse e crítica, tanto no meio jurídico, quanto político.

Na teoria do direito, em reação às concepções mais tradicionais da função jurisdicional, parte da doutrina constitucional especialmente formada por autores não positivistas, dedicou-se a desenvolver razões para justificar a necessidade da atuação judicial mais *criativa* – inovadora até – como meio de melhor proteger a dignidade, a integridade, a justiça e a força normativa de preceitos constitucionais em face das leis, de atos administrativos, de decisões judiciais e de atos privados (Dworkin, 2007; Hesse, 1991; Barroso, 1995; Canaris, 2003). Outra parte, especialmente formada por autores positivistas ou *quase* positivistas, têm elaborado teses conservadoras e críticas quanto a esse projeto (Ferrajoli, 2007; Ramos, 2010), muito embora tanto a inovação quanto a natureza política da jurisdição hajam sido serenamente reconhecidas como inerentes à função jurisdicional por um dos fundadores do positivismo jurídico.[6]

O certo é que há teóricos, de um lado, que envidam esforços para justificar a prioridade do direito contra a paralisia decisória; ou, ao contrário, contra abusos do poder. E por outro, há os que visam a justificar a prioridade das instituições democráticas em face das jurisdicionais. Mas o interesse pelas circunstâncias que geram tais polêmicas – e que justificam as conexões entre direito, política, moral e justiça – transcendeu os domínios da ciência dogmática do direito. Despertou a teoria política e sociológica (Tate, 1995, pp. 27-38). E tanto a ciência dogmática do direito quanto as ciências políticas avançaram com esse assunto. Aceita-se nas duas áreas, por exemplo, que nas democracias constitucionais atuais, sobretudo nas mais recentes, há novos direitos e novas competências formalmente estabelecidos que, em boa medida, fundamentam a expansão do raio de atuação jurisdicional; também convergem, em termos

---

[4] É um ideário positivista, liberal e parlamentarista que também pode ser encontrado no direito brasileiro. Ver, p.ex, art. 4º da Lei de Introdução às normas do Direito Brasileiro (redação dada pela Lei nº 12.376, de 2010) e no art. 126 do Código de Processo Civil (Lei 5.869, de 11 de janeiro de 1973).

[5] Ver, quanto a isso, a crítica de Jeremy Waldron (2006, p. 1.353); ver também Ely, 2010

[6] Quando um tribunal é autorizado a criar, para o caso concreto, uma norma de Direito substantivo que considera satisfatória, justa ou imparcial, o tribunal funciona, então, como legislador. (...) [Mas] o juiz é sempre um legislador [pois] o conteúdo da sua decisão nunca pode ser completamente determinado pela norma preexistente de direito substantivo. Por mais detalhada que tente ser a norma geral, a norma individual criada pela decisão judicial irá sempre acrescentar algo novo. (Kelsen, 1990, p. 148-149).

gerais, quanto ao fato de que essa expansão de competências é mais acentuada onde são mais graves os problemas de legitimidade do regime, sobretudo onde as expectativas de efetivação das liberdades básicas, da equidade social e da dignidade da pessoa humana estão represadas há muito tempo.

Como era de esperar, os esforços analíticos mobilizados para tornar inteligível o novo fenômeno da expansão – e também da justificação das funções judiciais expandidas – e, por conseguinte, do *empoderamento político* dos Tribunais, resultaram em estudos e teses apoiados em *categorias conceituais* (muitas das quais provisórias) *de análise*. Parte das mais influentes *categorias provisórias de análise* do *empoderamento político dos tribunais* foram elaboradas pelas ciências sociais, especialmente pela sociologia política e pela ciência política. Por outro lado, muitas teses jurídicas bem difundidas a respeito desse tema estão fundamentadas em teorias sociológicas *que utilizaram* termos e conceitos *ainda em desenvolvimento no âmbito das ciências sociais, portanto,* teoricamente incompletos.

Este artigo apresenta uma crítica a algumas dessas teorizações jurídicas. Seu objeto é analisar, e também criticar, o específico emprego da categoria analítica conhecida como *ativismo judicial,* intensamente adotada para explicar o *judicial empowerment* dos últimos 60 anos. O artigo também oferece uma crítica, a partir de uma análise seletiva da jurisprudência brasileira, da aplicação desse termo no contexto da jurisprudência brasileira.

O trabalho sustenta que *ativismo judicial* é uma categoria de análise inadequada para o desenvolvimento de uma teoria brasileira da jurisdição constitucional; que essa categoria conceitual revela-se especialmente inadequada para explicar certos tipos de decisões judiciais inovadoras e conflitantes com a independência do Poder Legislativo e do Poder Executivo: as que têm como fundamento a proteção dos direitos fundamentais *a prestações sociais fáticas;* em face de *omissões arbitrárias* do Estado. A tese aqui defendida é que a Constituição brasileira (CRFB) vigente modificou intensamente a natureza política da atividade judicial. Tais mudanças decorrem de dois rearranjos constitucionais: (1) a inclusão dos direitos constitucionais a prestações sociais na categoria dos direitos fundamentais; (2) a adoção de um novo modelo de relações constitucionais entre os Poderes da República que será denominado de *modelo negativo-e-positivo de checks and balances.*

1. Ativismo judicial

O fenômeno da atuação expandida – ou empoderamento – do Poder Judicial, e das suas decisões inovadoras, vem sendo analisado (e também criticado) com grande interesse pela teoria sociológica e pela teoria política – pelo menos, desde os anos 40 do século XX. Dentre alguns resultados conhecidos, sobressaem teses de recorte interdisciplinar. Daí por que expressões como *judicialização da política* (Vianna, Carvalho, Melo e Burgos, 1999, p. 53); *democratização da justiça* (Andrighi, 1997, p. 180); *juristocracy* (Hirschl, 2004, p. 13), *courtocracy* (Scheppele, 2001, p. 3-6) e até *supremocracia* (Viera, 2008, p. 444) se tornaram tão familiares no jargão cotidiano e na literatura científica. De um modo geral, essas críticas compartilham da premissa segundo a qual a *atividade judicial* deve

DIREITOS HUMANOS E FUNDAMENTAIS NA AMÉRICA DO SUL

se distinguir, e claramente, dos demais Poderes da República. Deve assumir sua condição de um *poder* não legislativo e não político já que é um poder subordinado às decisões elaboradas pelas instituições democráticas.

Uma importante linha doutrinária interessada nessa abordagem do tema pode ser denominada de *doutrina do ativismo judicial*. Nesse conceito abrangente pode ser enquadrada toda a produção intelectual que elegeu o *ativismo judicial* como objeto de análise. É correto denominar essa produção intelectual assim, pois ela não representa, propriamente, uma *escola teórica*, isto é, uma forma de teorização que haja estabelecido metodologia e um sistema organizado de conceitos operacionais para orientar a comunidade científica na compreensão do empoderamento das funções jurisdicionais. Os doutrinadores *do ativismo judicial* são juristas (Barroso, 2010, p. 94) e cientistas políticos (Tate, 1995, p, 27-38; Vianna, Carvalho, Melo e Burgos, 1999, p. 53; Maciel e Koerner, 2002, p. 127) dos mais diversos matizes ideológicos, empenhados em investigar e discutir a intervenção política do Poder Judiciário, sobretudo as decisões *criativas* de direitos e de deveres que afetam competências presumidas dos poderes políticos representativos.

De acordo com levantamentos estatísticos conhecidos, nos anos 90 do século passado o termo *ativismo juicial* apareceu em 3.815 periódicos especializados. Entre 2000 a 2004, apareceu em 1.817 artigos, numa média superior a 450 menções por ano (Kmiec, 2004, p. 1442). Uma busca simples, em 2013, no sistema de informações do *google scholar* para a expressão *judicial activism* vai apontar a existência de, pelo menos, 30.500 resultados. O mesmo procedimento de busca no Portal de Periódicos da CAPES vai resultar em 11.743 menções ao termo. Uma busca no banco de dissertações e teses, da CAPES, vai indicar que pelo menos 698 trabalhos de pós-graduação utilizaram o termo *ativismo judicial*. O paradoxal é que tamanha disseminação da expressão não foi acompanhada de acordos semânticos no âmbito da teoria do direito.

2.1. A origem: juízes ativistas

As origens da ideia e do termo são distintas. A ideia original de *ativismo judicial* está na literatura jurídica inglesa, do final do século XIX. A decisão judicial de natureza inovadora e que, por assim dizer, afrontava competências do Parlamento, era denominada de *legislação judicial*. A expressão era empregada em tom crítico, com o propósito de descrever decisões judiciais *que se assemelhavam a leis*. Contudo, Sir William Blackstone (1765, p. 69) afirmava que essa era uma característica do *commom law*, posto que nesse regime os juízes eram os depositários da *law of the land* (seus oráculos) e, nessa medida, estavam devidamente autorizados a ditar precedentes normativos vinculantes de decisões futuras. John Austin, posteriormente, também reconheceu a existência do fenômeno e igualmente o defendeu, como algo inerente à tradição jurídica da Grã Bretanha.[7] Nos Estados Unidos, por um certo tempo no século XIX e primeira metade do século XX, a decisão judicial de natureza inovadora e que, por

---

[7] Ver, quanto a isso, os *Lectures on jurisprudence* (Austin, 1869, pp. 36, 104, 204).

assim dizer, afrontava competências do Poder Legislativo era a que garantia *direitos civis fundamentais* contra *abusos* da maioria. Era o conceito de "Tribunais como guardiões do *Bill of Rights*" (Kmiec, 2004, p. 1451). Esse tipo de *criatividade judicial* foi associado ao *Justice* Frank Murphy (integrante da Suprema Corte entre 1940-1949), para quem o *judicial review* seria legítimo sempre que o *Bill of Rights* fosse violado pela legislação. Nessa linha, tornou-se paradigmática, alguns anos depois, a decisão do caso *Brown* v. *Board of Education of Topeka*,[8] de 1954, pelo qual a Suprema Corte revisou a extensão do direito constitucional de igualdade e declarou inconstitucional, pela primeira vez, uma lei estadual. A Suprema Corte decidiu que direitos fundamentais, como os da 14ª Emenda, não se aplicavam exclusivamente contra a legislação federal, mas também contra a legislação estadual.[9]

O termo *ativismo judicial*, porém, foi cunhado nos Estados Unidos, no contexto da grande transição constitucional do governo de Franklin D. Roosevelt (Cover, 1982, p. 1289), período conhecido como *a era do New Deal*. Foi nesse período que a Suprema Corte dos E.U.A. criou uma importante dicotomia em relação ao controle de constitucionalidade. De um lado, o controle de constitucionalidade de leis econômicas – em relação às quais sempre prevaleceu o entendimento de que a última palavra haveria de ser do Poder Legislativo. De outro, o controle de constitucionalidade de direitos fundamentais individuais. Foi nesse momento, em especial na decisão do *Carolene case*,[10] que a Corte assentou entendimento de que mesmo o princípio majoritário (i.e, princípio da representação política que legitima as ações do Parlamento) precisa ser coerente com os princípios fundamentais do processo democrático de escolhas públicas. Quer dizer: a Suprema Corte definiu que o Poder Judiciário não poderia aceitar decisões políticas do Congresso Nacional quando fossem tomadas em circunstâncias antidemocráticas, ou seja, em decorrência de manipulação de eleições, fraude a procedimentos ou desvio de objetivos do Estado.

Mas o primeiro uso *público* do termo *ativismo judicial*, apesar de algumas controvérsias, parece ter sido mesmo de autoria de um conhecido historiador,[11] biógrafo[12] e analista político[13] norte-americano chamado Arthur Meier Schlesinger Jr. (Green, 2009, p. 1200; Cross and Lindquist, 2006, p. 2, nota 4). O termo foi utilizado por ele num artigo intitulado *The Supreme Court: 1947*. É importante notar que o trabalho não foi publicado numa revista científica. Tampouco o termo *"juízes ativistas"* recebeu ali uma depuração conceitual que justificasse, naquela publicação, seu uso como uma categoria efetivamente conceitual. Ao contrário, tratava-se de uma expressão analógica — ao conceito sociológico de *ativismo* – aplicado a um tipo novo de ator social: os *Justices* da Suprema Corte.

---

[8] Brown v. Board of Education of Topeka, 347 U.S. 483 (1954)

[9] Para ver uma recente revisão sobre o impacto da decisão na evolução jurídica dos Estados Unidos, consultar: (Minow, 2011)

[10] Ver *United States Vs. Carolene Products Co.* 304 U.S. 144, 152-153 (1938)

[11] Ganhou o prêmio Pulitzer em história, no ano de 1946, pelo trabalho *The Age of Jacksons*.

[12] Ganhou o prêmio Pulitzer em biografia, no ano de 1966, pelo trabalho *A Thousand Days: John F. Kennedy in the White House.*

[13] Ganhou uma medalha de ouro em história e biografia da *American Academy of Arts and Letters*, 1967

A analogia era evidente e, no mais, justificada pois o autor escrevia para a Revista *Fortune*, (1947, p. 73) que não é um periódico científico e sim uma publicação de generalidades dedicada a leitores não especializados.

A expressão *ativistas* (os juízes) foi usada por Schlesinger de forma análoga à que a sociologia o utiliza. Na teoria sociológica, o vocábulo *ativista* designa um tipo de comportamento, uma postura, diante de uma questão política. Na literatura sobre movimentos sociais, origem do vocábulo, *ativista* é uma postura de lideranças que assumem o encargo de mobilizar e organizar grupos sociais, ou toda a sociedade, por meio de atos públicos (paralisações, manifestações, denúncias) na defesa de uma causa, progressista ou conservadora; de esquerda ou de direita. *Ativista*, portanto, é termo conhecido da literatura das ciências sociais (origem intelectual de Schlesinger) para descrever uma postura de enfrentamento, normalmente atribuída a lideranças operárias, estudantis e de movimentos em defesa de direitos civis.[14]

Nesse artigo da *Fortune*, Schlesinger se perguntava sobre as funções do Poder Judiciário numa democracia. Na formulação de sua resposta, classificou dois tipos de *atitudes políticas* encontradas por ele no comportamento dos *Justices* da Suprema Corte: de um lado os de postura *ativista*, formado pelo grupo de Black e Douglas, com raízes intelectuais na Universidade de *Yale*. Para estes o direito e a política são inseparáveis. Logo, a racionalidade jurídica seria essencialmente maleável e as *escolhas políticas* seriam inevitáveis também na atividade judicial. O papel dos juízes seria julgar sem cair em casuísmos políticos e garantir, sempre, a promoção do *bem-estar social* como finalidade da atividade jurisdicional.

No outro lado, estava o grupo de Frankfurter e Jackson, que defendia posições *originalistas*. Para estes, a função judicial deve assegurar a vontade *original* do legislador. Esse seria um grupo de postura conservadora porque preocupados com uma atitude de *autocontenção* (*judicial self-restraint*). Para eles, os fins e propósitos do direito devem ser objeto de decisão pelas instâncias representativas democráticas. Os juízes não devem se comprometer com os fins sociais de bem-estar social: sua tarefa é pacificar conflitos individuais com base na legislação disponível e segundo a vontade original dos legisladores.

Esse texto inaugural de Schlesinger permite visualizar (Kmiec, 2004, p. 1449) as grandes dicotomias que começaram a povoar o debate público estadunidense: a) Poder Judiciário juízes *vs.* governos democráticos, b) estrita aplicação de precedentes *vs.* uso criativo dos precedentes; c) decisões orientadas por consequências *vs* decisões orientadas por princípios; d) democracia *vs.* direitos fundamentais; e) direito *vs.* política.

Após o pioneiro trabalho de Schlesinger, o tema começou a receber atenção acadêmica. Dez anos depois, o professor canadense Edward McWhinney escreveu um dos mais importantes trabalhos teóricos sobre o tema (Mcwhinney, 1958). Seu argumento esclareceu que a dicotomia de *posturas judiciais* proposta por Schlesinger, basicamente entre adeptos do *ativismo judicial* e simpatizantes da *autocontenção judicial*, era *sem* valor científico. Ambas seriam ex-

---

[14] Para mais detalhes, ver Lenin, 1969, Tomo V, p. 466-468, 472, 475; Lipset, 1972, p. 27; Avila, 1987, p. 96-97).

pressões que indicavam uma aparente distinção de práticas. Na realidade, um juiz poderia assumir uma postura *ativista* em certo tema e outra, *não ativista*, noutro. Por isso, um juiz que fosse definido como *ativista* a partir de sua postura em questões federativas, poderia ser classificado, ao mesmo tempo, como *conservador* se o tema fosse direitos sociais. O aspecto mais criticado no artigo de Schlesinger, portanto, dizia respeito à falta de critérios teóricos seguros para qualificar uma postura judicial como *ativista* ou *conservadora* (Kmiec, 2004, p. 1450). Esse conceito de Schlesinger poderia explicar, no máximo, algumas decisões isoladas, mas não é assim que o termo se emprega na teoria sociológica, na qual sua capacidade explicativa é consistente porque se aplica a um fenômeno social regular.

2.2. Tribunais ativistas?

Uma decisão do Segundo Circuito de New York (*Thomas Turpin Vs. Joseph Mailet,*[15] em 1978) deu um novo rumo a esse debate. Era um caso relativo a agressões policiais contra adolescentes. A omissão municipal em punir os policiais agressores levou a Justiça a reconhecer que o município adotara uma *política oficial de assédio*. O caso conduziu a Corte de Apelações a discutir a aplicação da 14ª Emenda (...Igual Proteção das Leis...), agora no âmbito municipal. Havia precedentes quanto a isso.[16]

A Corte de Apelação do 2º Circuito, seguindo o voto do juiz Irving R. Kaufman, entendeu *que as cidades podiam ser responsabilizadas por danos decorrentes de violações da 14ª Emenda* e também afirmou que, ao proceder assim, o Judiciário estava vigorando o processo político ao abrir *um diálogo* com o Congresso Nacional. Os votos de divergência – em aberto repúdio ao teor do Acórdão – afirmavam que juízos de valor são importantes na jurisdição constitucional, sobretudo diante de *casos difíceis* e que, nessas situações, entendimentos distintos quanto a *valores* constitucionais podem ser essenciais para a decisão de questões constitucionais. Salientaram, no entanto, que a naquele caso a Corte não estava considerando as *"consequências sociais e econômicas de sua decisão"*.[17] A posição divergente era que, em situações como aquela, em que seria decisivo saber se o município tinha, ou não, uma política oficial quanto à conduta dos policiais, a Corte deveria deixar a decisão ao Poder Legislativo, pois não caberia ao Poder Judiciário qualificar uma atuação de Estado com boa ou má, apenas de *lícita* ou *ilícita*. Apesar da polêmica, essa decisão ajudou a formar jurisprudência relativamente à responsabilidade solidária dos Municípios por danos decorrentes de ações administrativas inconstitucionais de seus funcio-

---

[15] *Turpin* vs. *Mailet*, 579 F.2d 152 (2d Cir. 1978)

[16] Em *Monell* v. *Departament of Social Services*, da Suprema Corte, permitira que entidades governamentais locais fossem processadas por violações constitucionais. Ver, 436 EUA 658, 98 S.Ct. 2018, 56 L.Ed.2d 611 (1978).

[17] Item 131. Os juízes devem considerar as consequências econômicas e sociais de suas decisões e devem avaliar a sabedoria de seus atos pelos resultados que possam surgir. Há, pensamos, uma probabilidade dolorosa que a decisão de nossos irmãos irá atuar como um catalisador na exacerbação dos atritos sociai, o que, infelizmente, já há muito neste grande país. Se isso acontecer, a decisão não vai beneficiar nem os tribunais nem o País (Trad. CLS) In. *Turpin* vs. *Mailet*, 579 F.2d 152 (2d Cir. 1978)

nários. A culpabilidade governamental passou a ser entendida como presumida (responsabilidade objetiva) sempre que atos administrativos de servidores são autorizados, tolerados ou ratificados por autoridades municipais, ou por órgãos que têm autoridade para tomar decisões políticas locais.

O debate iniciou, como se viu, com as ideias de Schlesinger, que colocavam o *ativismo judicial*, basicamente, em termos de *posturas dos juízes* (ativistas ou conservadoras). Mas a partir do caso *Turpin vs. Mailet*, o *ativismo* não poderia corresponder à descrição de *Schlesinger*. A decisão do Segundo Circuito de New York era agora *institucional*. Tratava-se de decisão colegiada, e isso deslocava o tema do âmbito das *posturas*, ou *atitudes de pessoais* para o âmbito das *visões* de Tribunais. *Ativista* passou a ser o Poder Judiciário no sistema de *checks and balances*.

2.3. Ativismo judicial na literatura jurídica

Essa análise introdutória da origem do termo *ativismo judicial* elucida questões importantes. Evidencia que (1) o termo tem sido empregado para analisar correlações entre funções jurisdicionais e funções políticas; que (2) o uso do termo na literatura jurídica iniciou nos Estados Unidos; que (3) sua aplicação, no âmbito do direito, foi uma importação retórica de um conceito já firme no âmbito da teoria dos movimentos sociais, que (4) o uso original proposto por Schlesinger foi contestado pela teoria social norte-americana, (5) que seu uso foi seriamente desviado de seu sentido original atribuído por Schlesinger a partir do momento em que prática dos tribunais começaram a ser identificadas como ativistas.

O que é preciso fazer, agora, é analisar outros significados atribuídos ao termo *ativismo judicial*, sobretudo pela teoria do direito. Nos Estados Unidos, além de significar *atitude política* (e não jurisdicional) conforme Schlesinger (1947); e *decisão judicial contramajoritária*, no sentido que era atribuído ao *Justice* Frank Murphy, como antes visto (Posner, 1999, p. 320; Sunstein, 2005, p. 42-43) há, pelo menos, outros cinco usos (Kmiec, 2004) correntes desse termo: 1. *controle judicial da interpretação constitucional possível; 2. inovação judicial contrária a precedentes; 3. decisão judicial com efeitos erga omnes; 4. decisão judicial que não segue cânones interpretativos e, por fim, 5. decisão judicial que se desvia de objetivos oficiais*. Analisemos, agora, cada uma de *per si*.

O primeiro uso procura relacionar o *ativismo* às decisões judiciais que anulam escolhas (legislativas ou administrativas) *possivelmente* constitucionais. Isso ocorre quando os juízes anulam decisões discricionárias do Poder Executivo ou do Poder Legislativo diante de interpretações, por estes eleitas, não ser expressamente vedadas pelo texto constitucional. É o caso das decisões válidas legislativas ou executivas, mas não conformes à Constituição.

O segundo uso envolve-se com a noção de *decisão judicial que não observa precedentes jurisprudenciais*. Tanto a doutrina quanto a jurisprudência norte--americana caracterizam como *ativista* a decisão judicial inferior que contraria um precedente de Corte superior (precedentes superiores). É menos consensual a caracterização do *ativismo judicial* se os precedentes jurisprudenciais são de mesma hierarquia (precedentes horizontais). Nos EUA, os precedentes horizontais estão afetos à doutrina do *stare decisis*. Esse instituto, tão vinculado ao sistema de *common law*, autoriza a inovação jurídica em sede jurisdicional. Contudo, há três situações distintas: 1) o *stare decisis* de *common law*; 2) o *stare decisis* de interpretação constitucional; e, 3) o *stare decisis* de interpretação legislativa.

Sabe-se que o *common law* não é mais um direito costumeiro, nem o reflexo das práticas sociais: *"É o direito desenvolvido por juízes"* (Scalia, 1995, p.4). Precedentes de *common law*, portanto, são criações jurisprudenciais que não têm a favor de si uma presunção absoluta de correção. Isso significa que, no âmbito do *common law*, a interpretação do direito é dinâmica, e as inovações judiciais são toleradas. Segundo Eskridge (1994, p. 257), a Suprema Corte dos EUA reconhece a validade dos precedentes firmados em sede de *common law*, desde que não desvirtuem as normas legais e não provoquem consequências políticas anômalas. Assim, decisões judiciais criativas no âmbito do *common law*, desde que observam esses critérios, não são consideradas *ativismo judicial*. De acordo com o mesmo autor, inovações em precedentes de *constitutional law* também são toleradas, pois há um entendimento de que a Constituição não é um texto claro, nem simples. Por isso, admitem-se também inovações judiciais em sede de interpretação constitucional, sem que isso caracterize *ativismo judicial*. A controvérsia atual nos Estados Unidos em relação aos precedentes judicias repousa na relação entre jurisprudência e o chamado *statutory law*. Ocorre que, na tradição jurídica liberal anglo-saxônica, prevalece uma doutrina que sustenta que a *legislação* não deve ser interpretada *dinamicamente*. A lição doutrinária mais citada, e que prevalece por lá, é a de que *"na interpretação do direito legislado [statutory law] a intenção do legislador é o critério a ser seguido"* (Sutherland, 2007, § 45.05). Neste âmbito restrito, portanto, há muitas críticas formuladas aos juízes com auxílio do termo *ativismo judicial*. Se a Corte aplica a legislação, presume-se que aplicou a intenção do legislador: a interpretação correta. Em casos de aplicação da legislação, portanto, o *stare decisis* assume uma *fortíssima* presunção de correção. É por isso que, nos casos de uma decisão judicial desviar-se dos precedentes firmados em sede de *statutory interpretation* há um propensão em considerá-la como *ativista*. O motivo: a intervenção do Judiciário na esfera de competências do legislador é uma violação da soberania da representação. O caso extremo, nessa tradição anglo-saxônica, é o da Austrália (Kirby, 2010, p.166).

Contudo, apesar de haver aqui mais aceitação da expressão *ativismo judicial*, o fato de o argumento de base ser o dever de o Judiciário respeitar a *"vontade do legislador"* para, assim, formular *"decisões corretas"*, tornou este um dos temas mais disputados pela teoria do direito norte-americano. Parte importante da doutrina não aceita a presunção de que as decisões judiciais que "aplicam" a legislação sejam, só por isso, corretas. Muitos defendem uma concepção de que a *presunção* de correção existe, mas é *relativa*. O dinamismo jurisprudencial não pode se restringir aos casos de *common law* e do *constitutional law*. Ao contrário, deveria alcançar toda e qualquer interpretação do direito (Eskridge Jr., 1994, p. 1503).

DIREITOS HUMANOS E FUNDAMENTAIS NA AMÉRICA DO SUL

A terceira forma de uso da expressão *ativismo judicial* nos Estados Unidos segue sendo chamada, de *legislação judicial*. As decisões da Corte de Warren (1953-1969) costumam ser referidas como as mais simbólicas desse modelo de *ativismo judicial*. São decisões que se destacaram por seus efeitos de norma geral, isto é, por produzirem efeitos *erga omnes*. Um caso que é sempre lembrado na literatura norte-americana para caracterizar a *legislação judicial* é o *Miranda* v. *Arizona*.[18] Nesse caso – relacionado a uma confissão sob tortura policial – a Suprema Corte determinou que, daí em diante, em todos os processos criminais, os suspeitos deveriam ser advertidos pela polícia de que todos "têm o direito de permanecer em silêncio". Dado o modelo americano de controle difuso da constitucionalidade, decisões assim assumem notável semelhança com a atividade legislativa. Razão pela qual há acordos teóricos, nos EUA, de que a essas se pode atribuir, com segurança, o qualificativo de *ativismo judicial* (Kmiec, 2004, p. 1.473).

A quarta forma de uso de *ativismo judicial* nos EUA é representada pelas decisões judiciais que não seguem os cânones da interpretação jurídica. Karl Llewelin (1949-1950, p. 401) afirmava, por exemplo, que *"qualquer advogado deve saber disso: os cânones são ferramentas necessárias de argumentação"*. A questão posta desse modo sugere que o direito tem cânones fixos e seguros para guiar a interpretação judicial. Mas a doutrina dos Estados Unidos acostumou-se a afirmar até que há casos que dispensam interpretação judicial. Nesses os juízes devem garantir a *mera aplicação das leis,* como sugere a clássica e influente obra de Sutherland (1896).

A quinta forma de uso do *ativismo judicial* (5). A rigor, é muito semelhante à segunda. Designa o *desvio dos objetivos oficiais da lei.* Isso significa que toda vez que o Juiz julga um caso aplicando a lei, mas decide visando a fins diversos, estaria incorrendo em *ativismo* (KMIEC, 2004, p. 1.475). Há, por fim, uma última versão de *ativismo judicial* que merece breve discussão. Ela foi difundida por Ronald Dworkin como uma crítica à *discricionariedade judicial* que, na realidade, deve ser resumida numa só palavra: arbitrariedade judicial. Segundo Dworkin, decisões judiciais que ignoram o texto constitucional, que desprezam os contextos históricos e as decisões anteriores que protegem uma tradição e uma longa formulação de um ideal de justiça, em nome de afirmar pontos de vista meramente pessoais, essas sim são exemplos de ativismo judicial. "O ativista ignoraria tudo isso para impor a outros poderes do Estado seu próprio ponto de vista sobre o que a justiça exige. O direito como integridade condena o ativismo e qualquer prática de jurisdição constitucional que lhe esteja próxima" (Dworkin, 2007, p. 451-452).

2.4. A teoria constitucional brasileira e a aplicação da expressão "ativismo judicial"

A revisão conceitual anterior sobre o tema confirma, então, a existência de múltiplas aplicações e sentidos para essa expressão na literatura norte-americana, onde o mesmo foi cunhado, promovido (Cross and Lindquist, 2006;

---

[18] Miranda v. Arizona 384 U.S. 436 (1966)

Kmiec, 2004) e mais amplamente utilizado. No Brasil, por seu turno, é essa última versão de ativismo judicial descrita por Dworkin que parece ser a mais frequentemente utilizada, tanto no âmbito do Poder Legislativo,[19] quanto nos meios acadêmicos especializados e na imprensa. *Ativismo judicial tem um sentido de infração.* Contudo, as decisões judiciais que recusam a aplicação literal do texto constitucional, que recusam a aplicação da suposta vontade do legislador, que não seguem rigorosamente os métodos canônicos de interpretação ou que contradizem interpretações constitucionais do Poder Legislativo tem sido alvo tanto de críticas,[20] quanto de menções elogiosas,[21] quanto de elogios e críticas[22] na doutrina brasileira do direito, num claro sintoma de ausência de acordos teóricos. Por isso as correlações entre *arbitrariedade* e *exercício regular da jurisdição constitucional* precisam ser melhor discutidas. As fronteiras entre *Poder Jurisdicional* e inconstitucionalidade precisam ser melhor identificadas. A partir de agora será feita uma discussão de cada uma dessas versões conhecidas de *ativismo judicial* para testar sua aplicabilidade no contexto brasileiro.

Qualificar uma decisão judicial de *ativista* porque anula os efeitos jurídicos de uma escolha ou decisão *possivelmente constitucional* (primeiro uso) de outros Poderes, em face da inexistência de uma vedação constitucional expressa, é uma possibilidade que conflita com um dos mais elementares fundamentos da jurisdição constitucional brasileira. Também no Brasil, há muito, adota-se a doutrina da *presunção de constitucionalidade* dos atos legislativos. O ordenamento jurídico brasileiro tem firme posição quanto a isso na jurisprudência do Supremo Tribunal Federal (STF), inteiramente respaldada pelo Poder Constituinte e pelo Congresso Nacional. No Brasil as leis, depois de aprovadas pelo Congresso Nacional, e segundo o *devido processo legislativo*[23] gozam de presunção

---

[19] Bom exemplo disso são as razões da PEC 33, de 2011, de autoria do Deputado Nazareno Fonteles (PT/PI), que propõe alterar a quantidade mínima de votos de membros de tribunais para declaração de inconstitucionalidade de leis; condicionar o efeito vinculante de súmulas aprovadas pelo Supremo Tribunal Federal à aprovação pelo Poder Legislativo e submeter ao Congresso Nacional a decisão sobre a inconstitucionalidade de Emendas à Constituição.

[20] Segundo o professor titular de direito constitucional da Faculdade de Direito da USP "[P]or ativismo judicial deve-se entender o exercício da função jurisdicional para além dos limites impostos pelo próprio ordenamento que incumbe, institucionalmente, ao Poder Judiciário fazer atuar, resolvendo litígios de feições subjetivas (conflitos de interesse) e controvérsias jurídicas de natureza objetiva (conflitos normativos). Há, como visto, uma sinalização claramente negativa no tocante à práticas ativistas, por importarem na desnaturação da atividade típica do Poder Judiciário, em detrimento dos demais Poderes" (Ramos, 2010, p. 129)

[21] "[O] ativismo judicial é uma atitude, a escolha de um modo específico e proativo de interpretar a Constituição, expandindo o seu sentido e alcance. Normalmente ele se instala em situações de retração do Poder Legislativo, de um certo descolamento entre a classe política e a sociedade civil, impedindo que as demandas sociais sejam atendidas de maneira efetiva" (Barroso, 2009, p. 6)

[22] "Nocivo ou não, o ativismo judicial representa a insuficiência do Estado em atender aos anseios da população bem como em buscar a realização dos objetivos que lhe foram postos: trata-se de uma patologia constitucional. Uma conduta que deveria ser a exceção à regra converte-se em forma ordinária de composição dos mais diversos conflitos sociais, transformando o judiciário em 'esfera pública' de decisão tanto das questões mais fundamentais do Estado e para a sociedade quanto de decisões banais do cotidiano" (Teixeira, 2012, p. 51)

[23] O Supremo Tribunal Federal, na análise dessa específica questão, consagrou orientação jurisprudencial que reconhece a possibilidade do controle incidental de constitucionalidade das proposições legislativas, desde que instaurado por iniciativa de membros do órgão parlamentar perante o qual se acham em curso os projetos de lei ou as propostas de emenda à Constituição. A possibilidade extraordinária dessa intervenção jurisdicional, ainda que no próprio momento de produção das normas pelo Congresso Nacional, tem por finalidade assegurar, ao parlamentar (e a este, apenas), o direito público subjetivo – que lhe é inerente (RTJ 139/783) – de ver elaborados, pelo Legislativo, atos estatais compatíveis com o texto constitucional,

de constitucionalidade. No entanto, é pacífico que essa presunção é *relativa*, não absoluta. O mesmo vale para os atos jurídicos de natureza administrativa. Também esses gozam de uma presunção *iuris tantum* de validade. Isso significa que a validade de qualquer ato concreto, lei ou emenda à Constituição pode ser questionada perante o Poder Judiciário e este, por deter autoridade constitucional para julgar a validade formal e substancial de atos jurídicos, pode determinar a sua não aplicação a um caso concreto, ou em situações específicas, pode declarar-lhe a inconstitucionalidade com efeitos *ultra partes*. Aliás, o Judiciário brasileiro, em certas circunstâncias, está autorizado pelo sistema democrático a declarar até mesmo a inconstitucionalidade da omissão[24] do Poder que não editou a norma ou o ato concreto previsto pela Constituição como meio de efetivar um direito constitucionalmente estabelecido.

Para sanar eventuais dúvidas quanto a isso convém recuperar os fundamentos da doutrina brasileira da jurisdição constitucional, estabelecida já na Carta de 1891[25] e evidenciada na clássica decisão do STF, proferida no *Habeas Corpus* 410, em 12 de agosto de 1893. Nesse célebre julgamento do *caso do navio Júpiter*, a Suprema Corte deu os contornos básicos do *judicial review* brasileiro, tal como ele tem sido admitido ao longo de sua história de república e democracia.

O *Habeas Corpus* foi impetrado pelo advogado Rui Barbosa, em favor de Mário Aurélio da Silveira, *imediato* do Vapor Júpiter, civil, preso por ordem do então Presidente da República Floriano Peixoto, com todos os passageiros e tripulantes. O Navio fora detido por militares na Fortaleza da ilha de Cobras, no Estado do Rio de Janeiro. O cliente de Rui Barbosa foi preso por crime militar, com base no Código Penal da Armada (Marinha). Esse Código, na época, era editado pelo próprio Poder Executivo, com clara natureza de regulamento administrativo (Decreto). O cliente de Rui Barbosa fora detido sem nota de culpa, ficando no Navio à disposição da Justiça Militar.

Quando o STF recebeu o pedido de Rui Barbosa, assim fundamentou o Acórdão:

> Incumbe aos Tribunais de Justiça verificar a validade das normas que têm de aplicar aos casos ocorrentes e negar efeitos jurídicos àquelas que forem incompatíveis com a Constituição, por ser esta a lei suprema e fundamental do país. Que este dever não só decorre da índole e natureza do

---

garantindo-se, desse modo, àqueles que participam do processo legislativo (mas sempre no âmbito da Casa legislativa a que pertence o congressista impetrante), a certeza de observância da efetiva supremacia da Constituição, respeitados, necessariamente, no que se refere à extensão do controle judicial, os aspectos discricionários concernentes às questões políticas e aos atos "interna corporis" (RTJ 102/27 – RTJ 112/598 – RTJ 112/1023. Texto extraído do Informativo 479 do STF. MS 26.712 ED-MC, Relator(a): Min. CELSO DE MELLO, julgado em 11/09/2007

[24] Ver art. 103, §§ 1º a 3º da Constituição da República, Lei n. 9.868/99: art. 1º a art. 12 (processo e julgamento) – art. 22 a art. 28 (decisão e efeitos).

[25] A Carta de 1891 previa: art. 59. § 1º Das sentenças das Justiças dos Estados, em última instância, haverá recurso para o Supremo Tribunal Federal: a) quando se questionar sobre a validade, ou a aplicação de tratados e leis federais, e a decisão do Tribunal do Estado for contra ela; b) quando se contestar a validade de leis ou de atos dos Governos dos Estados em face da Constituição, ou das leis federais, e a decisão do Tribunal do Estado considerar válidos esses atos, ou essas leis impugnadas. Art. 60. Compete aos Juízes ou Tribunais Federais, processar e julgar: a) as causas em que alguma das partes fundar a ação, ou a defesa, em disposição da Constituição federal; Art. 83. Continuam em vigor, enquanto não revogadas, as leis do antigo regime no que explícita ou implicitamente não forem contrárias ao sistema do Governo firmado pela Constituição e aos princípios nela consagrados.

Poder Judiciário, cuja missão cifra-se em declarar o direito vigente, aplicável aos casos ocorrentes regularmente sujeitos à sua decisão, se não também é reconhecido no art. 60, letra "a", da Constituição que inclui na competência da Justiça Federal o processo e julgamento das causas em que alguma das partes fundar a ação ou a defesa em disposição Constitucional.

(...)

O artigo 83 da Constituição manda somente vigorar as leis anteriores que forem compatíveis com o novo regimen e, sendo um dos princípios fundamentais da ordem constitucional a separação dos poderes e a privativa competência do Congresso para legislar, a autorização legislativa contida naquele Decreto caducou, *ex-vi* da promulgação da Constituição, faltando assim ao Código de 7 de março toda a base legal (p.2) [não há negritos no original].

O STF advertiu, porém, que sua decisão declaratória de inconstitucionalidade não era invasiva das funções legislativas ou executivas, uma vez que:

A não aplicação de um Decreto regulamentar ou ato legislativo a casos ocorrentes, sob o fundamento de inconstitucionalidade não importa a revogação do mesmo ato, a qual formalmente só pode competir ao Poder de quem ele emana (p.2, não há negritos no original).

A orientação doutrinária dessa decisão nunca retrocedeu e foi assimilada, daí por diante, pelo direito brasileiro. É uma decisão exemplar porque favorece uma primeira compreensão das relações entre funções jurisdicionais e sistema de governo no Brasil, desde as origens da República. Nesse *Habeas Corpus,* toda a amplitude da função jurisdicional está posta: verificar a validade das normas que têm de aplicar e, sem revogá-las (porque ato formal do Poder Legislativo) deve negar efeitos jurídicos às que forem incompatíveis com o *ethos* constitucional. Isso indica que no regime republicano brasileiro as leis e o Parlamento nunca foram colocados numa posição de superioridade política em relação ao Poder Judiciário. As leis brasileiras têm recebido dos sucessivos Poderes Constituintes republicanos (1891, 1934, 1946 e 1988) uma presunção de constitucionalidade, todavia, sempre relativa.

Na ordem jurídica atualmente em vigor não é outra a orientação. A CRFB preceitua que Juízes e Tribunais podem reconhecer a inconstitucionalidade de atos normativos, lei federal, estadual ou de Tratado.[26] O que difere o modelo vigente daquele de 1891, é que o atual é ainda mais enfático e explícito em atribuir ao Poder Judiciário e a função de *law reviewer*. No sistema presente o Poder Judiciário brasileiro também está autorizado a realizar o controle de constitucionalidade *in abstracto,* tal como procedem o Tribunal Federal Constitucional da Alemanha e as Cortes Constitucionais da Espanha ou Portugal, por intermédio da Ação Direta de Inconstitucionalidade (ADI), da Ação Declaratória de Constitucionalidade (ADC) e da Arguição de Descumprimento de Preceito Fundamental (ADPF). Essa presunção relativa de constitucionalidade e a consequente autoridade do Poder Judiciário para confirmar ou infirmar as

---

[26] Constituição da República, art. 102. Compete ao Supremo Tribunal Federal, precipuamente, a guarda da Constituição, cabendo-lhe: III – julgar, mediante recurso extraordinário, as causas decididas em única ou última instância, quando a decisão recorrida: b) declarar a inconstitucionalidade de tratado ou lei federal. Art. 125, § 2° Cabe aos Estados a instituição de representação de inconstitucionalidade de leis ou atos normativos estaduais ou municipais em face da Constituição estadual, vedada a atribuição da legitimação para agir a um único órgão.

DIREITOS HUMANOS E FUNDAMENTAIS NA AMÉRICA DO SUL

leis não é algo velado, meramente doutrinário: é oficialmente estabelecido e admitido pelo Poder Constituinte e pelo Poder Legislativo.[27]

A propósito, vale mencionar o diálogo institucional entre Poder Legislativo e Judiciário ocorrido no julgamento, pelo STF, da Ação Direta de Inconstitucionalidade (ADI) n. 2.139, de 14.05.2008, ajuizada pela Confederação Nacional dos Trabalhadores do Comércio. A ADI tinha o propósito de contestar a constitucionalidade de Lei Federal que obrigava os empregados a discutir, previamente, e no âmbito das Comissões Sindicais de Conciliação Prévia, seus direitos trabalhistas. A lei visava a aumentar o número de acordos e conciliações entre empretados e empregadores e, por essa via, reduzir o número de ações judiciais trabalhistas. Em sua manifestação formal no processo, o Presidente do Senado alertava o STF para não declarar a inconstitucionalidade da Lei por provimento cautelar (tal como havia sido pedido pela Confederação dos Trabalhadores). Segundo o Senado Federal, quando o Judiciário concede medidas declaratórias de inconstitucionalidade com natureza *cautelar*, acaba por *comprometer o modelo brasileiro de presunção de constitucionalidade das leis*. O STF, por sua vez, reafirmou que, de fato, no Brasil "[a] presunção de constitucionalidade da lei [...] não pode ser afastada do mundo jurídico, senão após sério, profundo e extenso julgamento da Corte constitucional" (ADI 2.139-MC/DF. Rel. Min. Octávio Gallotti, RTJ 213, pp. 192).

Ainda mais um exemplo. No pedido de Suspensão de Tutela Antecipada n. 235/RO, de 05.05.08, relativa ao processo de concessão de florestas públicas na Floresta Nacional do Jamari, no Estado de Rondônia, discutiu-se a possibilidade de lei autorizar a concessão de floresta pública, com área superior a 2.500 hectares, *sem autorização prévia do Congresso Nacional*. Para suspender a validade da regra, o Ministério Público Federal ajuizou Ação Civil Pública, com pedido de Tutela de Urgência. A Justiça Federal do Estado de Rondônia indeferiu o pedido, sob o argumento *legalista* de que esse tipo de licitação estaria respaldado na Lei Federal específica (Lei nº 11.284/2006, art. 10). Esse é um caso de clara antinomia entre a lei e a Constituição, pois o § 1º do art. 188 da CRFB preceitua que "*a (...) concessão, a qualquer título, de terras públicas com área superior a 2.500 hectares (...) dependerá de prévia aprovação do Congresso Nacional*". O Min. Gilmar Mendes, então Presidente do STF, relatou o processo e justificou que, segundo o Regimento Interno do STF (art. 297) a competência para julgar o pedido de Suspensão de Tutela Antecipada não é do órgão colegiado do STF, mas do Presidente da Corte, na condição de juiz singular. Contudo, endossou a tese antes manifesta pelo Presidente do Senado.

> Não se põe em discussão que, realmente, a lei goza, no ordenamento jurídico, da presunção de constitucionalidade, assim como o ato administrativo presume-se revestido de legalidade. Também não é admissível que o magistrado afaste tais presunções sem demonstração evidente, acima de qualquer dúvida razoável, de que está patente a violação à Constituição. Por isso, na dúvida, a decisão do juízo singular ou colegiado deve ser pela confirmação da constitucionalidade da norma impugnada (STF. Informativo 505, 5 a 9.05.2008).

---

[27] A Lei 9.868, de 10 de novembro de 1999, aprovada pelo Congresso Nacional, regulamentou detalhes procedimentais da declaração judicial de constitucionalidade ou de inconstitucionalidade e lhe confirmou a eficácia geral, ou seja, *erga omnes* (art. 28, parágrafo único).

É preciso reconhecer, diante disso, que tanto o Senado Federal quanto o STF admitem que a declaração de inconstitucionalidade é ato inerente ao regime democrático e constitucional brasileiro, porém, esse tipo de pronunciamento judicial exige do Poder Judiciário a única coisa que se pode exigir de um Poder político não eleito e que tem a competência para anular escolhas dos representantes eleitos pelo povo: *densa justificação constitucional*. É por causa disso que o STF deve levar as declarações de inconstitucionalidade diretamente ao seu órgão Plenário e reduzir anterior prática de declarar inconstitucionalidades por ato cautelar de juiz singular da Corte. A declaração singular não tem, obviamente, a legitimidade discursiva (Alexy, 2005, 578-579) de que deve se revestir a – *séria, profunda, extensa e acima de qualquer dúvida razoável* – decisão colegiada.[28]

Em síntese, pode-se afirmar que no Brasil, em relação ao *statutory law*, há uma tradição diferente da existente nos Estados Unidos. Desde o início da República, o sistema constitucional brasileiro confere autoridade ao Poder Judiciário para exercer a revisão da legitimidade constitucional de quaisquer atos normativos. Isso não só por evolução jurisprudencial, mas também pelos diálogos interinstitucionais existentes entre os Poderes, como também por expressa disposição textual das leis votadas pelo Poder Legislativo. Tal característica conduz o sistema brasileiro a uma particular relação entre Jurisdição, Democracia e Constituição: vige, no Brasil, uma relação de *supremacia constitucional* dependente de *densa argumentação constitucional*. A *interpretação* da Constituição é, portanto, parte do sistema brasileiro de *checks and balances*, pois a *representação argumentativa*[29] é parte do conceito de democracia constitucional vigente no Brasil.

O segundo uso relevante, na doutrina norte-americana, da expressão *ativismo judicial* qualifica de *ativista* a decisão judicial que não segue um precedente jurisprudencial. Quanto a isso é necessário dizer que no Brasil há uma rica diversidade de *precedentes jurisprudenciais* e de designações para eles. Podem ser: (1) Precedentes judiciais de primeiro grau de jurisdição; (2) Precedentes judiciais de segundo grau de jurisdição; (3) Súmulas de Uniformização de jurisprudência dos Tribunais superiores impeditivas de recurso, (4) Súmulas Vinculantes do STF.

É preciso ter cuidado para não confundir o modelo brasileiro dos precedentes judiciais com o sistema do *stare decisis*, nos Estados Unidos, e de, por-

---

[28] Num voto proferido na Ação Direta de Inconstitucionalidade n. 3.615, de 30.08.2006, p. 154, pouco mencionado na doutrina, a ex-Ministra Ellen Gracie Northfleet confirma essa leitura, bem como a mudança de postura da Corte que, desse período em diante, tratou de evitar, ao máximo, declarações de inconstitucionalidade em pronunciamentos judiciais apenas cautelares.

[29] Para o bom entendimento dessa ideia de *representação argumentativa*, vale formulá-la, igualmente, nos termos de John Rawls: "Dizer que a Suprema Corte é a instituição exemplar da razão pública significa também que é função dos juízes procurar desenvolver e expressar, em suas opiniões refletidas, as melhores interpretações que puderem fazer da Constituição, usando seu conhecimento daquilo que esta e os precedentes constitucionais requerem. (…) Aqui, a melhor interpretação é aquela que melhor se articula com o corpo pertinente daquelas matérias constitucionais, e que se justifica nos termos da concepção pública de justiça ou de uma de suas variantes razoáveis. Ao fazer isso espera-se que os juízes possam apelar, e apelem de fato, para os valores políticos da concepção pública, sempre que a própria Constituição invoque expressa ou implicitamente esses valores (...). O papel do tribunal aqui é parte da publicidade da razão, e um aspecto do papel amplo ou educativo da razão pública". (Rawls, 2000, p. 286-287)

tanto, qualificar como abusiva uma decisão judicial brasileira por causa de critérios que não existem no Brasil. Tomemos, inicialmente, o caso das decisões judiciais que *aplicam Leis (statutory law)*. No Brasil, como nos Estados Unidos, a aplicação de leis a casos concretos pode ser realizada, tanto por juízes singulares de primeiro grau, quanto por Tribunais superiores. O STF, até 2004, sempre reconheceu que os precedentes judiciais de primeiro grau ou dos Tribunais superiores "não têm autoridade de lei e nem ostentam, quanto aos magistrados que não [integram os Tribunais], qualquer eficácia subordinante de seus futuros pronunciamentos jurisdicionais (STF. AI 137.619 AgR, Celso de Mello, 1992). Na história do direito no Brasil, portanto, os precedentes judiciais que *aplicam Leis (statutory law)* não têm a importância diferenciada que, à primeira vista, assumem na tradição jurídica anglo-saxônica. Se nos Estados Unidos, Inglaterra, Canadá ou Austrália, por causa do peso da teoria da *representação democrática* referida ao *statute law* (Ely, 2010), os precedentes jurisprudenciais fundamentados em leis se tornaram, à primeira vista (apenas à primeira vista, repita-se), de observação obrigatória para decisões judiciais futuras, no Brasil não é esse o fundamento que exige da Justiça a observação do precedente. No sistema brasileiro é um direito fundamental, e não a representação democrática, que justifica o respeito devido às decisões precedentes: é o direito de igual proteção das leis e dos tribunais (art. 5º, *caput;* art. 5º, XXXV, da CRFB).

Além das simples decisões precedentes, o direito brasileiro também conhece um outro instituto associado aos precedentes judiciais: são as Súmulas dos Tribunais superiores. E estas cumprem duas funções. A primeira, e mais tradicional, é a de uniformizar a jurisprudência e assegurar o *conhecimento público* da interpretação oficial do Tribunal sobre um dado tema. Portanto, são razões de transparência, de proteção do igual tratamento de situações essencialmente semelhantes e de racionalização do fluxo processual que pesam na criação de uma Súmula de jurisprudência. Mas as Súmulas de jurisprudência dos Tribunais superiores, até o ano de 2004, sempre foram entendidas como um simples "...resumo da jurisprudência sedimentada em incontáveis e uniformes decisões das Cortes Superiores do país, que visam a rapidificação de causas no Judiciário" (STJ, AgRg-REsp 3.317/BA, 1ª T., Rel. Min. Pedro Acióli, unânime, Pub. 26.11.1990; RISTJ, art. 11, par. único, VII). Sínteses, e não normas,[30] cuja menção numa decisão judicial apenas dispensam a referência a outros julgados no mesmo sentido (RISTF, art. 102, § 4º). A segunda função dessas Súmulas dos Tribunais superiores – recentemente atribuída por lei federal[31] – passou a ser a de impedir o seguimento de recursos repetitivos, ou seja, de recursos com teses idênticas ou com fundamento em idêntica questão de direito. *Súmulas impeditivas de recursos* é o nome dado pela doutrina (Marinoni, 2008, 532) ao novo efeito atribuído por lei federal às Súmulas tradicionais, isto é, às que antes só resumiam o entendimento uniforme e dominante da jurisprudência dos Tribunais sobre certo tema. O novo efeito é o de modificar o regime de recursos do primeiro grau para o segundo grau de jurisdição: é, assim, uma mudança nos pressupostos recursais da Apelação. Desde que

---

[30] STF. Recl. 10.707 – MC, Rel. Min. Celso de Mello. 20.10.2010.
[31] Lei n. 11.672, de 8/5/2008.

estabelecida pela Lei n° 11.276, de 2006, o Juiz pode indeferir o seguimento de recurso de Apelação ao Tribunal competente para revisar suas decisões se entender que a *Sentença* foi proferida de acordo com o disposto em Súmula do STF ou do STJ. Todavia, apesar dessa precaução e desse nome "impeditiva de recurso", o que se passa, na realidade, é uma restrição ao direito fundamental de recorrer; não um "impedimento de recorrer". Tanto é assim que se o Juiz de primeiro grau indeferir o pedido de recurso ajuizado contra sua Sentença, a parte poderá ajuizar outra medida recursal (o agravo de instrumento) para demonstrar, perante o Tribunal, que a referida Súmula não se aplica ao caso concreto. O Tribunal superior pode reconhecer a pertinência dos argumentos e determinar o prosseguimento da revisão da Sentença de primeiro grau. Apesar dessa nova função atribuída às Súmulas de jurisprudência dos Tribunais superiores, foram motivos de racionalização do fluxo processual que pesaram na decisão do Poder Legislativo, não princípios de representação democrática ou doutrinas de Separação dos Poderes.

A exceção importante a esse modelo tradicional de precedentes judiciais são as *Súmulas Vinculantes*.[32] Estas diferem das demais porque são enunciados exclusivos do STF. Além disso, devem ser utilizadas pela Suprema Corte para pacificar uma controvérsia *presente,* isto é, *atual,* entre órgãos judiciais ou entre estes e a administração pública, gerador *grave insegurança jurídica* e que cause *relevante multiplicação de processos* sobre questão idêntica. Ou seja, quando decide editar uma *Súmula Vinculante* o STF o faz para enfrentar um problema de insegurança jurídica especialmente grave. A *Súmula Vinculante*, portanto, não deve ser editada apenas para *sintetizar, tão só resumir e informar* uma posição já dominante na Corte. A Constituição exige que antes de editá-las, haja na Corte *reiteradas* decisões sobre o tema, isto é, ao menos duas.[33] Mas esse não é o elemento mais importante. Decisivo, mesmo, é a gravidade jurídica da controvérsia e a multiplicação dos litígios. As *Súmulas Vinculantes* são, portanto, precedentes diferentes dos demais. São editadas com base em algumas decisões anteriores, para conter uma grave ameaça à segurança jurídica e ao regular andamento dos feitos judiciais. Todavia, geram efeitos *prospectivos* para todo o aparelho judiciário e para a administração pública. Por isso, pode-se dizer que estes sim são precedentes judiciais com natureza *normativa.*

Nos quatro casos discutidos acima, fica claro que os Tribunais e Juízes brasileiros devem seguir precedentes judiciais. No entanto, por razões bem diferentes. Os simples precedentes – mais tradicionais – devem ser observados por causa do princípio fundamental da igualdade e do direito de todos serem tratados com igualdade pelas leis e tribunais. Mas casos específicos podem ser justificados e não segui-los em situações assim não é, no Brasil, nenhum abuso de autoridade jurisdicional. Já as Súmulas impeditivas de recurso, ou seja, as que restringem o direito de recorrer, são as editadas pelos Tribunais superiores,

---

[32] Ver art. 103-A da Constituição da República; Lei n. 11.417, de 19 de dezembro de 2006; Resolução do STF n. 381, de 29 de outubro de 2008 e Resolução do STF n. 388, de 5 de dezembro de 2008.

[33] Num dos casos mais polêmicos, o da Súmula Vinculante n. 11, chamada de "Súmula das Algemas", a Corte se baseou em quatro Habeas Corpus de 1.978 (HC 56.465), noutro de 1995 (HC 71195), notro de 2007 (HC 89429) e noutro de 2.008 (HC 91.952), e não em apenas uma decisão anterior, como acusa o Deputado autor da PEC 33 Nazareno Fonteles

mas se o caso específico reclamar tratamento diferenciado, as particularidades devem ser reconhecidas pela Justiça. Ou seja, não seguir o precedente para garantir a justiça do caso concreto também nesta hipótese não é abuso de autoridade jurisdicional. Por fim, as Súmulas Vinculantes. Essas são especiais porque são *prospectivas*. É dizer, representam o mandamento da mais alta Corte sobre tema litigioso controverso e de graves repercussões para a segurança da ordem jurídica nacional. Segundo o direito brasileiro, todos os Tribunais e Juízes ficam obrigados a seguir a decisão da Suprema Corte enunciada na Súmula Vinculante – o que, a rigor, é um truísmo. No entanto, cabe Ação de Reclamação (CRFB, art. 103-A, § 3º; Mendes, 2006, p. 23) para preservar a competência da Corte se a orientação do Tribunal Supremo for desrespeitada. Juízes que não respeitam decisões assim, específicas da Suprema Corte para solucionar casos controversos, de grave repercussão nacional, motivadores de relevante demanda judicial, não fazem o mesmo tipo de escolha daqueles que divergem de seus próprios precedentes ou de precedentes de seus Tribunais Superiores em situações normais de interpretação judicial do direito. A violação, no caso das Súmulas Vinculantes, é à segurança jurídica, não aos precedentes ordinários. Ainda assim é difícil sustentar que um juiz ou Tribunal deva ser considerado *ativista* por não seguir esse tipo de precedentes da Suprema Corte.

Na realidade, decisões judiciais *erradas* (CRFB, srt. 5º, LXXV) não deveriam ser denominadas de *ativistas*. O *erro* pode sim ser denominado de ilícito ou de inconstitucionalidade. Mas não *ativismo*. A decisão judicial que viola o direito ao igual tratamento das leis e dos Tribunais ou que viola uma Súmula Vinculante, em idêntico tema, deve ser considerada, simplesmente, como *inválida* e errada. O termo *ativista,* nesses contextos, em nada aprimora o entendimento do que é o direito, nem do que é o *ativismo*.

O terceiro uso corrente da expressão *ativismo judicial* na doutrina dos Estados Unidos refere-se ao conceito de *legislação judicial*. No Brasil há três modalidades de decisões judiciais correspondentes a esse conceito: (1) a sentença normativa trabalhista, (2) a decisão judicial supletiva de lacuna legislativa, proferida em sede de mandado de injunção e de ação direta de inconstitucionalidade por omissão e (3) a decisão judicial proferida em sede de controle abstrato de constitucionalidade.

Há um tipo de sentença judicial denominada de *sentença normativa* que, apesar de produzir efeitos gerais no âmbito de uma coletividade jurídica, é modalidade de decisão judicial que inova a ordem jurídica. A sentença normativa trabalhista pode ser proferida em caso de as partes coletivas estarem *de comum acordo* quanto à necessidade de intervenção judicial no conflito coletivo.[34] A sentença normativa que resolve um dissídio coletivo, do mesmo modo como ocorre com o laudo arbitral, não é meramente declaratória de uma situação jurídica já estabelecida, mas constitutiva de direitos e obrigações (Sussekind, 2005, p. 29). Essa modalidade de decisão judicial é, no entanto, amplamente

---

[34] Ver Constituição da República, art. 114, § 2º.

autorizada pela CRFB, art. 114, § 2º, pela legislação (CLT, art. 868) e pela Jurisprudência.[35]

A outra versão de *legislação judicial* tem seu equivalente no Brasil quando o Poder Judiciário, em decisão judicial, integra uma lacuna legislativa. Esse tipo de decisão judicial pode ser três pressupostos forem respeitados: (1) se a omissão legislativa for arbitrária,[36] (2) se omissão afetar seriamente a eficácia de direitos fundamentais e se (3) o Poder Judiciário for demandado pela via adequada (*Ação de Mandado de Injunção individual* ou *coletivo, cfe. CRFB, art. 5º, LXXI*). Se for assim, poderá o Poder Judiciário (STF, Tribunais Superiores, Tribunais de Justiça Estaduais) suprir a omissão legislativa editando sentença de caráter normativo (*inter partes* ou *erga omnes*, conforme o caso). O que chama a atenção, todavia, é que essa é uma hipótese densamente regulada pela Constituição da República[37] e pelas Constituições dos Estados.[38] Trata-se, então, de procedimento amplamente acordado entre o Poder Legislativo e o Poder Judiciário. Sentenças normativas assim não devem ser caracterizadas como *ativistas*. De modo algum elas estão apartadas do sistema de competências judiciais e de garantias constitucionais dos direitos fundamentais.

A última versão de decisão judicial assemelhada à *legislação judicial* seria a que é proferida em controle concentrado de constitucionalidade e que tem *efeitos ultra partes*. A CRFB preceitua que os Tribunais de Justiça (Tribunais superiores estaduais) e o STF podem declarar a inconstitucionalidade de atos normativos, lei federal, estadual ou de Tratado.[39] E mais, estabelece que as decisões definitivas de mérito, proferidas pelo Supremo Tribunal Federal nas ações diretas de inconstitucionalidade e nas ações declaratórias de constitucionalidade, produzirão eficácia contra todos,[40] isto é, para as partes implicadas diretamente no processo e também para todas as pessoas físicas ou jurídicas afetadas pela decisão.[41] O Poder Judiciário brasileiro está devidamente autorizado a realizar o controle de constitucionalidade *in abstracto*, tal como procedem o Tribunal Federal Constitucional da Alemanha e as Cortes Consti-

---

[35] TST. RODC – 2033200-41.2007.5.02.0000, DEJT – 28/06/2010. Dora Maria da Costa, Min., 14.06.2010; Ver tb. SENTENÇA NORMATIVA. DURAÇÃO. POSSIBILIDADE E LIMITES (positivo) – (Res. 176/2011, DEJT divulgado em 27, 30 e 31.05.2011)

[36] STF. Mandado de Injunção n. 670-9-ES, de 25.10.2007; STF. Mandado de Injunção 1.841-AgR. Rel. Min. Celso de Mello. 14.03.2013

[37] Constituição da República, art. 5º, LXXI; art. 102, I, *q*); art. 102, II, *a*; art. 105, I, *h*; art. 121, V.

[38] Constituição do Estado do Rio de Janeiro, arts. 10, 17 e 161, IV, *g*; Constituição do Estado do Rio Grande do Sul: art. 93, V, *c*; art. 95, XII, *b*; Constituição do Estado da Bahia: art. 123, I, *g*; Constituição do Estado do Amazonas: art. 3º, § 3º; art. 72, I, *c*.

[39] Constituição da República, art. 102. Compete ao Supremo Tribunal Federal, precipuamente, a guarda da Constituição, cabendo-lhe: III, b) declarar a inconstitucionalidade de tratado ou lei federal. Art. 125, § 2º Cabe aos Estados a instituição de representação de inconstitucionalidade de leis ou atos normativos estaduais ou municipais em face da Constituição estadual, vedada a atribuição da legitimação para agir a um único órgão.

[40] Quanto aos efeitos *erga omnes* da ADI e ADC, ver o art. 102 § 2º da CRFB; ver tb. Lei 9.868/99, art. 28, parágrafo único. Quanto aos efeitos *erga omnes* da ADPF, ver Lei 9.882/99, art. 10, § 3º.

[41] Este mesmo efeito geral também se encontra nas decisões dos Tribunais de Justiça dos Estados, veja: "A declaração de inconstitucionalidade de norma estadual em face da Constituição estadual, quando se torna irrecorrível, tem eficácia erga omnes, vinculando, por isso, necessariamente o tribunal local de que ela emanou, como corretamente salientou o acórdão recorrido." (AI 255.353-AgR, Rel. Min. Moreira Alves, julgamento em 23-5-2000, Primeira Turma, DJ de 10-8-2000.)

tucionais da Espanha ou Portugal. O controle judicial de constitucionalidade *in abstracto* de leis e de atos normativos se realiza por intermédio das seguintes ações diretas: (1) Ação Direta de Inconstitucionalidade (por atuação ou por omissão) (ADI), (2) Ação Declaratória de Constitucionalidade (ADC) e (3) Arguição de Descumprimento de Preceito Fundamental (ADPF). A autoridade do Poder Judiciário para confirmar ou infirmar a validade de atos normativos dos demais Poderes, e com efeitos gerais, não é, de modo algum, tema velado ou mera construção jurisprudencial: é questão oficialmente estabelecida e admitida pelo Poder Constituinte e pelo Poder Legislativo. Muito embora tal competência jurisdicional para produzir decisões com efeitos gerais se assemelhe à competência legislativa reservada ao Poder Legislativo para regular direitos e deveres de todos, o efeito vinculante e a eficácia *erga omnes* dessas decisões incidem, unicamente, sobre os demais órgãos do Poder Judiciário e os do Poder Executivo. Não se estende ao legislador, que pode dispor, em novo ato legislativo, sobre a mesma matéria, sem que tal conduta importe em desrespeito à autoridade das decisões do STF.[42] É importante entender que essas modalidades de decisão judicial potencializaram a função do Poder Judiciário no sistema de *checks and balances*. Depois delas, a função jurisdicional passou a ser também uma instituição de pacificação de conflitos sindicais coletivos, e meio de proteção da sociedade contra *arbitrariedades normativas e omissivas do sistema de governo.*

Tudo isso faz ver que há, no Brasil, um modelo institucionalizado dessa denominada *legislação judicial*, representado por três categorias de decisões judiciais: (1) a declaração de inconstitucionalidade com efeitos *erga omnes*, (2) a *sentença normativa* de direito do trabalho, (3) e a *decisão integradora de lacuna legislativa arbitrária*. É no âmbito desta última que se desenharam críticas que procuram distinguir o sentido técnico entre *decisões evolutivas* (com finalidade explicitamente atualizadora de sentido de um ato normativo), das decisões judiciais *aditivas* (que substituem o legislador por acrescentar conteúdo novo ao direito vigente). Todavia, é preciso ter claro que o sistema de direito constitucional brasileiro admite a pronúncia de *sentenças judiciais aditivas* nos casos em que direitos fundamentais são afetados por omissões arbitrárias e que a solução pode ser encontrado a partir de um juízo de *exceção* ou de *especificação* coerente com o direito vigente. A Suprema Corte brasileira tem dito que no que concerne às *sentenças aditivas*, elas são em geral aceitas pelas Cortes Constitucionais estrangeiras quando proferidas para integrar ou completar um regime previamente adotado pelo legislador, caso em que a adição é, na realidade, uma *especificação* ou uma *exceção* inferida de normas válidas. Também são aceitas quando a solução adotada pelo Tribunal incorpora *solução constitucionalmente obrigatória*, isto é, quando há um direito subjetivo constitucional à adição, associado à inviabilidade do seu exercício por causa de evidenciada omissão arbitrária do sistema de governo. Nesses dois casos as sentenças *aditivas* são perfeitamente compatíveis com as democracias constitucionais.[43] Para nenhuma dessas três hipóteses, porém, parece ser adequado adotar a expres-

---

[42] STF. Rcl 5.442-MC, Rel. Min. Celso de Mello, decisão monocrática, julgamento em 31-8-07, DJ de 6-9-07.

[43] STF. MI 712-PA, Rel. Min. Eros Grau, Informativo n. 485.

são *ativismo judicial* como categoria analítica eficaz para explicar os contornos jurídico-políticos de tais instituições do sistema judicial do Brasil.

O quarto uso corrente da expressão *ativismo judicial* na doutrina dos Estados Unidos refere-se *aos cânones tradicionais da interpretação jurídica*. Sabe-se que tanto na doutrina, quanto na jurisprudência do Brasil não há acordos teóricos completos quanto ao que sejam *normas jurídicas*,[44] *princípio*,[45] *regra, preceito fundamental*,[46] ou mesmo *direito constitucional*.[47] Sabe-se bem, porém, que a compreensão de um texto depende muito da *"fusão do horizonte de significações e de preconceitos (expectativas) de cada um com o horizonte do texto"* (Outhwaite, 1992, p. 37).

É certo que a doutrina e a jurisprudência do Brasil recepcionaram os *cânones* hermenêuticos para interpretar o direito legal e a Constituição. Porém, não é possível demonstrar que haja, no direito, na jurisprudência ou na doutrina jurídica do Brasil, alguma técnica ou método de interpretação, canônico ou recente, que seja aceito como necessário ou obrigatório para todos os Juízes.

Na jurisprudência, há estabelecido ecletismo metodológico. A análise da jurisprudência do STF, por exemplo, revela que a Corte dá muita importância aos clássicos postulados hermenêuticos de Savigny (1867 p. 194-238; tb. Ruckert 2006, p. 58), com especial preferência pelo argumento da (1) interpretação *sistemática*,[48] seguida de perto pela (2) *interpretação teleológica*.[49] São menos importantes, apesar de também serem muito utilizados, os argumentos da (3) *história legislativa*[50] e em última posição de importância a (4) *interpretação literal*.[51] Mais recentemente, ganhou muita evidência o argumento (5) da *interpretação*

---

[44] O Supremo Tribunal Federal criou o conceito de *norma supralegal*, proposto em 2000, pelo então Ministro Sepúlveda Pertence. Ver HC 79.785-7-RJ, 29.03.2000. Quanto à recepção recente, ver STRAPAZZON (2009). No julgamento da ADPF 153, o mesmo STF reconheceu que algumas leis brasileiras não são nem gerais, nem abstratas, nem prospectivas. É dizer, são válidas, criam direitos adquiridos e São as leis-medida, como é o caso da Lei 6.683/79. "A Lei n. 6.683 é uma lei-medida, não uma regra para o futuro, dotada de abstração e generalidade. (...) A lei-medida consubstancia um comando concreto revestindo a forma de norma geral, mas traz em si mesma o resultado específico pretendido, ao qual se dirige; é lei apenas em sentido formal, não o sendo, contudo, em sentido material; é lei não-norma." (sic). Rel. Min. Eros Grau, 29.04.2010.

[45] Ver as controversas posições da doutrina brasileira compiladas por Virgilio A. Silva (2003, em especial a p. 625, que trata do *sincretismo medotológico* dominante na doutrina brasileira). Ver, igualmente, a lista de "princípios doutrinários" elencada por Lênio Streck (2011)

[46] Ver, STF. ADPF 33, 07.12.2005

[47] A utilização abundante de jurisprudência de Cortes Constitucionais estrangeiras como fundamento de decisão que interpreta a Constituição do Brasil, somada às dúvidas que ainda existem quanto à natureza constitucional dos tratados de direitos humanos firmados pelo Brasil entre outubro de 1988 até 2004 (ano da entrada em vigor do § 3º do art. 5º da Carta da República) são razões que recomendam o uso da expressão *sistema de direitos constitucionais do Brasil*, em vez de, simplesmente, *direito constitucional do Brasil*.

[48] RE 153.771, Rel. Min. Moreira Alves, julgamento em 20-11-1996, Plenário, *DJ* de 5-9-1997; RE 215.267, Rel. Min. Ellen Gracie, julgamento em 24-4-2001, Primeira Turma, *DJ* de 25-5-2001; HC 86.606, Rel. Min. Cármen Lúcia, julgamento em 22-5-07, Primeira Turma, *DJ* de 3-8-2007.

[49] ADPF 130, Rel. Min. Ayres Britto, julgamento em 30-4-2009, Plenário, *DJE* de 6-11-2009; HC 84.219, Rel. Min. Marco Aurélio, julgamento em 16-8-2005, Primeira Turma, *DJ* de 23-9-2005; HC 102.732, Rel. Min. Marco Aurélio, julgamento em 4-3-2010, Plenário, *DJE* de 7-5-2010

[50] ADPF 153, Voto Min. Celso de Mello, 29.04.2010, pp.20-21; ADI 4917 MC/DF. Rel. Min. Carmem Lucia A. Rocha.. Decisão publicada em 18.03.2013, p.24

[51] ADC 29; ADC 30 e ADI 4.578, Rel. Min. Luiz Fux, julgamento em 16-2-2012, Plenário, *DJE* de 29-6-2012; MS 30.585, rel. min. Ricardo Lewandowski, julgamento em 12-9-2012, Plenário, *DJE* de 28-11-2012

conforme[52] com a Constituição, com base no qual a Corte elege uma interpretação oficial da Constituição, dentre várias possíveis formuladas pelos tribunais inferiores. Para definir qual é a *interpretação conforme*, no entanto, a Corte apoia-se intensivamente nos argumentos *sistemáticos* e *teleológicos*. Não é nada desprezível, ainda, a presença do (6) argumento *comparado*,[53] que vem sendo denominado pela doutrina constitucional como *quinto cânone* (Haberle, 2003, p. 165) da interpretação do direito. Este fundamento de interpretação é frequentemente invocado pelo STF nos casos envolvidos com direitos fundamentais. O STF o adota quando entende que a melhor interpretação é a que acompanha o sentido atribuído por outras Cortes Constitucionais.[54]

Além desses, de influência marcadamente germânica, o STF se apoia, seletivamente, em alguns argumentos desenvolvidos pela doutrina e pela jurisprudência constitucional dos Estados Unidos. É usual, por exemplo, ver a Corte se apoiar no fundamento (7) da *interpretação razoável*,[55] apesar de não ter desenvolvido ainda nenhuma técnica compreensível de apreciação do que seja, propriamente, a *razoabilidade* de uma medida restritiva ou violadora de direito, aos moldes do *Sherbert test*.[56] Tem sido cada vez mais frequente também o uso do argumento (8) da *autocontenção judicial*[57] (*self-restraint e ultra vires*), e da (9) *superioridade hierárquica do direito constitucional*.[58] Além desses, a jurisprudência do STF tem especial predileção pelo argumento da interpretação (10) *lógica*[59] do direito.

Já a doutrina brasileira da interpretação constitucional parece recair com frequência nos postulados hermenêuticos de Konrad Hesse (1998, p. 45-47),

---

[52] Esse fundamento de interpretação está disposto, inclusive, na Lei 9.868, de 10.11.1999, art. 28; Na jurisprudência do STF ver, "Impossibilidade, na espécie, de se dar interpretação conforme à Constituição, pois essa técnica só é utilizável *quando a norma impugnada admite, dentre as várias interpretações possíveis, uma que a compatibilize com a Carta Magna*, e não quando o sentido da norma é unívoco". ADI 1.344-MC, Rel. Min. Moreira Alves, julgamento em 18-12-1995, Plenário *DJ* de 19-4-1996. No mesmo sentido: ADI 3.046, Rel. Min. Sepúlveda Pertence, julgamento em 15-4-2004, Plenário, *DJ* de 28-5-2004. Vide: ADI 3.510, Rel. Min. Ayres Britto, julgamento em 29-5-2008, Plenário, *DJE* de 28-5-2010; ADPF 130, Rel. Min. Ayres Britto, julgamento em 30-4-2009, Plenário, *DJE* de 6-11-2009".

[53] Este argumento é defendido pelo doutrinador alemão Peter Häberle como o *quinto* método canônico da interpretação constitucional referida a direitos fundamentais (Haberle, 2007)

[54] AI 529.694, Rel. Min. Gilmar Mendes, julgamento em 15-2-2005, Segunda Turma, *DJ* de 11-3-2005; MI 708, Rel. Min. Gilmar Mendes, julgamento em 25-10-2007, Plenário, *DJE* de 31-10-2008; ADI 3.289 e ADI 3.290, Rel. Min. Gilmar Mendes, julgamento em 5-5-2005, Plenário, DJ de 24-2-2006; RE 222.368-AgR, Rel. Min. Celso de Mello, julgamento em 30-4-2002, Segunda Turma, *DJ* de 14-2-2003.

[55] RE 523.737-AgR, Rel. Min. Ellen Gracie, julgamento em 22-6-2010, Segunda Turma, *DJE* de 6-8-2010; RE 583.834, Rel. Min. Ayres Britto, julgamento em 21-9-2011, Plenário, DJE de 14-2-2012, com repercussão geral.)

[56] Segundo a Suprema Corte dos Estados Unidos, o Tribunal sempre deve *balancear* o interesse do Estado em restringir um direito fundamental o direito do titular em exercê-los sem embaraços. Por isso, a Corte sempre "deve considerar se algum interesse estatal relevante e estabelecido nas regras da lei [*de alguma unidade política da federação*] justificam a substancial restrição aos direitos [*das dez emendas*]" (trad. nossa); ver Sherbert V. Verner, 374 U.S. 398 (1963), parte III.

[57] ADI 4424/DF e ADC 19/DF, Rel.: Min. Marco Aurélio, Voto do Min. Luiz Fux; ADI 4277/DF e ADPF 132/RJ. Relator: Min. Ayres Britto. Voto do Min. Celso de Mello.

[58] Ext 855, Rel. Min. Celso de Mello, julgamento em 26-8-2004, Plenário, DJ de 1º-7-2005; MI 1.841-AgR, rel. min. Celso de Mello, julgamento em 6-2-2013, Plenário, *DJE* de 14-3-2013, AI 403.828-AgR, Rel. Min. Celso de Mello, julgamento em 5-8-2003, Segunda Turma, DJE de 19-2-2010.

[59] RHC 71.400, Rel. Min. Ilmar Galvão, julgamento em 7-6-1994, Primeira Turma, *DJ* de 30-9-1994; MS 26.604, Rel. Min. Cármen Lúcia, julgamento em 4-10-2007, Plenário, *DJE* de 3-10-2008; ADPF 153, Rel. Min. Eros Grau, julgamento em 29-4-2010, Plenário, *DJE* de 6-8-2010.

como anotou criticamente Virgílio Afonso da Silva (2010, 121). Aqui também parece haver uma certa ordem preferida dentre eles, assim: (11) *unidade da Constituição*; (12) *força normativa* da Constituição; (13) *concordância prática*; (14) *conformidade funcional*; (15) *efeito integrador*. Muito embora a doutrina brasileira tenha pouca influência internacional na *formação* de cânones interpretativos, desenvolveu um importante argumento que tem sido amplamente adotado pelos Tribunais brasileiros como guia da interpretação de normas constitucionais. Trata-se do (16) argumento da *eficácia* limitada, (17) *contida* ou (18) *plena* das normas constitucionais (J. A. Silva, 1968). Menos influente, porém ainda assim utilizado eventualmente, é o argumento da (19) *proibição de retrocessos*[60] em relação aos direitos fundamentais (Sarlet, 2010), cujas referências costumam ser a doutrina portuguesa e os tratados de direitos humanos.

Esta lista de argumentos-guia da interpretação do direito, já bastante extensa, ainda poderia ser maior. Todavia, não é preciso ir mais longe. O discurso do método de interpretação não é teoricamente completo (Sunstein, 2010, p. 12). E a jurisprudência brasileira não sistematizou um elenco rígido de procedimentos interpretativos, nem quais desses argumentos de interpretação devem ser utilizados em quais circunstâncias. Pode-se dizer, até, que a preferência da jurisprudência brasileira é pela denominada interpretação sistemática e teleológica do direito, porém num sentido *lato*.[61] Quanto à doutrina, na melhor das hipóteses, deve-se reconhecer que ainda está em construção uma teoria brasileira que ofereça parâmetros adequados quanto ao *modus operandi* da fundamentação judicial adequada.

Isso tudo parece revelar que as decisões judiciais no Brasil não precisam seguir nenhum padrão rígido de fundamentação baseada em cânones teóricos de interpretação. Em vez disso, os juízes brasileiros devem (1) zelar pela guarda da Constituição, das leis e das instituições democráticas e conservar o patrimônio público (CRFB, art. 23, I); (2) manter relações harmônicas e independentes com os demais Poderes; (3) julgar todos os casos de lesão ou ameaça de lesão a direitos constitucionais (CRFB, art. 5º, XXXV); proferir decisões públicas e fundamentadas (art. 97, IX). O modelo brasileiro de jurisdição veda a *arbitrariedade*, mas protege a *discricionaridade*[62] jurisdicional. Num cenário as-

---

[60] STA 175-AgR/CE RELATOR: Min. Voto Ministro Celso de Mello. Sta 175 Agr/Ce – Ceará. Ag.Reg. Na Suspensão De Tutela Antecipada. Relator(A): Min. Gilmar Mendes (Presidente). Julgamento: 17/03/2010; ADI 1.946, Rel. Min. Sydney Sanches, julgamento em 3-4-2003, Plenário, *DJ* de 16-5-2003; AO 152, Rel. Min. Carlos Velloso, voto do Min. Sepúlveda Pertence, julgamento em 15-9-1999, Plenário, *DJ* de 3-3-2000; RE 351.750, Rel. p/ o ac. Min. Ayres Britto, julgamento em 17-3-2009, Primeira Turma, *DJE* de 25-9-2009.

[61] [O] procedimento hermenêutico do Tribunal inferior – que, ao examinar o quadro normativo positivado pelo Estado, dele extrai a interpretação dos diversos diplomas legais que o compõe para, em razão da inteligência e do sentido exegético que lhe der, obter os elementos necessários à exata composição da lide, não transgride, diretamente, o princípio da legalidade (Supremo Tribunal Federal. Agravo Regimental em Recurso Extraordinário n. 269.579-3-RS, de 26.09.2000).

[62] Essa ideia básica da *discricionaridade judicial* para escolher (e até criar) postulados hermenêuticos é, do ponto de vista da segurança dos direitos fundamentais, algo negativo posto que, usualmente, a competência para decidir sem parâmetros interpretativos conhecidos e compreensíveis, ou sem adesão a uma coerente, e *conhecida*, teoria do direito (jusnaturalista, positivista, utilitarista, crítico-marxista, da ética do discurso, da justiça como equidade, comunitarista, dos direitos fundamentais, etc.) gera um pesado ônus argumentativo para as Cortes que, frequentemente, caem em contradições, para dizer o mínimo, embaraçosas. Veja-se, apenas como exemplo, algumas dessas contradições de fundamentação encontradas em decisões do STF: *(1) Precedência da pessoa humana em face de outros bens coletivos:* "Os magistrados e Tribunais, no exercício de sua

atividade interpretativa, especialmente no âmbito dos tratados internacionais de direitos humanos, devem observar um *princípio hermenêutico* básico (tal como aquele proclamado no art. 29 da Convenção Americana de Direitos Humanos), consistente em atribuir *primazia à norma que se revele mais favorável à pessoa humana*, em ordem a dispensar-lhe a mais ampla proteção jurídica. (HC 91.361, Rel. Min. Celso de Mello, julgamento em 23-9-2008, Segunda Turma, DJE de 6-2-2009.); *no mesmo sentido*: "No Estado de Direito Democrático, devem ser intransigentemente respeitados os princípios que garantem a prevalência dos direitos humanos. (...) A ausência de prescrição nos crimes de racismo justifica-se como alerta grave para as gerações de hoje e de amanhã, para que se impeça a reinstauração de velhos e ultrapassados conceitos que a consciência jurídica e histórica não mais admitem." (HC 82.424, Rel. p/ o ac. Min. Presidente Maurício Corrêa, julgamento em 17-9-2003, Plenário, *DJ* de 19-3-2004. *(1.1) Em sentido contrário: precedência de outros bens coletivos [moralidade administrativa] em face da pessoa humana:* "A presunção de inocência consagrada no art. 5°, LVII, da Constituição Federal *deve ser reconhecida como uma regra e interpretada com* o recurso da *metodologia* análoga a uma redução teleológica, *que reaproxime o enunciado normativo da sua própria literalidade*, de modo a reconduzi-la aos efeitos próprios da condenação criminal (que podem incluir a perda ou a suspensão de direitos políticos, mas não a inelegibilidade), sob pena de frustrar o propósito moralizante do art. 14, § 9°, [moralidade administrativa] da Constituição Federal. *(ADC 29; ADC 30* e *ADI 4.578*, Rel. Min. *Luiz Fux*, julgamento em 16-2-2012, Plenário, DJE de 29-6-2012.); *(2) Precedência de normas implícitas:* "Ora, é princípio basilar da hermenêutica constitucional o dos 'poderes implícitos' segundo o qual, *quando a CF concede os fins, dá os meios* (HC 91.661, Rel. Min. *Ellen Gracie*, julgamento em 10-3-2009, Segunda Turma, *DJE* de 3-4-2009.); *(2.1) Em sentido contrário: precedência de normas expressas:* "Observada a *regra de hermenêutica – a norma expressa prevalece sobre a norma implícita* – força é convir que, se o número total da composição for múltiplo de cinco, arredonda-se a fração – superior ou inferior a meio – para cima, obtendo-se, então, o número inteiro seguinte (MS 22.323, Rel. Min. Carlos Velloso, julgamento em 28-9-1995, Plenário, DJ de 19-4-1996.); (3) *Precedência de dispositivos constitucionais:* "diante da indefinição existente, será inevitável, (...) o *princípio de hermenêutica* que recomenda a adoção da interpretação que assegure *maior eficácia possível à norma constitucional* (...) (ADI 3.682, voto do Rel. Min. Gilmar Mendes, julgamento em 9-5-2007, Plenário, *DJ* de 6-9-2007.); *(3.1) Em sentido contrário: precedência de dispositivos infraconstitucionais:* "Ao Judiciário cabe, no conflito de interesses, fazer valer a vontade concreta da lei, interpretando-a. Se, em tal operação, *interpreta razoavelmente ou desarrazoadamente* a lei, a questão fica no campo da legalidade, inocorrendo o contencioso constitucional. (RE 273.910-AgR, Rel. Min. Carlos Velloso, julgamento em 13-4-2004, Segunda Turma, DJ de 7-5-2004.); *(4) Precedência da norma especial:* "É que é *princípio de hermenêutica* que a *norma especial afasta a norma geral* no que diz respeito à questão específica, na linha do velho brocardo: lex speciali derogat generali. (MS 25.027, voto do Rel. Min. Carlos Velloso, julgamento em 19-5-2005, Plenário, DJ de 1°-7-2005.); *(4.1) Em sentido contrário: interpretação construtiva:* "O STF – apoiando-se em valiosa *hermenêutica construtiva* e invocando princípios essenciais (como os da dignidade da pessoa humana, da liberdade, da autodeterminação, da igualdade, do pluralismo, da intimidade, da não discriminação e da busca pela felicidade) – reconhece assistir, a qualquer pessoa, o direito fundamental à orientação sexual..."(RE 477.554-AgR, Rel. Min. Celso de Mello, julgamento em 16-8-2011, Segunda Turma, DJE de 26-8-2011.); *(5) Importância das razões do legislador:* "(...) o *argumento histórico*, no processo de interpretação, não se reveste de natureza absoluta nem traduz fator preponderante na definição do sentido e do alcance das cláusulas inscritas no texto da Constituição e das leis. Esse *método hermenêutico*, contudo, qualifica-se como expressivo elemento de útil indagação das circunstâncias que motivaram a elaboração de determinado texto normativo inscrito na Constituição ou nas leis, permitindo o *conhecimento das razões que levaram o legislador* a acolher ou a rejeitar as propostas submetidas ao exame do Poder Legislativo, (...) daí a importância, para fins de exegese, da análise dos debates parlamentares, cujo conhecimento poderá orientar o julgador no processo de interpretação jurídica, ainda que esse critério hermenêutico não ostente, como já acentuado, valor preponderante nem represente fator que vincule o juiz no desempenho de suas funções. (Voto Min. Celso de Mello. ADPF 153, 29.04.2010, pp.20-21); *(5.1) Em sentido contrário: desimportância das razões do legislador:* "Por mais nobres e defensáveis sejam os motivos que conduzem os legisladores, não se atém o controle de constitucionalidade a suas razões, mas à compatibilidade do ato legislado com as normas constitucionais." (Min. Carmem Lucia A. Rocha. ADI 4917 MC/DF. Mudanças das regras de distribuição de royalties. Decisão publicada em 18.03.2013, p.24) *(6) A vontade do legislador em matéria penal:* A interpretação teleológica ao dispositivo supramencionado revela que a *intenção do legislador* foi o de punir aqueles que buscam furtar-se ao cumprimento da pena alternativa." (HC 95.370, Rel. Min. Ricardo Lewandowski, 31-3-2009, Primeira Turma, DJE de 8-5-2009.); *(6.1) Em sentido contrário: interpretação sistemática do direito penal*. A adoção do princípio do ne bis in idem pelo ordenamento jurídico penal complementa os direitos e as garantias individuais previstos pela Constituição da República, cuja *interpretação sistemática* leva à conclusão de que o direito à liberdade, com apoio em coisa julgada material, prevalece sobre o dever estatal de acusar. Precedentes." (HC 86.606, Rel. Min. Cármen Lúcia, julgamento em 22-5-2007, Primeira Turma, DJ de 3-8-2007); *(7) A vontade objetiva das leis*. A lei vale por aquilo que nela se contém e que decorre, objetivamente, do discurso normativo nela consubstanciado, e não pelo que, no texto legal, pretendeu incluir o legislador, pois, em havendo divórcio entre o que estabelece o diploma legislativo ("mens legis") e o que neste buscava instituir o seu autor ("mens legislatoris"), *deve prevalecer a vontade objetiva da lei*, perdendo em relevo, sob tal perspectiva, a indagação histórica em torno da intenção pessoal do legislador. Esse entendimento que prosim, é incoerente atribuir o adjetivo de *ativista* às decisões judiciais que, apesar de não se fundamentarem em *cânones de interpretação*, não violam os valores supremos do regime democrático constitucional.

Quanto ao quinto sentido aplicado à noção de *ativismo judicial*, relativo ao *desvio das finalidades legais*, é decisivo que se tenha em conta que no Brasil até mesmo os *propósitos* das leis (ou seja, a propósitos eventualmente fixados pelo Legislador) precisam ser conformes com a Constituição. E que, ainda, todos os juízes têm autoridade constitucional para apreciar a constitucionalidade das leis, pois todos são juízes de direito constitucional. Não há juízes ordinários estritamente vinculados à legalidade no sentido, por exemplo, atribuído por

---

clama a *prevalência da vontade objetiva da lei* sobre a intenção do legislador reflete-se em preciso magistério doutrinário... (STF. AI 401337/PE – PERNAMBUCO. AGRAVO DE INSTRUMENTO. Relator(a).Min. CELSO DE MELLO); *(7.1) Em sentido contrário: qualquer lei deve ser interpretada.* "É plausível, em face do ordenamento constitucional brasileiro, o reconhecimento da admissibilidade das *leis interpretativas*, que configuram instrumento juridicamente idôneo de veiculação da denominada *interpretação autêntica*. As leis interpretativas – desde que reconhecida a sua existência em nosso sistema de direito positivo – não traduzem usurpação das atribuições institucionais do Judiciário e, em consequência, não ofendem o postulado fundamental da divisão funcional do poder. *Mesmo as leis interpretativas expõem-se ao exame e à interpretação* dos juízes e tribunais" (ADI 605-MC, Rel. Min. Celso de Mello, julgamento em 23-10-1991, Plenário, *DJ* de 5-3-1993.); (8) *Monopólio da última palavra.* "A força normativa da CR e o monopólio da última palavra, pelo STF, em matéria de interpretação constitucional. O exercício da jurisdição constitucional – que tem por objetivo preservar a supremacia da Constituição – põe em evidência a dimensão essencialmente política em que se projeta a atividade institucional do STF, pois, no processo de indagação constitucional, assenta-se a magna prerrogativa de decidir, em última análise, sobre a própria substância do poder. No poder de interpretar a Lei Fundamental, reside a prerrogativa extraordinária de (re)formulá-la, eis que a interpretação judicial acha-se compreendida entre os processos informais de mutação constitucional, a significar, portanto, que 'A Constituição está em elaboração permanente nos Tribunais incumbidos de aplicá-la'. Doutrina. Precedentes. A interpretação constitucional derivada das decisões proferidas pelo STF – a quem se atribuiu a função eminente de 'guarda da Constituição' (CF, art. 102, caput) – assume papel de essencial importância na organização institucional do Estado brasileiro, a justificar o reconhecimento de que o modelo político-jurídico vigente em nosso País confere, à Suprema Corte, a singular prerrogativa de dispor do monopólio da última palavra em tema de exegese das normas inscritas no texto da Lei Fundamental." (ADI 3.345, Rel. Min. Celso de Mello, julgamento em 25-8-2005, Plenário, DJE de 20-8-2010.). (8.1) *Em sentido contrário: sociedade aberta de intérpretes.* "Ação direta de inconstitucionalidade. Lei federal 11.516/2007. Criação do Instituto Chico Mendes de Conservação da Biodiversidade. Legitimidade da Associação Nacional dos Servidores do Ibama. (...) A democracia participativa delineada pela Carta de 1988 se baseia na generalização e profusão das vias de participação dos cidadãos nos provimentos estatais, por isso que é de se conjurar uma exegese demasiadamente restritiva do conceito de 'entidade de classe de âmbito nacional' previsto no art. 103, IX, da CRFB. A participação da sociedade civil organizada nos processos de controle abstrato de constitucionalidade deve ser estimulada, como consectário de uma sociedade aberta dos intérpretes da Constituição, na percepção doutrinária de Peter Häberle, mercê de o incremento do rol dos legitimados à fiscalização abstrata das leis indicar esse novel sentimento constitucional. In casu, a entidade proponente da ação sub judice possuir ampla gama de associados, distribuídos por todo o território nacional, e que representam a integralidade da categoria interessada, qual seja, a dos servidores públicos federais dos órgãos de proteção ao meio ambiente." (ADI 4.029, Rel. Min. Luiz Fux, julgamento em 8-3-2012, Plenário, DJE de 27-6-2012); (9) *Discricionaridade judicial ampla I:* O direito é uma prudência, no âmbito da qual não se encontram respostas exatas, senão uma multiplicidade de respostas corretas. (...) A Constituição diz o que nós, juízes desta Corte, dizemos que ela diz. Nós transformamos em normas o texto escrito da Constituição... Nós, aqui neste Tribunal, nós produzimos as normas que compõem a Constituição do Brasil hoje, agora. Nós é que, em derradeira instância, damos vida à Constituição, vivificamos a Constituição. E ela será do tamanho que a ela atribuirmos na amplitude dos nossos juízos. (STF. Reclamação 4219-SP. Informativo 458. DJ Nr. 230 do dia 30/11/2007, Min. Eros Grau); *(9.1) Discricionaridade judicial ampla II.* A interpretação, qualquer que seja o método hermenêutico utilizado, tem por objetivo definir o sentido e esclarecer o alcance de determinado preceito inscrito no ordenamento positivo do Estado, não se confundindo, por isso mesmo, com o ato estatal de produção normativa. Em uma palavra: o exercício de interpretação da Constituição e dos textos legais – por caracterizar atividade típica dos Juízes e Tribunais – não importa em usurpação das atribuições normativas dos demais Poderes da República. (Supremo Tribunal Federal. Agravo Regimental em Recurso Extraordinário n. 269.579-RS, de 26.09.2000).

Luigi Ferrajoli.[63] No Brasil, a atividade jurisdicional vincula-se *à teleologia do direito constitucional*. Nunca estão vinculados, exclusivamente, à *teleologia das leis* no sentido que a tese do *desvio das finalidades legais* parece sugerir. A *teleologia* do direito legislativo deve sempre convergir com o sistema de direitos constitucionais.[64] E essa convergência sempre pode ser apreciada em sede judicial, de modo que também por esse caminho é impróprio denominar de ativista a decisão judicial que, para proteger objetivos constitucionais, infirma de inconstitucionalidade um objetivo legal que viola objetivos constitucionais.

Há, por fim, uma última versão de *ativismo judicial* que merece muita atenção. Ela foi discutida por Ronald Dworkin e pode ser assim resumida:

> O ativismo é uma forma virulenta de pragmatismo jurídico. Um juiz ativista ignoraria o texto da Constituição, a história de sua promulgação, as decisões anteriores da Suprema Corte que buscaram interpretá-la e as duradouras tradições de nossa cultura política. O ativista ignoraria tudo isso para impor a outros poderes do Estado seu próprio ponto de vista sobre o que a justiça exige. O direito como integridade condena o ativismo e qualquer prática de jurisdição constitucional que lhe esteja próxima (DWORKIN 2007, p. 451-452).

Essa passagem de Dworkin faz lembrar o conhecido § 33 do Parecer 2/94, 28 Mar 1996, Colect., p. I-1759, do Tribunal de Justiça da União Europeia, onde se lê:

> Deve-se salientar a seguir, que, segundo jurisprudência constante, os direitos fundamentais são parte integrante dos princípios gerais de direito cujo respeito é assegurado pelo Tribunal de Justiça. Para este efeito o Tribunal de Justiça inspira-se nas tradições constitucionais comuns aos Estados-Membros, bem como nas indicações fornecidas pelos instrumentos internacionais para a proteção dos direitos do homem com os quais os Estados-Membro cooperam ou a que aderem (v. Acórdão de 18 Jun 1991, ERT, C-260/89, Colect., p. I-2925, n. 41). (Parecer 2/94, 28 Mar 1996, Colect., p. I-1759, n. 33)

Essas duas citações indicam que Juízes praticam *arbitrariedades* se desprezam os estatutos, a vontade das maiorias, os consensos teóricos, as tradições democráticas e republicanas. E no Estado de Direito não há como justificar as *arbitrariedades*. Toda forma de *arbitrariedade* é uma violação ao Direito. Todavia, mesmo neste caso é preciso refutar a adoção da expressão *ativismo judicial*. *Ativismo* é uma palavra que não designa *arbitrariedade*, em seu sentido próprio elaborado pelas ciências sociais. Atribuir o significado de *arbitrariedade* ao termo *ativismo* é uma grande perda de qualidade conceitual e de falta de responsabilidade teórica. É preciso lembrar que o *ativismo político* é prática protegida pelas liberdades cívicas fundamentais. E que tem profunda natureza republicana e democrática. Toda e qualquer associação entre *ativismo* e *arbitrariedade* é, deste ponto de vista, inadequada. Usado assim, o termo não pode explicar nem as

---

[63] Ferrajoli leciona que "diversa [*da discricionariedade legislativa*] é a discricionariedade judicial. (...) Seu espaço é circunscrito à sujeição à lei, e se limita, por isso, à interpretação das normas aplicadas: as normas constitucionais, pelos juízes constitucionais (...); as legislativas pelos juízes ordinários" (FERRAJOLI, 2007, p. 77, v. II, tradução nossa).

[64] Ilustrativo disso é o seguinte julgado: "Racismo. Abrangência. Compatibilização dos conceitos etimológicos, etnológicos, sociológicos, antropológicos ou biológicos, de modo a construir a definição jurídico-constitucional do termo. Interpretação teleológica e sistêmica da Constituição Federal, conjugando fatores e circunstâncias históricas, políticas e sociais que regeram sua formação e aplicação, a fim de obter-se o real sentido e alcance da norma" (Supremo Tribunal Federal. *Habeas Corpus* n. 82.424-RS, em 17.09.2003).

liberdades cívicas exercidas por lideranças políticas mobilizadoras, nem as arbitrariedades de autoridades judiciais.

Conclusões

As revisão conceitual anterior, ainda que aproximativa, fornece elementos suficientes para que se possa afirmar, com boas razões, que a expressão *ativismo judicial*, do modo como vem sendo usado pela teoria do direito, distanciou-se demasiadamente de seu uso original no âmbito das ciências sociais. Refutar o uso dessa expressão no âmbito da teoria do direito constitucional e dos direitos fundamentais é uma necessidade teórica, mas não equivale a referendar arbitrariedades judiciais.

Os esforços analíticos mobilizados para tornar inteligível o novo fenômeno da expansão – e também da justificação das funções judiciais expandidas – e, por conseguinte, do *empoderamento político* dos Tribunais, resultaram em estudos e teses apoiados em *categorias conceituais* (muitas das quais provisórias) *de análise*. Este artigo sustentou uma crítica a algumas dessas teorizações jurídicas. Seu objeto foi analisar, e também criticar, o específico emprego da categoria analítica conhecida como *ativismo judicial*, intensamente adotada para explicar esse *judicial empowerment* dos últimos anos. O trabalho procurou demonstrar que há uma influente linha doutrinária interessada nesse tema: a *doutrina do ativismo judicial*. Nesse conceito abrangente, o trabalho procurou enquadrar toda a produção intelectual que elegeu o *ativismo judicial* como objeto de análise. Uma importante característica dessa linha de interpretação é a tendência de explicar o ativismo judicial como *atitude individual criativa* ou como *abuso* de poder judicial. Os objetos preferidos desses estudos, portanto, são decisões judiciais classificadas de *ultra petita, contra legem* ou com efeitos *erga omnes*.

O artigo sustentou que o termo composto *"ativismo judicial"* é uma categoria de análise inadequada para o desenvolvimento de uma teoria brasileira da jurisdição constitucional, e que essa categoria conceitual se revela especialmente inadequada para explicar certos tipos específicos de decisões judiciais inovadoras e apontadas como conflitantes com a independência do Poder Legislativo e do Poder Executivo: as que têm como fundamento a proteção dos direitos fundamentais *a prestações normativas ou fáticas* em circunstância de evidente *omissão arbitrária* do sistema de governo. Na teoria sociológica, o vocábulo *ativista* foi melhor desenvolvido, o termo designa um tipo de comportamento, uma postura diante de uma questão política. Na literatura sobre movimentos sociais, origem do vocábulo, *ativista* é uma postura de lideranças que assumem o encargo de mobilizar e organizar grupos sociais, ou toda a sociedade, por meio de atos públicos (paralizações, manifestações, denúncias) na defesa de uma causa, progressista ou conservadora; de esquerda ou de direita. *Ativista*, portanto, é termo conhecido da literatura das ciências sociais e políticas (origem intelectual de Schlesinger) para descrever uma postura de enfrentamento, normalmente atribuída a lideranças operárias, estudantis e de movimentos em defesa de direitos civis

A tese aqui sustentada ganha mais importância, e melhor aplicação, no contexto brasileiro. É que Constituição brasileira (CRFB) vigente desde 1988 modificou intensamente a natureza política da atividade judicial e, portanto, o alcance do *Poder Jurisdicional*. Tais mudanças decorrem de dois rearranjos constitucionais muito discutidos no trabalho: (1) a inclusão de direitos constitucionais a prestações (normativas ou fáticas) na categoria dos direitos fundamentais; (2) a adoção de um novo modelo de relações constitucionais entre os Poderes da República que deve ser denominado de *modelo negativo-e-positivo de checks and balances*. As duas principais consequências dessas inovações foram: (2.1) que muitos direitos constitucionais objetivos a prestações que antes tinha mera eficácia negativa, agora geram *expectativas constitucionais imperativas* de sua concretização; (2.2) que nas relações entre Poderes, o Judiciário não tem mais, apenas, a clássica função de *veto player* dos atos normativos dos demais. Agora tem o dever constitucional de proceder como instituição controladora da *responsividade* das instituições *democráticas*. O aparecimento dessas novas espécies de expectativas – *imperativas* – de direitos explicitaram tanto a dimensão *responsiva* da representação democrática, quanto o modelo negativo-e-positivo das funções do Poder Judiciário na relação de equilíbrios que necessariamente deve existir entre os Poderes da República. É por isso que se pode afirmar que, no Brasil, em relação ao *direito legislativo*, há uma tradição diferente da existente nos Estados Unidos. Desde o início da República, não só por evolução jurisprudencial, mas também pelos diálogos interinstitucionais existentes entre os Poderes, como também por expressa disposição textual das leis votadas pelo Poder Legislativo, cabe ao Poder Judiciário apreciar a constitucionalidade das leis. Tal característica conduziu o sistema brasileiro a uma particular relação entre Jurisdição, Democracia e Constituição: uma relação de *supremacia constitucional* dependente de *densa argumentação constitucional*. A *interpretação* da Constituição é, portanto, como a entendemos aqui, parte do sistema brasileiro de *checks and balances*, pois a *representação argumentativa* é parte do conceito de democracia constitucional vigente no Brasil.

Na realidade, decisões judiciais *erradas* (CRFB, art. 5°, LXXV) não deveriam ser denominadas de *ativistas*. O *erro* pode sim ser denominado de ilícito ou de inconstitucionalidade. Mas não de *ativismo*. A decisão judicial que viola o direito ao igual tratamento das leis e dos Tribunais ou que viola uma Súmula Vinculante, em idêntico tema, deve ser considerada, simplesmente, como *inválida* e errada. O termo *ativista*, nesses contextos, em nada aprimora o entendimento do que é o direito, nem do que é o *ativismo*.

No que concerne às *sentenças aditivas*, alvo especial do discurso do ativismo judicial, o artigo evidenciou que as Cortes Constitucionais as admitem quando proferidas para integrar ou completar um regime jurídico previamente adotado pelo legislador, caso em que a adição é, na realidade, uma *especificação* ou uma *exceção* inferida de normas válidas e já aprovadas pelo processo legislativo. Também são aceitas quando a solução adotada pelo Tribunal incorpora *solução constitucionalmente obrigatória*, isto é, quando há um direito subjetivo constitucional à adição, associado à inviabilidade do seu exercício por causa de evidenciada omissão arbitrária do sistema de governo.

Isso tudo parece revelar que as decisões judiciais no Brasil não precisam seguir nenhum padrão rígido de fundamentação baseada em cânones teóricos de interpretação. Em vez disso, os juízes brasileiros devem (1) zelar pela guarda da Constituição, das leis e das instituições democráticas e conservar o patrimônio público (CRFB, art. 23, I); (2) manter relações harmônicas e independentes com os demais Poderes; (3) julgar todos os casos de lesão ou ameaça de lesão a direitos constitucionais (CRFB, art. 5º, XXXV); (4) proferir decisões públicas e fundamentadas (art. 97, IX). O modelo brasileiro de jurisdição veda a *arbitrariedade,* mas protege a *discricionaridade* jurisdicional exercida com *responsabilidade argumentativa.*

É preciso lembrar que o *ativismo político* é prática protegida pelas liberdades cívicas fundamentais. E que tem profunda natureza republicana e democrática. Toda e qualquer associação entre *ativismo* e *arbitrariedade* é, deste ponto de vista, inadequada. Usado assim, o termo não pode explicar nem as liberdades cívicas exercidas por lideranças políticas mobilizadoras, nem as arbitrariedades de autoridades judiciais. *Ativismo* é uma palavra que não designa *arbitrariedade,* em seu sentido próprio elaborado pelas ciências sociais. A teoria do dirieto deveria respeitar essa delimitação de significado. Atribuir o significado de conduta arbitrária ao termo *ativismo* é uma grande perda de qualidade conceitual, e de falta de responsabilidade teórica. Essa versão, por assim dizer, *republicana* da jurisdição constitucional, merece uma análise apartada e mais detida da comunidade científica.

Referências

Austin, J. (1869). *On Jurisprudence or The Philosophy of Positive Law.* 3th. Edição: Robert Campbell. Vol. I. London: John Murray.

Avila, R. A. (1987). Ativismo (Activismo). In: *Dicionário de Ciências Sociais,* edição: Benedicto Silva, 96-97. Rio de Janeiro: FGV.

Aguiar, L. (1983). Dogmatica y teoria juridica de los derechos fundamentales en la interpretacion de estos por el tribunal constitucional espanol. *Revista de Derecho Politico,* n. 18-19, 1983, p. 17-30.

Alexy, R. (2005). Balancing, constitutional review and representation. *International Constitutional Journal of Law* (OUP) (4), 572-581.

——. (2003a). Justicia como corrección. *Doxa : Cuadernos de Filosofía del Derecho,* 161-173.

——. (2003b). Constitutional rights, balancing and rationality. *Ratio Juris, 16* (2).

——. (2007). *Derechos sociales y ponderación.* Madrid: Fundación Coloquio Jurídico Europeo.

——. (2011). The dual nature of law. *Law of Ukraine,* (1), 39-50, Disponível em: http://pravoua.com.ua.

Allan, T.R.S. (2003). Constitutional Dialogue and the Justification of Judicial Review. *Oxford Journal Legal Studies,* 563-584.

Andrighi, F. N. (1997). A democratização da justiça. *Revista de Processo* 22, 179-184.

Barroso, L. R. (1995). A efetividade das normas constitucionais revisitada. *Revista de Direito da Procuradoria Geral do Rio de Janeiro,* (48), 60-98.

——. (2004a). O começo da história. A nova interpretação constitucional e o papel dos princípios no Direito brasileiro. In D. Rubio, J. Flores y S. de Carvalho, *Direitos humanos e globalização: fundamentos e possibilidades desde a teoria crítica.* Rio de Janeiro: Lumen Juris.

——. (2004b). Neoconstitucionalismo e constitucionalização do direito: o triunfo tardio do direito constitucional no Brasil. *Revista da Procuradoria Geral do Estado do Rio Grande do Sul 28,* (60), 27-66.

——. (2009). Judicialização, ativismo judicial e legitimidade democrática. *Atualidades Juridicas. Revista eletrônica do Conselho Federal da OAB, 4.*

Blackstone, W. (1765). *Commentaries on the law of the England.* Vol. 1. Oxford: Clarendon Press.

Cademartori, S. (2008). Controle da administração e legitimação judicial garantista. In F. J. R. O. Neto, J. N. M. Coutinho, O. Mezzaroba e P. T. Brandão *Constituição e Estado Social: os obstáculos à concretização da Constituição,* 337-357. São Paulo: Revista dos Tribunais; Coimbra Editora.

Canaris, C. W. (2009). *Direitos fundamentais e direito privado.* Tradução: Ingo W. Sarlet e Paulo Mota Pinto. Coimbra: Almedina.

——. (2003). *Direitos fundamentais e direitos privados.* Tradução: Ingo Wolfgang Sarlet e Paulo Mota Pinto. Lisboa: Almedina.

Canotilho, J. J. G. (2010). Direito Constitucional e Teoria da Constituição. Coimbra: Almedina.

Cappelletti, M. (1992). *O controle judicial de constitucionalidade das leis no direito comparado.* Tradução: Aroldo Plinio Gonçalves. Porto Alegre, RS: Sergio Antonio Fabris.

Carbonell, M. (Ed). (2008). *Democracia y garantismo.* Madrid: Trotta.

——. (Ed). (2009). *Neoconstitucionalismo(s).* 4a. Madrid: Trotta.

Courtis, C. (2007, 25 a 27 de abril). Politicas sociales, programas sociales, derechos sociales. Ideas para una construcción garantista. In *Seminario Internacional Candados y Derechos: proteción de programas sociales y construcción de ciudadania.* Ciudad de Mexico: PNUD.

Cover, R. M. (1982). The origins of judicial activism in the protection of minorities. *Faculty Scholarship Series. Paper 2704.* (Yale Law School). Disponivel em: http://digitalcommons.law.yale.edu/fss_papers/2704.

Corwin, E. S. (1928). The "Higher Law" – Background of American Constitutional Law. *Harvard Law Review 42*, 149-170.

Cross, F.; Lindquist S. (2006). The scientific study of judicial activism (Paper N. 06-23). *Vanderbilt Law and Economics Research*, disponível em: http://ssrn.com/abstract=939768.

Ely, J. H. (2010). Democracia e desconfiança: uma teoria do controle judicial de constitucionalidade. Tradução: Juliana Lemos. São Paulo: Martins Fontes.

Eskridge Jr., W. (1994). *Dynamic statutory intepretation.* Cambridge: Harvard University Press.

Dworkin, R. (2007a). *Levando os direitos a sério.* Tradução: Nelson Boeira. São Paulo: Martins Fontes.

—. (2007b). *O império do direito.* Tradução: Jefferson Luiz Camargo e revisão técnica Gildo Sá Leitão Rios. São Paulo: Martins Fontes.

Dahl, R. (1997). *Poliarquia: participação e oposição.* Tradução: Celso Mauro Paciornik. São Paulo: EdUSP.

Dimoulis, D.; Lunardi, S. G. (2011). Ativismo e autocontenção judicial no controle de constitucionalidade. In A. L. Fellet, D. G. Paula e M. Novelino, *As novas faces do ativismo judicial* (459-473). Salvador: Juspodium.

Dobrowolsky, S. (2010). A necessidade de ativismo judicial no estado contemporâneo. *Sequência 31*, 92-101.

Ferrajoli, L. (2007). Principia Iuris: teoria del diritto e della democrazia. 2 vols. Roma: Laterza.

Fiss, O. M. (1979). The forms of justice. *Harvard Law Review, 93* (1).

Guastini, R. (2001). La garantia de los derechos fundamentales en la Constitución italiana. In R. Guastini, *Estudios de teoria constitucional* (231-246). Instituto Bartolome de Las Casas.

Green, C. (2009). An intellectual history of judicial activism. *Emory Law Journal*, 1195-1264.

Haberle, P. (2003). *El estado constitucional.* Tradução: Hector Fix-Fierro. Vol. 47. Ciudad de Mexico: UNAM.

——. (2007). A sociedade aberta dos intérpretes da Constituição. *Direito Público*, (18), 54-79.

Hesse, K. (1991). *A força normativa da Constituição.* Tradução: Gilmar Ferreira Mendes. Porto Alegre: Sergio Antonio Fabris.

——. (1998). Elementos de Direito Constitucional da República Federal da Alemanha. Tradução: Luís Afonso Heck. Fabris.

Hirschl, R. (2004). Towards Juristocracy: the origins and consequences of the new constitutionalism. Harvard University Press.

Holmes, O. W.; Laski, H. (1963). Holmes-Laski letters: the correspondence of Mr. Justice Holmes and Harold J. Laski, 1916-1935. Vol. I. New York: Atheneum.

Kuhn, T. (1994). *A estrutura das revoluções científicas.* 3a. ed. Tradução: Beatriz V. Boeira e Nelson Boeira. São Paulo: Perspectiva.

Kelsen, H. (1990). *Teoria geral do direito e do estado.* Tradução: Luís Carlos Borges. São Paulo: Martins Fontes; Editora Universidade de Brasília.

Kirby, M. (2010a). A century of Jumbunna: interpretative principles and international law. Vol. 31. Adelaide Law Review.

——. (2010b). The constitution as a protector for fundamental rights. National Archives for Australia.

Kmiec, K. D. (2004). The origin and current meanings of "judicial activism". *California Law Review 92*, 1441-1477.

Lenin, V. I. (1969). *Que hacer?* Buenos Aires: Cartago. Tomo V.

Lipset, S. M. (1972). Juventud y politica. *Revista espanola de la opinion publica 29*, 7-27.

Llewellyn, K. (1949-1950). Remarks on the theory of appelate decision and the rules or canons about how statutes are to be construed. *Vanderbilt Law Review 3*, 395-406.

Navio Jupiter. HC 410 (Supremo Tribunal Federal, STF 12 de Ago de 1893).

Nonet, P. e Selznick, P. (1978). *Law and society in transition: toward responsive law.* New York: Octagon Books.

Muller, F. (2009). *O novo paradigma do direito: introdução à teoria e metódica estruturantes.* Tradução: Vários. São Paulo, SP: Revista dos Tribunais.

Maciel, D. A., e Koerner, A. (2002). Sentidos da judicialização da política: duas análises. *Lua nova, 57*, 113-133.

Marinoni, L. G. (2010). *Teoria Geral do Processo.* 3a. São Paulo: Revista dos Tribunais.

——; Arenhart, S. C. (2008). *Processo de conhecimento.* São Paulo, SP: RT.

Martel, L. C. V. (2005). Devido processo legal substantivo: razão abstrata, função e características de aplicabilidade – a linha decisória da Suprema Corte Estadunidense. Rio de Janeiro: Lumen Juris.

McWhinney, E. (1958). The Great Debate: Activism and Self-Restraint and Current Dilemmas in Judicial Policy-Making. *New York University Law Review 33*, 775-778.

Mendes, G. F. (2006). A reclamação constitucional no Supremo Tribunal Federal: algumas notas. *Direito Público, 12*, 21-47.

Minow, M. (2011). In Brown's Wake: Legacies of America's Educational Landmark. Oxford: Oxford University Press.

Outhwaite, W. (1992). Gadamer, Hans-Georg. In Q. Skinner, *As ciências humanas e os seus grandes pensadores*, tradução: Teresa Curvelo, 35-55. Lisboa: Dom Quixote.

Oldfather, C., Bockhorst, J. P., e Dimmer, B. P. (2010, 15 de julio). Judicial inaction in action? Toward a measure of judicial responsiveness. *Marquette University Law School Legal Studies – Research Paper Series*, (30).

Pozzollo, S. (2001). Neoconstituzionalismo e positivismo giuridico. Torino: Giappichelli.

Posner, R. (1999). *The federal courts: chalenge and reform.* Harvard University Press.

Sunstein, C. "Acuerdos carentes de una teoria completa en derecho constitucional". Recuperado de http://seminariogargarella. blogspot.com.br. Alicia Fernandez. 2010. http://seminariogargarella.blogspot.com.br/2010/05/seminario-2010-materiales.html

——. (2005). Radicals in Robes: why extreme right-wing Courts are wrong for America. Cambridge: Basic Books.

Sussekind, A. (2005). "As relações individuais e coletivas de trabalho na reforma do Poder Judiciário." *Revista do TST* (TST), *71* (2), 17-30.

Sutherland, J. G. (1896). *Statutes and statutory construction.* Callaghan and company.

——. (2007). *Statutes and Statutory Construction.* Edição: Norman J. Singer . New York: Clark Boardman Callaghan.

Savigny, F. C. V. (1867). *System of the modern law.* Vol. I. Madras: J. Higginbotham/Asylum Press.

Sarlet, I. W. (2009). As dimensões da dignidade da pessoa humana: construindo uma compreensão jurídico-constitucional necessária e possível. In I. W. Sarlet, *Dimensões da dignidade: ensaios de filosofia do direito e direito constitucional* (15-43). Porto Alegre: Livraria do Advogado.

——. (2010a). *A eficácia dos direitos fundamentais.* 10a. Porto Alegre: Livraria do Advogado.

——. (2010b). O Estado Social de Direito, a proibição de retrocesso e a garantia fundamental da propriedade. *Revista Eletrônica sobre a Reforma do Estado*, 1-23.

Scalia, A. (1995, Mar 8-9). "Common-law courts in a civil-law system: the role of United States Federal Courts in interpreting de Constitution and the laws." Recuperado de *www.tannerlectures.utah.edu.*. www.tannerlectures.utah.edu/lectures/documents/ scalia97.pdf

Scheppele, K. L. (2001). Democracy by Judiciary: why courts can sometimes be more democratic than parliaments. *Constitutional Courts.* Washington University, 1-35. Disponível em: http://law.wustl.edu.

Schlesinger, A. M. (1947, Enero). The Supreme Court: 1947. *Fortune.*

Silva, V. A. da. (2003). Princípios e regras: mitos e equivocos acerca de uma distinção. *Revista Latino-Americana de Estudos Constitucionais*, (1), 607-630.

——. (2010). Interpretação constitucional e sincretismo metodológico. In V. A. da Silva, *Interpretação constitucional.* São Paulo: Malheiros.

Silva, J. A. da. (1968). *Aplicabilidade das normas constitucionais.* São Pauo: Malheiros.

Strapazzon, C. L. (2011). Expectativas imperativas: categoria-chave para uma doutrina brasileira dos direitos fundamentais de seguridade social. *Anais do XX Congresso Nacional do CONPEDI* (CONPEDI), 8875-8900.

——. *Jurisdição constitucional – função da República: linhagens de uma teoria da interpretação evolutiva dos direitos fundamentais.* Florianópolis, 2011. 302 f. Tese (Doutorado em Direito). Centro de Pós-Graduação em Direito, Universidade Federal de Santa Catarina. Florianópolis, inédito.

——. (2009). Tratados internacionais, direitos fundamentais e liberdade individual: rupturas e evoluções em 60 anos de jurisprudência do Supremo Tribunal Federal. In Letícia de Campos Velho Martel, *Estudos contemporâneos de Direitos Fundamentais* (379-399). Rio de Janeiro: Lumen Juris.

Streck, L. (2002). Jurisdição constitucional e hermenêutica: uma nova crítica do direito. Porto Alegre: Livraria do Advogado.

——. (2011). Verdade e Consenso: Constituição, hermenêutica e teorias discursivas – Da possibilidade à necessidade de respostas corretas em direito. São Paulo: Saraiva.

Ruckert, J. (2006). *Friedrich Carl Von Savigny, the legal method and the modernity of law.* Edição: Paul Varul. Vol. XI. 1 vols. Tartu: Juridica International.

Rawls, J. (2000). A ideia de elementos constitucionais essenciais. In J. Rawls, *Liberalismo Político*, tradução: Dinah de Abreu Azevedo, São Paulo, SP: Atica, 2000.

Ramos, E. da S. (2010). *Ativismo Judicial: Parâmetros Dogmáticos.* São Paulo: Saraiva.

Robertson, D. (2010). The judge as political theorist: contemporary constitutional review. Princeton: Princeton University Press.

Tushnet, M. (2008). Weak Courts, Strong Rights: Judicial Review and Social Welfare Rights in Comparative Constitutional Law. Princeton: Princeton University Press.

Tate, C N. (1995). Why the expansion of Judicial Power?. In C. N. Tate e T. Vallinder (Eds.), *The global expansion of judicial power.* New York: New York University Press.

DIREITOS HUMANOS E FUNDAMENTAIS NA AMÉRICA DO SUL

Teubner, G. (1983). Substantive and reflexive elements in modern law. *Law and Society Review*, 239-285.

Teixeira, A. V. (2012). Ativismo Judicial: nos limites entre racionalidade jurídica e decisão política. *Revista Direito GV, 8* (1), 1-57.

Toobin, J. (2009, 25 de mayo). No more Mr. nice guy: the supreme court´s stealth hard-liner. *The New Yorker*. Disponível em: http://www.newyorker.com/reporting/2009/05/25/090525fa_fact_toobin?currentPage=1.

Vianna, L. W. (2011, 18 de mayo). A judicialização da política e a política. *Caderno Opinião. O Estado de São Paulo*.

——; Carvalho, M. A., Melo, M. P., e Burgos, M. B (1999). *A judicialização da política e das relações sociais no Brasil*. Rio de Janeiro, RJ: Revan.

Vieira, O. V. (2008). Supremocracia. *Revista Direito GV, 2* (4), 441-464.

Verissimo, M. P. (2006). A judicialização dos conflitos de justiça distributiva no Brasil: o processo judicial no pós-1988. USP.

Waldron, J. (2006). The Core of the Case Against Judicial Review. *The Yale Law Journal*, (115), 1346-1406.

Waluchow, W. (2010). Constitucionalismo. RDE – Revista de Direito e do Estado. Trad. Carlos Luiz Strapazzon, 14 (17-18), 91-114

Zagrebelsky, G. (2007). *El derecho ductil. Ley, derechos, justicia*. Tradução: Marina Gascón. Madrid: Trotta.

Parte III

TEMAS ESPECIAIS DE DIREITOS FUNDAMENTAIS, JUSTIÇA E SOCIEDADE DEMOCRÁTICA

— 9 —

La convención sobre los derechos de
as personas con discapacidad
¿Ante un nuevo paradigma de protección?

CHRISTIAN COURTIS[1]

Estas breves reflexiones se proponen contestar la siguiente pregunta: ¿constituye la recientemente adoptada Convención sobre los Derechos de las Personas con Discapacidad un nuevo paradigma en materia de reconocimiento de los derechos de las personas con discapacidad? Paso a exponer algunos argumentos al respecto, que tal vez tengan alguna utilidad a la hora de entender la estructura y alcance de la Convención y –lo que es más importante– a la hora de aplicarla.

1. En primer término, cabe comenzar por lo obvio: el "cambio de paradigma" más evidente consiste en el paso de una serie de instrumentos internacionales no obligatorios, o instrumentos de *soft law* (como el "Programa de Acción Mundial para las Personas con Discapacidad",[2] las "Directrices de Tallinn para el Desarrollo de los Recursos Humanos en la Esfera de los Impedidos",[3] las "Directrices para el Establecimiento y Desarrollo de Comités Nacionales de Coordinación en la Esfera de la Discapacidad u Órganos Análogos",[4] los "Principios para la Protección de los Enfermos Mentales y para el Mejoramiento de la Salud Mental"[5] y las "Normas Uniformes sobre la Igualdad de Oportunidades para las Personas con Discapacidad",[6] entre otros), por un tratado internacional, obligatorio para las naciones que lo ratifiquen y con mecanismos obligatorios de supervisión. No se trata de que no existieran previamente normas o estándares internacionales en materia de discapacidad, pero la adopción de la Convención supone el paso del "derecho modelo" o de los "estándares interpretativos no

---

[1] Officer do Alto Comissariado de Direitos Humanos Nações Unidas. Professor de Direito da Universidade de Buenos Aires, UBA, Argentina.

[2] Aprobada por la Resolución 37/52 de la Asamblea General de Naciones Unidas el 3 de diciembre de 1982.

[3] Aprobadas por la Resolución 44/70 de la Asamblea General el 15 de marzo de 1990.

[4] Aprobadas por la Resolución 46/96 de la Asamblea General el 16 de diciembre de 1991.

[5] Aprobadas por la Resolución 46/119 de la Asamblea General el 17 de diciembre de 1991.

[6] Aprobadas por la Resolución 48/96 de la Asamblea General el 20 de diciembre de 1993.

vinculantes", al derecho internacional vinculante, que se potencia en aquellos sistemas en los que el derecho internacional forma parte del derecho local.

2. En segundo término, cabe aclarar que la pregunta tiene mayor sentido si se dirige a la parte sustantiva de la Convención. Desde el punto de vista de los mecanismos de protección, la Convención ha adoptado sin mayores variaciones la solución de otras convenciones del sistema universal de protección de derechos humanos: la constitución de un Comité, al que se le asignan funciones tradicionales –la revisión de informes estatales periódicos, la posibilidad de escuchar peticiones individuales y de realizar investigaciones en caso de violaciones masivas, estas últimas dos a tenor del Protocolo Adicional también aprobado. Podría señalarse, ciertamente, alguna innovación en materia de obligaciones de producción de informacion (art. 31), cooperación internacional (art. 32) y de la obligación de previsión de organismos de seguimiento nacional (art. 33)– aunque estos rasgos también aparecían en instrumentos previos de *soft law*, como las Normas Uniformes sobre la Igualdad de Oportunidades de las Personas con Discapacidad. No me detendré aquí en esta cuestión.

3. En cuanto a la cuestión sustantiva, creo que al menos es útil efectuar dos ejercicios de comparación, a efectos de responder adecuadamente la pregunta. En primer lugar –para saber si nos encontramos frente a un instrumento novedoso en términos sustantivos–, cabe comparar la recientemente adoptada Convención con los instrumentos de *soft law* existentes hasta la fecha en materia de discapacidad. En segundo lugar, cabe comparar la Convención con el modelo que ofrecen otras convenciones internacionales en materia de derechos humanos. Creo que estas comparaciones permitirán arrojar alguna luz, en aras de contestar la pregunta que nos ocupa. A ellas dedicaré los próximos párrafos.

3.1. Comparemos, en primer lugar, la Convención con los instrumentos de *soft law* existentes hasta la fecha referidos a la discapacidad. Una dificultad metodológica que plantea esta comparación es que, de hecho, no hay completa homogeneidad entre los intrumentos de *soft law* adoptados. Esta dificultad se potencia porque –dada su naturaleza no vinculante– los instrumentos de *soft law* no se denuncian ni se "derogan", de modo que instrumentos de distinto tenor, potencialmente en tensión, permanecen "vigentes" simultáneamente. En efecto, puede decirse que mientras los primeros instrumentos adoptados a comienzos de la década de los 70s (como las llamadas –anacrónicamente– "Declaración de los Derechos del Retrasado Mental",[7] y "Declaración de los Derechos de los Impedidos"[8]) revisten un tono paternalista y asistencialista, es recién a partir de la adopción del ya mencionado Programa de Acción Mundial de 1982 cuando comienza a vislumbrarse un modelo en el que priman objetivos tales como la plena inclusión social, la vida independiente y la erradicación a las barreras a la participación. Cabe, de todos modos, señalar que el Programa de Acción Mundial y los instrumentos posteriores constituyen aún un compromiso conceptual entre el modelo social y el modelo médico de

---

[7] Proclamada por la Asamblea General en su resolución 2856 (XXVI), de 20 de diciembre de 1971.

[8] Proclamada por la Asamblea General en su resolución 3447 (XXX), de 9 de diciembre de 1975.

concepción de la discapacidad, de modo que siguen existiendo en esos instrumentos aproximaciones derivadas del modelo médico, que entiende a la discapacidad como desviación individual y negativa con respecto un parámetro de normalidad, y por ende ofrece una mirada inspirada en el modelo de la cura o reestabilización.[9] En todo caso, el Programa de Acción Mundial, e instrumentos posteriores como las Normas Uniformes marcan un corte con respecto al modelo previo –de modo que, si se quiere hablar de cambio paradigmático, estos instrumentos efectuaron uno con respecto a los anteriores.

Dicho esto, la pregunta pertinente es cómo se compara la presente Convención sobre los Derechos de las Personas con Discapacidad con los instrumentos de *soft law* desarrollados a partir del Programa de Acción Mundial de 1982. Pues bien, evaluada de manera general, la Convención no constituye una ruptura, sino un instrumento que mantiene la orientación marcada por el Plan de Acción Mundial y las Normas Uniformes. Pueden trazarse al respecto varias líneas de continuidad:

- en primer lugar –y aunque esto pueda parecer una simple formalidad– la propia Convención reconoce como antecedentes el Programa de Acción Mundial y las Normas Uniformes.[10] Más significativo aún es que no se refiera a documentos previos, como la Declaración de los Derechos del Retardado Mental o la Declaración de los Derechos de los Impedidos, ni siquiera a guisa de antecedente.

- en segundo lugar, la concepción de "persona con discapacidad" adoptada por la Convención,[11] sin innovar mayormente con respecto a los anteriores instrumentos mencionados, mantiene un cierto compromiso entre el modelo médico (se habla de "deficiencias") y el modelo social (se habla de barreras a la participación efectiva en la sociedad).

- en tercer lugar, tanto el diagnóstico como las soluciones normativas de la Convención son claramente tributarias del modelo social. Por un lado, la Convención señala el vínculo entre barreras sociales, exclusión y vulneración o limitaciones al pleno goce o ejercicio de derechos.[12] Por otro lado, instaura como finalidades, y operacionaliza como obligaciones para los Estados, la eliminación de barreras, de modo de hacer posible el ejercicio de derechos y la participación efectiva de las personas con discapacidad en condiciones de igualdad con los demás miembros de la sociedad.[13]

---

[9] Ver, al respecto, Colin Barnes, Mike Oliver y Len Barton (eds.), *Disability Studies Today*, Polity Press, Oxford, 2002; Lennard J. Davis, *Enforcing Normalcy: Disability, Deafness and the Body*, Verso, Londres, 1995; Anita Silvers, "Formal Justice", en Anita Silvers, David Wasserman y Mary B. Mahowald, *Disability, Difference, Discrimination. Perspectives on Justice in Bioethics and Public Policy*, Rowman & Littlefield, Lanham, Maryland, 1998, pp. 59-85. Puede verse una sucinta presentación en Christian Courtis, "Discapacidad e inclusión social", en Revista Nexos Nro. 322, México, 2004, pp. 31-37.

[10] Ver Convención sobre los Derechos de las Personas con Discapacidad, Preámbulo, inc. f.

[11] Ver Convención sobre los Derechos de las Personas con Discapacidad, Preambulo, inc. e, art. 1, *in fine*.

[12] Ver Convención sobre los Derechos de las Personas con Discapacidad, Preámbulo, inc. k.

[13] Ver, por ejemplo, Convención sobre los Derechos de las Personas con Discapacidad, Preámbulo, incs. e, i, o, v, y; arts. 1; 2 (que estipula definiciones claramente inspiradas en el modelo social, como la de "ajuste razonable"), 3 c, d, e, f; 4.1 e, f, g, h, i; 8; 9; 13; 14.2; 19; 20; 21; 24; 25; 26.1 b; 27 h, i; 28; 29; 30. La lista es meramente indicativa.

De modo que la Convención, al igual que los instrumentos de *soft law* previos, subraya el objetivo del acceso de las personas con discapacidad a diversas esferas sociales, como el empleo, la educación, los servicios de salud, la actividad política, los entornos urbanos, la cultura y recreación. Esto incluye, claro está, tanto la eliminación de barreras existentes, como la imposición de obligaciones de accesibilidad y diseño universal y obligaciones de ajuste o acomodamiento hacia el futuro. En esta línea, la Convención pone énfasis en el acceso –y en la promoción del desarrollo– de tecnologías de asistencia.[14]

- un cuarto elemento en el que puede percibirse cierta continuidad, en especial en relación con las Normas Uniformes, es el de participación de las organizaciones de personas con discapacidad en la propuesta, discusión, adopción y fiscalización de las decisiones y medidas que conciernan a las personas con discapacidad.[15]

Creo, con todo, que –amén de la distinta formulación y, en algunos casos, del mayor detalle de algunas de sus disposiciones en cuestiones ya incluidas en instrumentos de *soft law*– pueden señalarse algunos nuevos énfasis en la Convención, abordados oblicuamente o poco considerados por aquellos instrumentos. Me apresuro a aclarar que no se trata de rasgos incompatibles con el modelo o paradigma inaugurado a partir del Programa de Acción Mundial, sino de una mayor puntualización de ciertos componentes. Entre ellos, apuntaría los siguientes.

- de manera general, una formulación que sin abandonar completamente el lenguaje de los "principios" y las "metas a alcanzar", emplea de modo más decidido el lenguaje de los derechos. Mientras en instrumentos anteriores existían referencias aisladas a derechos, y el lenguaje empleado se inclinaba más bien por el de fijar metas y objetivos a los Estados, el texto de la Convención –que es un tratado de derechos humanos, y por ende consagra derechos para las personas– ha optado por reconocer derechos de manera más consistente.[16]

- el énfasis en el valor de la autonomía y vida independiente de las personas con discapacidad.[17] Destaca, por ejemplo, la formulación clara y en términos de derechos de un "derecho a vivir de forma independiente y a

---

[14] Ver, por ejemplo, Convención sobre los Derechos de las Personas con Discapacidad, arts. 4.1 f, g, h; 9.2 d, e, f, g, h; 9 1; 9.2; 20 a, b, d; 21 a, b, c, d; 24.3; 26.3; 29 a.ii; 30.1 a, b.

[15] Ver, por ejemplo, Convención sobre los Derechos de las Personas con Discapacidad; Preámbulo, inc. o; arts. 4.3; 29.b.ii; 31.3.

[16] En esto, la Convención contrasta con el lenguaje mucho más tibio de la Conveción Interamericana para la Eliminación de Todas las Formas de Discriminación contra las Personas con Discapacidad, en la que prima el lenguaje de las metas, las áreas de actuación y la ejemplificación de medidas a adoptar, sin que se reconozcan plenamente derechos en sentido estricto. Ver, al respecto, mi análisis crítico en Christian Courtis, "Los derechos de las personas con discapacidad en el Sistema Interamericano de Protección de los Derechos Humanos", en Claudia Martin, Diego Rodríguez-Pinzón y José A. Guevara B. (eds.), *Derecho Internacional de los Derechos Humanos*, Ed. Fontamara, Mexico, 2004, pp. 641-688, y la comparación en el apartado 3.2 *infra*.

[17] Ver, por ejemplo, Convención sobre los Derechos de las Personas con Discapacidad, Preámbulo, inc. n; arts. 3.a; 19; 20; 22; 25.c, d; 26.

ser incluido en la comunidad" (en el artículo 19) hecha por primera vez en un instrumento internacional.

- una articulación más explícita –aunque más compleja, y en ocasiones más intrincada– de los principios de igualdad de trato, de igualdad de oportunidades y de la prohibición de discriminación.[18] Si bien estos elementos no estaban ausentes de instrumentos de *soft law* anteriores –basta recordar el nombre de las Normas Uniformes para la Igualdad de Oportunidades para las Personas con Discapacidad–, lo cierto es que esta perspectiva que, como veremos más adelante, se inscribe en una de las actuales tendencias de formulación de los tratados de derechos humanos. No ha sido esta la excepción, de modo que diversas manifestaciones de este complejo conceptual atraviesan el texto de la Convención.

- el reconocimiento de la diversidad de las personas con discapacidad.[19] Este reconocimiento tiene manifestaciones diversas en la Convención: por un lado, se asume como valor la diversidad aportada por las personas con discapacidad a la sociedad; por otro lado, se destaca la diversidad de situaciones y exigencias dentro del colectivo de personas con discapacidad –y esto, aun, en dos niveles: entre distintas discapacidades, y entre distintas condiciones sociales, como el género, la niñez, la pobreza, la residencia en zonas rurales o la identidad indígena, en relación con la discapacidad.

- un último componente importante en la Convención, que probablemente requiera mayor elaboración teórica para poder ser plenamente compatibilizado con el modelo social de la discapacidad, pero que también reconoce cierta raigambre en los tratados de derechos humanos existentes, está relacionado con el señalamiento de necesidades especiales de protección debidas a la mayor exposición de segmentos del colectivo de personas con discapacidad a situaciones de vulnerabilidad, tales como la pobreza, la exclusión social, la interdicción de derechos, los conflictos armados y los desastres humanitarios, que agravan el riesgo de sufrir abusos.[20] Si bien este señalamiento no resulta necesariamente incompatible con otros valores establecidos en la Convención –como la valoración de la autonomía e independencia de las personas con discapacidad–, lo cierto es que se requiere alguna forma de articulación entre ellos, a efectos de evitar posibles tensiones, por ejemplo, entre paternalismo y autonomía.

3.2 El otro eje importante de comparación es el ofrecido por los demás tratados del sistema universal de derechos humanos –aunque también haré alguna breve referencia a un instrumento regional, la Convención Interamericana para la Eliminación de Todas las Formas de Discriminación contra las Personas

---

[18] Ver, por ejemplo, Convención sobre los Derechos de las Personas con Discapacidad, Preambulo h, r, y; arts. 1; 2; 3 b, e, g; 4.1 b, e; 5; 8; 10; 12.2; 13; 14.2; 15; 17; 18; 19 a, c; 21; 23; 24; 25; 27.1 a, b, c; 27.2; 28; 29; 30.

[19] Ver, por ejemplo, Convención sobre los Derechos de las Personas con Discapacidad, Preambulo, incs. i, m, p, q, r, s; arts. 3 d, g, h; 6, 7; 16.5; 18.2; 23.1 c; 23.2; 23.3; 23.4; 23.5; 24.2; 24.3; 24.5; 25.b.

[20] Ver, por ejemplo, Convención sobre los Derechos de las Personas con Discapacidad, Preámbulo, incs. j, p, q, t, x; arts. 11; 12.4; 14.2; 15; 16; 22; 23; 27.2; 28. Ver, en especial, art, 16.

con Discapacidad, por tratarse del único instrumento convencional previo dedicado a la discapacidad en materia de derechos humanos.[21]

Cabe, aquí, recoger varios criterios de comparación. En primer lugar, una pregunta pertinente es si la distinción entre derechos civiles y políticos, por un lado, y derechos económicos, sociales y culturales, por otro, es relevante para caracterizar a la Convención –de acuerdo, digamos, al eje de demarcación de los Pactos Internacionales de Derechos Civiles y Políticos y de Derechos Económicos, Sociales y Culturales.[22] La respuesta, al respecto, parece ser negativa –la Convención establece un listado de derechos que incluye el ejercicio de libertades, pero también el acceso a prestaciones y beneficios, y proyecta además sus consecuencias sobre la esfera privada, sin poner mayor énfasis en la distinción entre uno y otro tipo de derechos, y resaltando más bien las continuidades.[23] Con todo, debe decirse que el art. 4.2 mantiene la distinción de tratamiento de los derechos económicos, sociales y culturales, de acuerdo con la formulación del art. 2.1 del Pacto Internacional de Derechos Económicos, Sociales y Culturales –es decir, el principio de progresividad, y la adopción de medidas hasta el máximo de los recursos disponibles. Avanzando un poco en esa formulación, y recogiendo en parte la doctrina establecida por el Comité de Derechos Económicos, Sociales y Culturales, la cláusula reconoce, de todos modos, que existen obligaciones relacionadas con los derechos económicos, sociales y culturales que son aplicables de modo inmediato.[24] Un segundo comentario al respecto, que adelanto generará alguna perplejidad interpretativa, es el hecho de que la Convención contiene nuevas formulaciones de derechos –como el derecho a la acesibilidad (art. 9) y el derecho a vivir en forma independiente y a ser incluido en la comunidad (art. 19) que no encuadran claramente en la distinción entre derechos civiles y políticos y derechos económicos, sociales y culturales –de modo que, en no pocos casos, no es fácil saber a qué derechos de la Convención será aplicable el art. 4.2.

Más interesante aún es el hecho de que el Protocolo Adicional a la Convención no establece diferencias entre la justiciabilidad de unos y otros derechos en el terreno internacional –con lo que parece reforzarse la interdependencia e indivisibilidad de los derechos humanos, en general y en su aplicación a las personas con discapacidad.

Con todo, la comparación más relevante tiene que ver con el tipo de modelo adoptado con tratados internacionales posteriores, dedicados a la protección de los derechos de un colectivo específico, o bien al aseguramiento

---

[21] Obvio aquí, por cuestiones de espacio, la comparación con el Convenio 159 de la Organización Internacional del Trabajo, de alcance material mucho más acotado.

[22] Sobre esta cuestión, remito a Victor Abramovich y Christian Courtis, *Los derechos sociales como derechos exigibles*, Trotta, Madrid, 2da. Edición, 2004, Cap. I; Magdalena Sepúlveda Carmona, "La supuesta dicotomía entre los derechos civiles y políticos y los derechos económicos, sociales y culturales a la luz de la evolución de derecho internacional de los derechos humanos", en Christian Courtis, Denise Hauser y Gabriela Rodríguez Huerta (comps.), *Protección Internacional de Derechos Humanos. Nuevos desafíos*, Porrúa-ITAM, México, 2005, pp. 277-318.

[23] Ver, al respecto, Convención sobre los Derechos de las Personas con Discapacidad, Preámbulo, inc. c.

[24] Cfr. Comité de Derechos Económicos, Sociales y Culturales, Observación General Nro. 3, "La índole de las obligaciones de los Estados Parte (párrafo 1 del artículo 2 del Pacto)", (1990), párs. 1 y ss.

de la igualdad y no discriminación en el reconocimiento, goce y ejercicio de derechos humanos. Surgen, así, como posibles términos de comparación, los modelos ofrecidos por la Convención Internacional para la Eliminación de Todas las Formas de Discriminación Racial, la Convención sobre la Eliminación de Todas las Formas de Discriminación contra la Mujer, la Convención sobre los Derechos del Niño, y la Convención para la Protección de los Trabajadores Migrantes y sus Familias. Cabe comenzar diciendo que la reconducción de estos de estos instrumentos a un modelo conceptual determinado es un ejercicio de carácter heurístico, útil a efectos clasificatorios y de comprensión, pero difícilmente exhaustivo, porque al menos en los últimos tres tratados nombrados coexisten –aunque en distinta medida– rasgos que corresponden a modelos distintos. Aunque la cuestión requeriría una reflexión mucho más detenida, quiero sugerir aquí al menos algunas líneas de aproximación.[25]

En primer lugar, la Convención sobre los Derechos de las Personas con discapacidad no se limita a adoptar el modelo clásico antidiscriminatorio, reflejado por la Convención Internacional para la Eliminación de Todas las Formas de Discriminación Racial –que prohibe en general la discriminación en el reconocimiento, goce o ejercicio de todo derecho humano sobre la base de un factor determinado (en aquel caso, la raza), y obliga al Estado a adoptar medidas para erradicar la práctica de la discriminación en las esferas pública y privada. De modo que, si bien la Convención contiene rasgos de este modelo,[26] no se agota en ellos.

En segundo lugar, puede afirmarse que los instrumentos posteriores se hacen cargo en mayor medida de la complejidad de las nociones de igualdad y de la prohibición de discriminación, y del tipo de medidas necesarias para asegurar la igualdad y erradicar la discriminación. Este reconocimiento conceptual se refleja, sin embargo, en una variedad de abordajes, que en ocasiones resulta difícil reconducir de manera directa a un modelo antidiscriminatorio, aunque pueden establecerse las conexiones pertinentes. Un primer ejemplo al

---

[25] Sobre modelos conceptuales en materia de igualdad y no discriminación, puede verse María Ángeles Barrère Unzueta, Discriminación, *Derecho antidiscriminatorio y acción positiva a favor de las mujeres*, Civitas, Madrid, 1997, "Problemas del Derecho antidiscriminatorio: subordinación *versus* discriminación y acción positiva *versus* igualdad de oportunidades, en Revista Vasca de Administración Pública, N° 60, mayo-agosto 2001, pp. 145-166. e y "Igualdad y "discriminación positiva": un esbozo de análisis teórico-conceptual", en Andrés García Inda y Emanuela Lombardo (coords), *Género y derechos humanos*, Mira Editores, Zaragoza, 2002, pp. 15-34; Christian Courtis, "Legislación y políticas antidiscriminatorias en México: el inicio de un largo camino", en Gustavo Fondevila (comp.), *Instituciones, legalidad y Estado de derecho. En el México de la transición democrática*, Fontamara, México, 2006, pp. 167-200; Owen Fiss, "Grupos y la cláusula de la igual protección", en Roberto Gargarella (comp.), *Derecho y grupos desaventajados*, Barcelona, Gedisa, 1999, pp. 136-167; José García Añon, "Derechos sociales e igualdad", en Víctor Abramovich, María José Añón y Christian Courtis (comps.), *Derechos sociales: instrucciones de uso*, Fontamara, México, 2003, pp. 79-102; David Jiménez Gluck, *Una manifestación polémica del principio de igualdad. Acciones positivas moderadas y medidas de discriminación inversa*, Tirant lo Blanch, Valencia, 1999, pp. 57-85; Robert C. Post et alli, *Prejudicial Appearences. The Logic of American Antidiscrimination Law*, Duke University Press, Durham, 2001; Fernando Rey Martínez, *El derecho fundamental a no ser discriminado por razón de sexo*, McGraw-Hill, Madrid, 1995; Miguel Rodríguez Piñero y María Fernanda Fernández López, *Igualdad y discriminación*, Tecnos, Madrid, 1986; Roberto Saba, "(Des)igualdad Estructural", en Jorge Amaya (ed.), *Visiones de la Constitución, 1853-2004*, UCES, Buenos Aires, 2004, pp. 479-514.

[26] La definición de "discriminación por motivos de discapacidad", contenida en el art. 2 de la Convención, sigue la línea iniciada por la definición del art. 1.1 de la Convención Internacional para la Eliminación de Todas las Formas de Discriminación Racial –aunque, como veremos *infra*, agrega un elemento importante.

respecto es el ofrecido por la Convención sobre la Eliminación de Todas las Formas de Discriminación contra la Mujer: si bien el punto de partida desde el punto de vista normativo parece ser muy similar al de su antecedora en materia de discriminación racial, lo cierto es que el texto de esa Convención, bastante más compleja en su estructura, optó por la estrategia de identificar, en la lista de derechos ya reconocidos universalmente, una serie de áreas o situaciones en las que la discriminación contra la mujer constituía o constituye una práctica habitual, y las medidas a adoptar –o al menos la necesidad de adoptar medidas– para modificar esa situación. La Convención sobre los Derechos de las Personas con Discapacidad ha seguido también, en gran medida, este modelo, de modo que parte de su texto efectúa un camino parecido: identifica, en el listado de derechos reconocidos universalmente, situaciones en las que la discriminación contra las personas con discapacidad fue o sigue siendo notoria, y medidas a adoptar para superar esa situación. Pero –nuevamente– la Convención sobre los Derechos de las Personas con Discapacidad tampoco se agota aquí.

Un tercer rasgo importante, que puede ser rastreado tanto en la Convención de los Derechos del Niño, en la Convención sobre la Eliminación de Todas las Formas de Discriminación contra la Mujer, y en la Convención para la Protección de los Trabajadores Migrantes, está dado por el reconocimiento de relaciones de potenciación entre las situaciones de vulnerabilidad, falta de igualdad efectiva y discriminación, o entre la situación de vulnerabilidad y la existencia de obstáculos de hecho para el pleno ejercicio en términos igualitarios de derechos reconocidos. La técnica normativa adoptada en estos casos ha sido –más que la de la llana prohibición de discriminación– la imposición de la obligación del Estado de adoptar medidas de protección especial al colectivo que se enfrente a situaciones de vulnerabilidad. Ciertamente, no se trata del "núcleo duro" de la estrategia antidiscriminatoria, pero podría entendérsela como una estrategia de prevención contra la discriminación. Como ya lo he señalado en el apartado anterior, la Convención sobre los Derechos de las Personas con Discapacidad también toma elementos ligados con esta concepción. Y profundiza –como ya lo he señalado– una tendencia que ya aprecía reflejada tanto en la Convención sobre la Eliminación de Todas las Formas de Discriminación para la Mujer, en la Convención sobre los Derechos del Niño y en la Convención para la Protección de los Trabajadores Migrantes y sus Familias: la de identificar, dentro del colectivo cuyos derechos consagra la Convención, subgrupos particularmente expuestos a la potenciación de su situación de vulnerabilidad –por sumar o agregar varios factores de vulnerabilidad– y por ende suceptibles en mayor medida de sufrir discriminación –es lo que en ocasiones se denomina "discriminación múltiple". La Convención impone al Estado obligaciones de protección especial de los miembros de estos subgrupos –como las mujeres con discapacidad, los niños con discapacidad, los adultos mayores con discapacidad, o las personas con discapacidad que son víctimas de conflictos bélicos o de desastres naturales.

Un cuarto elemento, tampoco exento de dificultades conceptuales, está dado por lo que podríamos denominar exigencias del reconocimiento del valor de la diversidad o diferencia como contenido específico del abordaje antidiscriminatorio. Este rubro incluiría el derecho a la consideración de necesidades especiales, o de diferencias específicas, o –visto desde el ángulo de las obligaciones estatales– el deber de ajustar la satisfacción de derechos a necesidades específicas de las personas a quienes se les reconocen diferencias con respecto a un parámetro estadístico mayoritario o hegemónico. Este rasgo tampoco esta ausente de algunos tratados anteriores. Así, por ejemplo, la preocupación por los derechos reproductivos y la maternidad aparece reflejada en la Convención sobre la Eliminación de Todas las Formas de Discriminación contra la Mujer. En alguna medida, la consideración del desarrollo gradual de la madurez y de la autonomía del niño generan un tratamiento de este tipo en la Convención sobre los Derechos del Niño. El art. 27 del Pacto de Derechos Civiles y Políticos y, en general, los instrumentos que reconocen derechos de minorías étnicas, lingüísticas, religiosas y culturales, entre ellos los derechos de los pueblos indígenas –como el Convenio 169 de la Organización Internacional del Trabajo– también constituyen ejemplos de esta noción. Pues bien, la Convención sobre los Derechos de las Personas con Discapacidad abreva de modo especialmente importante en este modelo. Una lista no exhaustiva de ejemplos puede dar cuenta de ello: la Convención incluye el derecho a vivir de forma independiente y a ser incluido en la comunidad,[27] la meta de asegurar que las personas con discapacidad gocen de movilidad personal con la mayor independencia posible,[28] la meta de incluir adaptaciones en el sistema educativo regular para asegurar la inclusión de las personas con discapacidad,[29] la consideración de las necesidades de habilitación, rehabilitación[30] y de salud[31] de las personas con discapacidad, el reconocimiento de la identidad cultural, de derechos lingüísticos y del derecho de obtener información en lenguas y formatos accesibles para las personas con discapacidades sensoriales,[32] las adaptaciones necesarias en ejercicio del derecho al voto.[33] En general, esta prescripción es operacionalizada en la Convención a través de la noción de "ajuste razonable",[34] que impone adaptar el medio –laboral, educativo, sanitario– a las exigencias y necesidades de las personas con discapacidad. También aquí es importante la idea de diversidad dentro del colectivo, ya que existen subgrupos con necesidades específicas. Y aún más: la noción de "ajuste razonable" supone la consideración de necesidades específicas individuales, más allá de que puedan reconducirse a rasgos grupales comunes.

Un último elemento sobre el cual quiero llamar la atención también está presente en otros tratados que asumen el ideal antidiscriminatorio –en particular la Convención Internacional para la Eliminación de Todas las Formas

---

[27] Ver Convención sobre los Derechos de las Personas con Discapacidad, art. 19.

[28] Ver Convención sobre los Derechos de las Personas con Discapacidad, art. 20.

[29] Ver Convención sobre los Derechos de las Personas con Discapacidad, art. 24.1; 24.2.

[30] Ver Convención sobre los Derechos de las Personas con Discapacidad, art. 26.

[31] Ver Convención sobre los Derechos de las Personas con Discapacidad, art.25 b.

[32] Ver Convención sobre los Derechos de las Personas con Discapacidad, arts. 21; 24.3; 24.4; 30.4.

[33] Ver Convención sobre los Derechos de las Personas con Discapacidad, art. 29 a.

[34] Cfr. la definición en Convención sobre los Derechos de las Personas con Discapacidad, art. 2; ver también arts. 5.3; 13.1, 14.2; 24.2 c; 27.1 i.

de Discriminación Racial, y la Convención sobre la Eliminación de Todas las Formas de Discriminación contra la Mujer. Se trata de la imposición al Estado de la adopción de medidas proactivas para modificar un *statu quo* que se considera alejado del deber ser que prescribe la Convención.[35] En general, se ha identificado –correctamente– esta dimensión con las llamadas medidas de acción afirmativa o positiva.[36] Pero la concreción de este ideal de modificación de un *statu quo* existente e insatisfactorio no se agota en esas medidas. Ya en el contexto de los dos tratados antidiscriminatorios mencionados antes, se impone al Estado también la obligación proactiva de erradicar los prejuicios y estereotipos vigentes, que arraigan y reproducen la discriminación.[37] Es importante subrayar que este tipo de obligaciones impuestas al Estado se dirige no sólo, ni principalmente, a modificar los estereotipos y prejuicios vigentes entre los agentes públicos, sino fundamentalmente los vigentes en el ámbito del mercado y la sociedad civil, es decir, entre agentes privados. La Convención sobre los Derechos de las Personas con Discapacidad retoma y profundiza este componente.[38]

Creo, sin embargo, que la innovación mayor que establece la Convención en este campo, en comparación con instrumentos convencionales anteriores, es un modelo caracterizado por el mandato de transformación de entornos, instalaciones, bienes y servicios de inaccesibles y excluyentes en entornos, instalaciones, bienes y servicios accesibles e incluyentes. Se trata de lo que podría denomirse paradigma de la accesibilidad y del diseño universal, traducido jurídicamente en la obligación estatal de adoptar medidas de modificación del entorno físico y comunicativo –del ya existente, y de los patrones de su producción hacia el futuro.[39] La imposición de obligaciones de ajuste razonable, adecuadas a las necesidades individuales de las personas con discapacidad, también puede verse a través de este prisma. Como dije antes, estas nociones ya estan presentes en instrumentos no obligatorios relativos a la discapacidad, pero prácticamente no aparecen articulados de modo consistente en tratado alguno de derechos humanos del sistema universal. Cabe resaltar aquí que el objetivo fundamental de este modelo no se limita a su aplicación al Estado, al sector público, o a agentes estatales: el deber estatal de imponer la accesibilidad se extiende a entornos, instalaciones, bienes y servicios privados.

Como balance, de lo dicho, podría afirmarse que la Convención sobre los Derechos de las Personas con Discapacidad profundiza en un modelo antidiscriminatorio complejo, en el que se superponen distintas concepciones acerca

---

[35] Al respecto, ver Convención sobre los Derechos de las Personas con Discapacidad, Preámbulo, incs. k, p, q, t.

[36] Ver Convención Internacional para la Eliminación de Todas las Formas de Discriminación Racial, art 2.2; Convención sobre la Eliminación de Todas las Formas de Discriminación contra la Mujer, art. 4; Convención sobre los Derechos de las Personas con Discapacidad, art. 5.4.

[37] Ver Convención Internacional para la Eliminación de Todas las Formas de Discriminación Racial, arts. 2.1 d, e, art. 7; Convención sobre la Eliminación de Todas las Formas de Discriminación contra la Mujer, art. 5.

[38] Ver Convención sobre los Derechos de las Personas con Discapacidad, especialmente art. 8.

[39] Ver Convención sobre los Derechos de las Personas con Discapacidad, especialmente arts. 9 y 21. Ver también Preámbulo, incs. e, k, v; arts. 24.3; 24.4; 29 a.i; 30.1; 30.5 c, d. Ver también las referencias ya efectuadas a la noción de "ajuste razonable".

de la igualdad y de la discriminación.[40] Intentaré deslindar sucintamente algunos de los niveles que incorpora este modelo antidiscriminatorio complejo –sin pretender, ni mucho menos, agotar la cuestión.

Un primer nivel está vinculado con la protección contra abusos, violencia o explotación basadas sobre la condición de discapacidad, o potenciadas por la suma de discapacidad y otros factores de vulnerabilidad.

Un segundo nivel está relacionado con el aseguramiento de la igualdad de trato en aquellos casos en los que la discapacidad constituye un factor de diferenciación en detrimento de las personas con discapacidad –es decir, con el efecto de limitar, restringir o menoscabar derechos reconocidos universalmente.

Un tercer nivel está relacionado con el aseguramiento de igualdad de oportunidades, y esto parece abrir dos frentes distintos. El primero es el reconocimiento de la diversidad y de las necesidades especiales de las personas con discapacidad como condición para el goce de igualdad de oportunidades –de modo que, en este sentido, la falta de consideración de estas diferencias, es decir, la homogenización excluyente a partir de parámetros mayoritarios o hegemónicos, constituiría una denegación de la igualdad de oportunidades y por ende, un caso de discriminación. Esta conclusión aparece explícitamente mencionada en la definición de "discriminación por motivos de discapacidad" incluida en el art. 2 de la Convención.[41]

El segundo es el reconocimiento de que el *statu quo* ha sido configurado de modo excluyente hacia las personas con discapacidad, y que la igualdad de oportunidades sólo puede obtenerse asegurando la erradicación de barreras físicas y comunicacionales que tienen el efecto de impedir a las personas con discapacidad el pleno ejercicio de derechos reconocidos universalmente. Es decir, de acuerdo a esta noción, el mantenimiento del *statu quo* o –visto de modo complementario– el incumplimiento de obligaciones de tornar accesibles entornos previamente inaccesibles, y de comenzar a producir entornos accesibles hacia el futuro, constituiría una forma de discriminación. Esta última conclusión, sin embargo, no aparece de manera explícita en la Convención, aunque creo que puede reconstruirse si se tiene en cuenta el tenor del art. 9. En efecto, dicho artículo establece un nexo directo entre la plena participación en todos los aspectos de la vida y la accesibilidad:

> A fin de que las personas con discapacidad puedan vivir en forma independiente y participar plenamente en todos los aspectos de la vida, los Estados partes adoptarán medidas pertinentes para asegurar el acceso de las personas con discapacidad, en igualdad de condiciones con las demás, al entorno físico, al transporte, la información y las comunicaciones, incluidos los sistemas y las tecnologías de la información, y a otros servicios e instalaciones abiertos al público o de uso

---

[40] Ver la definición de "discriminación por motivo de discapacidad" contenida en el art. 2, y en especial art. 5. Pero toda la Convención subraya el goce de derechos en condiciones de igualdad con las demás personas.

[41] Ver Convención sobre los Derechos de las Personas con Discapacidad, art. 2, párrafo 3, *in fine*: "Incluye todas la formas de discriminación, entre ellas, *la denegación de ajustes razonables*". El énfasis es mío. Ver también art. 5.3: "A fin de promover la igualdad y eliminar la discriminación, los Estados Partes adoptarán todas las medidas pertinentes para asegurar la realización de ajustes razonables".

público, tanto en zonas urbanas como rurales. Estas medidas, que incluirán la identificación y eliminación de obstáculos y barreras de acceso, se aplicarán, entre otras cosas, a:

a. Los edificios, las vías públicas, el transporte y otras instalaciones exteriores e interiores como escuelas, viviendas, instalaciones médicas y lugares de trabajo;

b. Los servicios de información, comunicaciones y de otro tipo, incluidos los servicios electrónicos y de emergencia.[42]

Creo, por mi parte, que la limitación de la fórmula incluida en la definición de "discriminación por motivos de discapacidad" y en el art. 5.3 a los ajustes razonables, sin mención del cumplimiento de obligaciones de accesibilidad, ha pecado de estrecha –tal vez por falta de claridad conceptual para diferenciar entre obligaciones de accesibilidad y diseño universal, que son de carácter genérico, y obligaciones de ajuste razonable, que son de carácter individual. Ello no impide llegar a la misma conclusión por vía interpretativa, ya que la Convención ofrece suficientes elementos para ello.

Para finalizar esta sección, dedicaré unas líneas a comparar la Convención sobre los Derechos de las Personas con Discapacidad con un instrumento regional previo, la Convención Interamericana para Eliminar Todas las Formas de Discriminación contra las Personas con Discapacidad. He de decir que, aun reconociendo el carácter pionero de la Convención Interamericana, su contenido es claramente superado por la recientemente adoptada Convención. La Convención Interamericana tiene un carácter híbrido: mientras declara ser un instrumento antidiscriminatorio, poco avanza en ese sentido, más allá de adoptar una definición al respecto. Se trata de un instrumento que señala simplemente objetivos generales y medidas ilustrativas que el Estado debe adoptar, sin especificar obligaciones claras, y mucho menos reconocer derechos. La Convención sobre los Derechos de las Personas con Discapacidad es mucho más rica, detallada y abarcadora, e identifica con mayor claridad derechos de las personas con discapacidad y obligaciones del Estado. Cuenta además, a partir del Protocolo Adicional, de un mecanismo de justiciabilidad internacional del que carece la Convención Interamericana. A tenor del principio *pro homine* habrá de estarse, entonces, en caso de ratificación conjunta de ambos instrumentos por el mismo Estado, por la aplicación de la Convención internacional –salvo prueba de mejor protección de la regional para alguna hipótesis concreta.[43]

4. Para terminar este trabajo, quisiera mencionar algunas dificultades conceptuales con las que se enfrentará la aplicación local de la Convención en México, abogando por una pronta modificación de los criterios vigentes en

---

[42] Cfr. Convención sobre los Derechos de las Personas con Discapacidad, art. 9.1. Igualmente importantes al respecto son las obligaciones impuestas al Estado por el art. 9.2, que incluye "(d)esarrollar, promulgar y supervisar la aplicación de normas mínimas y directrices sobre la accesibilidad de las instalaciones y los servicios abiertos al público o de uso público" (inc. a) y "(a)segurar que las entidades privadas que proporcionan instalaciones y servicios abiertos al público o de uso público tengan en cuenta todos los aspectos de su accesibilidad para las personas con discapacidad" (inciso b).

[43] Sobre el principio *pro homine*, ver Mónica Pinto, "El principio *pro homine*. Criterios hermenéuicos y pautas para la regulación de los derechos humanos", en Martín Abregú y Christian Courtis (comps.), *La aplicación de los tratados sobre derechos humanos por los tribunales locales*, Ed. Del Puerto-CELS, Buenos Aires, 1997, pp. 163-171.

esos campos, si se pretende que la Convención –que, a nivel internacional contó con el decidido impulso de las autoridades mexicanas– tenga efectos reales sobre los derechos y sobre la inclusión social de las personas con discapacidad a nivel doméstico. Me limito a consignar algunas dificultades, sin mayor espacio para abundar sobre ellas.

En primer lugar, hasta que no se aclare concluyentemente la jerarquía constitucional de los tratados en México, en especial con respecto a la ley federal, será difícil que los jueces mexicanos apliquen directamente la Convención. Más allá de la cuestión técnica de la jerarquía normativa de los tratados internacionales, la aplicación doméstica de la Convención tendrá pocas perspectivas en la medida en que las judicaturas federal y local no reciban un entrenamiento específico relativo a la aplicación doméstica de los tratados internacionales de derechos humanos. Queda en este campo mucho trabajo por hacer en México.

En segundo lugar, la legislación federal y gran parte de la legislación estatal en la materia no están en línea ni con el modelo, ni con los mandatos establecidos en la Convención. La Ley General de las Personas con Discapacidad, y la inmensa mayoría de sus equivalentes estatales, siguen un modelo asistencialista, paternalista, que vincula la discapacidad con problemas de salud y que ha escatimado la imposición de obligaciones a agentes estatales y privados en materia de accesibilidad, diseño universal, inclusión social y vida independiente. Amén de no imponer obligaciones claras a agentes públicos y privados, tampoco ofrece a los supuestos beneficiarios de la ley –las personas con discapacidad– mecanismos de reclamo por el incumplimiento de los principios, metas u obligaciones fijadas en la ley. La concreción de obligaciones y su cumplimiento quedan libradas a la discrecionalidad de las autoridades políticas. Urge, por ende, una importante modificación legislativa para cumplir con los deberes impuestos por la Convención.

En tercer lugar, mientras siga vigente en México la doctrina según la cual los derechos sociales, los derechos a prestaciones, los derechos a la modificación del *statu quo* en favor de la igualdad de oportunidades de los grupos socialmente postergados, son derechos de carácter programático, dirigidos a habilitar la actividad de las autoridades políticas pero no a conceder título para reclamar ante los jueces por inactividad o defectuoso cumplimiento por parte de esas autoridades, la Convención correrá la misma suerte que las cláusulas constitucionales que consagran derechos sociales en México –es decir, se convertirá casi en letra muerta. La operatividad real de la Convención requerirá o bien superar esa doctrina, o bien extraer las obligaciones instauradas en la Convención del campo de aplicación de esa doctrina.

En cuarto lugar, la Convención difícilmente podrá ser aplicada en el ámbito interno mienstras se mantenga el actual anacronismo e inadecuación de los mecanismos procesales de protección de derechos fundamentales –en especial, la relativa al vetusto régimen del juicio de amparo. Anoto algunas cuestiones que deben ser superadas y que son particularmente relevantes en materia de derechos de las personas con discapacidad. En primer lugar, los efectos perniciosos de la denominada fórmula Otero en materia de legitimación para interponer el amparo y de efectos del amparo. La restricción de la legitimación al caso de agravio individual y exclusivo es particularmente negativo en caso de incumplimiento de obligaciones de accesibilidad, dado que por definición, en esos casos la damnificada es toda la clase de personas en la misma situación –por ejemplo, todas las personas con movilidad física reducida que no puedan acceder a un edificio. Como nadie está en condiciones de reclamar un daño exlusivo, la persistencia de la llamada fórmula Otero hará improcedente el amparo en estos casos. Lo mismo sucede con el requisito del efecto relativo de la sentencia: en materias tales como la accesibilidad, el efecto beneficia por definición a la clase entera. Sería absurdo que una orden judicial ordenara hacer accesible un edificio sólo para quien interpuso el amparo, y no para el resto de las personas con movilidad reducida. En el mismo sentido, la Convención tendrá pocas posibilidades de tener algún impacto importante si se mantiene la limitación de la procedencia del amparo a actos de autoridad pública: como dije antes, el campo en el que se requiere prioritariamente el cumplimiento de obligaciones de accesibilidad es el del sector privado –de modo que, mientras no exista una acción de tutela de derechos fundamentales entre particulares, ese campo quedará exento de control jurisdiccional, y ello redundará en menores posibilidades de que las propias personas con discapacidad, o las organizaciones que las representen, reclamen sus derechos por vía judicial. Por último, la ya mencionada y tradicional exclusión del amparo de la tutela de derechos sociales, y en especial de aquellos derechos que imponen obligaciones de dar prestaciones o de hacer, constituye una seria dificultad para lograr la aplicación interna de la Convención.

La última dificultad a la que haré referencia está vinculada con el régimen federal mexicano. Mientras la autoridad que ratifica los tratados en México es la autoridad federal, el hecho es que gran parte de las obligaciones que emanan de la Convención corresponden –de acuerdo al reparto de competencias que hace la Constitución de los Estados Unidos de México– al orden de las entidades federativas, y aún al orden municipal. Así, por ejemplo, las obligaciones en materia de accesibilidad del entorno urbano, educación, salud, accesibilidad comunicativa de información pública, etcétera– corresponde totalmente, o en buena parte, a autoridades no federales. Esto plantea serias dificultades, ya que las autoridades de las entidades federativas y la de los municipios no tienen experiencia alguna en la aplicación doméstica de tratados internacionales, y los jueces locales tampoco tienen experiencia en supervisar la aplicación de obligaciones que surgen de tratados internacionales y que deben ser ejecutadas por autoridades locales. Hasta que no exista alguna forma de coordinación, por la cual las autoridades federales supervisen y promuevan el cumplimiento de los compromisos internacionales adoptados por México por parte de las autoridades de las entidades federativas y las municipales cuando la materia corresponda a su competencia, la Convención tendrá pocas posibilidades de impactar de modo real en la vida y en los derechos de las personas con discapacidad que viven en el territorio mexicano.

— 10 —

El emergente derecho humano al agua y al saneamiento en derecho internacional

GONZALO AGUILAR CAVALLO[1]

SUMARIO: Introduccion; 1. Evolución del derecho humano al agua y el saneamiento; 1.1. De lo político a lo jurídico; 1.1.1. El desarrollo político y la transición a lo jurídico; 1.1.2. Los fundamentos jurídicos; 1.2. El contenido normativo del derecho humano al agua; 2. La Resolución 64/292 y la práctica posterior de los Estados; 2.1. La formación de la costumbre y la influencia de las resoluciones de la Asamblea General; 2.2. La conducta subsecuente; Conclusión.

> *For people to live their lives in dignity, it is important to fulfil not only their civil and political rights, but also their economic, social and cultural rights. President Roosevelt rightly included "freedom from want" among his famous four freedoms.*[2]

Introduccion

El 16 de julio de 2010, Mikhail Gorbachev ex líder de la antigua Unión Soviética y uno de los fundadores de una de las grandes organizaciones internacionales abocada al medio ambiente y el desarrollo sustentable (Green Cross International), afirmó en el New York Times que "hay una enorme voluntad política e ímpetus popular detrás del movimiento para declarar formalmente el agua limpia y segura y el saneamiento como derechos humanos. Debemos asir este momento y traducir nuestro entusiasmo en una legislación sólida y vinculante y en acción al nivel nacional e internacional, comenzando con el esperado voto en Naciones Unidas este mes".[3]

Doce días más tarde, el 28 de julio de 2010, la Asamblea General de la Organización de las Naciones Unidas (en adelante, la ONU) adoptó por una

---

[1] Abogado (Chile), Doctor en Derecho (España), Magister en Relaciones Internacionales (España), Master en Derechos Humanos y Derecho Humanitario (Francia). Postdoctorado en el Max Planck Institute for Comparative Public Law and International Law (Heidelberg, Alemania). Profesor de Derecho de la Universidad Andrés Bello (Santiago, Chile).

[2] Statement by Maxime Verhagen, Minister of Foreign Affairs of the Kingdom of the Neteherlands, at the 7th session of the Human Rights Council, Geneva, 3 March 2008.

[3] Gorbachev, Mikhail: "The Right to Water", New York Times, July 16, 2010. Available at: http://www.nytimes.com/2010/07/17/opinion/17iht-edgorbachev.html [Visited on 01/24/2012] T. del A.

amplia mayoría de votos a favor y sin ningún voto en contra, la resolución 64/292 relativa al derecho humano al agua y al saneamiento. En efecto, por primera vez en la historia, los Estados del orbe, reunidos en el más importante foro mundial, reconocían a través de una Resolución de la Asamblea General la existencia del derecho humano al agua y al saneamiento.

Este reconocimiento ha tenido un impacto político, social y jurídico significativo, pero sin duda las consecuencias normativas del mismo están por producirse en los años a venir. Además, uno de los efectos más destacados que se han producido a nivel local, regional y mundial es el impacto simbólico que este reconocimiento del agua y el saneamiento como derecho humano produce en las personas, en la opinión mundial. El reconocimiento onusiano del agua y el saneamiento como derechos humanos, qué duda cabe, representa un paso más en el proceso ascendente de la humanización del Derecho.

En derecho internacional se reconocen tres fuentes formales principales, los tratados internacionales, la costumbre internacional y los principios generales de derecho. Otra fuente muy relevante del derecho internacional está constituida por las decisiones judiciales.[4] En derecho internacional no se reconoce jerarquía entre las diversas fuentes del derecho, aun cuando la práctica pueda conducir, en ocasiones, a una cierta priorización de las mismas. Este trabajo se concentra en el ámbito de la costumbre internacional.

En este artículo utilizaremos la expresión derecho humano al agua y derecho humano al saneamiento. Por derecho al agua entenderemos "el derecho de todos a disponer de agua suficiente, salubre, aceptable, accesible y asequible para el uso personal y doméstico. Un abastecimiento adecuado de agua salubre es necesario para evitar la muerte por deshidratación, para reducir el riesgo de las enfermedades relacionadas con el agua y para satisfacer las necesidades de consumo y cocina y las necesidades de higiene personal y doméstica".[5] En tanto, el derecho al saneamiento se puede definir como "un sistema para la recogida, el transporte, el tratamiento y la eliminación o reutilización de excrementos humanos y la correspondiente promoción de la higiene. Los Estados deben garantizar, sin discriminación, que toda persona tenga acceso, desde el punto de vista físico y económico, al saneamiento, en todas las esferas de la vida, que sea inocuo, higiénico, seguro, aceptable desde el punto de vista social y cultural, proporcione intimidad y garantice la dignidad".[6]

---

[4] "Artículo 38. 1. La Corte, cuya función es decidir conforme al derecho internacional las controversias que le sean sometidas, deberá aplicar: a. las convenciones internacionales, sean generales o particulares, que establecen reglas expresamente reconocidas por los Estados litigantes; b. la costumbre internacional como prueba de una práctica generalmente aceptada como derecho; c. los principios generales de derecho reconocidos por las naciones civilizadas; d. las decisiones judiciales y las doctrinas de los publicistas de mayor competencia de las distintas naciones, como medio auxiliar para la determinación de las reglas de derecho, sin perjuicio de lo dispuesto en el Artículo 59. 2. La presente disposición no restringe la facultad de la Corte para decidir un litigio *ex aequo et bono*, si las partes así lo convinieren." Estatuto de la Corte Internacional de Justicia.

[5] Committee on Economic, Social and Cultural Rights: General Comment N. 15 (2002). The right to water (arts. 11 and 12 of the International Covenant on Economic, Social and Cultural Rights). U.N. Doc. E/C.12/2002/11, 20 January 2003, par. 2.

[6] Committee on Economic, Social and Cultural Rights: *Statement on the Right to Sanitation*. U.N. Doc. E/C.12/2010/1, 19 November 2010, par. 8; Human Rights Council: Report of the independent expert on the issue of human rights obligations related to access to safe drinking water and sanitation, Catarina de Albuquerque. U.N. Doc. A/HRC/12/24, 1 July 2009, par. 63.

Este trabajo se enfoca en el emergente derecho al agua y al saneamiento en derecho internacional y examina la pregunta siguiente: ¿puede considerarse la Resolución 64/292 como una etapa significativa en el proceso formativo del derecho humano al agua y al saneamiento como una norma consuetudinaria?

En primer lugar, examinaremos los principales hitos o etapas que han marcado el proceso evolutivo que ha seguido el derecho humano al agua y al saneamiento en la esfera internacional. En una segunda parte, analizaremos el proceso mismo de la Resolución 64/292, la actitud de los Estados miembros de las Naciones Unidas y los actos estatales posteriores o atribuibles al Estado que han acompañado a la mencionada Resolución.

1. Evolución del derecho humano al agua y el saneamiento

En el conocido Informe Ksentini de 1994 se sostenía que el medio ambiente, el desarrollo, la democracia y los derechos humanos eran cuestiones claves que caracterizaban el fin del siglo XX en cuanto ponen en entredicho el establecimiento de un orden donde los derechos humanos puedan ser plenamente realizados.[7] A la luz de los problemas que arroja el acceso al agua potable y al saneamiento, se podría replicar que estas cuestiones cruciales siguen actualmente vigentes. La mayor parte de los trabajos que abordan el derecho al agua y al saneamiento comienzan por exponer unas cifras desoladoras que azotan al mundo del siglo XXI en relación con el acceso al agua potable y al saneamiento y las consecuencias para la población derivadas de la escasez o falta absoluta de agua potable.

Respecto del agua, la gran mayoría del agua dulce en el mundo es consumida por la agricultura (70%) y la industria (20%) y sólo una pequeña parte es destinada al uso doméstico (10%). Incluso en un mundo globalizado, muy tecnologizado e hiperconectado,[8] mil quinientos millones de personas no tienen acceso al agua potable, cifra que se espera que aumente a cinco mil millones en 2025.[9] Además, la escasez de acceso al agua dulce se refleja en el aumento de los procesos de desalinización a nivel mundial.

---

[7] Review of Further Developments in Fields with which the Sub-Commission has been concerned: Human Rights and the Environment: Final report prepared by Mrs. Fatma Zohra Ksentini, Special Rapporteur. 6 July 1994, U.N. Doc. E/CN.4/Sub.2/1994/9 and UN Doc. E/CN.4/Sub.2/1994/Corr.1.

[8] "La mundialización se caracteriza principalmente por una integración cada vez mayor de las economías nacionales a escala mundial. Entre los mecanismos a través de los cuales se transmiten esos procesos figuran los regímenes jurídicos y económicos contemporáneos que rigen el comercio, la inversión y las finanzas internacionales. Las instituciones y los agentes más importantes que motivan esos procesos son las empresas transnacionales (ETN) y las instituciones prestatarias multilaterales tales como el Banco Mundial y el Fondo Monetario Internacional (FMI) así como la OMC. Los principios fundamentales de la mundialización son reducir el papel que desempeña el Estado, privatizar la empresa pública y desreglamentar y liberalizar la economía. Esos procesos están teniendo consecuencias de gran alcance para la realización y mejor promoción y protección de los derechos humanos sobre la base de un marco internacional bien establecido que comienza con la Declaración Universal de Derechos Humanos." Subcomisión de Promoción y Protección de los Derechos Humanos: *La mundialización y sus consecuencias para el pleno disfrute de los derechos humanos*. Informe final presentado por J. Oloka-Onyango y Deepika Udagama, de conformidad con la decisión 2000/105 de la Subcomisión. Doc. N.U. E/CN.4/Sub.2/2003/14, 25 de junio de 2003, par. 4.

[9] Vid. *Primer Informe de las Naciones Unidas sobre el Desarrollo de los Recursos Hídricos en el Mundo: "Agua para Todos, Agua para la Vida"*. UNESCO Publishing/Berghahn Books, Marzo de 2003; *Segundo Informe de las Na-*

De acuerdo con un informe conjunto entre el Fondo de Naciones Unidas para la Infancia (en adelante, UNICEF) y la Organización Mundial de la Salud (en adelante, OMS) de 2009, "casi 1 billón de personas carece de acceso a fuentes de agua potable mejorada y muchos hogares no tratan o acumulan en forma segura sus provisiones de agua. El acceso rural a fuentes de agua potable mejorada permanece bajo, y mucha gente que usa una fuente de agua mejorada todavía debe caminar largas distancias para ir a buscar el agua, reduciendo de ese modo la cantidad recolectada. Mientras la cobertura es más alta en las zonas urbanas, el aumento de la población plantea un desafío creciente para aumentar la cobertura de agua potable mejorada. La falta de agua potable también tiende a restringir las prácticas de higiene personal, incluyendo el lavado de manos".[10]

Las dificultades en el acceso al agua potable tienen una incidencia directa en la conservación de la vida, de la salud de las personas y el derecho a gozar de una vida digna. Del mismo modo, la falta o la dificultad de acceso al agua potable y al saneamiento produce un impacto inmediato en el acceso a la alimentación, a la vivienda, a la seguridad y libertad personal, al goce de la propia vida cultural, y al goce de un medio ambiente sano, entre otros derechos básicos.

Cada día más de treinta mil personas mueren de enfermedades vinculadas al consumo de agua insalubre. Del mismo modo, la escasez del agua y la dificultad de acceso al agua potable y al saneamiento inciden con especial énfasis en ciertos grupos de población, a la sazón, los más vulnerables y marginalizados.[11] Entre estos grupos se cuentan los niños, las mujeres, los pobres, los ancianos, los indígenas y afrodescendientes, los de clases sociales marginadas. En cuanto a los niños, "[s]egún el reporte del 2009 de la Organización Mundial de la Salud y de UNICEF, cada día, 24.000 niños mueren en los países en desarrollo por causas que se pueden prevenir como la diarrea producto de agua contaminada. Esto significa que muere un niño cada tres segundos y medio".[12]

---

ciones Unidas sobre el desarrollo de los recursos hídricos en el mundo: "El agua, una responsabilidad compartida". UNESCO Publishing/Berghahn Books, 2006; Tercer Informe de las Naciones Unidas sobre el desarrollo de los recursos hídricos en el mundo: "El agua en un mundo en cambio". UNESCO Publishing/Earthscan, 2009; The 4th edition of the World Water Development Report (WWDR4), 'Managing Water under Uncertainty and Risk'. UNESCO Publishing/Earthscan, 2012.

[10] UNICEF/WHO: Diarrhoea: Why children are still dying and what can be done. New York and Geneva: The United Nations Children's Fund (UNICEF)/World Health Organization (WHO), 2009, p. 19; OMS/UNICEF: Informe sobre la evaluación mundial del abastecimiento de agua y el saneamiento en 2000. Ginebra, 2000, p. 1.

[11] Committee on Economic, Social and Cultural Rights: General Comment N. 15 (2002). The right to water (arts. 11 and 12 of the International Covenant on Economic, Social and Cultural Rights). U.N. Doc. E/C.12/2002/11, 20 January 2003, par. 12; "Non-discrimination is an inherent feature of human rights thinking and thus also of the human right to water. Although all human beings are entitled to safe water at a reasonable distance from their home, special attention should be given to marginalised and vulnerable groups who are most often those who lack access to improved water and sanitation or who are affected worst by an inadequate water supply." Björklund, G. and Sjödin, J. (eds): "The Human Right to Water and Sanitation. Securing Access to Water for Basic Needs", Swedish Water House Policy Brief Nr. 8 (2010).

[12] UNICEF/WHO: Diarrhoea: Why children are still dying and what can be done. New York and Geneva: The United Nations Children's Fund (UNICEF)/World Health Organization (WHO), 2009, p. 19; World Health Organization: "Safe Water, Better Health". WHO, Geneva, 2008, http://www.who.int/quantifying_ehimpacts/publications/saferwater/en/index.html [Accessed February 2012]; Black, R.E., Morris, S. and Bryce, J.: 'Where and Why are 10 Million Children Dying Every Year?', in The Lancet, Vol. 361, N° 9376, 28 June 2003, pp. 2226-2234.

En relación con las mujeres, en sólo un día, más de 200 millones de horas del tiempo de las mujeres se consumen para recolectar y transportar agua para sus hogares, lo cual acarrea potenciales peligros para su seguridad e integridad psíquica y física.

Desde el punto de vista del saneamiento, la situación es aún mucho peor porque afecta a más de 2.500 millones de personas, quienes viven sin instalaciones sanitarias adecuadas, lo que contribuye a la muerte anual de 1,5 millones de niños por enfermedades relacionadas con la falta de salubridad.[13] La actual Relatora Especial sobre el derecho humano al agua y el saneamiento, en su Informe del año 2009, afirmó que "[e]l saneamiento, más que muchos otras cuestiones de derechos humanos, evoca el concepto de la dignidad humana; se debe considerar la vulnerabilidad y la vergüenza que tantas personas experimentan cada día cuando, una vez más, se ven obligadas a defecar al aire libre, en un cubo o una bolsa de plástico. Es lo indigno de esta situación lo que causa vergüenza".[14]

La situación de crisis de agua o estrés hídrico queda confirmada en el Continente americano con los continuos reportes que se reciben a propósito de las consecuencias nefastas para el hombre debido a la falta de agua. Sin embargo, esta situación contrasta con los informes que indican que América Latina posee las mayores reservas de agua dulce del planeta. Una explicación posible de este fenómeno consiste en la frecuente afirmación de que la escasez de agua releva de un problema de gestión eficiente del agua, más que de disponibilidad real del líquido vital.[15] Uno de los casos recientemente informados se refiere a Paraguay.[16]

El impacto que actualmente tiene la crisis del agua en las diversas regiones del mundo ha provocado que se acuñen términos tales como hidrocidio,[17] guerras del agua, apartheid del agua,[18] refugiados del agua, obscena comodificación del agua,[19] estrés hídrico, zonas bajo presión hídrica, etc.

---

[13] UNICEF/WHO: *Diarrhoea: Why children are still dying and what can be done.* New York and Geneva: The United Nations Children's Fund (UNICEF)/World Health Organization (WHO), 2009.

[14] Consejo de Derechos Humanos: *Informe de la Experta independiente sobre la cuestión de las obligaciones de derechos humanos relacionadas con el acceso al agua potable y el saneamiento*, Catarina de Albuquerque. Doc. U.N. A/HRC/12/24, 1° de julio de 2009, par. 55.

[15] "El consumo de agua per cápita aumenta (debido a la mejora de los niveles de vida), la población crece y en consecuencia el porcentaje de agua objeto de apropiación se eleva. Si se suman las variaciones espaciales y temporales del agua disponible, se puede decir que la cantidad de agua existente para todos los usos está comenzando a escasear y ello nos lleva a una crisis del agua. Por otro lado, los recursos de agua dulce se ven reducidos por la contaminación." *Primer Informe de las Naciones Unidas sobre el Desarrollo de los Recursos Hídricos en el Mundo: "Agua para Todos, Agua para la Vida"*. UNESCO Publishing/Berghahn Books, Marzo de 2003, p. 8.

[16] "El país vive una de las peores sequías de su historia y hasta un 60% de las cosechas se han perdido. Los más afectados son unos 250.000 pequeños agricultores que podrían quedarse sin alimentos." BBC Mundo: "La tragedia seca de Paraguay", en El Mostrador, 20 de Febrero de 2012. Disponible en: http://www.elmostrador.cl/noticias/mundo/2012/02/20/la-tragedia-seca-de-paraguay/ [Visitado el 20/01/2012]

[17] Lundqvist, Jan: "Avert Looming Hydrocide", in *Ambio*, Vol. 27, N° 6, Sep 1998.

[18] Gorbachev, Mikhail: "The Right to Water", New York Times, July 16, 2010. Available at: http://www.nytimes.com/2010/07/17/opinion/17iht-edgorbachev.html [Visited on 01/24/2012]

[19] "Water, which falls out of the sky for free and which everyone needs, was obscenely commodified by the Thatcherites. You don't even have to be a Marxist to agree that there is something fundamentally wrong about water being sold off in order for global conglomerates to make even more profits from hard-pressed ordinary people." Neil, Clark: "Renationalise English Water", The Guardian, 31 January 2012. Available at: http://www.guardian.co.uk/commentisfree/2012/jan/31/renationalise-english-water [Visited on 01/24/2012]

En el caso del derecho humano al agua y al saneamiento, quizás se ha producido algo curioso. El contenido normativo del mencionado derecho humano, su sentido y alcance se ha desarrollado en derecho internacional con anterioridad a que existiera siquiera un reconocimiento formal expreso del mismo. Este es un caso paradojal en donde el reconocimiento del derecho ha surgido con posterioridad al desarrollo normativo de sus contornos, fronteras y limitaciones o restricciones.

1.1. De lo político a lo jurídico

El derecho humano al agua y al saneamiento ha cumplido con las etapas clásicas en el proceso de creación institucional del derecho internacional. Desde hace décadas, la comunidad internacional –esto es, los Estados apoyados y estimulados poderosamente por la sociedad civil y el conjunto de expertos y académicos- han ido expresando en forma creciente y cada vez más clara su deseo de reconocer este derecho humano. Esto último se ha visto potenciado por un ambiente de preocupación nacional e internacional respecto de las cada vez mayores dificultades de acceso al agua potable, el saneamiento y la higiene. A continuación me referiré brevemente a este proceso de tránsito de lo político a lo jurídico para luego abordar algunos de los fundamentos jurídicos tenidos en cuenta para reconocer estos derechos.

1.1.1. El desarrollo político y la transición a lo jurídico

El camino que ha conducido al reconocimiento del derecho humano al agua y al saneamiento en el ámbito internacional ha sido constante y creciente. Los Estados, a través de sus órganos oficiales, han manifestado en forma repetida una preocupación respecto al acceso humano al agua y al saneamiento. Los acuerdos políticos y diplomáticos que se han realizado en la esfera universal y regional relativa a la protección y preservación del agua dulce son sin duda el reflejo incipiente de una conciencia y de una voluntad clara de establecer una regla mínima respecto de la conservación del agua y de su manejo eficiente en beneficio del ser humano, del medio ambiente que lo rodea y del desarrollo sustentable.[20]

Las declaraciones políticas realizadas individualmente y colectivamente por los Estados en orden a enfatizar la protección y preservación del agua dulce se han sucedido de manera recurrente en las últimas cuatro décadas.[21]

---

[20] Según Dupuy "évoquant l'ambiguïté de leur statut comme l'imprécision de leur portée, on s'est mis à parler d'une "soft law", dont la traduction en français souligne la contradiction voulue dans les termes: droit "mou", souple sinon invertébré, droit "vert" parce qu'encore inabouti, bref, droit pas encore obligatoire!» Dupuy, Pierre-Marie: *Droit international public*. Paris: Dalloz, 6e édition, 2002, p. 383; En este sentido, la Conferencia Internacional sobre el Agua y el Medio Ambiente de Dublín, en 1992, estableció, entre otros, el siguiente Principio N.° 1: «El agua dulce es un recurso finito y vulnerable, esencial para sostener la vida, el desarrollo y el medio ambiente». Vid. *Primer Informe de las Naciones Unidas sobre el Desarrollo de los Recursos Hídricos en el Mundo: "Agua para Todos, Agua para la Vida"*. UNESCO Publishing/Berghahn Books, Marzo de 2003, p. 5.

[21] 1972, Conferencia de las Naciones Unidas sobre el Medio Humano, Estocolmo: "Hemos llegado a un momento en la historia en que debemos orientar nuestros actos en todo el mundo atendiendo con mayor cuidado a las consecuencias que puedan tener para el medio." (Declaración de la Conferencia de las Naciones

Unidas sobre el Medio Humano); 1977, Conferencia de las Naciones Unidas sobre el Agua, Mar del Plata: "[...] relativamente poca importancia se le ha dado a la evaluación sistemática de los recursos hídricos. El tratamiento y la recopilación de datos también han sido seriamente olvidados."(Recomendación A: Evaluación de los recursos hídricos, Plan de Acción Mar del Plata (PAMP)); 1981-1990, Decenio Internacional del Agua Potable y del Saneamiento Ambiental: "A pesar del fracaso para lograr muchos de los objetivos establecidos, se aprendió mucho de la experiencia de la década del agua y el saneamiento [...] hubo una mayor conciencia de la importancia de dar enfoques globales y equilibrados a los problemas ligados al agua y al saneamiento específicos de cada país. Lo más importante, quizás, fue darse cuenta de que, para conseguir este objetivo establecido a principios de la década, haría falta mucho más tiempo y dinero de lo que se pensó en un principio." (Choguill C., Franceys R., Cotton A.: *Planning for water and sanitation.* 1993); 1990-2000, Comienzo de la Década Internacional para la Reducción de los Desastres Naturales; 1990, Cumbre Mundial en favor de la Infancia, Nueva York: "Fomentaremos la provisión de agua potable para todos los niños en todas las comunidades y la creación de redes de saneamiento en todo el mundo." (20.2. Declaración mundial sobre la supervivencia, la protección y el desarrollo del niño); 1990, Consulta mundial sobre el Agua potable y el Saneamiento ambiental para la década de los 90, Nueva Delhi: "El agua potable y los medios adecuados de eliminación de desechos [...] deben ser el eje de la gestión integrada de los recursos hídricos." (El medio ambiente y la Salud, Declaración de Nueva Delhi: "Compartir el Agua en forma más equitativa"); 1992, Conferencia de las Naciones Unidas sobre Medio Ambiente y Desarrollo (Cumbre de la Tierra), Río de Janeiro: "establecer una alianza mundial nueva y equitativa mediante la creación de nuevos niveles de cooperación entre los Estados, los sectores claves de las sociedades y las personas." (Declaración de Río sobre el Medio Ambiente y el Desarrollo), "Una ordenación global del agua dulce [...] y la integración de planes y programas hídricos sectoriales dentro del marco de la política económica y social nacional son medidas que revisten la máxima importancia entre las que se adopten en el decenio de 1990 y con posterioridad." (Programa 21, Sección 2, Capítulo 18, 18.6); 1992, Conferencia Internacional sobre Agua y Medio Ambiente, Dublín: "Principio N. 1: El agua dulce es un recurso finito y vulnerable, esencial para sostener la vida, el desarrollo y el medio ambiente; Principio N. 2: El aprovechamiento y la gestión del agua debe inspirarse en un planteamiento basado en la participación de los usuarios, los planificadores y los responsables de las decisiones a todos los niveles; Principio N. 3: La mujer desempeña un papel fundamental en el abastecimiento, la gestión y la protección del agua; Principio N. 4: El agua tiene un valor económico en todos sus diversos usos en competencia a los que se destina y debería reconocérsele como un bien económico. (Principios Rectores. Declaración de Dublín sobre el Agua y el Desarrollo Sostenible); 1994, Conferencia Internacional de las Naciones Unidas sobre Población y Desarrollo, El Cairo: "Conseguir que los factores demográficos, ambientales y de erradicación de la pobreza se integren en las políticas, planes y programas de desarrollo sostenible." (Capítulo III – relaciones entre la población, el crecimiento económico sostenido y el desarrollo sostenible, C- Población y Desarrollo, Plan de Acción); 1994, Conferencia Ministerial sobre Abastecimiento de Agua Potable y Saneamiento Ambiental, Noordwijk: "Asignar una mayor prioridad a los programas destinados a proveer los sistemas básicos de saneamiento y de evacuación de excrementos en las zonas urbanas y rurales." (Programa de Acción); 1995, Cuarta Conferencia Mundial de las Naciones Unidas sobre la Mujer, Beijing: "Garantizar la disponibilidad y el acceso universal al agua apta para el consumo y el saneamiento e instalar sistemas eficaces de distribución pública lo antes posible." (Declaración y Plataforma de Acción de Beijing); 1995, Cumbre Mundial sobre Desarrollo Social, Copenhague: "Orientaremos nuestros esfuerzos y nuestras políticas a la tarea de superar las causas fundamentales de la pobreza y atender a las necesidades básicas de todos. Estos esfuerzos deben incluir el suministro de [...] agua potable y saneamiento." (Capítulo I – Resoluciones aprobadas por la Cumbre, Segundo compromiso, b. Declaración de Copenhague); 1996, Cumbre Mundial sobre la Alimentación, Roma: "Combatir las amenazas ambientales a la seguridad alimentaria, sobre todo la sequía y la desertificación, [...] restablecer y rehabilitar la base de recursos naturales, con inclusión del agua y las cuencas hidrográficas, en las zonas empobrecidas y excesivamente explotadas a fin de conseguir una mayor producción." (Plan de Acción, Objetivo 3.2, Declaración de Roma sobre la seguridad alimentaria mundial); 1996, Segunda Conferencia de las Naciones Unidas sobre los Asentamientos Humanos (Hábitat II), Estambul: "Promoveremos asimismo la creación de entornos salubres, en especial mediante un abastecimiento adecuado de agua potable y la ordenación eficaz de los desechos." (Declaración de Estambul sobre los Asentamientos Humanos, Programa Hábitat, 10); 1997, Primer Foro Mundial del Agua, Marrakech: "[...] reconocer las necesidades básicas de tener acceso al agua potable y al saneamiento, establecer un mecanismo eficaz para la gestión de aguas compartidas, apoyar y conservar los ecosistemas, promover el uso eficaz del agua [...]." (Declaración de Marrakech); 1990-2000, Fin de la Década Internacional para la Reducción de los Desastres Naturales; Marzo 2000, Declaración del Milenio de Naciones Unidas: "Decidimos [...] reducir, para el año 2015 [...] a la mitad el porcentaje de personas que carezcan de acceso a agua potable o que no puedan costearlo." (Declaración del Milenio de las Naciones Unidas, 19.); Marzo 2000: "7 desafíos: Satisfacer las necesidades básicas, Asegurar el suministro de alimentos, Proteger los ecosistemas, Compartir los recursos hídricos, Valorar el agua, Administrar el agua de modo responsable" (Declaración Ministerial sobre la Seguridad Hídrica en el Siglo XXI); Marzo 2000, Segundo Foro Mundial sobre el Agua, La Haya: "- Involucrar a todos los grupos de interés en una gestión integrada; – Tarificación de los

Un ejemplo notable de esto último lo constituye la declaración del Ministro de Asuntos Exteriores de los Países Bajos, Maxime Verhagen, en 2008, ante el Consejo de Derechos Humanos de la ONU.[22]

Estas declaraciones efectuadas en foros oficiales internacionales frente a otros Estados y miembros de la comunidad internacional, por los órganos constitucionalmente autorizados para comprometer internacionalmente al Estado, producen un impacto cierto y forman parte del proceso de gestación y generación de la costumbre internacional.

Interesa destacar algunas declaraciones oficiales realizadas en foros internacionales que son particularmente elocuentes al momento de reconocer el derecho humano al agua y al saneamiento. Algunos ejemplos se presentan singularmente en el ámbito europeo.

La política sobre gestión del agua en países desarrollados que redactó la Comisión Europea en 2002 promueve entre sus prioridades proporcionar acceso a agua potable segura y saneamiento adecuado para todas las personas para reducir la pobreza, mejorar la salud pública y aumentar las oportunidades de mantenimiento.[23] La Resolución del Consejo de la Unión Europea que

---

servicios que refleje el costo total; – Incrementar la inversión pública en investigación e innovación; – Incrementar la cooperación en cuencas fluviales internacionales; – Incrementar masivamente las inversiones en agua." (Visión Mundial del Agua: El agua, una responsabilidad común, Declaración y Mensajes clave); 2001, Conferencia Internacional sobre Agua Dulce (Dublín + 10), Bonn: "Combatir la pobreza es el reto principal en los esfuerzos por lograr un desarrollo equitativo y sostenible y el agua desempeña una función vital en relación con la salud humana, los medios de sustento, el crecimiento económico y el mantenimiento de los ecosistemas." (Declaración Ministerial); 2002, Cumbre Mundial sobre Desarrollo Sostenible (Río + 10), Johannesburgo: "Acordamos reducir a la mitad, antes del año 2015 [...] el porcentaje de personas que no tienen acceso a servicios básicos de saneamiento, para lo cual haría falta adoptar medidas en todos los niveles para: – Diseñar y establecer sistemas eficaces de saneamiento para los hogares; – Mejorar el saneamiento en las instituciones públicas, en particular las escuelas;- Promover buenas prácticas de higiene; – Promover la educación y divulgación centradas en los niños, como agentes de los cambios de comportamiento; – Promover tecnologías y prácticas de bajo costo aceptables desde un punto de vista social y cultural; – Diseñar mecanismos innovadores de financiación y colaboración; – Integrar el saneamiento en las estrategias de ordenación de los recursos hídricos." (Plan de Aplicación); 2003, Año Internacional del Agua Dulce; Tercer Foro Mundial del Agua, Kioto; 2005-2014, Comienzo del Decenio para la Educación con miras al Desarrollo Sostenible; 2005-2015, Comienzo del Decenio Internacional para la Acción "El agua, fuente de vida"; 2006, 4° Foro Mundial del Agua, México: "Reafirmamos la importancia crítica del agua, en particular del agua dulce, para todos los aspectos del desarrollo sustentable." (Declaración Ministerial); 2006, 14° Cumbre de la Conferencia de Jefes de Estado o de Gobierno del Movimiento de países no alineados; 2006, Primera Cumbre África – America del Sur de Jefes de Estado o de Gobierno centrada en el acceso a agua limpia y segura y al saneamiento: Declaración de Abuja; 2007, Primera Cumbre del Agua Asia – Pacifico: Declaración de Beppu; 2008, 13° Congreso Mundial del Agua de la Asociación Internacional de Recursos de Agua; 2009, 15° Cumbre de Jefes de Estado y de Gobierno del Movimiento de Países no alineados in Sharm el-Sheikh: Documento Final.

[22] "I am proud to announce here today that the Netherlands will join the group of countries who have recognised the right to water as a human right. The availability of clean drinking water is decreasing worldwide: 1.8 billion people have poor access to water and consumption of polluted water will continue to be the main cause of poor health and high mortality rates for decades to come. Merely recognising the right to water as a human right will not solve this pressing issue, but I am certain that it is a powerful incentive to increase access to water for the poor. I hope the Human Rights Council will reach a clear consensus that the right to water is indeed a human right, so that we can all make visible progress on this important issue." Statement by Maxime Verhagen, Minister of Foreign Affairs of the Kingdom of the Neteherlands, at the 7th session of the Human Rights Council, Geneva, 3 March 2008.

[23] Comunicación de la Comisión al Parlamento Europeo y al Consejo: Política de Gestión del Agua en los Países en Desarrollo y Prioridades de la Cooperación de la Unión European al Desarrollo. Bruselas, 12.03.2002. Doc. COM(2002) 132 final; Council of the European Union. Brussels, Doc. 8951/02 DEVGEN 59 ENV 259, 17 May 2002.

respaldo esta acción sostuvo que el agua es una necesidad básica primordial y que la provisión de agua y de saneamiento son servicios sociales básicos.[24] Por su parte, en marzo de 2009, el Parlamento Europeo declaró que "el agua es un recurso compartido de la humanidad y que el acceso al agua potable debería constituir un derecho fundamental y universal" y agregó que "el agua es considerada como un bien público y debería estar bajo control público, indiferentemente de si es administrada parcial o totalmente por el sector privado".[25]

Por otra parte, el 22 de marzo de 2010, la Unión Europea, con ocasión de la conmemoración de 13° Día Mundial del Agua y del Primer Día Europeo del Agua, la alta representante de la Unión Europea para los asuntos exteriores Catherine Ashton, en representación de los Estados de la Unión Europea afirmó que "el acceso al agua segura y potable era un elemento componente del derecho a un adecuado estándar de vida y está muy relacionado con la dignidad humana".[26]

En el seno de la Organización de las Naciones Unidas, desde hace tiempo ha habido iniciativas que han manifestado la preocupación por desarrollar estándares elementales en materia de obligaciones de derechos humanos vinculados al acceso al agua y al saneamiento. Así, en 2004 se designó al Relator Especial El Hadji Guissé para preparar un conjunto de directrices orientadas a la realización del derecho a la provisión de agua potable y el saneamiento.[27] En 2005 el Relator Especial Guissé presentó a la antigua Subcomisión para la Promoción y Protección de los Derechos Humanos un Proyecto de Directrices para la realización del derecho a la provisión de agua potable y el saneamiento (Directrices de la Subcomisión).[28] Luego del Proyecto de Directrices de Guissé, en 2006, el Consejo de Derechos Humanos solicitó a la Oficina del Alto Comisionado para los Derechos Humanos de la ONU que condujera un estudio detallado sobre las obligaciones de derechos humanos relacionadas con el acceso al agua potable y el saneamiento.[29] Un completo informe fue presentado por la Oficina del Alto Comisionado para los Derechos Humanos en 2007.[30]

Posteriormente, se dio un paso muy avanzado en 2008, cuando se creó el mandato del Experto Independiente sobre la cuestión de las obligaciones de derechos humanos relacionadas con el acceso al agua potable y el saneamien-

---

[24] Resolution of the Council of the EU on water management in developing countries – policy and priorities for EU development cooperation.

[25] Vid. European Parliament resolution of 12 March 2009 on water in the light of the 5th World Water Forum to be held in Istanbul on 16-22 March 2009. European Parliament Document P6_TA (2009)0137, pars. 1 y 2.

[26] Council of the European Union: *Declaration by the High Representative, Catherine Ashton, on behalf of the EU to commemorate the World Water Day, 22nd March.* Brussels, 22 March 2010, doc. 7810/10 (Presse 72), P 12/10.

[27] Sub-Commission on the Promotion and Protection of Human Rights: Decision 2004/107, dated 9 August 2004.

[28] Sub-Commission on the Promotion and Protection of Human Rights: Realization of the right to drinking water and sanitation. Report of the Special Rapporteur, El Hadji Guissé. U.N. Doc. E/CN.4/Sub.2/2005/25, 11 July 2005.

[29] Human Rights Council: Decision 2/104 of 27 November 2006 on human rights and access to water.

[30] Human Rights Council: *Report of the United Nations High Commissioner for Human Rights on the scope and content of the relevant human rights obligations related to equitable access to safe drinking water and sanitation under international human rights instruments.* U.N. Doc. A/HRC/6/3, 16 August 2007.

to.[31] Luego, el Consejo de Derechos Humanos introdujo un cambio significativo en el nombre del mandato del Experto Independiente. En efecto, en marzo de 2011, el Consejo de Derechos Humanos, a través de su Resolución 16/2, cambió el titulo del mandato a "Relatora Especial sobre el derecho humano al agua potable y el saneamiento".[32] Este cambio en el nombre del mandato expresaría una nueva aceptación por parte de los Estados de la existencia del derecho humano al agua y al saneamiento.

1.1.2. Los fundamentos jurídicos

El derecho humano al agua y al saneamiento no aparece explícito en la Carta Internacional de Derechos Humanos.[33] Por esta razón, el mencionado derecho se ha extraído a través de una interpretación de los referidos instrumentos internacionales y además, del conjunto del *corpus iuris* internacional de derechos humanos.

El punto de partida en el proceso de construcción del derecho al agua y al saneamiento ha sido el derecho a un nivel de vida adecuado contenido en el artículo 25 de la Declaración Universal de Derechos Humanos.[34] Además, deberían incluirse algunos instrumentos internacionales de derechos humanos que también nos proporcionan pistas respecto de este derecho humano, ya que estos tratados internacionales expresamente aluden a aspectos y elementos del derecho al agua y/o al saneamiento. Nos referimos a la Convención sobre la Eliminación de todas las formas de discriminación contra la mujer (CEDAW) de 1979; la Convención N° 161 de 1985 sobre Servicios de Salud Ocupacional de la Organización Internacional del Trabajo; la Convención sobre los derechos del niño (CRC) de 1989; y la Convención sobre los derechos de las Personas con discapacidad (CRPD) de 2006.

Junto con los instrumentos internacionales universales mencionados, deberían citarse algunos tratados de carácter regional que también contienen referencias o regulaciones del derecho humano al agua y al saneamiento ya sea en su integridad o respecto de algunos componentes. Entre los instrumentos africanos se encuentra la Carta Africana sobre los Derechos y el Bienestar del Niño de 11 de Julio de 1990 (artículo 14, párrafo 1).[35] También debería señalarse el Protocolo a la Carta Africana de Derechos Humanos y de los Pueblos sobre

---

[31] Consejo de Derechos Humanos: Nombramiento de Experto Independiente sobre la cuestión de las obligaciones de derechos humanos relacionadas con el acceso al agua potable y el saneamiento. Resolución 7/22, marzo de 2008.

[32] Consejo de Derechos Humanos: El derecho humano al agua potable y el saneamiento. Doc. N.U. A/HRC/RES/16/2, 24 de marzo de 2011.

[33] Se entiende por Carta Internacional de Derechos Humanos al conjunto de la Declaración Universal de Derechos Humanos, el Pacto Internacional de Derechos Civiles y Políticos y sus Protocolos y el Pacto Internacional de Derechos Económicos, Sociales y Culturales.

[34] The Universal Declaration of Human Rights "sets down the 'values of the world': justice, equality, solidarity, humanity and liberty. Human Rights reflect these values." Statement by Maxime Verhagen, Minister of Foreign Affairs of the Kingdom of the Neteherlands, at the 7th session of the Human Rights Council, Geneva, 3 March 2008.

[35] Björklund, G. and Sjödin, J. (eds): "The Human Right to Water and Sanitation. Securing Access to Water for Basic Needs", Swedish Water House Policy Brief Nr. 8 (2010)

los Derechos de la Mujer en África, adoptado en Maputo, el 11 de Julio de 2003 (artículos 15 y 18). Entre los instrumentos americanos se puede indicar el Protocolo Adicional a la Convención Americana sobre Derechos Humanos, adoptado en San Salvador, el 17 de noviembre de 1988 (artículo 11, párrafo 1).[36]

Asimismo, debería mencionarse el Protocolo sobre el Agua y la Salud (1999) de la Convención sobre la Protección y Uso de los Cursos de Agua Transfronterizos y de los Lagos Internacionales de 1992. Este Protocolo apunta a asegurar el acceso universal al agua potable segura y al saneamiento adecuado vinculando la gestión del agua con los temas de salud. El Protocolo comparte los mismos principios que postula el derecho al agua y al saneamiento, con una atención específica prestada al acceso equitativo.

En el año 2000, el Comité de Derechos Económicos, Sociales y Culturales (en adelante, el CESCR) publicó su Observación General N°14 sobre el Derecho a la salud, el cual contiene referencias expresas a elementos componentes del derecho al agua y al saneamiento, manifestando una vez más el estrecho vínculo entre el derecho al agua y el derecho a la salud. Uno de los progresos más relevantes ocurrió en el ámbito de la Organización de las Naciones Unidas en el año 2002, cuando el CESCR adoptó la Observación General N°15 sobre el derecho al agua. Con esta iniciativa, el CESCR no hizo sino plasmar en un documento de Naciones Unidas un reclamo ya antiguo de la doctrina internacional. A su vez, la Observación General N°15 reflejaba avances que ya habían realizado sobre este tema otras agencias internacionales, tales como la OMS, UNICEF, y la FAO, y los desarrollos que sobre este derecho había realizado la doctrina internacional.

En julio de 2010, en el seno de la Asamblea General de la ONU –el foro mundial de Estados más importante- se adoptó la Resolución 64/292 que reconoció el derecho al agua y al saneamiento. Esta Resolución fue adoptada con el voto conforme de 124 Estados, 41 abstenciones y ningún voto en contra, lo cual, es muy relevante al momento de evaluar la contribución de esta Resolución a la generación de una costumbre internacional a este respecto. Esta Resolución fue adoptada con el voto favorable de Chile. Además, en cuanto a las abstenciones, si uno examina las explicaciones de votos esgrimidas por los Estados para justificar su abstención, raramente dichas explicaciones implican una posición fundamental (de principio) opuesta al reconocimiento del derecho humano al agua y al saneamiento, sino que más bien, los argumentos traslucen razones coyunturales u operativas, como por ejemplo, no entorpecer el trabajo que se estaba realizando en el seno del Consejo de Derechos Humanos.[37] Por esta razón no se podría extraer como consecuencia de la abstención del voto a la Resolución 64/292 una posición contraria al reconocimiento del derecho humano mencionado.

Con posterioridad, la Resolución 64/292 de la Asamblea General fue confirmada y respaldada por consenso por los Estados miembros del Consejo de

---

[36] Golay, Christophe: "Recognition and Definition of the Right to Water and the Right to Sanitation", in *DPH*, 11/2009. Available at: http://base.d-ph.info/en/fiches/dph/fiche-dph-8111.html [Visited on 02/28/2012]

[37] Dupuy, Pierre-Marie: *Droit international public*. Paris: Dalloz, 6e édition, 2002, p. 379.

Derechos Humanos, a través de su Resolución 15/9 de 30 de septiembre de 2010.[38] Además, la Resolución 16/2 de 24 de marzo de 2011 de este mismo órgano, adoptada por consenso, claramente señala que "acoge con beneplácito el reconocimiento del derecho humano al agua potable y el saneamiento por la Asamblea General y el Consejo de Derechos Humanos, y la afirmación, por este último, de que el derecho humano al agua potable y el saneamiento se deriva del derecho a un nivel de vida adecuado y está indisolublemente asociado al derecho al más alto nivel posible de salud física y mental, así como al derecho a la vida y la dignidad humana".[39] Este mismo principio es endosado por la Resolución 18/1 de 28 de septiembre de 2011 del Consejo de Derechos Humanos, la cual fue adoptada por consenso.

Un elemento digno de destacar es que tanto la Resolución 64/292 de la Asamblea General como las Resoluciones 16/2 y 18/1 del Consejo de Derechos Humanos apoyaron los cimientos de los derechos humanos al agua y al saneamiento en disposiciones convencionales existentes y vinculantes para los Estados, esto es, en los artículos 11 y 12 del Pacto Internacional de Derechos Económicos, Sociales y Culturales de 1966 y en el artículo 6 del Pacto Internacional de Derechos Civiles y Políticos de 1966. En efecto, tanto la Asamblea General como el Consejo de Derechos Humanos expresamente señalaron que los derechos al agua y al saneamiento derivaban del derecho de todas las personas a gozar de condiciones adecuadas de vida y del derecho a la salud, y, por otro lado, del derecho a la vida, respectivamente.

El Pacto Internacional de Derechos Económicos, Sociales y Culturales ha sido ratificado por más de 160 Estados y el Pacto Internacional de Derechos Civiles y Políticos ha sido ratificado por más de 167 Estados. Con esto, los derechos humanos al agua y al saneamiento, que derivan de derechos reconocidos en dichos Pactos, se transforman en derechos vinculantes para los Estados partes.[40] En este contexto, como ha sostenido el profesor Boyd, el reconocimiento de la Asamblea General de 2010 respecto del derecho humano al agua potable y al saneamiento ha comenzado a producir sus efectos.[41]

En cuanto al contenido, los contornos y fronteras y las posibles restricciones al derecho al agua y al saneamiento, como se verá a continuación, la

---

[38] Human Rights Council: Human Rights and Access to Safe Drinking Water and Sanitation. U.N. Doc. A/HRC/RES/15/9, 30 September 2010.

[39] Consejo de Derechos Humanos: El derecho humano al agua potable y el saneamiento. Doc. N.U. A/HRC/RES/16/2, 24 de marzo de 2011.

[40] "This resolution affirms that this right is derived from Articles 11 and 12 of the ICESCR; the right to an adequate standard of living, and the right to health, which has been ratified by 160 countries; thus making the right to water and sanitation binding to those countries. Also, the resolution affirms that this right is derived from the International Covenant on Civil and Political Rights (ICCPR), which enshrines the inherent right to life." Applied Research Institute – Jerusalem (ARIJ): "The Status of the Environment in the occupied Palestinian territory (oPt) – A Human Rights Based Approach, 2011", Chapter 5, p. 3.

[41] "The recent UN General Assembly resolution on the right to water has already had a demonstrable effect. In January 2011, the Botswana Court of Appeal relied on the resolution in ruling that the constitutional rights of the Bushmen of the Kalahari were being violated by the government's refusal to allow them to access a water source within a wildlife reserve where they resided." Boyd, David R.: "The Right to Water: A Briefing Note". The Global Water Crisis: Addressing an Urgent Security Issue. High-Level Expert Group Meeting. March 21-23, 2011. Toronto, Canada. Available at: http://www.interactioncouncil.org/sites/default/files/David%20Boyd%20paper.pdf [Visited on 01/24/2012]

Observación General N°15 (2002) juega un papel clave. En dicha Observación General se clarificaron los estándares mínimos para el derecho al agua y se señaló la importancia del saneamiento y de la higiene para realizar tal derecho. La Observación General ha jugado un rol catalizador en los desarrollos posteriores respecto del derecho al agua.

Como complemento de la mencionada Observación General, en 2010, el Comité sobre Derechos Económicos, Sociales y Culturales publicó una Declaración sobre el derecho al saneamiento, contribuyendo con ello a una comprensión creciente sobre ese derecho y aportando criterios para el continuado debate sobre los estándares mínimos relativos al derecho al saneamiento.[42]

Es indudable que los desarrollos recientes apuntan hacia una futura evolución separada del derecho al agua, por un lado, y del derecho al saneamiento, por otro. Esto último es relevante porque hasta ahora se ha apreciado al derecho al saneamiento como el pariente pobre del derecho al agua, en circunstancias que desde el punto de vista de las consecuencias de la no satisfacción de estos derechos humanos, en el mundo, las consecuencias son mas catastróficas por la falta de higiene, agua salubre y saneamiento, que por la falta o escasez de agua.

1.2. El contenido normativo del derecho humano al agua

Los criterios elementales sobre el contenido normativo y las obligaciones estatales que emanarían para el Estado del derecho al agua y al saneamiento surgen principalmente de la Observación General N°15 de 2002 del Comité de Derechos Económicos, Sociales y Culturales. Es comúnmente aceptado que las observaciones generales de los órganos de tratados proporcionan una interpretación autoritativa de los tratados internacionales de derechos humanos. Así, el primer criterio que el Comité propone es que "el agua debería ser considerada como un bien social y cultural, y no primeramente como un bien económico. La manera de la realización del derecho al agua debe ser sustentable, asegurando que el derecho pueda ser realizado para las generaciones presentes y futuras".[43] En esta línea, dentro de las conclusiones a que se llegó en la reunión de celebración del 14° Día Mundial del Agua en Ciudad del Cabo, Sudáfrica, el 22 de marzo de 2011, es que "los criterios para la asignación y uso del agua deberían incluir aspectos sociales y de sustento de la vida, incluyendo el derecho al agua, y no solo el valor económico".[44] La Observación General N°15 también destaca, dentro de la propia definición de este derecho, la participación de todos los interesados. Así, el Informe Final del Día Mundial del Agua 2011 contenía como uno de los principales mensajes luego de las sesiones

---

[42] Committee on Economic, Social and Cultural Rights: *Statement on the Right to Sanitation*. U.N. Doc. E/C.12/2010/1, 19 November 2010; Consejo de Derechos Humanos: El derecho humano al agua potable y el saneamiento. Doc. N.U. A/HRC/RES/16/2, 24 de marzo de 2011, par. 3.

[43] Committee on Economic, Social and Cultural Rights: General Comment N. 15 (2002). The right to water (arts. 11 and 12 of the International Covenant on Economic, Social and Cultural Rights). U.N. Doc. E/C.12/2002/11, 20 January 2003, par. 11.

[44] Final Report World Water Day 2011: Water and Urbanization. Water for Cities: Responding to the Urban Challenge. 22 March 2011. Cape Town, South Africa. Outcome of the Thematic Sessions, p. 64.

temáticas el siguiente: "Muchos de los proyectos más sustentables y efectivos respecto del derecho humano al agua y al saneamiento son aquellos emprendidos por individuos y comunidades de base".[45]

La Observación General N°15 señala que el derecho humano al agua reconoce a todas las personas agua suficiente, económica y físicamente accesible, segura y aceptable, para el uso personal y doméstico.

Los criterios básicos de derechos humanos relativos al agua y saneamiento establecidos por el Comité son (a) disponibilidad, (b) calidad, (c) accesibilidad física, (d) asequibilidad, y (e) aceptabilidad del agua.[46]

Desde el punto de vista del alcance del derecho humano del agua, el Comité señala que, en principio, sólo cubre las necesidades básicas de: (a) agua potable; (b) usos higiénicos; (c) saneamiento; (d) usos de limpieza y lavado; (e) preparación en cocina y alimentos; y (f) Aun cuando el Comité de Derechos Económicos, Sociales y Culturales no lo menciona expresamente (aunque se acerca bastante), también se puede incluir –dentro de los requerimientos del derecho humano al agua y saneamiento- las necesidades básicas medioambientales, del entorno que rodea y en que se desenvuelve el ser humano y las comunidades.[47] Desde un punto de vista holístico, medio ambiente y ser humano conforman una integridad y un medio ambiente sano podría configurar una precondición para la satisfacción de necesidades humanas básicas.

Desde la perspectiva de cuánta agua requiere para el ser humano el derecho al agua, la Observación General N°15 no lo menciona expresamente, pero Gleick ha sugerido –con base en los informes de la Organización Mundial de la Salud- que las necesidades humanas básicas de agua corresponden a un promedio de 5 litros de agua limpia por persona y por día para el agua bebestible, 20 litros de agua limpia por persona y por día para el saneamiento y la higiene, 15 litros de agua limpia por persona y por día para baño y aseo personal, y 10 litros de agua limpia por persona y por día para alimentos y para cocinar.[48]

En resumen, según los criterios proporcionados por el Comité de Derechos Económicos, Sociales y Culturales, y mayormente desarrollados por el derecho internacional posterior a la Observación General N°15 (2002), el agua y el saneamiento:

(1) Debe ser disponible en cantidad suficiente

(2) Debe ser seguro y de calidad adecuada

(3) Debe ser físicamente accesible

---

[45] Final Report World Water Day 2011: Water and Urbanization. Water for Cities: Responding to the Urban Challenge. 22 March 2011. Cape Town, South Africa. Outcome of the Thematic Sessions, p. 60.

[46] Consejo de Derechos Humanos: El derecho humano al agua potable y el saneamiento. Doc. N.U. A/HRC/RES/16/2, 8 de abril de 2011, par. 5.

[47] "[L]os Estados Partes deben garantizar que los recursos hídricos naturales estén a resguardo de la contaminación por sustancias nocivas y microbios patógenos. Análogamente, los Estados Partes deben supervisar y combatir las situaciones en que los ecosistemas acuáticos sirvan de hábitat para los vectores de enfermedades que puedan plantear un riesgo para el hábitat humano." Committee on Economic, Social and Cultural Rights: General Comment N. 15 (2002). The right to water (arts. 11 and 12 of the International Covenant on Economic, Social and Cultural Rights). U.N. Doc. E/C.12/2002/11, 20 January 2003, par. 8.

[48] Gleick, P.H.: "Basic Water Requirements for Human Activities: Meeting Basic Needs», in *Water International* 21: 83, 1996.

(4) Deber ser accesible sobre una base de igualdad sin discriminación respecto de áreas o grupos marginados

(5) Debe ser económicamente accesible, que cada uno pueda permitirse pagarlo y con un precio adecuado

(6) Debe haber acceso a la información relativa a todos los aspectos vinculados al agua.

Adicionalmente, el Comité de Derechos Económicos, Sociales y Culturales reitera la obligación –en el ámbito del derecho internacional de los derechos humanos- de los Estados partes en el Pacto de facilitar recursos hídricos y cooperar debidamente en la realización del derecho humano al agua y al saneamiento en otros países.[49] Como se verá, esta obligación de los Estados partes –fundada en la solidaridad internacional- se ve complementada con las obligaciones establecidas para los Estados en el derecho internacional del agua, especialmente, en relación con los cursos de agua transfronterizos.

La solidaridad es un principio que se encuentra siempre presente en el derecho de los derechos humanos, pero en el caso del derecho humano al agua y saneamiento interviene con particular énfasis. El derecho al agua y al saneamiento se inserta en el contexto de los derechos económicos, sociales y culturales. En este ámbito, el principio de solidaridad juega un rol especial e inspira fuertemente las soluciones que se pueden aportar en este orden de derechos. Esta solidaridad se muestra en uno de los rasgos esenciales del derecho al agua en derecho internacional cual es la obligación de compartir. Aquellos Estados que tienen más agua o de mejor calidad deberían cooperar con otros Estados que tienen menos agua dulce o de menor calidad, a fin de compartir el agua, hacerla accesible a aquella población de otro Estado en donde el agua dulce escasea. Aquí existe otra demostración en donde el principio de humanidad, siempre presente en el derecho de los derechos humanos, induce una regla de comportamiento de los Estados y pueblos, en este caso, en relación al agua dulce.

En el año 2009 la Comisión Económica para Europa de las Naciones Unidas presentó sus orientaciones sobre el agua y la adaptación al Cambio Climático. Las orientaciones fueron construidas sobre los principios contenidos en el Convenio sobre la Protección y Utilización de los Cursos de Agua Transfronterizos y de los Lagos Internacionales de 1992 (Convenio del Agua) y el Protocolo sobre Agua y Salud adoptado en Londres en 1999. Estas orientaciones proponen a los Estados partes -dentro de los principios centrales- el principio de solidaridad: "El principio de solidaridad debería ser aplicado, lo que significa que los riesgos, los costos y las responsabilidades son compartidas entre

---

[49] "Depending on the availability of resources, States should facilitate realization of the right to water in other countries, for example through provision of water resources, financial and technical assistance, and provide the necessary aid when required. In disaster relief and emergency assistance, including assistance to refugees and displaced persons, priority should be given to Covenant rights, including the provision of adequate water. International assistance should be provided in a manner that is consistent with the Covenant and other human rights standards, and sustainable and culturally appropriate. The economically developed States parties have a special responsibility and interest to assist the poorer developing States in this regard." Committee on Economic, Social and Cultural Rights: General Comment N. 15 (2002). The right to water (arts. 11 and 12 of the International Covenant on Economic, Social and Cultural Rights). U.N. Doc. E/C.12/2002/11, 20 January 2003, par. 34.

los Estados ribereños, también tomando en cuenta sus capacidades, el riesgo involucrado, la efectividad de las diferentes opciones y las obligaciones de acuerdo con el Convenio".[50]

Del mismo modo, el principio de solidaridad, a la base del principio de cooperación internacional, indica que los Estados involucrados y afectados deben cooperar de buena fe en el manejo sustentable de cuencas hidrográficas internacionales y que los Estados ribereños deben cooperar en el uso, protección y preservación de cursos de agua internacionales conforme a reglas de desarrollo sustentable. Estos son principios que van incorporándose en la normativa constitucional, como es el caso de Ecuador y República Dominicana.[51] Además, esta regla ya ha sido consagrada por la jurisprudencia internacional, con la cual se encuentran en línea los desarrollos constitucionales mencionados, por ejemplo en el conocido caso *Gabcikovo-Nagymaros*, ante la Corte Internacional de Justicia (en adelante, la CIJ).[52] En cuanto al uso de los recursos naturales –como el agua- la CIJ acogió el principio de uso equitativo y razonable de los recursos, el cual sería incorporado en la Convención de Nueva York de 1997. Asimismo, la CIJ integró en su decisión el principio de precaución en materia de protección ambiental.[53] En el caso mencionado, la Corte señaló que "está consciente que, en el campo de la protección ambiental, la vigilancia y la prevención se requieren en virtud del carácter frecuentemente irreversible de los daños al medio ambiente y por las limitaciones inherentes en el propio

---

[50] Economic Commission for Europe: Convention on the Protection and Use of Transboundary Watercourses and International Lakes. Guidance on Water and Adaptation to Climate Change. Doc. ECE/MP.WAT/30. United Nations: New York and Geneva, 2009, p. 19.

[51] Vid, por ejemplo, la Constitución de Ecuador: "Art. 423.-. La integración, en especial con los países de América Latina y el Caribe, es un objetivo estratégico del Estado. En todas las instancias y procesos de integración, el Estado ecuatoriano se compromete a: [...] 2. Promover estrategias conjuntas de manejo sustentable del patrimonio natural, en especial la regulación de la actividad extractiva; la cooperación y complementación energética sustentable; la conservación de la biodiversidad, los ecosistemas y el agua; la investigación, el desarrollo científico y el intercambio de conocimiento y tecnología; y la implementación de estrategias coordinadas de soberanía alimentaria." Constitución de Ecuador de 2008; "Artículo 67.- Protección del medio ambiente. Constituyen deberes del Estado prevenir la contaminación, proteger y mantener el medio ambiente en provecho de las presentes y futuras generaciones. En consecuencia: [...] 5) Los poderes públicos prevendrán y controlarán los factores de deterioro ambiental, impondrán las sanciones legales, la responsabilidad objetiva por daños causados al medio ambiente y a los recursos naturales y exigirán su reparación. Asimismo, cooperarán con otras naciones en la protección de los ecosistemas a lo largo de la frontera marítima y terrestre." Constitución Política de la Republica Dominicana de 2010.

[52] En 1997 la Corte Internacional de Justicia rindió su fallo en el conocido caso del Proyecto Gabcikovo-Nagymaros (Hungría vs. Eslovaquia). En 1977, Hungría y Checoslovaquia firmaron un Tratado para la Construcción y Operación del Sistema de Exclusas de Gabcikovo-Nagymaros, a lo largo del Rio Danubio. Las obras se iniciaron conjuntamente en 1978, pero Hungría decide ponerle fin en 1989, aduciendo razones económicas y ambientales, lo que durante el juicio denominaría "un estado de necesidad ambiental". En 1991 Checoslovaquia había comenzado a desarrollar una alternativa a las obras acordadas en su territorio (Variante C) que implicaba la desviación del curso del rio y la construcción de una represa. En respuesta, Hungría denunció el tratado de 1977 y alegó que su acceso al agua del Danubio se vería afectado. La CIJ centró el debate en el derecho de los tratados y en la responsabilidad internacional, pero también incluyó interesantes desarrollos del moderno derecho internacional ambiental, como por ejemplo, una elaboración sobre el concepto de desarrollo sustentable.

[53] Recientemente, la CIJ ha reiterado este principio en el caso de las Plantas de Celulosa sobre el Rio Uruguay. "This vigilance and prevention is all the more important in the preservation of the ecological balance, since the negative impact of human activities on the waters of the river may affect other components of the ecosystem of the watercourse such as its flora, fauna, and soil." International Court of Justice: Case Concerning Pulp Mills on the River Uruguay (Argentina v. Uruguay). Judgment, 20 April 2010, par. 188.

mecanismo de reparación de este tipo de daños".[54] Además, la CIJ ha sostenido claramente en el caso de *las Plantas de Celulosa sobre el Rio Uruguay*, en 2010, que la necesidad de conciliar el desarrollo económico con la protección del medio ambiente se expresa en el concepto de desarrollo sustentable.[55]

Finalmente, un estándar fundamental establecido por el Comité en relación con el derecho humano al agua y al saneamiento es el principio de prioridad que emana del principio de humanidad o de trato humano digno. En efecto, el Comité de Derechos Económicos, Sociales y Culturales retomó un principio que ya estaba presente en el derecho internacional del agua en relación con la prioridad frente a los distintos usos posibles del agua dulce. En efecto, la Observación General N°15 (2002) afirmó que "en la asignación del agua debe concederse prioridad al derecho de utilizarla para fines personales y domésticos. También debe darse prioridad a los recursos hídricos necesarios para evitar el hambre y las enfermedades, así como para cumplir las obligaciones fundamentales que entraña cada uno de los derechos del Pacto".[56]

Del principio de humanidad también deriva el principio de prioridad que ha alterado sensiblemente los principios y orientaciones tradicionales del derecho internacional del agua. En aquellos casos en que el agua dulce sea escasa, el uso del agua dulce debe dar prioridad al consumo humano. En casos de cursos de agua dulce internacionales, esta regla de la prioridad humana determina sin duda el comportamiento y las obligaciones de los Estados ribereños. Así quedó claramente establecido en los debates y con la firma de la Convención de las Naciones Unidas sobre el Derecho de los Usos de los Cursos de Agua Internacionales para fines distintos de la Navegación adoptada por la Asamblea General el 21 de mayo de 1997 (Convención de Nueva York).[57] En efecto, el principio de prioridad en el consumo humano y de satisfacción primordial de las necesidades básicas disfruta de un reconocimiento convencional positivo desde que han sido incorporados en el artículo 10 (2) de la mencionada Convención. Según este principio de prioridad, una atención especial debe ser procurada a los requerimientos derivados de las necesidades humanas vitales. El concepto de necesidades humanas vitales fue adicionalmente clarificado por una "declaración de entendimiento" que se anexó al texto de la Convención. Esta declaración señaló que para determinar "las necesidades humanas vitales", una atención especial debe ser puesta en la provisión de suficiente agua para sostener la vida humana, incluyendo tanto el agua pota-

---

[54] "The Court is mindful that, in the field of environmental protection, vigilance and prevention are required on account of the often irreversible character of damage to the environment and of the limitations inherent in the very mechanism of reparation of this type of damage." International Court of Justice: Case concerning the Gabcikovo-Nagymaros Proyect (Hungary/Slovakia). Reports, Judgment of 25 september 1997, par. 140; Vid. International Court of Justice: Case Concerning Pulp Mills on the River Uruguay (Argentina v. Uruguay). Judgment, 20 April 2010, par. 185.

[55] "Consequently, it is the opinion of the Court that Article 27 embodies this interconnectedness between equitable and reasonable utilization of a shared resource and the balance between economic development and environmental protection that is the essence of sustainable development." International Court of Justice: Case Concerning Pulp Mills on the River Uruguay (Argentina v. Uruguay). Judgment, 20 April 2010, par. 177.

[56] Committee on Economic, Social and Cultural Rights: General Comment N. 15 (2002). The right to water (arts. 11 and 12 of the International Covenant on Economic, Social and Cultural Rights). U.N. Doc. E/C.12/2002/11, 20 January 2003, par. 6.

[57] Resolucion A/RES/51/229.

ble para la bebida como el agua requerida para la producción de alimentos con el objeto de impedir el hambre. Esta Convención es un ejemplo de este cambio en la orientación clásica del derecho del agua –centrado en el principio de soberanía y en el uso navegable, comunicacional e industrial del curso de agua–[58] hacia una preocupación enfocada en el ser humano y el medio ambiente. En nuestra opinión, esta Convención constituye la plasmación de que el derecho internacional de los cursos de agua internacionales ha evolucionado hacia el derecho internacional del agua.

Se ha sostenido que gran parte de las normas y principios incorporados en la mencionada Convención forman parte de la costumbre internacional.[59] McCaffrey ha afirmado que pertenecen al derecho consuetudinario: la obligación de uso equitativo y razonable del agua; la obligación de prevenir un daño significativo al curso de agua; y la obligación de notificar anticipadamente las medidas que se planean tomar.[60] En términos más amplios, desde un punto de vista ambiental y de uso de los recursos naturales, la jurisprudencia internacional ha agregado al dominio de la costumbre internacional, al menos, el enfoque de precaución y la obligación de realizar un estudio de impacto ambiental.[61]

Es indudable que el principio de prioridad se encuentra fuertemente anclado en el principio de solidaridad y en el principio de cooperación internacional reconocidos en la Carta de las Naciones Unidas. Ya hemos mencionado, y ello constituye un rasgo distintivo del derecho humano al agua y al saneamiento, que la perspectiva del derecho humano introduce significativamente un principio de prioridad entre los distintos usos posibles del agua dulce.[62] En efecto, los derechos al agua y al saneamiento –centrados en las necesidades básicas y en la dignidad humana- indican que los usos señalados por el derecho

---

[58] "Los cuerpos de agua transfronterizos pueden cumplir múltiples funciones, además de hacer las veces de límites internacionales entre dos o más estados, de lo cual se desprende justamente su calidad de transfronterizos o internacionales. En primer lugar, estos cuerpos de agua sirven como vías navegables, lo cual resulta de particular importancia para aquellos estados que no poseen acceso al mar. También, sus aguas pueden ser empleadas para otros usos distintos de la navegación, tales como la riego, la pesca, los usos industriales, y la producción de energía eléctrica." Querol, María: *Estudio sobre los convenios y acuerdos de cooperación entre los países de América Latina y el Caribe, en relación con sistemas hídricos y cuerpos de agua transfronterizos.* Cepal, Serie Recursos Naturales e Infraestructura, Serie N°64. Naciones Unidas, Santiago de Chile, noviembre de 2003, p. 11.

[59] Querol, María: *Estudio sobre los convenios y acuerdos de cooperación entre los países de América Latina y el Caribe, en relación con sistemas hídricos y cuerpos de agua transfronterizos.* Cepal, Serie Recursos Naturales e Infraestructura, Serie N°64. Naciones Unidas, Santiago de Chile, noviembre de 2003, p. 19.

[60] McCaffrey, Stephen: "Convention on the Law of the Non-Navigational Uses of International Watercourses", United Nations, 2008. Available at: http://untreaty.un.org/cod/avl/pdf/ha/clnuiw/clnuiw_e.pdf [Last Visited 01/20/2012].

[61] "In this sense, the obligation to protect and preserve, under Article 41 *(a)* of the Statute, has to be interpreted in accordance with a practice, which in recent years has gained so much acceptance among States that it may now be considered a requirement under general international law to undertake an environmental impact assessment where there is a risk that the proposed industrial activity may have a significant adverse impact in a transboundary context, in particular, on a shared resource. Moreover, due diligence, and the duty of vigilance and prevention which it implies, would not be considered to have been exercised, if a party planning works liable to affect the régime of the river or the quality of its waters did not undertake an environmental impact assessment on the potential effects of such works." International Court of Justice: Case Concerning Pulp Mills on the River Uruguay (Argentina v. Uruguay). Judgment, 20 April 2010, par. 204.

[62] Committee on Economic, Social and Cultural Rights: General Comment N. 15 (2002). The right to water (arts. 11 and 12 of the International Covenant on Economic, Social and Cultural Rights). U.N. Doc. E/C.12/2002/11, 20 January 2003, par. 6.

humano –consumo humano y doméstico- deben tener prioridad sobre otros usos del agua tales como el uso industrial, minero, agrícola y comercial (por ejemplo, plantas de generación de energía y plantas eléctricas), de tal manera que en caso de escasez, el principio que debe orientar la función del gestor del agua es de privilegiar y priorizar el consumo humano y doméstico. Una política pública fundada en principios de derechos humanos, afirma, por tanto, que los usos económicos del agua deben ser considerados secundarios frente a las necesidades humanas básicas, manteniendo una clara y transparente regulación, monitoreo y control de las capacidades y actuaciones de la gran industria agrícola, forestal, energética y minera.[63]

Desde el punto de vista del derecho internacional del agua también se ha reconocido una preocupación especial por la conservación ambiental y por la satisfacción de las necesidades humanas. Esto último muestra un giro en los principios clásicos que han regido los cursos de agua internacionales y asimismo es una manifestación de las interacciones recíprocas y de las influencias entre las distintas disciplinas del derecho internacional, en este caso, los derechos humanos, el derecho ambiental y el derecho del agua. El principio de prioridad señala un enunciado normativo que es coincidente tanto en el derecho internacional del agua como en el derecho internacional de los derechos humanos y, por tanto, que hace confluir en este punto estas dos ramas del derecho internacional. Justamente, por estas interacciones y entrecruzamientos recíprocos, en 2011, cuando se le renovó el mandato a la Relatora Especial sobre el derecho humano al agua y al saneamiento, el Consejo de Derechos Humanos expresamente indicó la necesidad de separar el examen de las cuestiones atingentes al agua y al saneamiento entre la perspectiva de los derechos humanos y la perspectiva del derecho internacional del agua.[64]

El Consejo de Derechos Humanos ha preferido concentrarse en el examen de las diversas cuestiones a que da lugar el derecho humano al agua y al saneamiento. Este enfoque en el mencionado derecho humano lo hace reiterando en sus resoluciones su reconocimiento por la Resolución 64/292 que, como se verá, ha marcado un hito en el proceso evolutivo que conduce a la consagración jurídica del derecho al agua y al saneamiento.

2. La Resolución 64/292 y la práctica posterior de los Estados

La importancia de la Resolución 64/292 de 2010 reside en dos aspectos claves. Primero, en el papel que ella pueda jugar en relación con la formación

---

[63] "It is important that Uruguay knows how to maintain the progress it has achieved, which is why it is essential that the Government reinforce its monitoring and controlling capacities of big agro-industrial and mining projects," she noted." UN News Centre: "UN expert calls on Uruguay to provide access to water to poor communities", 17 February 2012. Available at: http://www.un.org/apps/news/story.asp?NewsID=41288&Cr=uruguay&Cr1=&keepThis=true&TB_iframe=true&height=650&width=850&caption=UN+News+Centre+-+Human+Rights [Visited 01/21/2012]

[64] "Afirmando la necesidad de centrar la atención en las perspectivas locales y nacionales al estudiar el asunto, dejando a un lado las cuestiones del derecho de los cursos de agua internacionales y todas las cuestiones relacionadas con las aguas transfronterizas." Consejo de Derechos Humanos: El derecho humano al agua potable y el saneamiento. Doc. N.U. A/HRC/RES/16/2, 24 de marzo de 2011.

de las fuentes formales tradicionales del derecho internacional, particularmente, respecto del derecho internacional general. Segundo, como se verá más adelante, en las consecuencias posteriores a la adopción de la referida resolución en cuanto a la práctica posterior de los Estados, lo cual permitiría refrendar el deseo normativo de la Resolución 64/292.

2.1. La formación de la costumbre y la influencia de las resoluciones de la Asamblea General

En términos generales, las enseñanzas del derecho internacional indican que para que la costumbre exista debe reunir dos elementos. Un elemento material u objetivo y un elemento psicológico o subjetivo. El elemento material se denomina la práctica de los Estados y el elemento psicológico se señala como la *opinio iuris sive necessitatis* de los Estados o simplemente como *opinio iuris*. El elemento psicológico se refiere a la convicción de estar vinculado por una norma jurídica. El artículo 38 del Estatuto de la CIJ define costumbre como la prueba de una práctica generalmente aceptada como derecho.

La Corte Internacional de Justicia ha declarado en diversas oportunidades dónde se debe buscar la esencia del derecho consuetudinario. En el caso *de la Plataforma Continental (Libia c. Malta)* de 1985, la Corte estatuyó que la sustancia del derecho consuetudinario debe ser buscada primeramente en la práctica actual y en la *opinio iuris* de los Estados.[65]

Con todo, la formación de la costumbre en derecho internacional contemporáneo ha evolucionado ciertamente desde la época del derecho internacional clásico. Probablemente, en ello ha influido la evolución experimentada, por un lado, por el mismo derecho internacional y, por otro lado, por la composición y estructura de la comunidad internacional, como comúnmente se dice, en un mundo globalizado. El aumento de la importancia de la institucionalidad internacional y con ello, del foro internacional más importante a nivel mundial, esto es, la Organización de las Naciones Unidas, ha propulsado a un lugar de relevancia la actuación de sus órganos principales, y esencialmente de la Asamblea General –el foro de todos los Estados miembros regidos por un principio de igualdad jurídica- en los procesos de formación del derecho internacional, y, particularmente, del derecho internacional consuetudinario.

En cuanto al rol de las resoluciones en la emergencia de un derecho de carácter general, cuando tenemos en mente el papel determinante de la *opinio iuris* en la formación de la costumbre internacional, no podemos sino quedar impactados por la convergencia creciente de las resoluciones entre sí y entre las resoluciones y otros instrumentos internacionales jurídicamente no vinculantes que forman parte del soft law (Declaraciones Finales, Programas de Acción, Principios Rectores, etc.), y además, no podemos sino ser incitados a pensar que su aparición constituye la expresión de las tendencias de la evolución de las mentalidades jurídicas en la esfera respectiva.[66]

---

[65] Vid. Continental Shelf (Libyan Arab Jarnahiriya/Malta), Judgment, I.C.J. Reports 1985, p. 29, par. 27.

[66] Dupuy, Pierre-Marie: *Droit international public*. Paris: Dalloz, 6e édition, 2002, p. 384.

Las resoluciones internacionales son instrumentos internacionales jurídicamente no vinculantes *per se*. Sin embargo, poseen un peso político significativo, suficiente para generar duras negociaciones entre los Estados, de tal manera que, contribuyen a hacer avanzar cuestiones claves en la agenda internacional y desencadenan refrendos nacionales.[67]

Las resoluciones de la Asamblea General de las Naciones Unidas pueden incidir en el proceso de formación de la costumbre internacional. Esto ya había sido mencionado y excelentemente bien elaborado por las decisiones del árbitro único René-Jean Dupuy en el conocido caso *Texaco-Calasiatic c/ Gouvernement Libyen*, de 1977.[68] En dicho caso, el juez arbitral señaló con claridad meridiana que la Resolución 1803 (XVII)[69] había sido adoptada en condiciones satisfactorias de representación, porque ella se había beneficiado del voto favorable no solamente de los países en desarrollo y de los países socialistas sino además de un número importante de Estados industrializados con economía de mercado, con lo cual concluye que la Resolución mencionada traducía una *opinio iuris communis* que reflejaba el estado del derecho consuetudinario en la materia.[70] Esta opinión fue reiterada por otro tribunal arbitral en un caso de nacionalización denominado *Aminoil c/ Koweit*, de 24 de mayo de 1982.

Junto con lo anterior, esta opinión jurisprudencial fue subsecuentemente refrendada por la Corte Internacional de Justicia. En efecto, en el caso *sobre las Actividades Militares y Paramilitares en y contra Nicaragua (Nicaragua c. Estados Unidos)*, de 1986, la Corte señaló:

> The effect of consent to the text of such resolutions cannot be understood as merely that of a "reiteration or elucidation" of the treaty commitment undertaken in the Charter. On the contrary, it may be understood as an acceptance of the validity of the rule or set of rules declared by the resolution by themselves. [...] It would therefore seem apparent that the attitude referred to expresses an *opinio juris* respecting such rule (or set of rules) [...].[71]

Posteriormente, en su famosa Opinión Consultiva *sobre la Legalidad de la Amenaza o del Uso de Armas Nucleares*, de 1996, la Corte Internacional de Justicia reiteró este principio. Así, la Corte afirmó:

> The Court notes that General Assembly resolutions, even if they are not binding, may sometimes have normative value. They can, in certain circumstances, provide evidence important for establishing the existence of a rule or the emergence of an *opinio juris*.[72]

---

[67] "The Right to Water and Sanitation". Available at: http://www.gci.ch/en/what-we-do/conflict-prevention/water/right-to-water-and-sanitation [Visited on 01/24/2012]

[68] Cohen-Jonathan, Gérard: «L'arbitrage Texaco-Calasiatic contre Gouvernement Libyen; décision au fond du 19 janvier 1977», In: *Annuaire français de droit international*, volume 23, 1977. pp. 452-479.

[69] Resolución 1803 (XVII) de la Asamblea General, de 14 de diciembre de 1962, titulada "Soberanía permanente sobre los recursos naturales". La Resolución fue adoptada por 87 votos contra 2 y 12 abstenciones.

[70] Dupuy, Pierre-Marie: *Droit international public*. Paris: Dalloz, 6e édition, 2002, p. 378.

[71] International Court of Justice: Case concerning Military and Paramilitary Activities in and against Nicaragua (Nicaragua v. United States of America). Merits, Judgment of 27 June 1986. ICJ Reports, pp. 99-100, par. 188.

[72] "To establish whether this is true of a given General Assembly resolution, it is necessary to look at its content and the conditions of its adoption; it is also necessary to see whether an *opinio juris* exists as to its normative character. Or a series of resolutions may show the gradual evolution of the *opinio juris* required for the establishment of a new rule." International Court of Justice: Legality of the Threat or Use of Nuclear Weapons. Advisory Opinion of 8 July 1996. ICJ Reports, pp. 254-255, par. 70.

DIREITOS HUMANOS E FUNDAMENTAIS NA AMÉRICA DO SUL

Para los efectos de considerar su contribución a la generación del derecho internacional consuetudinario, Pierre Marie Dupuy ha sostenido que se debería efectuar una distinción en cuanto al tipo de Resolución de que se trate. Este autor propone efectuar una diferencia entre las resoluciones de procedimiento y las resoluciones de cuestiones substanciales. Estas últimas resoluciones serían las únicas útiles para ser consideradas como componentes de algunos de los elementos clásicos que debe reunir la costumbre para ser considerada fuente del Derecho. E incluso, dentro de estas últimas, se trata de buscar en las "grandes resoluciones", esto es, aquellas que interesan por su real intención normativa y su alcance político.[73]

El rol de las resoluciones en la gestación del derecho internacional consuetudinario ha sido refrendado con todas estas decisiones jurisprudenciales. De este modo, cabe analizar el caso particular de la Resolución 64/292 de 2010, a fin de determinar si ella traduce una *opinio iuris communis* que refleja el estado del derecho consuetudinario existente en la materia y si ella contribuye de una u otra manera al surgimiento de una norma consuetudinaria internacional.

Es ampliamente reconocido el valor potencial de Declaraciones Finales, Programas de Acción, Directrices, u otros instrumentos internacionales formalmente no jurídicamente vinculantes, para la creación o simplemente para la plasmación formal de Derecho vinculante. En efecto, estos documentos o instrumentos pueden contener elementos que imponen o pueden llegar a imponer obligaciones sobre los Estados derivadas del derecho internacional consuetudinario.[74] Pero además, los instrumentos jurídicamente no vinculantes en derecho internacional juegan un papel extremadamente relevante hoy en día, prestando notable auxilio a la interpretación del sentido y alcance de las actuales obligaciones internacionales de los Estados y siendo muy útiles como fuente de interpretación de estos instrumentos.[75]

2.2. La conducta subsecuente

Desde la perspectiva del proceso de formación de la costumbre internacional, la conducta posterior de los Estados resulta relevante a fin de determinar si existe un consentimiento mayoritario o cuasi general en cuanto al

---

[73] Dupuy, Pierre-Marie: *Droit international public*. Paris: Dalloz, 6ᵉ édition, 2002, pp. 378-379.

[74] International human rights instruments "are understood as including international and regional treaties, as well as human rights-related declarations, resolutions, principles and guidelines. While these instruments do not have the same binding force as treaties, they may contain elements that already impose or may come to impose obligations on States under customary international law. They also highlight social expectations and commitments expressed by States and provide useful guidance for interpreting States' obligations under human rights treaties. International plans of action and documents adopted by United Nations treaty bodies will be used as sources of interpretations for these instruments." Human Rights Council: *Report of the United Nations High Commissioner for Human Rights on the scope and content of the relevant human rights obligations related to equitable access to safe drinking water and sanitation under international human rights instruments*. U.N. Doc. A/HRC/6/3, 16 August 2007; Human Rights Council: Decision 2/104 of 27 November 2006 on human rights and access to water.

[75] Human Rights Council: *Report of the United Nations High Commissioner for Human Rights on the scope and content of the relevant human rights obligations related to equitable access to safe drinking water and sanitation under international human rights instruments*. U.N. Doc. A/HRC/6/3, 16 August 2007.

reconocimiento del valor jurídico de la Resolución. La práctica revela la profundidad de la convicción jurídica y el enraizamiento consuetudinario de la norma incorporada en la resolución respectiva.

La Resolución quizás no ha creado una norma vinculante pero ha manifestado el deseo de existencia de la misma y permite su emergencia acelerada. Un ejemplo de esta eficacia impulsadora de las resoluciones, lo encontramos en la decisión de la Corte de Apelaciones del Estado de Botswana, la que apoyándose en la Resolución 64/292 de la Asamblea General de la Organización de las Naciones Unidas, sostuvo que los derechos constitucionales de los Bushmen of the Kalahari estaban siendo violados por el rechazo del gobierno de permitirles acceder a las fuentes de agua dentro de la reserva natural donde ellos viven.[76]

Interesa al mismo tiempo examinar la repetición de estos principios en resoluciones voluntaria y consensuadamente adoptadas, ya no tan sólo en sesiones de la Asamblea General, sino en otros órganos plenarios de organizaciones importantes, esto es, la OIT, la OMS, la FAO, la UNESCO, etc. Es importante la composición de mayorías al momento de la adopción de estas resoluciones y cómo evolucionan, si es que evolucionan, a lo largo de la repetición de las resoluciones reiterativas de principios. En este contexto, en marzo de 2011, la Alta Representante de la Unión Europea para los asuntos exteriores admitió el reconocimiento del derecho humano al agua y al saneamiento efectuado por la Asamblea General de Naciones Unidas y la especificación del Consejo de Derechos Humanos de que este derecho era parte del derecho humano a un adecuado estándar de vida.[77] Esta aceptación la realizó la Alta Representante en nombre de los Estados miembros de la Unión Europea y se adhirieron a esta declaración los países candidatos Croacia, la ex Republica Yugoslavia de Macedonia, Montenegro e Islandia, y los países del proceso de estabilización y asociación y potenciales candidatos Albania, Bosnia y Herzegovina, Serbia y los países del EFTA, Liechtenstein y Noruega, miembros del Área Económica Europea, así como Ucrania, la Republica de Moldavia, Azerbaiyán y Georgia.

Además, las Resoluciones 15/9 de 30 de septiembre de 2010, 16/2 de 24 de marzo de 2011 y 18/1 de 28 de septiembre de 2011 del Consejo de Derechos Humanos, han reiterado el reconocimiento de la Resolución 64/292 de la Asamblea General y acogido con beneplácito "el reconocimiento del derecho humano al agua potable y el saneamiento por la Asamblea General y el Consejo de Derechos Humanos, y la afirmación, por este último, de que el derecho humano al agua potable y el saneamiento se deriva del derecho a un nivel de vida adecuado y está indisolublemente asociado al derecho al más alto nivel posible de salud física y mental, así como al derecho a la vida y la dignidad humana." La Resolución 18/1 del Consejo de Derechos Humanos fue patroci-

---

[76] Matsipane Mosetlhanyane et al. v. Attorney General (2011), No CACLB-074-10, 27 January 2011, Court of Appeal.

[77] "The EU acknowledges the recent recognition of the human right to water and sanitation by the UN General Assembly, and the Human Rights Council's specification that this right is part of the human right to an adequate standard of living." Council of the European Union: Declaration by the High Representative, Catherine Ashton, on behalf of the European Union on the occasion of the World and European Water Day (22 March). Brussels, 22 March 2011, doc. 8053/1/11 REV 1, PRESSE 77.

nada por 65 Estados de las diversas zonas geográficas del mundo –entre ellos Chile- y adoptada por consenso. En las explicaciones de voto (aunque se adoptó sin someterla a votación) Alemania introdujo la Resolución ante el Consejo de Derechos Humanos, indicó que la resolución había sido el resultado de consultas con los otros Estados y expresó su firme compromiso con el derecho humano al agua y al saneamiento. España, copatrocinador de la Resolución, señaló expresamente su reconocimiento del referido derecho humano. Ecuador manifestó que reafirmaba su reconocimiento a la Resolución 64/292 de 2010 de la Asamblea General. Y, un antecedente muy sintomático es que Estados Unidos expresó que estaba complacido de unirse al consenso para adoptar la Resolución.[78]

A propósito de la Resolución 64/292 de 2010, debe tenerse presente la advertencia de Gorbachev en el sentido de que el reconocimiento del agua como derecho humano no es un santo remedio que opere instantáneamente, sino mas bien el derecho debe ser incorporado en las leyes nacionales y su respaldo debe ser prioridad número uno.[79] En este sentido, si bien es cierto que la práctica internacional de los Estados es relevante para el examen de la costumbre internacional, los comportamientos oficiales del Estado al nivel nacional también asumen trascendencia, sobre todo tratándose de los derechos humanos en donde la actitud del Estado se observa eminentemente en el nivel nacional.

De esta manera, en la esfera nacional es generalmente aceptado que ha habido una práctica creciente de los Estados desde el punto de vista de su poder constituyente, incorporando el derecho humano al agua y al saneamiento en la Constitución. Bolivia, Ecuador, Republica Dominicana, México, etc., han sido ejemplos notables de ello. Junto con esto, ha habido una práctica aun más masiva desde el punto de vista legislativo, regulando el acceso al agua potable y al saneamiento adecuado como derecho fundamental. Francia es el ejemplo paradigmático en este sentido y que vale la pena observarlo atentamente.[80] Otros ejemplos interesantes son Argelia, Paraguay, África del Sur.[81]

---

[78] Vid. Human Rights Council adopts resolutions on the death penalty, the right to water and sanitation and maternal mortality and morbidity. Afternoon, 28 September 2011. Available at: http://www.ohchr.org/en/NewsEvents/Pages/DisplayNews.aspx?NewsID=11447&LangID=E [Visited 02/29/2012]

[79] "Recognizing water as a human right is a critical step, but it is not an instant "silver bullet" solution. This right must be enshrined in national laws, and upholding it must be a top priority." Gorbachev, Mikhail: "The Right to Water", New York Times, July 16, 2010. Available at: http://www.nytimes.com/2010/07/17/opinion/17iht-edgorbachev.html [Visited on 01/24/2012]

[80] Vid. Loi n° 2006-1772 du 30 décembre 2006 (art. 1 JORF 31 décembre 2006) sur l'eau et les milieux aquatiques qu'a modifié le Code de l'environnement. «Article L210-1: L'eau fait partie du patrimoine commun de la nation. Sa protection, sa mise en valeur et le développement de la ressource utilisable, dans le respect des équilibres naturels, sont d'intérêt général. Dans le cadre des lois et règlements ainsi que des droits antérieurement établis, l'usage de l'eau appartient à tous et chaque personne physique, pour son alimentation et son hygiène, a le droit d'accéder à l'eau potable dans des conditions économiquement acceptables par tous. Les coûts liés à l'utilisation de l'eau, y compris les coûts pour l'environnement et les ressources elles-mêmes, sont supportés par les utilisateurs en tenant compte des conséquences sociales, environnementales et économiques ainsi que des conditions géographiques et climatiques.»; Vid. también, Loi constitutionnelle n°2005-205 du 1 mars 2005, Loi constitutionnelle relative à la Charte de l'environnement. Esta Carta del Medio Ambiente forma parte del bloque de constitucionalidad en Francia.

[81] Cfr. Human Rights Council: Report of the independent expert on the issue of human rights obligations related to access to safe drinking water and sanitation. U.N. Doc. A/HRC/12/24, 1 July 2009, par. 37; Cfr.

Asimismo, la práctica administrativa del Estado es relevante tanto en cuanto de manera creciente los gobiernos incorporan en la planificación, diseño y ejecución de sus planes, programas y políticas públicas el enfoque basado en derechos y fundamentalmente, el componente del derecho humano al agua y al saneamiento.

Además, la práctica judicial de los Estados en esta materia le ha dado la razón a la Resolución de la Asamblea General 64/292 de 2010, tanto en cuanto ya desde antes de la adopción de la misma Resolución, los órganos jurisdiccionales de diversos Estados habían declarado el derecho humano al agua y al saneamiento, ya sea, derivado o vinculado con el derecho a la vida y la dignidad humana, el derecho a la salud y/o el derecho de todas las personas a tener condiciones adecuadas y dignas de vida.[82] Coincidimos en este sentido con el profesor Boyd cuando afirma que la protección constitucional del derecho al agua puede producirse a través de disposiciones expresas que ampara el respectivo derecho o a través del reconocimiento que el derecho está implícito en otros derechos humanos.[83]

Dentro de las conclusiones que arrojó un estudio del Alto Comisionado para los Derechos Humanos de las Naciones Unidas de 2007, se encuentra la siguiente: "un número cada vez mayor de Estados reconoce el agua potable salubre como un derecho humano en sus constituciones y en su legislación nacional, al mismo tiempo que los tribunales nacionales están haciendo cumplir este derecho como justiciable".[84] Como se ha sostenido, la justiciabilidad de los derechos económicos, sociales y culturales –dentro de los cuales están los derechos humanos al agua y al saneamiento- no es la panacea, pero es, sin duda, un paso en la dirección correcta.[85]

Smets, Henry: Le droit à l'eau dans les législations nationales, Académie de l'eau, Nanterre, 2005 y COHRE: Legal Resources for The Right to Water: International and National Standards, 2004.

[82] Por ejemplo, en el caso de Bélgica: the Belgian Court of Arbitration recognized "the right of each individual to a minimum provision of safe drinking water". Arrêt No 36/98 of 1 April 1998; En el caso de la India: The Supreme Court of India, on the basis of Article 21 of the Constitution which guarantees the right to life, stated that "the right to access to drinking water is fundamental to life and there is a duty on the State under Article 21 to provide clean drinking water to its citizens." Supreme Court of India, 2000 SOL Case No 673; En el caso de Africa del Sur: High Court of South Africa (Witwatersrand Local Division), Lindiwe Mazibuko and Others v. The City of Johannesburg and Others, Case N. 06/13885, judgement of 30 April 2008; En el caso de Argentina: Chacras de la Merced case www.cedha.org.ar Paynemil Mapuche Community case http://www.righttowater.org.uk/code/legal_4.asp Beatriz Silvia Mendoza and others v. National Government and Others in regards to damages suffered (Damages stemming from contamination of the Matanza-Riachuelo River), 2008, M. 1569, 8 July 2008.

[83] Boyd, David R.: "The Right to Water: A Briefing Note". The Global Water Crisis: Addressing an Urgent Security Issue. High-Level Expert Group Meeting. March 21-23, 2011. Toronto, Canada. Available at: http://www.interactioncouncil.org/sites/default/files/David%20Boyd%20paper.pdf [Visited on 01/24/2012]

[84] United Nations High Commissioner for Human Rights: Report of the United Nations High Commissioner for Human Rights on the scope and content of the relevant human rights obligations related to equitable access to safe drinking water and sanitation under international human rights instruments. Annual report of the United Nations High Commissioner for Human Rights. U.N. Doc. A/HRC/6/3, 16 August 2007, par. 65; Vid. Boyd, David R.: "The Right to Water: A Briefing Note". The Global Water Crisis: Addressing an Urgent Security Issue. High-Level Expert Group Meeting. March 21-23, 2011. Toronto, Canada. Available at: http://www.interactioncouncil.org/sites/default/files/David%20Boyd%20paper.pdf [Visited on 01/24/2012]

[85] "What Price for the Priceless? Implementing the Justiciability of the Right to Water," 120 *Harvard Law Review* 1067 at 1069 (2007); Vid. Marcus, D: "The Normative Development of Socioeconomic Rights through Supranational Adjudication," 42 *Stanford Journal of International Law* 53 (2006).

La denominada crisis del agua conducirá a la comunidad internacional a establecer exigencias cada vez más astringentes, particularmente en relación con la protección de la vida y la dignidad humanas. En el plano jurídico, aún queda, qué duda cabe, mucho por andar, y los años a venir –preferiblemente para la humanidad más temprano que tarde– nos proporcionarán con ejemplos que contribuirán a refrendar el carácter normativo de la Resolución 64/292.

Conclusión

Independientemente de la valoración que se pueda hacer acerca del proceso de gestación de una norma de derecho internacional consuetudinario, todos los procesos político-diplomáticos, todas las Resoluciones que contienen prescripciones que todavía no alcanzan el grado de madurez suficiente para ser considerado derecho y por lo tanto, que se les denomina derecho verde o soft-law, y todas los procesos jurídicos de reforma constitucional y legislativa que han emprendido en los últimos años los Estados en su orden interno, envían un potente mensaje a la comunidad internacional. En todos estos procesos y actos sucesivos se observa la relevancia de los derechos humanos para elevar el agua y el saneamiento a un primer lugar de jerarquía y alcanzar el acceso universal al agua potable y al saneamiento.

De una manera prospectiva, dentro de los desafíos que surgen en relación con el derecho humano al agua y el derecho al saneamiento se encuentra, por un lado, consolidar el derecho al agua, su contenido normativo y las obligaciones que de él surgen para los Estados, y continuar desarrollando el derecho al saneamiento. Por otra parte, a pesar de los enormes progresos que se han registrado en los últimos años, continúa siendo un desafío crucial para este derecho humano su incorporación a nivel constitucional y legislativo.

Sin lugar a dudas, la cuestión del rol de las empresas en la materialización del derecho humano al agua y del derecho al saneamiento requiere un análisis más profundo. En efecto, en un mundo globalizado, entregado cada vez más a las reglas del mercado, con una intervención cada vez menor del Estado en la provisión, gestión y regulación de servicios públicos vitales –como es el caso de la provisión de servicios de agua, higiene y saneamiento-, juega un papel fundamental el sector privado en la realización y satisfacción de estos derechos. No por nada, en 2012, con ocasión de su visita oficial a Uruguay (segundo país latinoamericano visitado después de Costa Rica), la Relatora Especial sobre el derecho humano al agua y al saneamiento ha afirmado que "[h]ay zonas con problemas y vamos a tener más problemas en el futuro" debido a la lucha por ese recurso, pero hoy en día el agua "es un problema de poder, punto y final. Donde está el dinero está el agua".[86]

---

[86] Vid. «Catarina de Albuquerque, relatora especial de la ONU: "El acceso al agua es cuestión de poder, no de disponibilidad", en El Mostrador, 20 de febrero de 2012. Disponible en: http://www.elmostrador.cl/vida-en-linea/2012/02/20/el-acceso-al-agua-es-cuestion-de-poder-no-de-disponibilidad/ [Visitado el 20/01/2012]

En este contexto, resta por ver cuáles son las obligaciones que se derivarían de estos derechos humanos para las empresas, ya sea aquellas que proveen estos servicios o aquellas que con su actividad contaminan el agua superficial o subterránea o bien, aquellas que para ejecutar su actividad se apropian del agua poniendo en riesgo el acceso de la población al agua, ya sea porque ésta se hace escasa (disponibilidad) o porque se encarece (accesibilidad económica).

— 11 —

Direito na sociedade neoliberal e conexão com as garantias individuais e segurança pública

MARGARETH ANNE LEISTER[1]

SUMÁRIO: Introdução; A democracia contemporânea; A sociedade de controle; Otimização da proteção dos bens jurídicos; Conclusão; Referências.

Acreditando no triunfo definitivo do modelo liberal-democrático, da lei e da razão universal, os democratas ocidentais estão desorientados perante a multiplicação dos conflitos étnicos, religiosos e identitários que, conforme a teoria, deveriam estar enterrados e superados.

Chantal Mouffe

Introdução

Como disse Eduardo Galeano,[2] as ações do Estado no projeto neoliberal se reduzem a favores, formas de caridade pública em véspera de eleições, e a justiça social foi reduzida à justiça penal.

Neste contexto, a presente pesquisa parte das concepções pós-modernas de democracia, para tratar do controle social e da otimização da proteção de bens jurídicos úteis ao neoliberalismo. O trabalho se desenvolve em 3 fluxos: 1) concepção contemporânea de democracia; 2) o ato político de prever punições; 3) controle da sociedade.

As razões estruturais da formação do direito neoliberal e consequências a longo prazo não são objeto do trabalho, que se reduz à normogênese e sua aplicação, averiguando seu condicionamento aos interesses das classes dominantes. Baseia-se em dois argumentos: os Estados se organizam de forma a privilegiar grupos, mediante coalizão de forças políticas; e o Direito é condicionado por valores formais e substanciais dos diversos grupos.

---

[1] Doutora em Direito (USP), professora do PPGD do Centro Universitário Fieo PPGD, UNIFIEO.

[2] GALEANO, Eduardo. El sacrificio de la justicia en los altares del orden – los prisioneros. Conferência de encerramento do XIV Curso Interdisciplinar do *Instituto Latinoamericano de Derechos Humanos*, San Jose/Costa Rica, 1996; *De pernas pro ar: a escola do mundo ao avesso*, Porto Alegre: L&PM, 1999; p 31.

Para isso, em termos metodológicos, a pesquisa é interdisciplinar, nas áreas de Direitos Fundamentais (construção, reconhecimento e efetivação), Estudos Culturais e Política. Através de filtros teóricos, visa-se demonstrar, pelo método dedutivo, como o Direito neoliberal constrói e interpreta normas jurídicas de acordo com o resultado jurídico que deseja alcançar, revestindo sua ideologia de cientificidade. O método dialético pretenderá, aqui, revelar as contradições para superá-las, pelo confronto de ideias e tomando a prática como critério para testar a verdade dada.

A democracia contemporânea

Chantal Mouffe, em sua releitura de Carl Schmitt, se pergunta por que a racionalidade não triunfou sobre as paixões, considerando que os teóricos, como Hume, imaginavam que o Direito e a Moral ocupariam o lugar da Política, dado um consenso supostamente fundado num acordo racional elaborado por procedimentos necessários.[3] Conclui que o pensamento político de inspiração liberal democrática não consegue compreender a natureza do "político", dominado que está por uma perspectiva racionalista, individualista e universalista, que é: "profundamente incapaz de aprehender el papel político y el papel constitutivo del antagonismo (es decir, la imposibilidad de constituir una forma de objetividad social que no se funde en una exclusión originaria)".[4]

O pós-guerra trouxe o reconhecimento da democracia como única definição ideal a todos os sistemas de organização política e social. Em 1951, manifestou-se a percepção de que o regime democrático é idolatrado, dado ao uso intensivo e extensivo da palavra "democracia". Tal percepção foi exposta em conferência internacional,[5] onde foi dito que "a democracia se transformou em um conceito abrangente de idolatria (*allumfassender Jdolbegriff*), a síntese de todas as coisas boas e belas que afetam a vida do Estado, da sociedade, e até mesmo da família e dos indivíduos".

Segundo Lipschutz,[6] a democracia não é absolutamente necessária, mas serve para dar ao sistema econômico uma aparência de legitimidade. Idealmente, o o crescimento econômico irá resultar em uma expansão de oportunidades e uma nova distribuição de renda, que servirá para amortecer o conflito social.

Estado democrático significa um sistema constitucional, político e social, onde as decisões coletivas realmente contam com a participação livre e responsável de todo o povo, mediante formas adequadas de organização dos cidadãos e procedimentos eficazes de participação popular. Um regime político, portanto, é caracterizado por três elementos: a eficácia do poder popular, a liberdade

---

[3] HABERMAS: 1987: v. 1, p. 368.

[4] MOUFFE, Chantal. *El Retorno de lo Político*: comunidad, ciudadanía, pluralismo, democracia radical. Traducción de Marco Aurelio Galmarini, Barcelona: Paidós, 1999, p. 12.

[5] *Apud* ZAGREBELSKY, Gustavo. *Imparare la democrazia*, Roma: Gruppo Editoriale L'Espresso, 2005. Disponível em http://www.memoteca.it/upload/dl/E-Book/Un_decalogo_contro_l.pdf

[6] LIPSCHUTZ, Ronnie D. Beyond the neoliberal peace: From conflict resolution to social reconciliation. *Social Justice*. San Francisco: Winter 1998. Vol. 25- 4; p. 10.

e a maturidade políticas, em contraposição à simples adesão ao chefe (Führer, Duce, Caudillo, etc.).[7] Não há nada de novo. Na elaboração das decisões, parte-se – em teoria – de um consenso em torno de fins e objetivos para que, posteriormente, sejam institucionalizados instrumentos que garantam que esses fins. Para Lipschutz,[8] a participação política, através de formas democráticas (eleições), oferece uma aparência de justiça e que vai incentiva os perdedores a continuar no jogo, na crença de podem ganhar as eleições da próxima vez, ao invés de recorrer à revolução. Todavia, a guerra civil não declarada, que ocorre na maioria das sociedades,[9] contradiz o corolário neoliberal de paz e progresso. Mouffe[10] retoma o deslocamento da Política, apontando que a sociedade não consegue organizar a vida em comum politicamente, mas como problemas passíveis de decisões técnicas, como consequência da obsolescência do modelo adversarial. Para Michaud,[11] "os regimes democráticos são mais vulneráveis que os regimes autoritários ou totalitários cujas forças de manutenção da ordem são hipertrofiadas e, a violência repressiva, dissuasiva".

A importância dada aos princípios e valores nos sistemas jurídicos constitucionalizados (neoconstitucionalismo e pós-positivismo) parece deixar ao largo as normas já reconhecidas pelos Estados ditos democráticos. Robert Alexy[12] (2005, p. 32-33 e 35), aqui representando as teorias discursivo-argumentativos, entende que os direitos fundamentais incidem sobre objeto de máxima importância, estruturantes da sociedade, diz que o Estado constitucional se caracteriza por princípios que se relacionam e se tensionam,[13] sendo que os direitos fundamentais, no Estado democrático, estariam no patamar valorativo mais elevado e com máxima força jurídica, não se tratando da "poesia constitucional" (*Verfassungslyrik*) weimariana.

São distintos os processos mediante os quais as sociedades *constroem* as definições de comportamentos reprováveis, social e juridicamente, daqueles processos mediante os quais as sociedades *aplicam* as sanções aos comportamentos reprovados. Em decorrência de políticas econômicas e suas bases na Economia Política, os Estados se organizam de forma a privilegiar grupos, mediante coalizão de forças políticas. O resultado, a partir da década de 1990, foi a implantação do projeto neoliberal no Brasil pelas oligarquias regionais, sempre patrimonialista.

---

[7] ZAGREBELSKY, Gustavo. *Imparare la democrazia*, Roma: Gruppo Editoriale L'Espresso, 2005. Disponível em http://www.memoteca.it/upload/dl/E-Book/Un_decalogo_contro_l.pdf

[8] LIPSCHUTZ, Ronnie D. Beyond the neoliberal peace: From conflict resolution to social reconciliation. *Social Justice*. San Francisco: Winter 1998. Vol. 25- 4; p. 10.

[9] "Sociedade", aqui, é concebida no sentido de Anthony Giddens (*As Consequências da Modernidade*. Tradução de Raul Fiker, São Paulo: UNESP, 1991): um sistema específico de relações sociais, entrelaçadas com conexões que perpassam o sistema sociopolítico do estado e a ordem cultural da "nação".

[10] MOUFFE, Chantal. Democracia y pluralismo agnoísitco, *Revista Derecho y Humanidades*, n. 12, Santiago do Chile, 2006,

[11] MICHAUD, Yves. *A violência*. São Paulo: Ática, 1989, p. 26.

[12] ALEXY, Robert. Los derechos fundamentales en el Estado constitucional democrático. Traducción de Alonso García Figueroa, en: CARBONELL, Miguel (Ed), *Neoconstitucionalismo(s)*. Madrid: Editorial Trotta, 2005.

[13] Reconhecidos na Constituição alemã.

Nesse contexto e considerando o recente fenômeno da judicialização da política, vamos ao ponto em que o neoconstitucionalismo possibilita a interpretação constitucional criativa, ao ponto de reescrever a Constituição, criando novas normas constitucionais. O Supremo Tribunal Federal brasileiro, em sua competência dada pela Constituição Federal de 1988, interpreta o texto constitucional e procede a mutação constitucional, já tendo declarado que "a Constituição está em elaboração permanente nos Tribunais incumbidos de aplicá-la".

Não posso, onde a Constituição exige a previsão em lei complementar, entender que é dispensável esse instrumental. E, à mercê de uma interpretação, de uma construção constitucional, segundo a minha concepção humanística, eleger outras causas. O subjetivismo vai grassar e a insegurança jurídica será total (STF – ADPF 144).[14]

A governamentalidade liberal, surgida ao final do século XVIII, em pleno século XXI continua a definir a racionalidade políticas, revitalizando o liberalismo de quase 300 anos atrás. A integração estruturante do paradigma (neo)liberal foi substituída por um novo fenômeno que reorganizou a noção de constituição econômica, invertendo a lógica do constitucionalismo dirigente.

Estados democráticos estabelecem uma relação com seus cidadãos reconhecendo seus direitos, oferecendo-lhes a liberdade no sentido amplo e as formas de controle penal compatíveis: *no prima facie, sino ultima ratio*. Esta lógica é contrariada por excessos do Estado, como a execução sumária, os desaparecimentos forçados, a pena de morte, as penas de prisão perpétua. O Direito, que seria instância de controle e previsão do uso da força, meio para o alcance daqueles fins do Estado, autoriza o uso da força como meio, e o Estado utiliza a força e a violência como fim: a instrumentalidade da violência para a preservação de um estado de coisas. São as formas coercitivas do neoliberalismo, fundadas na noção de securitização desenvolvida pela Escola de Copenhague – que aproxima o conceito de violência do de ameaça existencial. O Ministro Marco Aurelio, em seu voto no julgamento da RO nº 1.069/RJ, sustentou que "enquanto o Direito for ciência, o meio justifica o fim, mas não o fim, o meio." (TSE, 2006: 8-9). Em julgamento de *Habeas Corpus* impetrado em razão de ação penal onde se investigou o por falsidade ideológica e fraude processual,[15] o Ministro Celso de Mello reafirmou os princípios democráticos que informam o modelo constitucional consagrado na constituição, que "repelem qualquer ato estatal que transgrida o dogma de que não haverá culpa penal por presunção nem responsabilidade criminal por mera suspeita".

---

[14] Voto Ministro Marco Aurélio.

[15] Nos termos do voto da Ministra Jane Silva, da 5ª Turma do STJ: "Agiram os denunciados, consciente e voluntariamente, com o dolo próprio da espécie, em concurso e unidade de desígnios, omitindo, no inventário, declaração que dele deveria constar, com o fim de alterar a verdade sobre fato juridicamente relevante, ou seja, quanto à propriedade da empresa, da forma descrita, consumando o delito de falsidade ideológica. Agiram também os denunciados, consciente e voluntariamente, com o dolo próprio da espécie, em concurso e unidade de desígnios, alienando os bens integrantes do patrimônio da empresa, sem autorização judicial, inovando artificiosamente, na pendência do inventário, o estado de bens, com o fim de induzir o Juiz a erro, naforma descrita, consumando o delito de fraude processual em concurso material".

Todavia, o Direito na sociedade neoliberal[16] – e sua conexão com as garantias individuais, liberdades coletivas e segurança pública – é, via de regra, compreendido no aspecto unidimensional. O corolário neoliberal de paz e progresso contradiz a guerra civil que continua a ocorrer dentro da maioria das sociedades, Por que algumas sociedades desmoronar e em violência, enquanto outros vêm juntos e desfrutar os frutos da paz?

> La democracia está fundada sobre los individuos, no sobre la masa. Como ya lo vio Tocqueville, la masificación es un peligro mortal. Precisamente la democracia, proclamando una igualdad media, puede amenazar los valores personales, anulando libertad e individualidad en una masa informe. Y la masa informe puede contentarse con un demagogo con el que identificarse instintivamente.[17]

De fato, as práticas liberais dão importância, tão somente, à questão da limitação da intervenção direta. Esse senso comum conservador, alimentado pela mídia, favorece o caminho de mão única do direito neoliberal,[18] sem maiores resistências: a construção da "manufatura do consenso", segundo a terminologia de Chomsky e Hermann,[19] tem por consequência a aplicação de definições de comportamentos reprováveis, social e juridicamente, consoante os constructos culturais dominantes nas distintas sociedades. Para Michaud,[20] a violência é variável nas diversas sociedades, conforme o entendimento de cada grupo do fenômeno e o momento histórico determinado, como consequência de processos culturais verificados. Assim, a visão unidimensional é insuficiente, dada a complexidade do tema.

O discurso adotado pelo intérprete da lei é manipulado como meio para legitimar a vontade da classe dominante, esteja ou não o intérprete consciente de seu papel de instrumento perpetuador dessa ideologia. Ao utilizar um determinado método interpretativo aceito – que poderá ser exegético, teleológico, sociológico, positivista – a interpretação manipulará o direito posto enquanto afirmação das liberdades públicas e garantia contra a arbitrariedade, validando a decisão.

Pela mesma senda da concepção de democracia, o republicanismo pretende garantir a absoluta de liberdade individual e outros direitos civis, e é fundamento do credo liberal. No caso de nossa república brasileira, dita democrática, as garantias individuais e os direitos sociais são afirmados pelo Supremo Tribunal Federal:

> Com a instauração, em nosso País, de uma ordem plenamente democrática, assim consagrada pela vigente Constituição, intensificou-se o círculo de proteção em torno dos direitos fundamen-

---

[16] Ver ROSA, Alexandre Moraes da. Discurso neoliberal e Estado democrático de direito. *Ciências Sociais Aplicadas em Revista* – UNIOESTE/MCR, v. 8, n. 15, 2º sem 2008, p. 27-40.

[17] ZAGREBELSKY, Gustavo. *Imparare la democrazia*, Roma: Gruppo Editoriale L'Espresso, 2005. Disponível em http://www.memoteca.it/upload/dl/E-Book/Un_decalogo_contro_l.pdf.

[18] Aqui, o neoliberalismo é considerado uma *configuração de poder* particular dentro do capitalismo, na qual o poder e a renda da classe capitalista foram restabelecidos depois de um período de retrocesso (DUMÉNIL, Gérard; LÉVY, Dominique. Neoliberalismo – Neo-imperialismo. *Economia e Sociedade*, Campinas, v. 16, n. 1 (29), p. 1-19, abr. 2007, p. 2).

[19] CHOMSKY, Noam; HERMAN, Edward S. *Manufacturing Consent: The Political Economy of the Mass Media*. New York: Pantheon Books, 1988.

[20] MICHAUD, Yves. *A violência*. São Paulo: Ática, 1989.

tais, qualquer que seja o domínio de sua incidência e atuação, compreendidos, para efeito dessa tutela constitucional e em perspectiva mais abrangente, todos os blocos normativos concernentes aos direitos individuais e coletivos, aos direitos sociais e aos direitos políticos, em ordem a conferir-lhes real eficácia, seja impondo, ao Estado, deveres de abstenção (liberdades clássicas ou negativas), seja dele exigindo deveres de prestação (liberdades positivas ou concretas), seja, ainda, assegurando, ao cidadão, o acesso aos mecanismos institucionalizados de exercício do poder político na esfera governamental (liberdade-participação). (STF, ADPF 144, voto Ministro Celso Mello).

E como bem colocou Bergalli, já na década de 70, o neoliberalismo, responsável pela a crise social contemporânea,[21] provocou restrições às liberdades no âmbito das políticas de controle social, "justificadas por las llamadas *luchas* contra fenómenos nacidos em esse contexto de desmesurada cultura consumista y de creciente desequilíbrio social".[22]

A lógica do contratualismo hobbesiano encontra aderência no modelo ocidental de Estado: o contrato estabelece, fundamentalmente, que o Estado deve proteger seus associados da violência exercida por indivíduos ou grupos mais fortes. Em decorrência de sua função protetiva, sua ação deve ser pautada na mínima lesividade, em toda e qualquer situação que requeira sua intervenção. Há um contrassenso, uma vez que, como aponta Zizek, "o espaço político nunca é "puro", mas sempre implica algum tipo de confiança na violência pré--política".[23]

No âmbito do Supremo Tribunal Federal, o Ministro Eros Grau fala do papel da democracia plebiscitária e da justiça popular no perecimento dos direitos individuais, quando a liberdade de imprensa fomenta os anseios populares por "justiça" ou "ética", colocando em risco todo o sistema de garantias que foi (re)construído para proteger o cidadão das arbitrariedades do poder:

As garantias da legalidade e do procedimento legal, conquistas da modernidade das quais não se pode abrir mão, são afastadas, inconsciente, a sociedade, de que assim tece a corda que a enforcará. [...] Na democracia brasileira, as massas não exercem participação permanente no Estado; são apenas eleitorais. Em determinados momentos, contudo, elas despontam, na busca, atônita, de uma ética – qualquer ética – o que irremediavelmente nos conduz ao "olho por olho, dente por dente".[24]

No Estado Democrático de Direito, além da necessária garantia contra excessos praticados pelo Estado, com a efetivação dos direitos humanos fundamentais, deve garantir os direitos do acusado, além de observar o princípio constitucional da intervenção mínima. Entretanto, a visão minimalista de Estado neoliberal implica a potencialização do papel repressivo. Em suma, concordando com Bourdieu e Wacquant:

---

[21] ANDERSON, Perry. *As origens da pós-modernidade*. Rio de Janeiro: Jorge Zahar, 1999.

[22] ZAFFARONI, ZAFFARONI, Eugenio Raúl *et al. Criminología Crítica y Control Social: El Poder Punitivo del Estado*. vol. I, Rosario: Editorial Juris, 1993, p. 44.

[23] ZIZEK, Slavov. Contra os Direitos Humanos. 2005. Publicada originalmente na *New Left Review*, n. 34, julho-agosto de 2005. Traduzido do inglês por Sávio Cavalcante. Revisão de Martha Ramírez-Gálvez e Silvana Mariano para a revista *Mediações*.

[24] BELLUZZO, Luiz Gonzaga de Mello; GRAU, Eros Roberto. Direito e mídia, no Brasil, in FIOCCA, Demian e GRAU, Eros Roberto (Org.). *Debate sobre a Constituição de 1988*, São Paulo: Paz e Terra, 2001, pp. 105 e ss.

Como todas as mitologias da idade da ciência, a nova vulgata planetária apoia-se numa série de oposições e equivalências, que se sustentam e contrapõem, para descrever as transformações contemporâneas das sociedades avançadas: desinvestimento econômico do Estado e ênfase nas suas componentes policiais e penais, desregulação dos fluxos financeiros e desorganização do mercado de trabalho, redução das proteções sociais e celebração moralizadora da "responsabilidade individual".[25]

A sociedade de controle

A defesa da necessidade de o Estado ter controle sobre os indivíduos se proliferou na Europa a partir do século XVIII. O Brasil, desde sua colonização, demonstra alinhamento com a moral, a política e o pensamento europeu. O seu povoamento se deu pela maciça imigração europeia, mais aportes do Japão e do Oriente Médio nos séculos XIX e XX. Mais recentemente, a partir da década de 1970, o país recebeu imigração do Extremo Oriente e de egressos dos processos de descolonização da África, além dos desterritorializados econômicos da América Latina. Ainda assim, os modelos europeus e estadunidenses continuam determinando o comportamento dos agentes políticos.

Quando, mediante práticas e ações dirigidas, o Estado passa controlar as condições materiais da vida e o controle comportamental do sujeito.[26] O controle da sociedade sobre o individuo se opera pelo olhar panóptico, e no seu corpo enquanto realidade biopolítica: para que o corpo se torne útil, é necessário aplicar sobre ele um sistema de dominação.

No século 19 – e ainda hoje – é em relação ao corpo e seus diferentes elementos, sua medida, suas marcas, seu sexo, sua natureza, sua alma, que o medo e o fascínio tomam forma. Tentamos decodificá-lo, dobrá-lo, dominá-lo. A eugenia foi apresentada como uma garantia total e absoluta para o domínio do indivíduo, desde o nascimento até a sua morte e, por isso, é a continuação do "admirável mundo novo". Foi a vontade de tornar a alma submissa, influenciando os corpos – o que Foucault chamou de "anatomia política" e que teria evoluído em cumplicidade com a biologia para uma "genética política". A tentação eugenista ainda encanta? Será que vamos abandonar a liberdade pela segurança?

Deve ser considerada a repercussão dos fatores políticos, sociais, econômicos e ideológicos na instabilidade social. Em geral, a sociedade[27] não admite suas responsabilidades na origem e abordagem da delinquência. E mais, a análise atenta das normas penais revela teorias, discursos, interesses, dos quais o legislador não parece ter consciência. Sendo a criminalidade modalidade normativa construída nas leis penais, não existindo fora de um processo formal de criação jurídica, a delinquência e criminalidade dependem da criminalização

---

[25] BOURDIEU, Pierre; WACQUANT, Loïc. O imperialismo da razão neoliberal. *Revista Possibilidades*, Ano 1, n. 1, Jul-Set 2004, pp. 24-28, p. 25.

[26] FOUCAULT, Michel. *Microfísica do poder*. Organização e tradução de Roberto Machado. Rio de Janeiro: Graal, 1979, *passim*.

[27] Ver Nota 8.

de certas práticas que, se as normas não vigessem, não seriam consideradas como crimes.

Lappi-Seppälä explica a razão de as socialdemocracias escandinavas serem menos punitivas justamente em termos de moralidade. Para ele,

La lógica moral del Estado social es la de la universalización de las prestaciones sociales, por tanto en éstos la ideología tiende a ser más inclusiva y solidaria con las personas desfavorecidas por su lugar de nacimiento se tiende a favorecer un concepto de responsabilidad de la sociedad frente al delito y a los riesgos; quizás también uno 'puede permitirse' ser tolerante; y finalmente las alternativas asistenciales al castigo funcionan. Todo ello redunda quizás en un menor miedo, ansiedad, y demandas punitivas.[28]

Para garantir a coesão social democrática, é necessário que o Estado assegure as contribuições vitais básicas à população em geral: alimentação, educação, habitação, vestuário, lazer, vida familiar, isto é, suas condições de vida, para restaurar o mínimo necessário. Todavia, como adverte Nils:

El crecimiento en los estados modernos de la institución de producción/economía/consumo – a expensas de todas las otras instituciones de la sociedad –, resulta fundamental para el análisis de esta situación. La producción, el dinero y el consumo, logran una especie de prioridad absoluta.[29]

O poder punitivo do Estado deve estar regido e limitado pelo princípio da intervenção mínima. Com isso, quero dizer que o Direito Penal somente deve intervir nos casos de ataques muito graves aos bens jurídicos mais importantes. As perturbações mais leves do ordenamento jurídico são objeto de outros ramos do direito.[30] Entretanto, é possível visualizar a viabilidade de o poder punitivo ser instrumento hegemônico dos poderes institucionalizados, em razão de sua seletividade estrutural, e do fato de que "en el derecho penal los ideales han sido particularmente degradados al vincularlos persistentemente con las teorias modernas de la pena y uma concepción esencialmente negativa y abstracta de la noción de protección de derechos".[31]

O que Foucault denomina biopolítico é a proliferação, a partir do século XVIII, de tecnologias políticas que irão investir sobre o corpo, a saúde, as formas de se alimentar e de morar, as condições de vida, o espaço completo da existência:

A teoria do direito, no fundo, só conhecia o individuo e a sociedade: o individuo contratante e o corpo social que fora constituído pelo contrato voluntário ou implícito dos indivíduos. As disciplinas lidavam praticamente com o individuo e com seu corpo. Não é exatamente com a sociedade que se lida nessa nova tecnologia de poder (ou, enfim, com o corpo social tal como o definem os juristas); não e tampouco com o individuo-corpo. E um novo corpo: corpo múltiplo, corpo com inúmeras cabeças, se não infinito pelo menos necessariamente numerável. E a noção de "população". A biopolítica lida com a população, e a população como problema político como problema a

---

[28] LARRAURI PIJOAN, Elena, "Economía política del castigo", *Revista Electrónica de Ciencia Penal y Criminología*, 2009, n° 11-06. Disponível em: http://criminet.ugr.es/recpc/11/recpc11-06.pdf, p. 11.

[29] *Apud* ZAFFARONI, Eugenio Raúl et al. *Criminología Crítica y Control Social: El Poder Punitivo del Estado*. vol. I, Rosario: Editorial Juris, 1993, p. 153.

[30] MUÑOZ CONDE, Francisco. *Introducción al Derecho Penal*. Barcelona: Bosch, 1975.. Introducción al Derecho Penal. Barcelona: Bosch, 1975, p. 59-60.

[31] PIRES, Álvaro P. La "línea Marginot" en el derecho penal: la protección contra el crime versus la protección contra el príncipe. *Revista Brasileira de Ciências Criminais*, jan-fev 2004, ano 12, n. 46, pp. 12.

um só tempo cientifico e politico, como problema biológico e como problema de poder, acho que aparece nesse momento.[32]

O Direito da sociedade neoliberal mantém seus fundamentos na Revolução Francesa, priorizando ainda as relações horizontais e em íntima conexão com as garantias individuais, liberdades coletivas e segurança pública. Em 1897, von Ihering já dizia:

En el terreno del derecho todo existe para el fin y en vista del fin; el derecho entero no es más que una creación única del fin, sólo que la mayor parte de los actos creadores aislados se remontan á un pasado tan lejano que la humanidad ha perdido su recuerdo.[33]

A relação de poder entre Estado, governo e setores sociais marginalizados pela sociedade encontram uma nova centralidade. Para Foucault,[34] relação de poder é ação sobre a ação do outro:

Aquilo que se define como uma relação de poder é um modo de ação que não age direta e imediatamente sobre os outros, mas que age sobre sua própria ação. Uma ação sobre a ação, sobre ações eventuais, ou atuais, futuras ou presentes.

O "outro" sempre foi considerado a causa de todos os males. No Estado-Nação, o que é diferente é uma ameaça à sociedade "nacional", e a diferença é uma construção do Estado. No regime de 1964, o "subversivo" foi estigmatizado e nominado o "outro" que ameaça a unidade nacional, devendo ser eliminado enquanto inimigo interno – justificando assim a chamada guerra suja.

Giorgio Agamben[35] fala que a eliminação física do outro não conforme (aqueles "não integráveis ao sistema jurídico) é o fenômeno paradoxal que Schnur nomeou "guerra civil legal". Categorias inteiras podem ser eliminadas na instauração deste estado de coisas:

Diante do incessante avanço do que foi definido como uma "guerra civil mundial", o estado de exceção tende sempre mais a se apresentar como o paradigma de governo dominante na política contemporânea. Esse deslocamento de uma medida provisória e excepcional para uma técnica de governo ameaça transformar radicalmente – e, de fato, já transformou de modo muito perceptível – a estrutura e o sentido da distinção tradicional entre os diversos tipos de constituição.

Para o respeito aos direitos humanos fundamentais, o estado de direito deve ser estabelecido nas áreas pobres do Brasil. "Há nichos onde o Estado democrático de Direito não chega. Não existe igualdade de direitos quando se trata da criminalidade praticada pelos pobres" (Almeida, 2007: 3). Com efeito, dado o descontrole na gestão das forças repressoras e punitivas, o estado de direito transforma-se em estado de polícia. No já longínquo 2004, a Ministra do Supremo Tribunal Federal Cármen Lúcia escreveu:

Gente é tudo igual. Tudo igual. Mesmo tendo cada um a sua diferença. Gente não muda. Muda o invólucro. O miolo, igual. Gente quer ser feliz, tem medos, esperanças e esperas. Que cada qual

---

[32] FOUCAULT, Michel. *Em defesa da sociedade*. São Paulo: Martins Fontes, 1999, p. 292-293.

[33] von IHERING, Rudolph. *El fin del Derecho*. Daniel Jorro Ed., Madrid: Espanha, 1911, p. 273-274

[34] FOUCAULT, Michel. O sujeito e o poder. In Hubert DREYFUS e Paul RABINOW. Michel Foucault: uma Trajetória Filosófica. Rio de Janeiro: Forense. 1995, p. 243.

[35] AGAMBEN, Giorgio. *Estado de Exceção*. São Paulo: Boitempo, 2004, p. 13.

vive a seu modo. Lida com as agonias de um jeito único, só seu. Mas o sofrimento é sofrido igual. A alegria, sente-se igual.[36]

Outra coisa é a pretensão de substituir-se o direito pela moralidade, o que, na prática, significa derrogar as instituições do Estado de direito em proveito da vontade e do capricho dos poderosos ou daqueles que os servem.[37]

Os princípios da política processual refletem as características políticas de um Estado, denotando as diretrizes adotadas pela política estatal, se autoritária ou liberal. O sistema inquisitório predomina em países caracterizados pelo autoritarismo ou pelo totalitarismo, e o sistema acusatório nos países que garantem os direitos humanos fundamentais.

Otimização da proteção dos bens jurídicos

Recentemente, a moralidade foi promovida ao posto de narrativa mestra, e está substituindo os desacreditados discursos políticos e sociais, na construção da ação coletiva.

Chantal Mouffe

O conceito de vida cotidiana construído na modernidade tem por pilares sobre a segurança e a estabilidade, garantidas pelo Estado. Com a diminuição da autoridade do Estado e de seus representantes, os processos democráticos e de governo estão mais suscetíveis às variações de opinião da elite sobre autoridade e ordem social. A pós-modernidade trouxe consigo alterações na sociedade, dentre as quais, o conceito de justiça terapêutica, que visa à reabilitação do ofensor e à redução dos danos, uma mudança de paradigmas no campo das políticas criminais. Aqui, pós-moderno é entendido como o conjunto de formas culturais, etiquetas ideológicas e dispositivos institucionais posteriores à crise do Estado-nação e que são parte da formação da soberania imperial.[38]

Todavia, as alterações próprias da pós-modernidade também alteraram a percepção de condutas antes consideradas não lesivas (ou inexistentes), que passar a ser consideradas como desestruturantes do bem-estar social. Um exemplo modelar é o surgimento do Direito Penal Econômico, que pode ser conceituado como a disciplina que tipifica condutas lesivas (ou potencialmente lesivas) a uma determinada ordem neoliberal, concebido e estruturado num apanhado de normas que protegem a ordem socioeconômica.

Patricia Faraldo Cabañas[39] bem resume a questão da otimização da proteção de bens jurídicos pelo direito penal do inimigo, nos termos propostos por

---

[36] ROCHA, Cármen Lúcia Antunes. *Direitos de para todos*. 1. ed. Belo Horizonte: Fórum, 2004, p. 13.

[37] STF, ADPF 144, voto Ministro Eros Grau.

[38] NEGRI, Antonio. *La fabrica de porcelana Una nueva gramatica de la politica*. Traducción de Susana Lauro. Barcelona: Paidós, 2008, p. 09.

[39] FARALDO CABANAS, Patricia. Un derecho penal de enemigos para los integrantes de organizaciones criminales, en FARALDO CABAÑA (Dir.) y BRANDARIZ/PUENTE (Org.), *Nuevos Retos de Derecho Penal en la era de la globalización*. Valencia: Tirant lo Blanch, 2004, p. 309.

Jakobs, afrontando os princípios básicos do modelo de convivência nas sociedades ocidentais:

> [...] se consigue a través del adelanto de la punibilidad que se opera cambiando la perspectiva del Derecho penal de los hechos pasados a los hechos futuros, lo que supone en ocasiones incriminar no tanto hechos propiamente dichos cuanto conductas cuya relevancia penal se manifiesta particularmente en un contenido simbólico, pero sin que se produzca la rebaja de pena que en principio debería acompañar a la anticipación de la tutela, lo que da lugar a penas desproporcionadas; prescindiendo de ciertas garantías procesales; y soslayando las garantías derivadas del principio de legalidad, ya que el legislador utiliza términos tan porosos y ambiguos que permiten hablar de un intento consciente de eludir el mandato de determinación que se desprende del mencionado principio. De centrar la atención en los aspectos objetivos se pasa a desvalorar fundamentalmente lo subjetivo, mientras que "la pena se dirige hacia el aseguramiento frente a hechos futuros, no a la sanción de hechos cometidos".

A defesa das garantias liberais contra o soberano contra as "ingerências indevidas do sistema político sobre o sistema jurídico" e as arbitrariedades no exercício da justiça punitiva não é uma emancipação das teorias da pena, mas a conservação do direito penal que, desde o princípio é essencialmente punitivo. Isso porque as teorias da pena não colidem com o garantismo negativo (*ultima ratio*, estrita legalidade, presunção de inocência, direito penal punitivo-moderado, segundo *the rule of law*), e gera um sentimento ilusório de segurança, o preço pago pela moderação sem abdicar ao projeto de justiça "quase exclusivamente repressiva delineada pelas teorias da pena".[40]

O resultado de tal situação verifica-se no Brasil, que responde às suas contradições com a ampliação do aparato judicial ao passo que se propaga a adoção do Estado mínimo na ordem econômica:

> Em tais condições [marginalidade urbana aliada a uma cultura política brasileira marcada pelo autoritarismo], desenvolver o Estado penal para responder às desordens suscitadas pela desregulamentação econômica, pela dessocialização do trabalho assalariado e pela pauperização relativa e absoluta de amplos contingentes do proletariado urbano, aumentando os meios, a amplitude e a intensidade da intervenção do aparelho policial e judiciário, restabelecendo uma verdadeira ditadura sobre os pobres.[41]

Como colocado por João Carlos Correia,[42] dado que as relações indivíduo/sociedade tornaram-se o alvo de uma midiatização generalizada, a rede de comunicação social, com o que:

> Os *media* – incluindo nestes os meios de comunicação de massa e os novos *media* – exercem uma capacidade de controlo que não pode ser considerada apenas sob o ponto de vista da sua presumível influência numa campanha eleitoral ou na vigilância democrática do poder político. Os sistemas de relação social tornaram-se inseparáveis da formulação de um imaginário, pelo que a

---

[40] PIRES, Álvaro P. La "línea Marginot" en el derecho penal: la protección contra el crime versus la protección contra el príncipe. *Revista Brasileira de Ciências Criminais*, jan-fev 2004, ano 12, n. 46, p. 21-22.

[41] WACQUANT, Loïc. *As prisões da miséria*. Tradução de André Telles. Rio de Janeiro: Jorge Zahar, 2001, p. 10.

[42] CORREIA, João Carlos. *Comunicação e Cidadania: os media e a fragmentação do espaço público nas sociedades pluralistas*. Lisboa: Horizonte, 2004, *passim*.

actividade dos *media* faz partedo cerne do seu funcionamento. A acção política, em particular é, de modo crescente, povoada de crenças, de convenções e símbolos.[43]

Estes fenômenos são entendidos como o produto da ideia de consenso. Para Arendt,[44] o poder "não se baseia na relação de mando e obediência", e sim na capacidade humana de agir em concerto. O consenso é determinado pelos detentores do poder; e é obtido do produto de uma sociedade baseada em preconceitos derivados de falsos valores e de uma parodia de moral, onde a opinião pública – ou seja, a soma das opiniões privadas – aponta como inimigo aquele que não se harmonize com os padrões propostos pelo sistema:

Por "moral" entende-se um conjunto de valores e regras de ação propostas aos indivíduos e aos grupos por intermédios de aparelhos prescritivos diversos, como podem ser a família, as instituições educativas, as igrejas, etc. [...] Porém, por "moral" entende-se igualmente o comportamento real dos indivíduos em relação às regras e valores que lhe são propostos.[45]

O Direito, assim, não só é condicionante senão também condicionado por valores formais e substanciais dos diversos grupos. Vale dizer, não apenas regula a vida jurídica, mas é regulado consoante valores de grupos dominantes. Como Derrida[46] apontou, o ideal da erradicação da violência, da desigualdade, da exclusão, da fome, foi suplantado pela opressão econômica. É este momento neoliberal que constantemente agrava as injustiças sociais, e que mais afeta seres humanos na história da humanidade: nunca antes tantos homens, mulheres e crianças foram subjugados, mantidos na fome ou foram exterminados.

Conclusão

> *O Brasil é uma criação do Estado português.*
> *Não se trata de uma sociedade que construiu um Estado*
> *e sim de um Estado que constituiu uma sociedade.*
>
> Celso Furtado

Vimos como a positivação dos valores nos sistemas jurídicos neoliberais constitucionalizados deixam ao largo as normas já reconhecidas pelos Estados ditos democráticos. Para tanto, analisamos a premissa foucaultiana de que o Estado controla as condições materiais da vida e o controle comportamental do sujeito, influenciando no modo que as sociedades *constroem* as definições de comportamentos reprováveis, social e juridicamente, e processos mediante os quais as sociedades *aplicam* as sanções aos comportamentos reprovados, bem como a instrumentalidade da violência, pelo Estado, para a preservação de um estado de coisas.

---

[43] CORREIA, João Carlos. *Comunicação e Cidadania: os media e a fragmentação do espaço público nas sociedades pluralistas*. Lisboa: Horizonte, 2004, p. 1.

[44] ARENDT, Hannah. *Da Revolução*. Tradução de Fernando Vieira. Brasília: Ed. Unb, 1988.

[45] FOUCAULT, Michel. *História da sexualidade 2: o uso dos prazeres*. Rio de Janeiro: Edições Graal, 1984, p. 26.

[46] DERRIDA, Jacques. *Espectros de Marx*. Traducción, José Miguel Alarcón y Cristina de Peretti, Madrid: Editorial Trotta, 1998, p. 99.

No neoliberalismo ocidental, os fundamentos ainda são relacionados à Revolução Francesa, mas priorizando as relações horizontais, as garantias individuais, liberdades coletivas e segurança pública. No Brasil, o estado de direito deve ser estabelecido nas áreas pobres para garantir o respeito aos direitos humanos fundamentais.

Para a preservação de um estado de coisas, um dos instrumentos é o neoconstitucionalismo, que possibilita a interpretação constitucional criativa pelo Supremo Tribunal Federal. Ao substituir-se o direito pela moralidade, as instituições do Estado de direito são derrogadas em proveito da vontade e do capricho dos poderosos ou daqueles que os servem.

Ainda, os princípios da política processual refletem as características políticas do Estado liberal, e a diminuição da autoridade do Estado e de seus representantes, os processos democráticos e de governo se tornam mais suscetíveis às variações de opinião da elite sobre autoridade e ordem social. Altera-se a percepção de condutas antes consideradas não lesivas (ou inexistentes), que passam a ser consideradas como desestruturantes do bem-estar social. A resposta é a ampliação do aparato judicial ao mesmo tempo que se propaga a adoção do Estado mínimo na ordem econômica.

Concluímos que o Direito na sociedade neoliberal não apenas regula a vida jurídica, mas é regulado consoante valores de grupos dominantes.

Referências

AGAMBEN, Giorgio. *Estado de Exceção*. São Paulo: Boitempo, 2004.

ALEXY, Robert. Los derechos fundamentales en el Estado constitucional democrático. Traducción de Alonso García Figueroa, en: CARBONELL, Miguel (Ed), *Neoconstitucionalismo(s)*. Madrid: Editorial Trotta, 2005.

ANDERSON, Perry. *As origens da pós-modernidade*. Rio de Janeiro: Jorge Zahar, 1999.

ARENDT, Hannah. *Da Revolução*. Tradução de Fernando Vieira. Brasília: Ed. Unb, 1988.

BECCARIA, Cesare de. *Dos Delitos e das Penas*. 2ª ed. São Paulo: Martin Claret, 2008.

BELLUZZO, Luiz Gonzaga de Mello; GRAU, Eros Roberto. Direito e mídia, no Brasil, in FIOCCA, Demian e GRAU, Eros Roberto (Org.). *Debate sobre a Constituição de 1988*, São Paulo: Paz e Terra, 2001, pp. 105 e ss.

BOURDIEU, Pierre; WACQUANT, Loïc. O imperialismo da razão neoliberal. *Revista Possibilidades*, Ano 1, n. 1, Jul-Set 2004, pp. 24-28.

CHOMSKY, Noam. *Media Control: The Spectacular Achievements of Propaganda*, 2nd ed. New York: Seven Stories Press, 2002.

——; HERMAN, Edward S. *Manufacturing Consent*: the Political Economy of the Mass Media. New York: Pantheon Books, 1a ed. 1988.

CORREIA, João Carlos. *Comunicaçao e Cidadania*: os media e a fragmentação do espaço público nas sociedades pluralistas. Lisboa: Horizonte, 2004.

DERRIDA, Jacques. *Espectros de Marx*. Traducción, José Miguel Alarcón y Cristina de Peretti, Madrid: Editorial Trotta, 1998.

DUMÉNIL, Gérard; LÉVY, Dominique. Neoliberalismo – Neo-imperialismo. *Economia e Sociedade*, Campinas, v. 16, n. 1 (29), p. 1-19, abr. 2007.

FARALDO CABANAS, Patricia. Un derecho penal de enemigos para los integrantes de organizaciones criminales, en FARALDO CABAÑA (Dir.) y BRANDARIZ/PUENTE (Org.). *Nuevos Retos de Derecho Penal en la era de la globalización*. Valencia: Tirant lo Blanch, 2004, pp. 301 e ss.

FOUCAULT, Michel. *Em defesa da sociedade*. São Paulo: Martins Fontes, 1999.

——. *História da sexualidade 2*: o uso dos prazeres. Rio de Janeiro: Edições Graal, 1984.

——. *Microfísica do poder*. Organização e tradução de Roberto Machado. Rio de Janeiro: Graal, 1979.

GALEANO, Eduardo. El sacrificio de la justicia en los altares del orden – los prisioneros. *Conferência de encerramento do XIV Curso Interdisciplinar do Instituto Latinoamericano de Derechos Humanos*, San Jose/Costa Rica, 1996.

GIDDENS, Anthony. *As Consequências da Modernidade*. Tradução de Raul Fiker, São Paulo: UNESP, 1991.

HAAS, Peter M. Introduction to epistemic communities and International Policy Coordination. *International Organization*. Vol. 46 n. 1, 1992, pp. 1-35.

HABERMAS, Jürgen. *Teoría de la acción comunicativa* – vols. I e II. Madrid: Taurus, 1987.

HESPANHA, António Manuel. A revolução neoliberal e a subversão do "modelo jurídico". Crise, Direito e Argumentação Jurídica. *Revista do Ministério Público*. Abr-Jun 2009, pp. 9-80.

IHERING, Rudolph von. *El fin del Derecho*. Daniel Jorro Ed., Madrid: Espanha, 1911,

KALUSZYNSKI, Martine. The return of the dangerous man. Reflections on the idea of dangerousness and its uses, *Champ pénal/Penal field* [Recurso Eletrônico], Vol. V, 2008, publicado en 9/2/2010. Disponível em http://champpenal.revues.org/7753. Acesso em 5/9/2013.

LARRAURI PIJOAN, Elena, "Economía política del castigo", *Revista Electrónica de Ciencia Penal y Criminología*, 2009, n° 11-06. Disponível em: http://criminet.ugr.es/recpc/11/recpc11-06.pdf.

LIPSCHUTZ, Ronnie D. Beyond the neoliberal peace: From conflict resolution to social reconciliation. *Social Justice*. San Francisco: Winter 1998. Vol. 25- 4; pp. 5-20.

MICHAUD, Yves. *A violência*. São Paulo: Ática, 1989.

MOUFFE, Chantal. Democracia y pluralismo agonístico, *Revista Derecho y Humanidades*, n. 12, Santiago do Chile, 2006, p. 17-27.

——. *El Retorno de lo Político*: comunidad, ciudadanía, pluralismo, democracia radical. Traducción de Marco Aurelio Galmarini, Barcelona: Paidós, 1999.

MUÑOZ CONDE, Francisco. *Introducción al Derecho Penal*. Barcelona: Bosch, 1975.. Introducción al Derecho Penal. Barcelona: Bosch, 1975.

NEGRI, Antonio. *La fabrica de porcelana Una nueva gramatica de la politica*. Traducción de Susana Lauro. Barcelona: Paidós, 2008.

PIRES, Álvaro P. La "línea Marginot" en el derecho penal: la protección contra el crime versus la protección contra el príncipe. *Revista Brasileira de Ciências Criminais*, jan-fev 2004, ano 12, n. 46, pp. 11-45.

ROCHA, Cármen Lúcia Antunes. *Direitos de para todos*. Belo Horizonte: Fórum, 2004.

ROSA, Alexandre Moraes da. Discurso neoliberal e Estado democrático de direito. *Ciências Sociais Aplicadas em Revista* – UNIOESTE/MCR, v. 8, n. 15, 2º sem 2008, p. 27-40.

SANTOS, Boaventura de Sousa. *Um discurso sobre as ciências*. 7ª ed. São Paulo: Cortez, 2010.

STRECK, Lenio Luiz. *Verdade e Consenso*: Constituição, Hermenêutica e Teorias Discursivas. Da Possibilidade à necessidade de respostas corretas em Direito. 3ª edição. Rio de Janeiro:. Lumen Juris, 2009.

VARGAS LLOSA, Mario. *A civilização do espetáculo*. Rio de Janeiro: Objetiva, 2013.

WACQUANT, Loïc. *As prisões da miséria*. Tradução de André Telles. Rio de Janeiro: Jorge Zahar, 2001.

ZAFFARONI, Eugenio Raúl *et al. Criminología Crítica y Control Social*: el Poder Punitivo del Estado. vol. I, Rosario: Editorial Juris, 1993.

ZAGREBELSKY, Gustavo. *Imparare la democrazia*, Roma: Gruppo Editoriale L'Espresso, 2005. Disponível em http://www.memoteca.it/upload/dl/E-Book/Un_decalogo_contro_l.pdf

ZIZEK, Slavov. *Contra os Direitos Humanos*. 2005. Publicada originalmente na New Left Review, n. 34, julho-agosto de 2005. Traduzido do inglês por Sávio Cavalcante. Revisão de Martha Ramírez-Gálvez e Silvana Mariano para a revista Mediações.

— 12 —

Política, jurisdição e o fundamento universal no Direito[1]

ANA LUCIA PRETTO PEREIRA[2]

SUMÁRIO: Apresentação; 1. Introdução; 2. A atividade política judicial; 2.1. Atividade política; 2.2. A atividade política judicial; 3. O direito; 3.1. Natureza e função; 3.2. Universalidade; 3.2.1. Universalidade: generalidade e abstração; 3.2.2. Universalidade: igualdade; 3.3. Instâncias de produção do jurídico; 3.4. Mediações de construção do jurídico; 3.4.1. Subsunção e ponderação; 3.4.2. A tese da derrotabilidade normativa; 3.4.3. Razoabilidade e racionalidade; 4. Considerações finais; 5. Referências bibliográficas.

I suppose I am to give expression to the ardor of youth, still untempered by responsibility, and not yet disillusioned by experience.

(F. Frankfurter, *The Zeitgeist and the Judiciary*)

Apresentação

A epígrafe vem carregada de uma justificativa. É, pode-se dizer, um *habeas corpus* impetrado preventivamente. Por outro lado, marca o cenário da construção de sentido que ora se atribui à jurisdição constitucional brasileira. De fato, as reflexões trazidas neste texto têm origem em uma questão de fundo: a emergência de instituições brasileiras outras que não, estritamente, o Poder Judiciário, para a solução de conflitos sociais. Trata-se, no presente texto, de explicitar uma compreensão de direito que, separando conceitos, permita repensar seus modos de produção e avaliar as distintas – não judiciais e, inclusive, não estatais – instâncias de sua localização. Todavia, por ora, e por uma questão de prudência, deixa-se de adentrar a questão de fundo, para ficarmos, apenas, com a exposição deste ensaio cujo objetivo é sustentar a tese de que a atividade judicial brasileira é política e também jurídica na medida em que

---

[1] Uma parte do presente texto (particularmente, a que cuida do fundamento universal do direito) integra outro trabalho de nossa autoria, intitulado *O conteúdo e alcance do art. 5º, § 1º, da CF/1988*, publicado na obra coletiva *Direito Constitucional Brasileiro*, v. 1 (Teoria da Constituição e Direitos Fundamentais), organizado por Clèmerson M. Clève para a Editora Revista dos Tribunais/Thomson Reuters, em 2014.

[2] Doutora em Direito Constitucional pela UFPR, com doutorado-sanduíche em Teoria do Direito pela Universidade de Harvard. Pós-doutoranda na UniBrasil. Autora de *Reserva do possível: judicialização de políticas públicas e jurisdição constitucional*, publicado pela Editora Juruá, em 2014.

se concebe o direito como continente das propriedades da generalidade e da abstração, e, também, da inclusão e do reconhecimento. Os meios pelos quais essa ideia ajusta-se à dogmática jurídico-constitucional brasileira foram trabalhados por nós em outra oportunidade.[3] No presente momento, cumpre explicitar o que entendemos por atividade política judicial, em um contexto do qual se cobra o atendimento ao critério da autolegislação no campo da produção jurídica.

1. Introdução

Percebe-se no cenário político nacional um movimento de valorização e de fortalecimento de vias alternativas para a solução de conflitos de interesses. As práticas promovidas pelo Conselho Nacional de Justiça para disciplinar mecanismos consensuais de solução de controvérsias (Res. n° 125/2010), e para trabalhar a formação de instrutores em conciliação e mediação em todas as esferas de jurisdição; a valorização da arbitragem por meio da atividade judicial do Superior Tribunal de Justiça; estudos e práticas no campo da justiça restaurativa, por meio de interação instituições-comunidade para a solução de conflitos no espaço público, ilustram essa perpcepção. Não se trata de afastar da arena judicial o exercício da jurisdição, ou, desde outra perspectiva, mitigar o valor institucional do Poder Judiciário no cumprimento dessa função. Trata-se, apenas, de reconhecer a possibilidade de produção de direito válido e legítimo no âmbito de outras instâncias de jurisdição.

Embora não seja o objetivo deste trabalho desenvolver a hipótese descrita, colhe-se a partir da experiência que o Poder Judiciário tem sido o espaço privilegiado para a solução de controvérsias envolvendo questões que promovem a construção de conceitos, a ressignificação de políticas públicas e a definição dos rumos de ações de governo no país. Não por acaso, estudiosos debruçaram-se com atenção sobre o que se convencionou chamar de *ativismo judicial, judicialização da política* e *politização da justiça*, dentre outros termos.

Fato é que, desde a promulgação da Constituição Federal de 1988, os direitos, deveres, competências e garantias nela previstos, somados à prática constitucional que se experimenta na interação instituições/sociedade brasileira desde então, têm trazido como resultado um protagonismo do Poder Judiciário sem precedentes.[4]

A ascensão judicial no cenário político não é exclusiva da experiência brasileira.[5] Encontra-se na doutrina uma análise da questão por distintas

---

[3] Refere-se à tese de doutorado intitulada *A atividade política da jurisdição constitucional brasileira,* de que foram extraídos excertos que compõem este artigo.

[4] VIEIRA, Oscar Vilhena. Supremocracia. *In:* SARMENTO, Daniel. (Coord.). *Filosofia e Teoria Constitucional Contemporânea.* Rio de Janeiro: Lumen Juris, 2009. p. 484: "Embora o Supremo tenha desempenhado posição relevante nos regimes constitucionais anteriores, com momentos de enorme fertilidade jurisprudencial e proeminência política, como na Primeira República, ou ainda de grande coragem moral, como no início do período militar, não há como comparar a atual proeminência do Tribunal, com sua atuação passada".

[5] Cf. TATE, Neal; VALLINDER, Torbjörn (Ed.). *The global expansion of judicial power.* London, New York: New York University Press, 1995. Ainda que não exatamente em termos do que comumente se conhece como judicialização da política, a criação ou ampliação de competências de tribunais também é representa-

perspectivas.[6] No caso brasileiro, temos trabalhos construídos especificamente sobre estudos de casos.[7]

Neste texto, optou-se por fazer o seguinte recorte. Cuida-se, aqui, de introduzir argumento fundado em uma perspectiva sobre a relação entre política e direito, em um contexto no qual se exige embeber a atividade jurisdicional com aportes democráticos. Trata-se, enfim, de uma compreensão sobre a atividade judicial nos tribunais brasileiros, particularmente, sobre a sua dimensão política.[8] Para construir essa compreensão, apresentam-se categorias capazes de sustentar a hipótese de que a atividade judicial é uma atividade política.

2. A atividade política judicial

2.1. Atividade política

A atividade política é concebida no presente estudo em seu sentido radical de participação cooperativa dos concernidos no processo público de construção de restrições à sua liberdade política.[9] [10] Tal participação opera-se por todos os concernidos, enquanto agentes políticos, e/ou pelos agentes políticos

---

tiva de um fortalecimento da atividade judicial. Vejam-se os exemplos da Suprema Corte do Reino Unido, criada em 2005 e instalada em 2009, separada fisicamente e institucionalmente do Parlamento inglês; da criação da Questão Prioritária de Constitucionalidade na França, em 2008, que consiste em procedimento de controle sucessivo de constitucionalidade de leis por via de exceção; e da lei especial belga de 2003 que estendeu formalmente o campo de competência da Corte de Arbitragem (agora, *Corte Constitucional*) para a proteção de todos os direitos e liberdades fundamentais enunciados no Título II da Constituição da Bélgica.

[6] Nos Estados Unidos, em particular, onde a legitimidade da revisão judicial de atos políticos vem sendo discutida, pelo menos, desde a decisão do juiz Marshall no caso Marbury vs. Madison, a literatura é vasta. A título de exemplo, cite-se Cass Sunstein, que analisa a interferência de aspectos político-partidários na construção de decisões judiciais colegiadas (SUNSTEIN, Cass *et alii*. *Are judges political?* An Empirical Analysis of the Federal Judiciary. Washington; The Brookings Institution, 2006); Richard Posner, que analisa aspectos psicológicos do juiz, tendo como pano de fundo uma compreensão – pragmatista – do direito (POSNER, Richard. *How Judges Think*. Cambridge, London: harvard university Press, 2008); e Alec Stone Sweet que, embora não restrinja a análise ao modelo estadunidense, observa a atividade política judicial enquanto integrante de um arranjo político mais abrangente, em termos de governabilidade (STONE SWEET, Alec. *Governing with judges*. Constitutional Politics in Europe. New York: Oxford University Press, 2000).

[7] Cf. VIANNA, Luiz Werneck *et alii*. A judicialização da política e das relações sociais no Brasil. Rio de Janeiro: Revan, 1999; VIEIRA, Oscar Vilhena. *Supremo Tribunal Federal*: jurisprudência política. São Paulo: Malheiros, 2002.

[8] O que teve início em trabalho anterior: PEREIRA, Ana Lucia Pretto. *A reserva do possível na jurisdição constitucional brasileira*. Dissertação de Mestrado defendida no Programa de Pós-graduação em Direito da Universidade Federal do Paraná. Curitiba: 2007.

[9] É uma ideia de política que se sustenta, portanto, sobre a soberania *popular*.

[10] Nesse sentido, o poder político pode ser exercido individual ou coletivamente. Diverso, pois, é o sentido de poder político em Locke, para quem o poder político difere do poder do homem no estado de natureza no sentido de que, nesse estado de natureza, o homem tem o direito de agir onde seus governantes não possam ou, por acordo, não devam interferir. O poder político é especial no sentido de que é coletivo, não podendo ser atributo de um único homem ou família. É o poder exercido na comunidade e pela comunidade. Por essa razão, afirma o autor, é que esse poder político tem origem no acordo, e consenso mútuo entre aqueles que formam a *commonwealth*. Para Locke, poder político, portanto, é o poder que todo homem, possuindo-o no estado de natureza, entregou nas mãos da sociedade, e assim, aos seus governantes, para ser empregado em busca do bem e preservação da propriedade. (LOCKE, John. *Two Treatises of Government*. Student edition. Cambridge: Cambridge University Press, 1988. p. 268)

que atuam de maneira institucionalizada para o atingimento de fins também institucionalizados, quais sejam os agentes públicos.[11] Quando institucionalizada, essa atividade pode chegar ao nível de *governabilidade*.

Neste nível (da *governabilidade*), não se confunde a *política* (no gênero feminino) com *decisão*, como quer Carl Schmitt. De fato, segundo o autor, *o político* está latente em todos os indivíduos, irrompendo numa situação de conflito, quando então o sujeito exercerá a política para decidir aquele conflito. *A política*, por outro lado, é uma atividade de competência do Governo e do Parlamento. E, se em Schmitt o político é definido pela relação tensional amigo/inimigo,[12] aquele que divisará quem é amigo e quem é inimigo público da nação, na circunstância histórica em que falava Schmitt, somente poderia ser o Chefe do Poder Executivo, competente para decidir nesse respeito. Daí que "Definido a partir da relação amigo-inimigo, o político não requer discussão, mas decisão".[13]

Para Schmitt, a decisão do Chefe do Reich era buscada para conferir unidade política ao sistema.[14] Assim, vozes dissonantes não eram habilitadas a interferir na posição final do Chefe do Poder Executivo. A homogeneidade postulada pelo autor, de fato, implicava *animus* de superação de uma visão liberal do pluralismo social. Embora o Estado neutro admitisse a expressão de convicções filosóficas e religiosas contrárias à política estatal, esta neutralidade poderia se dar num Estado político se reconhecesse como inimigo todo aquele que se opusesse a essa espécie de neutralidade espiritual.[15]

É possível afirmar que a igualdade material (homogeneidade) entre os sujeitos, tal qual postulada por Schmitt, não se concilia com um imperativo de igual respeito e consideração pela diferença, sobretudo tendo em vista a potencialidade de eliminação *física* do inimigo. Daí que o conceito de político (e, em conjunto, de *política*) seja mais bem elaborado quando incorpora a diferença, o dissenso, porque em correspondência com o pluralismo e o respeito aos direitos fundamentais, tal qual experimentado na contemporaneidade, particularmente após o período entre as duas grandes guerras.

Nesse caminho, uma compreensão *radical* de política (tratando-se de *agentes políticos*, no sentido aqui construído), que incorpora a diferença e valoriza o dissenso, encontra eco no pensamento de Chantal Mouffe e Hannah Arendt, por exemplo. O "regresso do político", para Mouffe, começa com o resgate de

---

[11] A distinção entre *agentes públicos* e *agentes políticos* foi feita na tese *A atividade política da jurisdição constitucional brasileira*.

[12] "A diferenciação amigo e inimigo tem o sentido de designar o grau de intensidade extrema de uma ligação ou separação, de uma associação ou dissociação; ela pode, retórica ou praticamente, subsistir, sem a necessidade do emprego simultâneo das distinções morais, estéticas, econômicas, ou outras". Por isso é que o inimigo, para fins de determinação do político, tem o sentido de um agrupamento, de um conjunto de indivíduos que se contrapõe a um conjunto semelhante, em um sentido público. (SCHMITT, Carl. *O conceito do político*. Petrópolis: Vozes, 1992. p. 52).

[13] CHUEIRI, Vera Karam de. Nas Trilhas de Carl Schmitt (ou nas Teias de Kafka): Soberania, Poder Constituinte e Democracia Radical. In: FONSECA, Ricardo Marcelo (Org.). *Repensando a Teoria do Estado*. Belo Horizonte: Fórum, 2004. p. 358.

[14] A unidade política é fundamental para se tomar posição acerca de quem é amigo ou inimigo da nação. Cf. SCHMITT, *O conceito...*, p. 63-65.

[15] SCHMITT, Carl. *La defensa de la Constitución*. 2. ed. Madrid: Tecnos, 1998. p. 183.

categorias como comunidade, cidadania e pluralismo. Para a autora, essencialmente, o político remete à vida em sociedade e ao antagonismo decorrente do pluralismo de ideias, de concepções de bem, com respeito ao modo de vida dos demais sujeitos. Por essa razão, afirma a autora que:

> Uma filosofia política moderna deveria articular os valores políticos, os valores que podem ser realizados através da acção coletiva e da filiação comum numa associação política. A sua matéria é a ética do político, que deveria ser distinta da moral.[16]

O sentido de alteridade presente no pensamento de Mouffe leva a sua concepção de democracia à radicalidade. Daí que, em sua visão, a democracia não seja uma realidade presente, mas sim um estado permanentemente a alcançar, pois não faz sentido haver decisão final em um ambiente onde convivem diferentes concepções de bem e de justo.[17]

A tese de Mouffe mostra preocupações contemporâneas da teoria política, no sentido de filtrá-la com teorias democráticas que resgatem a atuação dos sujeitos em suas comunidades, com igual respeito e consideração pelos demais.[18] Acreditar no engajamento dos sujeitos em sua comunidade, como capazes de exercer um papel tranformador, fez Hannah Arendt conceber que *"zoon politikon* é a pessoa que se engaja seriamente e com responsabilidade nas questões públicas sob os auspícios das instituições públicas".[19] Para Mouffe, o reconhecimento da diferença impede que se chegue a um ponto final, universal, acerca do que seja moralmente válido. Assim é que "Uma concepção moderna de cidadania deve respeitar o pluralismo e a liberdade individual; devemos resistir a qualquer tentativa de reintroduzir uma comunidade moral, de regressar a uma *universitas".[20]*

2.2. A atividade política judicial

O que neste estudo é entendido como atividade política judicial carrega em seu sentido as formulações recém-apresentadas. Parte-se do pressuposto de que o atuar político é comum a todos aqueles que se envolvam na discussão de assuntos de interesse público, deles participando com poder de decisão. Com Kelsen, pode-se dizer que, ainda que se adote a definição de política como "decisão" orientada à solução de interesses, então "em toda decisão judicial está presente, em maior ou menor medida, um elemento de decisão, um

---

[16] MOUFFE, Chantal. *O regresso do político.* Lisboa: Gradiva, 1996. p. 80.

[17] "Longe de ser o resultado necessário de uma evolução moral da humanidade, a democracia é algo de incerto e improvável e nunca deve ser tida como garantida." (*O regresso...*, p. 17.)

[18] Por isso é que, em outra passagem, a autora pontua que "A principal questão da política democrática, portanto, não é como eliminar o poder, mas como constituir formas de poder que sejam compatíveis com valores democráticos". MOUFFE, Chantal. Democracy, Power, and the "Political". In: BENHABIB, Seyla (Org.). *Democracy and Difference.* Contesting de boundaries of the political. Princeton: Princeton University Press, 1996. p. 248.

[19] Cf. WALDRON, Jeremy. Arendt's constitutional politics. In: VILLA, Dana (Org.). *The Cambridge Companion to Hannah Arendt.* Reprinted. New York: Cambridge University Press, 2002. p. 202. E, também, a possibilidade de uma comunidade dar-se para si, legitimamente, uma constituição, como expressão não da limitação do poder, mas sim do seu estabelecimento, criando um novo governo. ARENDT, Hannah. *On revolution.* New York: Penguin Books, 2006. p. 132-145.

[20] MOUFFE, *O regresso...*, p. 80.

elemento de exercício de poder. "Por essa razão é que, no entender do autor, "Entre o caráter político da legislação e o da jurisdição há apenas uma diferença quantitativa, e não qualitativa".[21]

A atividade política judicial é uma mão de duas vias. Conforme pontua Alec Stone Sweet, há atividade política quando indivíduos procuram o judiciário para discutir questões políticas (*input*), assim como há atividade política quando o Judiciário "usa a oportunidade dada pelo litígio para fazer políticas" (*output*).[22] Pode-se dizer que esta última é conhecida, na doutrina brasileira, como *politização da justiça* e, aquela, como *judicialização da política*.[23]

A decisão política não terá legitimidade se construída sem discussão e deliberação acerca do gerenciamento dos assuntos públicos, ou que sejam de interesse público, para conferir, nas palavras de Nino, um maior "valor epistêmico" às decisões morais[24] (afinal, nas palavras de Seyla Benhabib, "Deliberação é um processo para se ser informado").[25] E é precisamente o *deficit* de legitimidade da atividade judicial de jurisdição constitucional que a faz ser vista com profunda desconfiança. Afinal, decisões públicas envolvem compreensões acerca de questões morais, vinculantes para os cidadãos que participam de uma comunidade que se reconheça como tal. Uma das preocupações que impulsionaram Habermas, por exemplo, a pensar a justificação procedimental de decisões públicas foi, justamente, a legitimidade da jurisdição constitucional para discutir a validade dessas decisões.

Por se preocupar com a legitimidade das decisões judiciais que operam uma leitura de acordos morais (e Habermas acredita ser possível existirem tais acordos, ou um "conteúdo cognitivo da moral"), Habermas pensa a racionalidade de decisões que eventualmente desbordem da aplicação ordinária de acordos moralmente válidos. A teoria do direito de Habermas é informada pela perspectiva da teoria do discurso, dentro de um paradigma procedimental. Essa visão procedimental de racionalidade da interpretação do direito pressupõe um espaço de deliberação onde todos os argumentos podem ser livremente apresentados e discutidos, a fim de que se assegure "idealmente que todas as razões e informações relevantes, das quais em um determinado momento se possa dispor com relação a um tema, possam se fazer ouvir sem exceção".[26]

O perigo de uma atitude política da jurisdição, conforme Habermas, seria o risco da atividade judicial se reduzir a uma jurisprudência de valores. A juris-

---

[21] KELSEN, Hans. *¿Quién debe ser el defensor de la Constitución?* Madrid: Editorial Tecnos, 1995. p. 18-19.

[22] STONE SWEET, *op. cit.*, p. 25.

[23] A judicialização da política no âmbito do Supremo Tribunal Federal é demonstrada por: VIANNA *et alii*, *op. cit.*, p. 45-146. Já uma visão da politização da justiça, notadamente apontando a participação dos tribunais brasileiros em termos de governabilidade, é apresentada por: TAYLOR, Matthew M. *Judging Policy*. Courts and Policy Reform in Democratic Brazil. Stanford: Stanford University Press, 2008. p. 48-89.

[24] Cf. NINO, Carlos Santiago. *La constitución de la democracia deliberativa*. Barcelona: Gedisa, 1997.

[25] BENHABIB, Seyla. Toward a Deliberative Model of Democratic Legitimacy. *In:* BENHABIB, Seyla (Org.). *Democracy and Difference*. Contesting de boundaries of the political. Princeton: Princeton University Press, 1996. p. 71.

[26] HABERMAS, Jürgen. *Facticidad y validez*. Sobre el derecho y el Estado democrático de derecho en términos de teoría del discurso. 6. ed.. Madrid: Trotta, 2010. p. 299.

prudência de valores consistiria no fato da interpretação judicial do direito, em lugar de operar uma escolha entre normas válidas, operar uma escolha entre valores, através de um sopesamento dos bens abrigados por aqueles valores. Reconhecer um discurso de justificação sustentado sobre valores abre espaço para a eleição pessoal do julgador acerca de uma concepção de bem (ou o alcance de um determinado fim), sem que essa concepção de bem seja compartilhada pela comunidade de intérpretes.[27] Isso, segundo Habermas, eleva o risco de serem proferidos juízos irracionais, pois argumentos finalísticos tomam o lugar de argumentos normativos. Daí que a visão procedimental de justiça, em termos de legitimidade da jurisdição constitucional, no exercício de interpretação do direito, seja expressada na posição da jurisdição constitucional não como protagonista da definição de direitos, mas sim na posição de árbitro, ou tutor de um certo procedimento de que dependa a eficácia legitimadora de um certo processo democrático de produção normativa (jurídica).

Sob o regime constitucional anterior, Paulino Jacques já afirmava não ser possível apartar a análise de questões políticas da jurisdição, sob pena de inutilidade desta.[28] Para referido autor, "a 'questão política' não é apenas questão de conveniência, oportunidade e acerto; mas, também, de interesse nacional com repercussão em interesses individuais".[29]

A desconfiança sobre o controle jurisdicional de constitucionalidade repousa, sem dúvida, sobre a parcela política da atividade jurisdicional e sua dificuldade democrática. A partir das premissas aqui trazidas, tem-se que o político é, pois, desde uma perspectiva intersubjetiva, pluralismo, inclusão, reconhecimento do indivíduo com igualdade perante a comunidade que integra e, também, autogoverno coletivo. É, também, desde uma perspectiva individual, atuação política, *atitude*, chegando, inclusive, a interferir na condução de assuntos de ordem governativa.

Nesse respeito, aponte-se a posição de Alec Stone Sweet. O autor afirma que governabilidade é o processo pelo qual o sistema de regras de uma de-

---

[27] Michel Rosenfeld observa que Habermas pretende imprimir à sua visão procedimental de justiça uma certa neutralidade substancial, uma certa isenção com relação à escolha das perspectivas que farão parte da deliberação acerca dos acordos morais. Contudo, Rosenfeld pontua que, bem da verdade, o paradigma procedimental é excludente de outros paradigmas, e, assim, opera escolhas substantivas. Por exemplo, exclui perspectivas metafísicas, por posicionar-se em uma perspectiva pós-metafísica. Exclui, também, perspectivas não metafísicas que rejeitem aderência à prescrição de equidade, como é o caso de sujeitos que se considerem inerentemente superiores, recusando-se a submeter à discussão com sujeitos inferiores a sua visão de justiça. (ROSENFELD, Michel. Overcoming interpretation through dialogue. A critique of Habermas's proceduralism Conception of Justice. In: ——. *Just interpretations*. Law between ethics and politics. Berkeley: University of California Press, 1998. p. 136-137.) O contraponto entre Habermas e Rosenfeld parece residir na possibilidade da concepção procedimental de justiça habermasiana alcançar um *acordo moral*. Afinal, na visão reconstrutivista de Rosenfeld, o direito pode incorporar a pluralidade de convicções éticas igualmente relevantes em uma determinada comunidade, desde que não implique a supressão de outras convicções éticas (o que seria uma violência), e daí o autor negar a possibilidade de uma moral objetiva. De fato, a moral objetiva, na visão de Rosenfeld, estaria impossibilitada por conta do dever de alteridade, que impõe uma atitude desconstrutivista, culminante na impossibilidade de alcance da justiça. Mas, para Habermas a justiça não vem a ser, a justiça é, e é *procedimental*. (ROSENFELD, Michel. Just interpretations? Law, violence, and the Paradox of Justice. In: ——. *Just interpretations*. Law between ethics and politics. Berkeley: University of California Press, 1998. p. 72.)

[28] JACQUES, Paulino. *Curso de Direito Constitucional*. 9. ed.. Rio de Janeiro: Forense, 1983. p. 329.

[29] *Idem, ibidem.*

terminada comunidade é adaptado para os fins perseguidos por essa mesma comunidade. A "acomodação do direito" feita pelos juízes seria parte dessa atividade, e, desde logo, governança. Some-se a isso a interatividade das cortes com os demais poderes, no processo contínuo de produção do jurídico. Stone Sweet não ignora que juízes exercem uma atividade governativa (ou, política) diferenciada pelas restrições funcionais inerentes ao próprio processo de julgar. Ele reconhece, por outro lado, o agir estratégico dos julgadores, e também todas as questões envolventes disso (como o uso das cortes enquanto espaço de lutas ideológicas, por exemplo).[30]

Stone Sweet deixa claro que as cortes exercem atividade política e parece sustentar a legitimidade dessa atividade na interação dos juízes com outros atores jurídicos e políticos por meio da retroalimentação entre a construção do jurídico nas cortes e o entendimento de outras pessoas acerca do que seja o direito. A tese é acertada se entendido, conforme observa Alexander Bickel, que governo, sob a lei, é um *continuum*.[31] Nesse respeito, Bickel dizia que a decisão judicial não valeria como "regra política" até que fosse aceita por instituições e oficiais sobre os quais a população tivesse controle. Por entender que também o Judiciário exercia atividade política geradora de efeitos determinantes na condução dos assuntos públicos, dotada, por outro lado, de particularidades institucionais que tornavam essa atividade política controlável em muito maior medida do que a atividade política dos demais poderes constituídos, Bickel defendia que, das instituições políticas, o Judiciário seria o "menos perigoso" (*the least dangerous branch*).[32]

Pode-se afirmar que a atividade política judicial é atividade de tomada de decisões públicas por agentes políticos com competência reconhecida institucionalmente. Por essa razão, reconhecer outras formas, que não apenas representativas, para participação dos concernidos no processo de construção dessas decisões públicas, robustece a sua legitimidade, e atende ao critério da autolegislação.

Aqui é importante observar que o órgão julgador, em si mesmo, não é contramajoritário. De início, aponte-se que a competência judicial decorre de regras resultantes de uma deliberação majoritária reconhecida como legítima pela própria prática constitucional. Nesse caminho, tampouco a revisão judicial de atos legislativos e administrativos é ilegítima. A questão do caráter contramajoritário da atividade judicial diz respeito não propriamente à figura do juiz, ou da função judicial; diz respeito, sim, ao seu *modo de exercício*. Em outras palavras, trata-se de discutir o caráter contramajoritário das *decisões judiciais*, do modo como são construídas.

A conclusão conduz a que seja feita a pergunta: o que configura a maioria, ou o discurso da maioria, para que uma decisão judicial a ela seja contrária?

---

[30] STONE SWEET, *op. cit.*, p. 149-150.

[31] "*Government under law is a continuum.*" (BICKEL, Alexander. *The least dangerous branch*. The Supreme Court at the Bar of Politics. 2. ed. Yale University Press: New Haven/London, 1986. p. 109).

[32] "[...] the good society ... will strive to support and maintain enduring general values. I have followed the view that the elected institutions are ill fitted, or not so well fitted as the courts, to permorm the latter task." BICKEL, *op. cit.*, p. 22.

Concorde-se que grupos subrepresentados não configuram, exatamente, minorias: é bem possível que componham maiorias (em número) sem que possuam, todavia, voz no processo público de deliberação.

Não se trata de um simples discurso de legitimação da atividade política judicial. Trata-se, sim, do chamar à atenção de que se trata de uma *atividade de construção de decisões públicas*, coerente com uma compreensão de constituição e de jurisdição, que em grande parte sustenta a dogmática jurídica da Constituição brasileira de 1988. E aqui reside a importância de ser voltar as atenções para as mediações de construção dessas decisões, e em que medida podem atender o princípio da autolegislação.[33] Afinal, é preciso não perder de vista que a constituição deriva da soberania, e não o contrário.[34]

3. O direito

3.1. Natureza e função

Importante para que se possa repensar o modo de produção do direito – e, desde logo, o exercício da jurisdição, embora este tema não seja objeto do presente estudo – é apresentar uma compreensão acerca do que lhe constitui natureza e função.

A natureza do direito é o que reúne as características consideradas inseparáveis de sua constituição, e que lhe conferem nota distintiva em relação a outras coisas.[35] Ausentes tais características, desnaturado torna-se o direito, dissolvendo-se ou transmutando-se em algo diverso do que possa ser reconhecido como tal.

Aristóteles já dizia ser o homem um animal político.[36] Isso quer dizer que o homem, por sua natureza, se associa e impõe restrições à sua própria liberdade política para o fim de conviver cooperativamente no ambiente em que se encontre. De fato, a convivência comum induz à política, às cessões em favor de um interesse particular ou coletivo, à distinção entre um agir público e um agir privado. Essa convivência comum impõe seja necessário um consenso – imperfeito e provisório – em torno de quais serão aquelas restrições, e como

---

[33] STONE SWEET, *op. cit.*, p. 28.

[34] PALOMBELLA, Gianluigi. *Constitución y soberania*. El sentido de la democracia constitucional. Granada: Comares, 2000. p. 105.

[35] Para desenvolver o que entende serem três tipos de governo (república, monarquia e despotismo), Montesquieu vale-se dos critérios *natureza* e *princípio* de cada um. Para ele, a natureza corresponde àquilo que faz o governo ser como é, a sua estrutura particular. O princípio seria aquilo que faz o governo funcionar, as paixões humanas que o colocam em movimento. MONTESQUIEU. *L'esprit des lois*. Paris: Classique Garnier, 2011. p. 146-171.

[36] Porque, para Aristóteles, o homem só existia na *pólis*, uma vez que fora dela não teria condições de se desenvolver ("*to flourish*"). ARISTÓTELES. *The politics*. Oxford: Oxford University Press, 2009. p. XI. Daí parecer não ter cabimento a crítica de Hobbes, no sentido de que também abelhas e formigas poderiam ser animais políticos, pelo fato de conviverem em sociedade. A definição de Aristóteles não se sustenta, estritamente, sobre o critério associativo, tampouco sobre uma eventual associação artificial ou não natural (HOBBES, Thomas. *Leviathan*. London; New York: Penguin, 1985. p. 225-227). Além disso, Aristóteles diferencia os homens dos outros animais, justamente, *nomeando-os* como animais políticos.

elas serão operadas. A natureza do direito caminha nessa direção, de restrição à liberdade política dos indivíduos.[37]

A função do direito, por sua vez, marca a razão de ser, o fundamento mesmo da construção humana historicamente determinada a que se atribua a denominação de direito. O direito é instrumento, ferramenta para a solução de conflitos e pacificação social. Que o direito seja identificado com a coerção/sanção é necessidade histórica dirigida a lhe garantir a autoridade. O binômio coerção/sanção é adjetivação do direito, *plus* que se lhe acrescenta com o objetivo de fazer cumprir as suas disposições, carregadas de normatividade. Comunidades avançadas, onde o que se entenda por direito seja seguido sem necessidade de impulso coercitivo e ameaça sancionatória, dispensariam o binômio, sem desnaturar o jurídico enquanto instrumento de alcance de paz e ordenação social.

Necessário, todavia, que essa última afirmação venha acompanhada de um entendimento acerca da natureza do direito, o que permite avançar a uma compreensão de jurisdição e, portanto, de jurisdição constitucional.[38]

Considere-se a seguinte situação hipotética: o indivíduo A está dentro de um trem às nove horas da manhã, deslocando-se para o seu trabalho. Subitamente, o indivíduo B adentra o vagão, embriagado e, ao sentar-se ao lado de A, trava-se o seguinte diálogo:

A – É muito cedo para uma pessoa encontrar-se embriagada. Você não deveria poder entrar neste trem.

B – Quem é você para dizer o que deve ou não ser feito, e como se atreve a me dizer o que tenho que fazer?

O diálogo acima permite sejam feitos questionamentos acerca na natureza do direito (e, por consequência, seu modo de produção). Em uma comunidade na qual dois indivíduos, titulares de idêntico poder político, disputam um mesmo bem (o direito de ser conduzido pelo trem público) a partir de distintas concepções de bom e de justo (estar embriagado às nove horas da manhã), a *autocomposição* do conflito ou seria impossível, ou seria imprevisível por conta do fator *tempo*. A alternativa, portanto, seria a *heterocomposição*, e daí a razão humana construir abstrações sofisticadas para uma melhor convivência interpessoal. É o caso do direito.[39]

Este "terceiro elemento" que se destina à composição heterônoma de conflitos entre os indivíduos (ainda não se está a falar, neste ponto, de legiti-

---

[37] Liam Murphy lembra que qualquer teoria acerca dos *fundamentos* do direito deve levar em consideração o papel determinante dos fatos institucionais (sociais) em sua constituição. Cf.: MURPHY, Liam. The political question of the concept of law. *In:* COLEMAN, Jules (Ed.). *Hart's postscript.* Essays on the postscript to *The Concept of Law.* Oxford; New York: Oxford University Press, 2001. p. 385.

[38] Lembrando que uma definição de jurisdição constitucional, especificamente, não será trabalhada aqui.

[39] Para ilustrar, vejam-se as palavras de Pietro Costa, sobre a imaginação e um discurso jurídico: "Mas ao mesmo tempo o mundo que o jurista imagina já não é a realidade magmática das mais variadas interações e conflitos, senão uma realidade composta e 'bloqueada' em um jogo de peças montadas no qual os sujeitos, as ações, as normas, as transgressões são previstas, ordenadas, colocadas cada uma em seu lugar: o mundo possível que o jurista imagina é um mundo essencialmente ordenado, é o mundo como ordem." (COSTA, Pietro. Discurso jurídico y imaginación. *In:* PETIT, Carlos (Ed.). *Pasiones del jurista.* Amor, memoria, melancolía, imaginación. Madrid: Centro de Estudios Constitucionales, 1997. p. 188.)

midade), possui a natureza de direito.[40] É um restrição por natureza. Conforme explica Kelsen, para quem direito é ordem (e não norma),[41] para que uma restrição à liberdade obrigue deve haver algo externo, à parte dos interesses em jogo, e que assegure a manutenção da restrição à liberdade em caso de descumprimento. A restrição à liberdade caracteriza uma norma, no sentido de impor uma conduta, um dever ser, restringindo a liberdade de alguém. Como se vê, Kelsen fundamenta o direito no dever ser: "não posso agir em contrário, sem restrições à minha liberdade, porque algo exterior à minha vontade obriga-me a ter essa conduta. Não tenho escolha. E, se pudesse escolher, seria livre, não me importaria com a liberdade alheia". Daí a necessidade de coação – *enforcement* –, coerção e sanção do direito. Fazê-lo cumprir, com caráter de obrigatoriedade.

Por outro lado, se a restrição à liberdade decorre de um acordo originário de vontades, parece contraditório vincular acordo de vontades com descumprimento. Acordos podem ser cumpridos ou não cumpridos.[42] O que há é um *potencial* descumprimento, independente da autonomia da vontade em sua constituição. Entender o direito como ordem coercitiva da conduta humana supõe potencial descumprimento do pacto associativo na origem, o que é incorporado na natureza do direito. Kelsen reconhece isso.[43]

Veja-se, pois, que uma compreensão do direito se sustenta sobre uma compreensão da natureza humana: potencial descumprimento de pactos, acordos.

É claro que a potencialidade de descumprimento existe. Todavia, é preciso fazer uma divisão aqui. A natureza do direito, ou seja, aquilo que lhe dá sentido e garante existência enquanto tal, não pode ser a coação, o dever ser, mas sim, a *restrição à liberdade com pretensão de universalidade*. Que o direito seja coercivo é, apenas, uma necessidade histórica, em razão, justamente, do potencial descumprimento do acordo originário de vontades com vista à restrição

---

[40] Está-se, aqui, no campo de uma definição da natureza do direito, e não daquilo que lhe justifique a obediência.

[41] Porque apenas o encadeamento de normas é que faz com que a liberdade seja restringida coercitivamente de maneira *válida*. De acordo com Kelsen, uma norma, isoladamente, não coage ninguém a agir desta ou daquela maneira; ela precisa de outra norma para que possa valer. Por isso é que a norma sozinha não é direito, não se dirige à conduta humana coercitivamente e com conteúdo de dever ser. Apenas o conjunto de normas é capaz disso, e eis o direito. O direito só existe porque há este ordenamento normativo, essa ordem normativa, segundo a qual para que algo valha como norma, ou seja, para que seja obrigatório enquanto dever ser, deve ser validado por outra norma superior. Como explica Kelsen, "o sentido subjetivo dos atos do costume somente pode ser interpretado como norma objetivamente válida se o costume é assumido como fato produtor de normas por uma norma superior." (KELSEN, Hans. *Teoria Pura do Direito*. São Paulo: Martins Fontes, 2006. p. 4)

[42] A razão conduz à conclusão de que homens devem cumprir seus pactos, sob pena de uma *guerra de todos contra todos* (HOBBES, *op. cit.*, p. 197). Esta seria a terceira lei da natureza, segundo Hobbes: *o homem deve cumprir seus pactos (covenants)*. Do contrário, continuaremos em condição de guerra. Daqui o autor deriva a justiça. Pois, se não houver pacto, haverá guerra de todos contra todos. E, se houver pacto, a sua quebra é injusta. "And the definition of Injustice, is no other than *the not Performance of Covenant. And whatsoever is not Unjust, is just.*"). A assertiva, todavia, funda-se em uma parcialidade da natureza humana.

[43] Kelsen diz que somente existe dever, no sentido jurídico, se houver uma correspondente coação com sentido sancionatório frente a conduta contrária ao que determinado pelo direito. Isso porque ele liga direito à coação, coerção e sanção. Ele faz isso por ter em mente a ideia do *delinquente em potencial*. (KELSEN, *Teoria Pura...*, p. 130)

da liberdade humana. Note-se, porém, que o potencial descumprimento, justamente, é uma *potencialidade:* pode ou não vir a ocorrer. A coercitividade é uma adjetivação do jurídico, uma qualidade que se lhe acrescenta, em razão de uma funcionalidade, que é, neste caso, fazer cumprir acordos.[44]

Por tal razão, no campo de uma *ciência* do direito, tudo aquilo que é apreendido pela razão resulta em construções abstratas carregadas de funcionalidade prática ou teórica.[45] Essas construções abstratas, por motivo da própria finitude – e evolução – da razão humana, são superáveis. São *sempre* superáveis.[46] [47] Daí que generalizações sejam mediações meramente temporárias, abstratas em maior ou menor nível de sofisticação, para a solução de questões concretas.[48]

Fica no ar a pergunta, ainda a ser respondida: qual o papel dos *juristas*, no campo da produção de conhecimento?[49]

---

[44] Nesse respeito, Pietro Costa observa que, identificado um modelo de Estado com o direito (como é o caso de Kelsen), a trajetória do Estado de Direito pode comportar distinções dependentes da estratégia de controle do direito: pode ser formal, quando admite quaisquer conteúdos, e pode ser substancial, quando o direito que controla o poder orienta-se por uma certa substância, não é meramente procedimental. (COSTA, Pietro. O Estado de Direito: uma introdução histórica. In: ──, ZOLO, Danilo (Orgs.). *O Estado de Direito:* história, teoria e crítica. São Paulo: Martins Fontes, 2006. p. 192)

[45] Sobre o tema, consultar: SANTOS, Boaventura de Sousa. Um discurso sobre as ciências. São Paulo: Cortez, 2006; LÖWY, Michael. *Ideologias e ciência social*: elementos para uma análise marxista. 5. ed.. São Paulo: Cortez, 1989. E, muito embora pertençam a terrenos distintos, não se pode mesmo dizer que existe uma divisão estanque entre as ciências sociais e as ciências naturais. Nesse respeito, tome-se o alerta de Michael Löwy: "entre as ciências sociais e as ciências naturais há um terreno intermediário, situado na fronteira das duas, por exemplo, certas formas de psicologia social, ou certas formas de demografia, ou certos problemas de biologia vinculados ao meio ambiente, uma série de temas que não se pode dizer com muita facilidade se pertencem ao campo da ciência natural ou se pertencem ao campo de ciência social. (...) Não se pode fazer um corte entre as ciências naturais e as ciências sociais, mas, *grosso modo*, a distinção existe". (*op. cit.*, p. 89)

[46] Hannah Arendt tem razão ao afirmar que "O poder, sob condições do pluralismo humano, nunca pode ser onipotente, assim como as leis emanadas do poder humano nunca podem ser absolutas". (ARENDT, *op. cit.*, 2006. p. 29. Tradução livre.)

[47] Note-se, contudo, que tal afirmação não desnatura a categoria conceitual da segurança jurídica. A provisoriedade das conclusões resultantes do raciocínio humano é gradativa. Está sujeita a variações, terá maior ou menor duração no tempo, a depender do grau de sofisticação de sua formulação. No caso da segurança jurídica, é categoria que remete à estabilidade de consensos em torno das ferramentas de operabilidade do jurídico, e também esses consensos – ainda que provisórios – estão sujeitos à necessidade de formulações mais sofisiticadas capazes de superá-los, dada uma necessidade (particular ou generalizada). Eis a atividade legislativa ordinária que supera normação anterior; bem assim uma decisão judicial que declare incidentalmente a inconstitucionalidade de uma medida legislativa, por exemplo.

[48] Ciência remete a *conhecimento, conhecer,* e conhecer remete ao encontro do ser humano com algo dado, de que não tinha conhecimento prévio. Diverso é o sentido de *entendimento,* resultado da compreensão daquele conhecimento dado. Esta a função da ciência: conhecer, tomar ciência de, tomar ciência acerca da existência de um objeto, por meio de ferramentas pré-concebidas para que o acesso ao objeto seja possível (pressupostos de conhecimento científico). Daí que o *conhecimento* possa, sim, ser dado *e* construído; o *entendimento,* não. Este é sempre construído. No que diz respeito ao direito, Clèmerson Clève observa ser irrelevante provar a sua cientificidade, em vista da disputabilidade em torno de seus pressupostos, acentuada por se tratar de um saber cujo "solo epistemológico" encontra lugar no mesmo espaço onde se encontram, por exemplo, as (ciências) humanas. Cf. CLÈVE, Clèmerson Merlin. *O Direito e os Direitos.* 3. ed.. Belo Horizonte: Fórum, 2011. p. 43-56.

[49] Hespanha prevê aos juristas, para os dias de hoje, um resgate do papel dos intelectuais medievais, de postura não autoritária e ordenadora quanto à produção do conhecimento, mas sim interpretativa e esclarecedora dos valores dos diferentes corpos normativos locais (comunidades, culturas, tradições morais). Hespanha observa que, conforme Bauman, a pluralidade de abordagens parciais acerca de um determinado objeto faria com que a ética não pudesse ser fundamentada em um projeto jurídico. Isso colocaria em questão o papel moral dos intelectuais, no sentido de apresentarem as regras para a convivência humana, pois também poderiam inserir nessas regras o seu próprio projeto ético. Assim, e de acordo com Hespanha, a

Seguindo adiante, concorde-se não ser possível reduzir o direito a termos positivistas, embora seja possível compreendê-lo com *positividade*.[50]

Supor que o acordo de vontades será descumprido é extremar antecipações no que diz respeito à conduta humana. A imprevisibilidade faz parte da natureza humana, que é rica, complexa e, por isso mesmo, não raro, contraditória.[51] As limitações da razão fazem supor não ser possível racionalizar a conduta humana até este ponto. As modalidades de resolução alternativa de conflitos são prova disso. Os acordos no campo da resolução alternativa de conflitos são descumpridos, é verdade. Todavia, não deixam de ser direito, no sentido de configurarem limitações recíprocas à liberdade legitimadas por uma escolha originária e uma prática entre os envolvidos.[52]

Por evidente, não se está a supor a boa vontade humana com *exclusividade*. Trata-se, apenas, de analisar um mesmo objeto por outra perspectiva, fundada em premissas igualmente válidas.[53] Em outras palavras: é bem possível que nem todo o agente político aja em uma constante busca por *poder*, em detrimento da liberdade alheia.[54]

Nesse caminho, tem-se que o direito configura *restrições à liberdade política com pretensão de universalidade*. Em que consiste a universalidade no campo do direito será desenvolvido no tópico seguinte. Em última análise, a construção racional-abstrata denominada direito trata-se de ferramenta para a autocomposição ou heterocomposição de conflitos fundados na disputa por um determinado bem (abstrato ou concreto, como o tempo e a honra, ou dinheiro e imóveis, por exemplo). Que o direito seja funcionalizado para a transformação social, por exemplo, resulta em restrições à liberdade de constituição política de uma determinada comunidade, dirigida à realização de valores – como a igualdade, por exemplo.

Antes, porém, de adentrar o tópico seguinte, volte-se ao argumento sobre a provisoriedade do saber, dado e construído. A elaboração de categorias para a construção do conhecimento científico não quer significar que *tudo* o que

---

teoria do direito deveria passar por releituras, desde a teoria das fontes, passando pela teoria da interpretação e da argumentação, chegando até a teoria da decisão. (HESPANHA, António Manuel. Os juristas como couteiros: a ordem na Europa Ocidental dos inícios da idade moderna. *In: A política perdida*. Ordem e governo antes da modernidade. Curitiba: Juruá, 2010. p. 239-264.)

[50] CLÈVE, *O direito e os direitos*, p. 71-78.

[51] Whitman, sensível à natureza e à complexidade da condição humana, concluiu: "*Do I contradict myself? Very well, then I contradict myself, I am large, I contain multitudes.*"

[52] Se admitido à parte o fato de, no Brasil, a resolução alternativa de conflitos ser reconhecida juridicamente em virtude de *lei*.

[53] O Direito Internacional Público, ramo do direito que trabalha a multitude humana por excelência, funda-se tanto na *confiança* no ser humano, quanto na *desconfiança*: "Uma política realista do DIP deve tomar em consideração também as forças antissociais e destrutivas, para que possa introduzir em seus cálculos as necessárias precauções. E deverá, finalmente, ter presente em todo o momento que nenhuma ordenação humana é definitiva, pelo que há de se precaver e se proteger *permanentemente* contra as forças subversivas". Cf. VERDROSS, Alfred. *Derecho Internacional Público*. Madrid: Aguilar, 1955. p. 15. Tradução nossa.

[54] A conclusão de Hobbes, de fato, é diversa: "So that in the first place, I put for generall inclination of all mankind, a perpetual and restlesse desire of Power after power, that ceaseth only in Death". Macpherson, em introdução à obra, conclui: "Everyone, those with moderate as well as those with immoderate desires, is necesarily pulled into a constant competitive struggle for power over others, or at least to resist his powers being commanded by others". (MACPHERSON, C. B. *Introduction. In:* HOBBES, *op. cit.*, p. 37)

seja apreendido pelos sentidos possa ser explicado. Quer, sim, dizer que *uma representação parcial* do que seja apreendido pelos sentidos pode ser explicada. Por essa razão, e para os fins do presente estudo, é importante ressaltar que elementos há que interferem na constituição do ser – e do seu saber – e que, se não podem – ao menos por enquanto – ser apreendidos pela razão, pelos mesmos motivos tampouco podem ser apreendidos por algo tão modesto quanto, como o direito.

3.2. Universalidade

3.2.1. Universalidade: generalidade e abstração

Para que se possa compreender o direito no presente estudo – e, por consequência, identificar instâncias de localização do jurídico e seus modos de produção –, é preciso refletir a respeito de algumas categorias auxiliares nessa construção de sentido.

Linhas atrás, foi esclarecido que a natureza do direito consiste em *restrições à liberdade política com pretensão de universalidade.* Que o critério da universalidade distingue o direito da política foi concluído por Kant, de quem se reproduz a seguinte síntese:

> The principle of universality demands that our social and political relations should be governed and our public conflicts settled in an universal manner. This requires the existence of law.
>
> [...]
>
> Law is the universilized expression of politics.[55]

Nada obstante não se compartilhe dos pressupostos epistemológicos de Kant para a construção do conceito de direito e de seu correspondente critério da universalidade, a formulação kantiana no sentido de que o *governo de nossas relações políticas e sociais e a solução de nossos conflitos públicos sejam conduzidos de uma maneira universal* compreende a natureza, a função e a legitimidade do direito hoje.

O critério da universalidade, no campo do direito, ainda é objeto de preocupação dos juristas, sobretudo no campo da fundamentação de um discurso sobre direitos.[56] Afinal, a experiência das duas grandes guerras, na primeira metade do século XX, fez erigir um discurso sobre o direito conectado à dignidade humana e ocupado dos mecanismos para sua proteção, e cujo principal desafio tem sido conciliar autolegislação, pluralismo de valores e multiculturalismo.[57]

---

[55] KANT, Immanuel. *Political writings* [Collection]. Cambridge; New York: Cambridge University Press, 1991.

[56] Veja-se posicionamento de Juha-Pekka Rentto, para quem o conceito de universalidade pode referir-se a três diversos aspectos do marco ideológico e conceitual dos direitos humanos: "em primeiro lugar, podemos nos referir à universalidade de sua distribuição e proclamar que pertencem a todos por igual. Em segundo lugar, podemos nos referir a como se relacionam com a razão prática e proclamar que têm uma função universal significativa como princípios morais e políticos. E em terceiro lugar, podemos nos referir a como nos relacionamos com eles enquanto sujeitos morais e proclamar que temos um direito universal ou uma obrigação universal de respeitá-los". (——. Crepúsculo em el horizonte de occidente. *In: Persona y Derecho.* n. 38. Pamplona: Universidad de Navarra, 1998. p. 165-166.)

[57] PEREIRA, Ana Lucia Pretto. Direitos humanos: proteção e fundamentação através da – necessária – legitimidade democrática. *Revista Estudos Jurídicos UNESP,* Franca, a. 14, n. 20, p. 249-274. 2010.

É Norberto Bobbio quem adverte ser a questão acerca dos fundamentos dos direitos do homem necessariamente uma questão de fundamentação do direito natural.[58] Bobbio explica que, do esforço pela busca de um fundamento *universal* para os direitos humanos, chegou-se à defesa de que se deve alcançar um fundamento único, incontestável, "irresistível" para que aqueles direitos possam ser (universalmente) válidos. A pretensão, segundo Bobbio, é ilusória, haja vista dificuldades (quatro, por ele elencadas) para a sustentação da tese.

A primeira delas deriva da potencial plurissignificação das expressões de direito, em particular, da expressão "direitos humanos". A segunda dificuldade está ligada à variabilidade do rol de direitos fundamentais ao longo da história. É que, afirma o autor, os direitos do homem são altamente circunstanciais, e "o que parece fundamental numa época histórica e numa determinada civilização não é fundamental em outras épocas e em outras culturas".[59]

Os dois últimos obstáculos ligam-se a uma comparação *intrageracional* e *intergeracional*[60] dos direitos do homem, denunciando a sua heterogeneidade, e, desse modo, a dificuldade em se encontrar uma fundamentação universal.[61] Fala-se em comparação *intrageracional* quando a heterogeneidade se refere a direitos dentro de uma mesma geração. Por exemplo, a censura prévia a espetáculos cinematográficos.[62] Os direitos em conflito aqui são o direito de expressão do produtor do filme e o direito do público de não ser escandalizado, chocado ou excitado. Nas palavras de Bobbio, "temos de concluir que direitos que têm eficácia tão diversa não podem ter o mesmo fundamento".[63] Sobre a comparação *intergeracional*, esta se dá entre direitos de gerações distintas, mas igualmente "do homem". Há, aqui, direitos "antinômicos, no sentido de que o desenvolvimento deles não pode proceder paralelamente: a realização integral de uns impede a realização integral de outros".[64] Nesse campo, o autor entende ser impossível a fundamentação absoluta para dois direitos antagônicos, como, por exemplo, direitos de liberdade – 1ª geração – e direitos sociais – 2ª geração. Bobbio acredita que os direitos de 2ª geração conferem *poderes* aos indivíduos, poderes de exigir do Estado o fornecimento da prestação a qual tutelam. E, quanto maiores forem tais poderes, tanto menor será a liberdade dos mesmos indivíduos que os detêm. Logo, direitos antinômicos não poderiam contar com a mesma fundamentação, pois sua proteção acarretaria conflito.

Desse modo, é visível que Bobbio não nega a existência de vários fundamentos possíveis para os direitos humanos. O que o autor defende é que o filósofo do direito não se deve ater tão só à constante superação dos fundamentos, ou seja, buscar sempre um fundamento único *universal*. Para Bobbio, é importante sim identificar os vários fundamentos possíveis mas, *paralelamente*,

---

[58] BOBBIO, Norberto. *A Era dos Direitos*. 3. tir.. Rio de Janeiro: Elsevier, 2004. p. 35.

[59] *Idem*, p. 39.

[60] Os termos são de nossa responsabilidade.

[61] O que leva, também, segundo Bobbio, a dificuldades em torno de sua proteção, já que todos esses direitos são dotados da mesma fundamentalidade e demandam proteção.

[62] O exemplo é de Bobbio, *A Era dos Direitos*, p. 40.

[63] *Idem*, p .40.

[64] *Idem*, p. 41.

não esquecer que de nada adianta oferecer esses fundamentos sem estudar as possibilidades fáticas para que tais fundamentos sejam aplicados em concreto. Daí falar que o principal problema dos direitos do homem seja *protegê-los*.[65]

No entanto, nada obstante a preocupação bobbiana repouse visivelmente na urgente *implementação* dos direitos do homem, parece importante registrar que, muitas vezes, há uma proteção *ostensiva*, explicitamente anunciada, mas que, em última e atenta análise, não protege o que caracteriza direitos humanos para uma *determinada comunidade*, ou, o que é mais preocupante, *sequer tem como fim* a proteção de *direitos humanos*, pois na verdade tem em vista a aquisição de poder, a expropriação de riquezas. Nesses casos, a *proteção dos direitos humanos* representa subterfúgio para a dominação de países desenvolvidos sobre países periféricos. Assim, parece que a preocupação que se coloca é sim de protegê-los, mas *também* de fundamentá-los, na mesma medida.

Afinal, para que a proteção seja legítima, seu objeto deve ser devidamente fundamentado, o que somente será possível quando respeitados determinados valores fundamentalmente relevantes para uma dada comunidade. E são justamente esses valores que o debate acerca da fundamentação universal de direitos pretender colocar em xeque.

Referido debate versa, basicamente, sobre a oposição relativista à concepção universalista dos direitos do homem. A corrente relativista trabalha, dentre outros pressupostos, com a hipótese de que a pretensão de universalidade dos direitos humanos configura a imposição da cultura dos países desenvolvidos sobre os países periféricos, procurando universalizar as suas próprias crenças. Desse modo, o universalismo contribuiria para a destruição da diversidade cultural.[66] Por outro lado, a corrente universalista responde a essas críticas afirmando que o relativismo cultural, muitas vezes, é uma justificativa para que graves violações aos direitos humanos fiquem imunes à intervenção da comunidade internacional. Argumenta-se, aqui, que "a existência de valores universais pertinentes ao valor da dignidade humana é uma exigência do mundo contemporâneo", e que, uma vez que os Estados-nação ratifiquem os instrumentos internacionais de proteção aos direitos humanos, às suas regras devem submeter-se, não podendo escapar ao controle da comunidade internacional.[67]

Nesse panorama, são muitos os esforços que buscam oferecer propostas razoáveis para que a haja uma concepção válida de direitos humanos. A

---

[65] Há uma passagem bastante elucidativa desse pensamento no livro A Era dos Direitos: "É inegável que existe uma crise dos fundamentos. Deve-se reconhecê-la, mas não tentar superá-la buscando outro fundamento absoluto para servir como substituto para o que se perdeu. Nossa tarefa, hoje, é muito mais modesta, embora também mais difícil. Não se trata de encontrar o fundamento absoluto – empreendimento sublime, porém desesperado –, mas de buscar, em cada caso concreto, os *vários fundamentos possíveis*. Mas também essa busca dos fundamentos possíveis – empreendimento legítimo e não destinado, como o outro, ao fracasso – não terá nenhuma importância histórica se não for acompanhada pelo estudo das condições, dos meios e das situações nas quais este ou aquele direito pode ser realizado. Esse estudo é tarefa das ciências históricas e sociais (...). O problema dos fins não pode ser dissociado do problema dos meios. Isso significa que o filósofo já não está sozinho". (*op. cit.*, p. 43-44)

[66] PIOVESAN, Flávia. *Direitos Humanos e o Direito Constitucional Internacional*. 10. ed. São Paulo: Saraiva, 2009. p. 153.

[67] *Idem*, p. 153-154.

preocupação principal reside no fato de que, partindo da premissa de que tais direitos têm um fundamento valorativo, ou seja, possuem um conteúdo ético ou moral, podem alcançar as mais distintas fundamentações, interferindo sobremaneira na forma por que se deverá dar a sua proteção. Em outras palavras, busca-se uma maneira de proteger valores cruciais, fundamentais do ser humano enquanto pessoa,[68] mas que, ao mesmo tempo, não descaracterize valores sociais e culturais de uma dada comunidade, configurando a forçada *imposição* de uma cultura hegemônica (por exemplo, a ocidental) sobre uma cultura não hegemônica (não ocidentais).[69]

Há algumas teorias que discutem a fundamentação universal dos direitos, no sentido de conferir legitimidade à sua proteção. Arthur Kaufmann oferece uma proposta para essa questão. Em um primeiro momento, o autor desenvolve a ideia de que os direitos humanos deveriam deixar de ser preenchidos pela concepção de oferecimento de um bem e de felicidade a todos, ao que Kaufmann chamaria de *utilitarismo positivo*. O ideal seria, segundo o autor, que se pensasse em direitos humanos como a "justiça do bem" que proporciona ao ser humano *o menor sofrimento possível*, e *não a melhor felicidade possível*. Quer dizer, em não sendo possível dar felicidade a todos, haveria de se cumprir o seguinte *imperativo categórico:*[70] "Atua de tal maneira que as consequências da tua atuação sejam compatíveis com a máxima eliminação ou diminuição da desgraça humana".[71]

É importante fazer uma observação aqui. Da mesma maneira que se há de pressupor que o que vem a ser *felicidade* é distinto para cada pessoa, o mesmo é válido para o que se entenda por *sofrimento*. Nada obstante, Kaufmann entende que haveria um *conteúdo essencial*[72] desses direitos comum a todos os povos e, portanto, *insuprimível* e *respeitável sob qualquer circunstância* (como a liberdade da pessoa, por exemplo). Esse núcleo essencial seria verificado em cada caso concreto, de maneira analógica, relacional, pois, para o autor, somente no caso concreto, ou seja, considerando o *direito em relação com outro direito*, é que seria possível falar em direito humano a ser protegido.[73]

---

[68] Ou seja, não só do ser humano enquanto espécie animal de um dado gênero, mas enquanto indivíduo inserido num campo de relações sociais, que interage com os demais e que procura se desenvolver.

[69] E este é um forte argumento em favor da reconsideração do princípio universal dos direitos humanos. Conforme Juha-Pekka Rentto, "Desde a perspectiva Oriental, o modo Ocidental não só é imprudente ao fomentar um conflito desnecessário, como também é imoral por gerar egoísmo, sendo, ainda, ininteligível quando apresenta, a pretexto da liberdade, um modo de vida que do ponto de Oriental afigura-se como uma vida de escravidão sob a adesão de coisas desimportantes". (*op. cit.*, p. 180. Tradução livre)

[70] De fato, no texto em estudo, Kaufmann faz uma digressão sobre o pensamento kantiano, propondo um "imperativo categórico" para os direitos humanos. (KAUFMANN, Arthur. La universalidad de los derechos humanos. Um ensayo de fundamentación. *Persona y Derecho*. n. 38. Pamplona: Universidad de Navara, 1998.)

[71] KAUFMANN, *op. cit.*, p. 23. Tradução livre.

[72] Kaufmann parte da ideia de conteúdo essencial dos direitos fundamentais, presente na Constituição alemã: "A pergunta decisiva que se coloca é a seguinte: qual conteúdo, qual núcleo dos direitos humanos tem validade universal? É possível evocar aqui a antiga e muito problemática distinção ente direito natural e direito secundário. Mais sugestiva pode ser uma disposição da Constituição alemã (artigo 19, parágrafo 2 da Lei Fundamental), segundo a qual nenhum direito fundamental (e tanto mais nenhum direito humano) pode ser violado em seu '*conteúdo essencial*'". *Idem*, p. 29-30. Tradução livre.

[73] "O conteúdo essencial, o núcleo dos direitos humanos não é algo universal-abstrato nem relativo, e sim algo *relacional*. (...) A resposta a nossa pergunta acerca da universalidade dos direitos humanos não é, por-

Uma outra proposta que também sustenta esse núcleo universal é a de Roberto Andorno. Primeiramente, o autor começa mostrando que o debate acerca da fundamentação dos direitos humanos está ligado à proposta de que tais direitos seriam "direitos naturais com outro nome". Andorno, tal qual Kaufmann, também desenvolve a ideia de que há um *núcleo essencial dos direitos humanos, comum a todos os povos, porém, determinável em cada caso concreto.*[74] Desse modo, para o autor, identificar esse núcleo seria identificar, *em concreto*, qual o bem jurídico tutelado por aquele direito natural. Para Andorno, o bem jurídico tutelado pelo direito humano seria *aquele devido a todo homem em razão de sua dignidade: a vida, a liberdade física e a não submissão à tortura.* A tese estaria de acordo com a Declaração Universal de Direitos Humanos quando esta diz, em seu art. 6º, que "todo ser humano tem direito, em todas as partes, ao reconhecimento de sua personalidade jurídica".[75] E, para Andorno, aqueles três bens jurídicos caracterizam o cerne fundamental do reconhecimento daquela personalidade. Logo, para que seja identificado o justo, impõe-se perguntar se se dispõe, no caso concreto, de um daqueles bens essenciais à pessoa.[76]

Além da tese dos bens jurídicos fundamentais dos direitos humanos, Andorno defende que, para que os direitos humanos tenham uma validade universalmente aceita, é necessário que se parta de uma concepção de direitos humanos ligada à *alteridade*. Em outras palavras, o dever de *reconhecimento* do outro enquanto titular de daqueles direitos, bem como o esforço recíproco por sua respeitabilidade e proteção, é o que lhes confere validade. Nas palavras do autor: "Se aceitamos que existem condutas universalmente devidas aos homens, enquanto possuidores de uma dignidade intrínseca, estamos forçados a aceitar a universalidade dos direitos humanos. Esta universalidade é compatível com o pluralismo cultural, na medida em que se sabe transcender a expressão conceptual desses direitos para alcançar o que eles querem representar: a dignidade humana".[77]

Essas ideias parecem convergir para uma preocupação em comum: *a responsabilidade de cada indivíduo para com o seu próximo.* No que toca à proteção dos direitos humanos, haveria a necessidade de se partir de uma compreensão de deveres com relação aos demais indivíduos, o que teria suporte em uma ética de responsabilidade, de alteridade. É o que propõe Juha-Pekka Rentto:

---

tanto, nenhum 'amém', nenhuma culminação de esforço, nenhuma conclusão, senão que implica uma *tarefa* que está sempre se superando. Os direitos humanos não são válidos como um abstrato universal; somente são válidos ali onde *sejam outorgados no caso concreto." Idem,* p. 32. Tradução livre.

[74] No ponto, o autor refere-se à tese de Aristóteles segundo a qual as normas jurídicas possuem uma parte de direito natural e outra decorrente dos costumes, das circunstâncias, das convenções humanas, sendo que ambas as partes juntas constituem o *direito positivo*. Desse modo, o direito natural, para além de configurar uma *parte* do direito positivo, é o seu próprio *núcleo*: "Essa natureza híbrida do direito positivo em certas ocasiões tem sido representada graficamente através de uma esfera cujo núcleo está constituído pelo justo em seu 'estado puro' e, à medida em que nos distanciamos desse centro, o direito torna-se cada vez menos justo 'por natureza' e mais justo 'porque o legislador assim o quis'". (ANDORNO, Roberto. Universalidad de los derechos humanos y derecho natural. *Persona y Derecho.* n.º 38. Pamplona: Universidad de Navara, 1998. p. 37-38.)

[75] *Idem,* p. 38-39.

[76] *Idem,* p. 44.

[77] *Idem,* p. 48.

"Por isso, se faz imperativo que para salvar os cidadãos da deterioração moral do sistema de direitos se promova um forte e consistente esforço educativo dirigido a criar uma ética comum de dever de respeitar em lugar de uma ética comum de direito a pedir respeito". Trata-se de uma "força *moral* construtiva para o crescimento da humanidade responsável",[78] em busca do *ideal da emancipação*.

Cabe destacar uma outra questão. O argumento da universalidade dos direitos humanos tem como um de seus fundamentos de validade o *consenso* acerca de um valor universal para todos os povos. Em outras palavras, o fundamento que se pretende propor para os direitos humanos é válido porque amplamente aceito pela comunidade concernida. No entanto, pergunta-se: qual é essa comunidade concernida que dá fundamento aos direitos humanos? É bem possível que, muitas vezes, o consenso que se impõe decorra de culturas predominantes, levando países com culturas minoritárias a aceitarem aquele "consenso" ou, em caso contrário, sujeitarem-se às respectivas consequências (em regra, embargos de ordem política e econômica). Desse modo, *como é possível sustentar uma legítima pretensão de universalidade de direitos humanos, se uma parcela de seus "titulares" não participa de sua formação?*

Nesse ponto é que surge o questionamento acerca da universalidade do direito, especificamente, a conexão do critério da universalidade com as propriedades de generalidade e abstração. No direito, o universal, ou o universalizável, representa a *impessoalidade* ou *não distinção* no tratamento de indivíduos submetidos a uma mesma ordem jurídica. A generalidade e a abstração são características – ao menos em um primeiro momento – de uma produção jurídica de ordem legislativa.[79]

Uma lógica formal de construção do direito seria suficiente caso a norma fosse preenchida apenas por conteúdos objetivos. Todavia, sabe-se que ela é preenchida, também, por subjetividades, que escapam à moldura normativa.[80]

---

[78] RENTTO, *op. cit.*, p. 186. Tradução livre.

[79] Canotilho observa que cada grupo de associação humana carrega consigo uma pretensão de universalidade: "Estes sistemas têm legítimas pretensões de universalidade: a religião procura a universalidade salvífica; a economia anseia encontrar a mão invisível da criação e distribuição de riqueza; a ciência procura a verdade; a família ergue à universalidade o bem da felicidade pessoal. A constituição concorre hoje com estas universalidades". CANOTILHO, José Joaquim Gomes. *Direito Constitucional e Teoria da Constituição*. 3. ed. Coimbra: Almedina, 1999. p. 1349.

[80] Kelsen também chega a essa conclusão (ao pensar a interpretação judicial do direito), a qual, em tese, refutaria toda a teoria pura do direito, por colocar em xeque seu próprio postulado metodológico fundamental. Apesar disso, a sua teoria nada perde em importância, não apenas em vista das categorias jurídicas que sofisticadamente desenvolveu, como, sobretudo, se levado em conta o contexto histórico no qual foi produzida. Vejam-se as palavras do autor nesse sentido: "Relativamente às ciências sociais falta ainda [...] uma força social que possa contrabalancear os interesses poderosos que, tanto aqueles que detêm o poder como também aqueles que ainda aspiram ao poder, têm uma teoria à medida dos seus desejos, quer dizer, numa ideologia social. E isto sucede particularmente na nossa época, que a guerra mundiais e as suas consequências fizeram verdadeiramente saltar dos eixos, em que as bases da vida social foram profundamente abaladas e, por isso, as oposições dentro dos Estados se aguçaram até o extremo limite. O ideal de uma ciência objetiva do Direito e do Estado só num período de equilíbrio social pode aspirar a um reconhecimento generalizado. [...] Se, no entanto, ouso apresentar nesta altura o resultado do trabalho até agora realizado, faço-o na esperança de que o número daqueles que prezam mais o espírito do que o poder seja maior do que hoje possa parecer; faço-o sobretudo com o desejo de que uma geração mais nova não fique, no meio do tumulto ruidoso dos nossos dias, completamente destituída de fé numa ciência jurídica livre, faço-o na firme convicção de que os seus frutos não se perderão para um futuro distante". (KELSEN, *Teoria Pura....*, p. XIV-XV)

Diante disso, coloca-se uma pergunta: *como atender ao critério da autolegislação, no campo da produção legítima de restrições à liberdade política com pretensão de universalidade?*

A resposta exige um repensar as propriedades do que seja universal, no campo do direito, em um modelo de Estado Democrático fundado na soberania popular.

O direito (enquanto restrições à liberdade política) *legítimo* cobra a participação de seus *concernidos* (em lugar de *destinatários*). Por essa razão, a participação dos concernidos no processo de construção (e de definição) do direito não expressa universalidade. Expressa *legitimidade*. Que os (potenciais) concernidos participem de uma decisão pública é exigência que atende a critérios de legitimidade, no sentido de efetiva participação no processo de sua construção. A legitimidade, como antes visto, ocorre em graus, para maior ou para menor, a depender, justamente, da efetiva valoração consensual positiva dos (potenciais) concernidos em um processo de constituição de decisão pública.

Nesse caminho, o critério distintivo do direito em relação à política permanece sendo a universalidade. Universalidade – e aqui retornamos a Kant – no sentido de que *o governo de nossas relações políticas e sociais e a solução de nossos conflitos públicos sejam conduzidos de uma maneira universal*. Universal *e legítimo* no sentido de alcançar *todos os seus concernidos* indistintamente (daí a nota de impessoalidade da generalidade e da abstração).

3.2.2. Universalidade: igualdade

Como antes referido, a liberdade política caracteriza a liberdade dos indivíduos componentes de determinado grupo para definirem o modo de convivência comunitária e social que para si julgarem mais conveniente. Restrições há ao exercício dessa liberdade política em virtude da necessidade prática de conciliação dos distintos interesses em jogo. Que essas restrições operem indistintamente, em virtude da igual liberdade política compartilhada por todos os concernidos, é o que caracteriza a ideia jurídica de universalidade.

Como apontado, *generalidade* e *abstração* representam propriedades dessas restrições à liberdade política, objetivando a totalidade (de concernidos). Para o direito, interessa que tais restrições alcancem *quaisquer* concernidos (generalidade) em antecipação à ocorrência de conflitos concretos exigentes de solução (abstração). Nesse caminho, a generalidade e a abstração assumem uma nota de *impessoalidade.*

É de se observar, todavia, que mesmo no território *legislativo* de produção do jurídico a generalidade e a abstração não são determinantes na adjetivação de um ato jurídico como lei.[81] A multiplicidade de situações cotidianas que cobram um agir normativo (muitas vezes imediato) dos poderes constituídos faz com que o fundamento da lei deixe de repousar tão somente na identidade do

---

[81] Cf. CLÈVE, Clèmerson Merlin. *Atividade Legislativa do Poder Executivo*. 3. ed.. São Paulo: Revista dos Tribunais, 2011. p. 59-69.

ato normativo como dotado de conteúdo genérico e abstrato.[82] A tese conduz a que o *parâmetro de identidade conceitual* da lei deixe de ser o critério material (da generalidade e abstração), passando a ser o critério formal (modo de produção).

Veja-se a síntese justificativa de Clèmerson Clève nesse sentido:

A lei não está em crise. Uma determinada concepção de lei, sim. Uma nova concepção, todavia, deve ser elaborada. Quando os juristas apontam a crise da lei, afirmam que aquelas características do ato legislativo, tal como visualizado pela doutrina clássica, não se ajustam aos atos assim definidos e editados pelo Estado contemporâneo. A lei era genérica e permanente. Hoje, o Estado edita atos legislativos nem sempre genéricos e, ademais, consumidos pela característica de transitoriedade. Ora, o conceito de lei como ato dotado dos atributos de generalidade, abstração e permanência decorre de uma determinada concepção de Estado. *O ato era genérico porque não tinha em vista um caso particular. Abstrato porque aplicável, nas condições especificadas no texto, a todos os casos ocorrentes no presente ou no futuro. Permanente porque sua edição não respondia a uma necessidade conjuntural ou transitória, mas a uma exigência de cunho estrutural. Tudo muda com o Welfare State.* Ao lado daquelas leis que, efetivamente, respondem às características reclamadas pela concepção clássica, outras são editadas para regular situações transitórias, emergentes, conjunturais. Por vezes, essas leis veiculam medidas concretas que desmentem a doutrina jurídica liberal. A lei, que ostentava a condição de garantia da liberdade (tal como o liberalismo a concebe); que não passava de regra jurídica delimitadora da esfera livre de atividade das pessoas nas suas relações recíprocas, agora assume um caráter nitidamente instrumental ou de meio de intervenção do Estado; enfim, torna-se um instrumento de conformação social. *A lei-garantia e a lei-instrumento passam a conviver.*[83]

O fato de as restrições operarem com pretensão de universalidade sobre a liberdade política dos indivíduos cobra uma nota de *legitimidade*. Em uma ordem política democrática, cujo poder político pertença ao povo, entendido como soberano, é preciso que tais restrições atendam ao princípio da *autolegislação*. Kelsen, preocupado com a legitimidade do direito enquanto ordem normativa coercitiva da conduta humana, entendia restar atendido o critério da legitimidade através da *representação*, pois a *norma* que atribui o sentido objetivo ao intérprete (ou seja, à *autoridade*), teria sido produzida democraticamente.

O universal, no direito, também remete à noção de *totalidade*. A *totalidade* do direito legítimo é representada pelo conjunto de concernidos nas restrições à liberdade política por ele operadas. Daí que pensar a *legitimidade* do direito conduz a alcançar participação do máximo de concernidos possíveis nos processos de construção dessas restrições. No campo do direito, a totalidade não é indefinida; é, sim, conhecida e limitada: os concernidos.

A legitimidade é uma adjetivação inseparável do direito, sob o regime constitucional democrático da Constituição brasileira de 88. Não há falar, portanto, de direito sem carregar nessa construção de sentido o critério da legitimidade. A legitimidade orienta-se pelo princípio da autolegislação. A autolegislação incorpora-se à natureza do direito legítimo.[84] Ocorre que as propriedades de generalidade e abstração confirmam o princípio da autolegislação

---

[82] CLÈVE, *op. cit.*, p. 59-69.

[83] *Idem*, p. 55-56. Sem grifo no original.

[84] Afinal, o direito é uma produção humana – e não natural – de normas coincidentes com a liberdade dos seus destinatários. Coincidente com a liberdade porque os autoriza a decidir a respeito de sua legitimidade

de modo apenas parcial. Exclui da totalidade os concernidos que não participam na construção de restrições à sua própria liberdade política. Daí que outras propriedades devam integrar seu critério de universalidade, para que seja alcançada a totalidade. Essas propriedades são *inclusão e reconhecimento.*

A *inclusão* expressa a exigência de acolhimento dos concernidos no processo de construção das decisões políticas. O *reconhecimento* opera-se em dois planos: o primeiro, no plano do indivíduo consigo mesmo. O segundo, no plano do indivíduo em suas relações com os demais. Porque o homem associa-se por natureza, é um animal político, é nesse espaço de interação intersubjetiva que poderá desenvolver-se em sua individualidade. Do contrário, teria limitado o desenvolvimento de sua capacidade de comunicação, cognição e, também, de seus sentimentos (amor, ódio, ambições). É na interação com o outro e no contato com a diferença que o homem encontra e constrói a sua identidade. Eis o reconhecimento em um primeiro plano (*conhecer* sua identidade por se *reconhecer* na diferença).

Em um segundo plano, o reconhecimento opera em relação não a si próprio, mas em relação aos demais indivíduos (daí em vários níveis: família, amigos, trabalho, comunidade, sociedade). Aqui, a inclusão age em reciprocidade com o reconhecimento. O indivíduo que se reconhece em sua individualidade com relação aos demais e, reversamente, é por estes reconhecido, sente-se e acha-se, de fato (desde a perspectiva dos demais), incluído. As políticas públicas que fixam cotas para grupos subrepresentados na sociedade são um bom exemplo: inclusão e reconhecimento de indivíduos em múltiplos espaços sociais.[85]

É importante destacar que, se o desenvolvimento do indivíduo depende do desenvolvimento dos demais, faz sentido que trabalhar pela inclusão e reconhecimento dos demais concernidos resulte na construção de melhores condições de vida para todos os envolvidos. É um sentido de alteridade, assim encontrado em Franz Hinkelammert:

> [...] o ser humano como sujeito não é uma instância individual. A intersubjetividade é condição para que o ser humano chegue a ser sujeito. Se entende em uma rede, a qual inclui a mesma natureza externa ao ser humano: a vida do outro é condição para a própria vida.[86]

(autolegislação), mas também porque a liberdade, em uma comunidade jurídica, será exercida através de obrigações auto-impostas. (PALOMBELLA, *op. cit.*, p. 71)

[85] Para Axel Honeth, o desenvolvimento das sociedades é resultado da luta por reconhecimento de seus indivíduos em três estágios, todos pautados sob distintas formas de injustiça moral por eles vivenciadas (Cf. BUNCHAFT, Maria Eugênia. A Filosofia Política do Reconhecimento. *In:* SARMENTO, Daniel (Coord.). *Filosofia e Teoria Constitucional Contemporânea.* Rio de Janeiro: Lumen Juris, 2009. p. 378). Esses três estágios seriam: "auto-confiança, que é obtida nas relações afetivas com nossos entes queridos; auto-respeito, nas relações juridicamente institucionalizadas; e auto-estima, decorrente de nossas contribuições singulares reconhecidas pela comunidade a que pertencemos." (*Idem, ibidem*).

[86] HINKELAMMERT, Franz J. La vuelta al sujeto humano reprimido. *In:* FLORES, Joaquín Herrera (org.). *El Vuelo de Anteo.* Derechos Humanos y Crítica de la razón liberal. Bilbao: Desclée de Brouwer, 2000, p. 211. Esse sentimento de alteridade é belamente extraído das seguintes palavras de Emmanuel Lévinas: "O que significa 'como a ti mesmo'? Buber e Rosenzweig tiveram aqui os maiores problemas com a tradução. Disseram 'como a ti mesmo' não significaria que alguém ama mais a si mesmo? Em lugar da tradução por vocês mencionada, eles traduziram: 'ama ao teu próximo, ele é como tu'. Mas se alguém já estiver de acordo em separar a última palavra do verso hebraico 'kamokha' do princípio do verso, pode-se ler tudo de outra maneira: 'ama ao teu próximo, tu mesmo és ele'; 'este amor ao próximo é o que tu mesmo és". ——. *De Dieu qui vient a l'idée, apud* HINKELAMMERT, *op. cit.*, p. 212.

A inclusão e o reconhecimento dos concernidos no processo de construção de decisões políticas integram uma dimensão da igualdade. Tratar a todos com igual consideração e respeito cobra atenção às diferenças.[87] Daí que a igualdade tanto possa se identificar com generalidade e abstração, como com inclusão e reconhecimento.

A igualdade, nesses termos, é propriedade de um direito legítimo que atende ao critério da universalidade.

Entender em contrário implicaria negar o próprio sentido de soberania. Afinal, inclusão e reconhecimento reforçam o exercício da soberania popular. Mais ainda, a negação da soberania implicaria encarar o direito em termos estritamente formais, independente de particularidades e afastado de uma ideia de justiça.[88] Ocorre que a Constituição brasileira de 1988, ao positivar a busca por liberdade e igualdade entre os indivíduos, impõe que ao direito seja agregado um conteúdo substantivo que determina a observância de princípios de justiça. Nesse caminho, questiona Palombella: afinal, de onde vêm as constituições? De uma razão concedida por ordem divina, por homens sensatos e desinteressados, por minorias privilegiadas, por soberanos ilustrados, ou resultam da limitação ou eliminação do poder soberano preexistente, por uma soberania implicada pelo princípio democrático?

A comunidade política brasileira que se constrói com a Constituição de 1988 incorporta essa ideia de igualdade. Decisões políticas com pretensão de universalidade somente serão jurídicas se construídas à luz de um direito com essa natureza. A partir dessa delimitação, é possível apresentar uma compreensão acerca das restrições à liberdade política dotadas de juridicidade.

3.3. Instâncias de produção do jurídico

Como instâncias de produção do jurídico estatal interessam não exatamente as *fontes de direito*, que podem ser várias (inclusive não estatais): doutrina, jurisprudência, costumes, normação privada de conflitos.[89] Como *instâncias de produção do jurídico* se reconhecem os *loci* de produção das restrições à liberdade política com pretensão de universalidade (igualdade) legitimadas por práticas generalizadas de reconhecimento.

No direito brasileiro, reconhece-se que a Constituição brasileira de 1988 aponta as diretrizes para a distribuição, controle e exercício do poder público. A Constituição de 1988 prevê diversas instâncias de produção jurídica, que

---

[87] A ideia é tributária do pensamento de Ronald Dworkin (*Levando os direitos a sério*, São Paulo, Martins Fontes, 2002).

[88] Cf. PALOMBELLA, *op. cit.*, p. 106.

[89] Encontra-se no *pluralismo jurídico* uma contribuição para a enumeração de fontes de direito não estatais. Sobre o tema: WOLKMER, Antonio Carlos. *Pluralismo jurídico*: fundamentos de uma nova cultura do direito. 2. ed.. São Paulo: Alfa Omega, 1997. p. 255-311. Também as fontes do direito devem passar por uma espécie de *teste de reconhecimento*. Nesse sentido, Hespanha afirma: "O elenco das fontes de direito deve ser, nos quadros de uma posição realista quanto ao conceito de direito, extraído da observação das normas admitidas como jurídicas pela nossa jurisprudência, pela nossa prática burocrática, pela nossa doutrina e, finalmente, pelos sentimentos da comunidade acerca do que é direito". (HESPANHA, António Manuel. *O caleidoscópio do direito e a justiça nos dias e no mundo de hoje*. Coimbra: Almedina, 2009. p. 446)

resultam em leis, regulamentos, sentenças, admitindo-se, em alguma medida, inclusive, o costume (no caso do direito internacional).

No campo da atividade judicial, são produzidas decisões públicas que operam restrições à liberdade política dos concernidos. Que essas restrições passem no teste de juridicidade depende que atendam ao critério da universalidade, e que essas decisões passem no teste de legitimidade depende da maior ou menor participação dos concernidos em sua constituição. Há vários canais para que essa participação ocorra: desde as decisões públicas acerca do modo de investidura de agentes políticos nessa função, até a publicidade dos atos decorrentes dessa atividade, passando pelas instâncias de deliberação sobre o seu conteúdo (processo constitucional).

Sendo uma atividade política, reconhece-se que a atividade judicial incorpora elementos valorativos do agente público responsável por sua constituição. A atividade judicial é uma atividade de interpretação, aplicação e construção de normas jurídicas, conforme será visto ao longo deste trabalho. Por ora, interessa apresentar alguns desdobramentos resultantes dessa compreensão.

3.4. Mediações de construção do jurídico

A construção de decisões públicas judiciais opera-se essencialmente por meio de uma atividade interpretativa sobre o material jurídico disponível. Essa construção, todavia, gera em contrapartida uma constante *desconstrução* do direito em vista do universo de possibilidades que o material apresenta para aquele que o trabalha, que não é um ser isolado em sua própria moral, mas é um ser no mundo.[90] O trabalho interpretativo judicial é a construção de um caminho que envolve escolhas, sendo que essas escolhas transitam entre operações de adjudicação e de justificação.[91]

3.4.1. Subsunção e ponderação

A subsunção e a ponderação são reconhecidas como técnicas de solução de antinomias utilizadas pelos operadores do direito. Enquanto técnicas de solução de antinomias, cada qual conta com sua maneira particularizada de operabilidade. A natureza dos conflitos em questão conduzirá ao uso de uma ou outra técnica, cada qual acompanhada de sua metodologia particular.[92]

---

[90] "O direito, como uma construção do homem, pode ser sempre desconstruído. Desconstruir o direito pode ser considerado uma prática destinada a demonstrar que qualquer lei, qualquer ordenamento jurídico, pode ser 'desestabilizado'. O sentido de todo o texto, e o direito se revela através dos textos, resta sempre aberto; qualquer fechamento final ou definitivo de sentido é autoritário. A desconstrução exige que toda a leitura de um texto possa ser submetida a uma nova leitura, em um movimento que une presente e passado, futuro e presente". (KOZICKI, Katya. A interpretação do direito e a possibilidade de justiça em Jacques Derrida. *In*: FONSECA, Ricardo Marcelo (Org.). *Crítica da Modernidade*: Diálogos com o Direito. Florianópolis: Boiteux, 2005. p. 133)

[91] Adjudicação entendida como aplicação de um direito posto, e justificação entendida como fundamentação tanto da aplicação em si, como da norma aplicanda. Sobre a diferença, ainda que tomada posição diversa da aqui sustentada, em termos de justificação: GÜNTHER, Klaus. *Teoria da argumentação no direito e na moral*: justificação e aplicação. São Paulo: Landy, 2004.

[92] Cf. BARCELLOS, Ana Paula de. *Ponderação, racionalidade e atividade jurisdicional*. Rio de Janeiro: Renovar, 2005. p. 29.

Problematizações em torno de conflitos entre valores e opções políticas igualmente relevantes[93] em um mesmo ordenamento jurídico podem conduzir à necessidade de superação, ainda que particularizada e transitória, de decisões políticas consolidadas (leis, sentenças). Em última análise, a distinção entre ambas as técnicas (subsunção e ponderação) opera-se, essencialmente, em termos de ônus argumentativo.[94] É o que sugere a tese da derrotabilidade normativa, que será vista no tópico seguinte.

Com efeito, se a subsunção trabalha com critérios metodológicos mais objetivos em termos de argumentação (especialidade, temporalidade e hierarquia), a ponderação, e suas variações metodológicas, cobram do agente que soluciona conflitos maior sofisticação argumentativa, haja vista não só circunstâncias fáticas quando da solução de conflitos, como, também, limitações decorrentes do próprio ordenamento jurídico. Um critério metodológico de um método da ponderação, a título de exemplo, é a *máxima* da proporcionalidade.[95]

Em termos de atividade política, é a ponderação que permite seu exercício de maneira mais explícita. É que, na ponderação, os distintos passos da argumentação cobram do intérprete escolhas fundadas sobre juízos de valor:

> [...] quando se decide pela presença de um fim digno de proteção, nem sempre claro e explícito na decisão judicial; quando se examina a aptidão ou idoneidade da mesma, questão sempre discutível e aberta a cálculos técnicos ou empíricos; quando se pergunta sobre a possível existência de outras intervenções menos gravosas, tarefa na qual o juiz há de assumir o papel de um diligente legislador na busca do que seja mais apropriado; e, ao fim e sobretudo, quando se pretende realizar a máxima da proporcionalidade em sentido estrito, onde a apreciação subjetiva dos valores em questão e da relação 'custo/benefício' resulta quase inevitável.[96]

O modelo da ponderação recebe várias críticas, dentre as quais o fato de que a leitura principiológica do direito (em particular, da constituição) pode trazer prejuízos em termos de segurança jurídica.[97] Jürgen Habermas critica o método da ponderação afirmando que este seria uma porta aberta ao decisionismo e à subjetividade judicial, em prejuízo das escolhas feitas pelo legislador.[98] O uso desenfreado da ponderação, agregado à abertura normativa do direito permitiria ao julgador ampla liberdade, podendo transformar os tribunais em instâncias autoritárias. Para Habermas, deve-se buscar todas as interpretações possíveis dos princípios em jogo, para que então se escolha o melhor, o mais adequado ao caso concreto, sem necessidade de se recorrer às análises valorativas características da ponderação.[99]

---

[93] Vide BARCELLOS, *op. cit.*, p. 23.

[94] É o que se conclui a partir da tese de Humberto Ávila, referenciada mais adiante.

[95] A proporcionalidade enquanto critério de um método da ponderação foi desenvolvida por Robert Alexy (*Teoria dos direitos fundamentais*, São Paulo, Malheiros, 2008). O tradutor no Brasil da obra de referência, Prof. Virgílio Afonso da Silva, atribuiu à proporcionalidade o conceito de *máxima*. Cf. SILVA, Virgílio Afonso da. Nota do Tradutor. In: ALEXY, Robert. *Teoria dos direitos fundamentais*. São Paulo: Malheiros, 2006. p. 10.

[96] SANCHÍS, Luis Prieto. Neoconstitucionalismo y ponderación judicial. In: CARBONELL, Miguel. *Neoconstitucionalismo (s)*. Madrid: Trotta, 2003. p. 151.

[97] Nesse sentido, COMANDUCCI, Paolo. Formas de (Neo)Constitucionalismo. Un análisis metateórico. *In: Neoconstitucionalismo(s)*. Carbonell, Miguel (org.) Madrid: Editorial Trotta, 2003. p. 91.

[98] HABERMAS, *op. cit.*, p. 333.

[99] *Idem, ibidem.*

A crítica procede. Por essa razão, é relevante lembrar que a decisão judicial não se acha isolada, no mundo do direito. Pelo contrário, faz parte de um sistema, trabalha com ferramentas postas, sujeita-se a um constante escrutínio público, o que deve minimizar as possibilidades de que seja arbitrária e aumentar as chances de ser corrigida. A expectativa de Dworkin de que a decisão judicial *integre* um encadeamento coerente de leituras da constituição reforça esse discurso. O modelo da ponderação tal qual desenvolvido por Alexy caminha nessa direção, ao buscar oferecer técnicas que imprimam alguma racionalidade na decisão judicial, e lhe controlem a razoabilidade. É o caso do critério da proporcionalidade.[100]

3.4.2. A tese da derrotabilidade normativa

A tese da derrotabilidade normativa tem relevância pela pretensão de ser compreensiva da dimensão axiológica que o direito adquire nos Estados constitucionais contemporâneos. Nas palavras de Alfonso García Figueroa, "a derrotabilidade das normas em um Estado constitucional constitui a deontologia que melhor responde à axiologia inerente ao direito sob um Estado constitucional".[101]

De acordo com a tese da derrotabilidade normativa, a derrotabilidade seria uma propriedade estrutural de *todas* as normas jurídicas. Nesse caminho, a separação forte entre regras e princípios seria viável em um plano *ontológico*, mas enfrentaria problemas no plano *funcional*: ontologia e função são inerentes à dicotomia entre regras e princípios, de tal forma que a tese forte da separação implicaria uma tese forte de separação entre subsunção e ponderação. Por essa razão, uma crítica à tese forte é aquela segundo a qual as regras ora podem operar sob ponderação, e os princípios ora podem operar sob subsunção.[102]

---

[100] A funcionalidade da proporcionalidade opera-se no exame da legitimidade de medidas restritivas de direitos fundamentais (através das máximas parciais da adequação, necessidade e proporcionalidade em sentido estrito). Para explicar a máxima da proporcionalidade, na teoria de Alexy, considerem-se "M1, M2 ...Mn" como distintas medidas interventivas sobre direitos fundamentais, e "P1, P2 ... Pn" como distintos princípios de direitos fundamentais. a) adequação e necessidade: essas máximas parciais decorrem do fato de princípios, no entender do autor, serem mandamentos de otimização em face das possibilidades *fáticas*. Adequação: seria a adequação de uma dada medida para realizar P1. O exame da adequação não traz maiores dificuldades: comporta uma relação de adequação de meios para a realização de determinados fins. Necessidade (mandamento do meio menos gravoso): significa que as medidas para a realização de P1 devem afetar menos intensamente a realização de uma *outra* norma de direito fundamental com estrutura de princípio, P2. Para P1, as medidas M1 e M2 são indiferentes. Mas, para P2, não. Se para P2 a medida M2 permite que possa ser realizado na maior abrangência possível, então M2 é permitido e M1 é proibido. b) proporcionalidade em sentido estrito: essa máxima parcial decorre da relativização em face das possibilidades *jurídicas*. A proporcionalidade em sentido estrito é dedutível do caráter principiológico dos direitos fundamentais porque *é o caráter principiológico que conduz a sopesamentos*; e decorre da relativização em face das possibilidades jurídicas porque regras e princípios contrários constituem essas possibilidades. Quando, do ponto de vista das possibilidades fáticas, uma maior realização de P2 é alcançada se nem M1 nem M2 são considerados, *mas se tem que escolher um deles*, então chega-se ao exame da proporcionalidade em sentido estrito, quando, então, se está trabalhando no âmbito das possibilidades jurídicas. A submáxima da necessidade (M2 é menos gravoso) acabou determinando a escolha no exame da proporcionalidade em sentido estrito. (ALEXY, *op. cit.*, 116-120)

[101] FIGUEROA, Alfonso García. *Criaturas de la moralidad*. Una aproximación neoconstitucionalista al derecho a través de los derechos. Madrid: Trotta, 2009. p. 139.

[102] Figueroa, aqui, relembra o caso da construção da janela perto da propriedade vizinha: o Código Civil define limites para a construção de janelas, tomando em consideração casas vizinhas. Porém, particularidades

Surge, então, a pergunta: *realmente existem regras no Estado constitucional?* Afinal, o princípio inseriria uma graduação na aplicabilidade da regra que seria supostamente incompatível com a configuração estrutural postulada pela separação forte. Conforme observado por Figueroa, e admitindo a tese alexyana de que princípios configuram mandamentos de otimização, não parece ser possível combinar a otimização dos direitos fundamentais com sua onipresença, e seguir mantendo a existência de regras. Em um Estado constitucional onde se leve a um extremo a constitucionalização do direito e o efeito irradiante da constituição, a distinção entre regras e princípios perderia boa parte do seu sentido. Segundo Figueroa, a distinção forte entre regras e princípios fracassaria, justamente, nos Estados constitucionais.

Para Figueroa, por força da tese da derrotabilidade, seria mais correto falar apenas em *normas*, genericamente:

> Toda norma infraconstitucional, seja qual for sua classe ou configuração, deve estar *disposta* ou *preparada* para ser excepcionada singularmente por normas constitucionais e, posto que desconhecemos em que caso *deverá ser* assim, então todas as normas compartilham dessa propriedade que alguns tem quisto designar exclusivamente aos princípios jusfundamentais [...]. Tudo isso aconselhará analisar as particularidades da aplicação das normas nos Estados constitucionais em termos de derrotabilidade.[103]

O fato de os princípios poderem funcionar como as regras (serem efetivamente derrotados) denunciaria, portanto, a sua propriedade *disposicional*: estar à disposição de serem derrotados, justamente pelo fato da disposição ser *estrutural*.[104]

Questiona-se, pois, a relevância de ser mantida a distinção. Concorde-se com Humberto Ávila, quando sustenta, com base em Alexy, que a distinção parece ser útil enquanto um recurso argumentativo na solução de casos atípicos:

> A distinção entre categorias normativas, especialmente entre princípios e regras, tem duas finalidades fundamentais. Em primeiro lugar, visa a *antecipar* características das espécies normativas de modo que o intérprete ou o aplicador, encontrando-as, possa ter facilitado seu processo de interpretação e aplicação do Direito. Em consequência disso, a referida distinção busca, em segundo lugar, *aliviar*, estruturando-o, o ônus de argumentação do aplicador do Direito, na medida

---

do caso concreto fazem entender estar autorizada a superação da regra definidora desses limites. A tese forte da separação entre regras e princípios não daria conta de explicar a solução dada ao caso. Cf. FIGUEROA, *op. cit.*, p. 70-78.

[103] FIGUEROA, *op. cit.*, p. 146. Uma pergunta chave em Figueroa nessa temática é a seguinte: *"como estabelecemos as propriedades relevantes em abstrato que permitam reconstruir essas regras completas?"* Ou seja: quais os critérios para uma definição *a priori* acerca de quais disposições configurem regras? Esse é um inconveniente da distinção forte, apresentado pelo autor.

[104] Diante do argumento, Figueroa reafirma que a base mais relevante à derrotabilidade dos princípios é a base ética. Por isso, a questão da estrutura da derrotabilidade encaminha-se para uma questão de teoria do Direito (ou seja, o problema das relações conceituais entre Direito e moral). A base da *disposição de refutação* (derrotabilidade) consiste em outra disposição: a *disposição à correção*, do Direito em geral e dos princípios jusfundamentais em particular. O autor denomina, pois, *tese da disposição de correção* a ideia de que todo o sistema jurídico apresenta uma disposição de correção que pode ser atualizada *argumentativamente*. Nesse sentido, uma norma extremamente injusta não poderá ser jurídica porque não pode ser argumentativamente operativa. "Se o Direito cobra sentido apenas na medida em que o contemplamos argumentativamente (no sentido de que seja operativo), então apenas mantendo certa correção (= mantendo sua disposição para ser empregada argumentativamente) é que uma disposição legal pode funcionar como jurídica." (FIGUEROA, *op. cit.*, p. 170)

em que a uma qualificação das espécies normativas permite minorar – eliminar, jamais – a necessidade de fundamentação, pelo menos indicando o que deve ser justificado.[105]

3.4.3. Razoabilidade e racionalidade

A Constituição brasileira de 1988 cobra publicidade e fundamentação das decisões judiciais (art. 93, IX). A exigência constitucional fundamenta-se sobre o exercício da parcela de poder público que é atribuída aos agentes do Poder Judiciário.

A racionalidade de decisões judiciais interessa para fins de controle sobre a sua justificação. A razoabilidade integra essas decisões, de maneira explícita ou não. A racionalidade integra a dimensão da explicação (como). A razoabilidade integra a dimensão da justificação (por quê).

No campo das decisões judiciais, a ideia de racionalidade envolve um encadeamento lógico e coerente de razões, um raciocínio relacional das razões de decidir não apenas em si mesmas (argumentação) como, também, em relação à ordem jurídica posta.[106] Já a razoabilidade envolve um juízo de valor, equilíbrio, sensatez. Prudência. Pode-se dizer, sucintamente, que *a razoabilidade escapa ao campo da racionalidade*.

Fala-se, aqui, em *procedimento*. O produto do racional é aquilo que possa obedecer a um procedimento, a etapas que lhe facilitem o controle intersubjetivo. A pré-definição dessas etapas não apenas oferece atalhos ao esforço argumentativo do intérprete, como, também, permite fortalecer a legitimidade de sua decisão, a partir do momento em que tal procedimento seja amplamente aceito pelos respectivos concernidos. É o caso de uma proposta de método de decidir: identificação dos enunciados normativos em tensão e sua distinção recíproca, identificação dos fatos relevantes e sua relação com os respectivos enunciados normativos e, por fim, a decisão, atendendo a determinados critérios.[107]

Fala-se, também, em *substância*. A substância fornece material para justificação daquele raciocínio lógico. A substância que preenche espaços no procedimento decorre da experiência humana, da reflexão, da espiritualidade e uso dos sentidos. A abertura da mente humana à diversidade de fontes informativas, de áreas do conhecimento, é determinante na parcela mais ou menos substantiva das decisões jurídicas. Trata-se de um conjunto de fontes informativas, somado ao modo que a mente e espírito humanos os processe. Há aqui material para a formação de um juízo de valor, para o razoável.

A razoabilidade e uma racionalidade presentes na decisão judicial serão controladas por meio de um *processo público constitucional*. O tema foi desenvolvido em outra oportunidade.[108] Por ora, cabe fazer uma conclusão parcial.

---

[105] ÁVILA, Humberto. *Teoria dos princípios*. 8. ed.. São Paulo: Malheiros, 2008. p. 65.

[106] Cf. BARCELLOS, *op. cit.*, p. 39.

[107] Em linhas muito gerais, essas seriam as etapas da proposta de ponderação formulada por Ana Paula de Barcellos, *op. cit.*, p. 91-146.

[108] Tese *A atividade política da jurisdição constitucional brasileira.*

O direito é construído e desconstruído cotidianamente. A jurisdição é uma pronúncia pública tomada com base nesse direito. Que ela seja constitucional significa que se opera à luz de uma constituição que também é prática, e que valoriza a igualdade entre os indivíduos da comunidade política a qual constitui tanto em uma dimensão formal, quanto em uma dimensão substantiva. Concorde-se, aqui, com Figueroa, quando diz que: "Os desacordos em torno do que o Direito diz, são desacordos em torno do que o Direito é".[109]

4. Considerações finais

Considerando as renovações teóricas no campo da interpretação e da aplicação do direito, sobretudo em termos de argumentação jurídica e principiologia constitucional, um objeto de estudo que tem recebido enfoque por parte da dogmática jurídica é a prática jurídica e os mecanismos de controle sobre a racionalidade da decisão judicial. Afinal, como pontuado por Marcelo Neves, a própria dogmática jurídica vale-se das produções jurisprudenciais para construir as suas categorias normativas, e vice-versa.[110]

Nesse caminho, compreender a dimensão política da atividade judicial perpassa refletir sobre categorias normativas construídas pela dogmática jurídica, e que atuam em retroalimentação com relação à produção jurídica de ordem judicial. O tema foi trabalhado em outra oportunidade. Por ora, resta ressaltar que a atividade judicial é política e que seu atuar legítimo depende de práticas que estejam de acordo com uma compreensão de direito ajustada à necessidade de tomada de decisões em contextos de desacordo moral, dos quais se exige, em uma democracia constitucional como a brasileira, o atendimento do princípio da autolegislação.

5. Referências bibliográficas

ALEXY, Robert. *Teoria dos direitos fundamentais*. São Paulo: Malheiros, 2008.

ANDORNO, Roberto. Universalidad de los derechos humanos y derecho natural. *Persona y Derecho*. n.º 38. Pamplona: Universidad de Navara, 1998.

ARENDT, Hannah. *On revolution*. New York: Penguin Books, 2006.

ARISTÓTELES. *The politics*. Oxford: Oxford University Press, 2009.

ÁVILA, Humberto. *Teoria dos princípios*. 8. ed. São Paulo: Malheiros, 2008.

BARCELLOS, Ana Paula de. *Ponderação, racionalidade e atividade jurisdicional*. Rio de Janeiro: Renovar, 2005.

BENHABIB, Seyla. Toward a Deliberative Model of Democratic Legitimacy. *In:* BENHABIB, Seyla (Org.). *Democracy and Difference*. Contesting de boundaries of the political. Princeton: Princeton University Press, 1996.

BICKEL, Alexander. *The least dangerous branch*. The Supreme Court at the Bar of Politics. 2. ed. Yale University Press: New Haven/London, 1986.

---

[109] FIGUEROA, *op. cit.*, p. 170.

[110] Nas palavras de Neves: "a dogmática refere-se à prática jurídica (especialmente dos tribunais e juízes com funções constitucionais) de aplicação de princípios e regras constitucionais para conceituar essas categorias normativas; os órgãos encarregados da concretização constitucional recorrem aos conceitos jurídico-dogmáticos dos princípios e regras constitucionais para aplicar as respectivas normas". (NEVES, Marcelo da Costa Pinto. *Entre Hidra e Hércules*. Princípios e regras como diferença paradoxal do sistema jurídico. 2010. 252 f. Tese (Concurso para professor titular do Departamento de Direito do Estado) – Universidade de Brasília, Brasília, 2010. p. 125)

BOBBIO, Norberto. *A Era dos Direitos*. 3. tir.. Rio de Janeiro: Elsevier, 2004.

BUNCHAFT, Maria Eugênia. A Filosofia Política do Reconhecimento. *In:* SARMENTO, Daniel (Coord.). *Filosofia e Teoria Constitucional Contemporânea*. Rio de Janeiro: Lumen Juris, 2009.

CANOTILHO, José Joaquim Gomes. *Direito Constitucional e Teoria da Constituição*. 3. ed.. Coimbra: Almedina, 1999.

CHUEIRI, Vera Karam de. Nas Trilhas de Carl Schmitt (ou nas Teias de Kafka): Soberania, Poder Constituinte e Democracia Radical. In: FONSECA, Ricardo Marcelo (Org.). *Repensando a Teoria do Estado*. Belo Horizonte: Fórum, 2004.

CLÈVE, Clèmerson Merlin. *O Direito e os Direitos*. 3. ed.. Belo Horizonte: Fórum, 2011.

——. *Atividade Legislativa do Poder Executivo*. 3. ed.. São Paulo: Revista dos Tribunais, 2011.

COMANDUCCI, Paolo. Formas de (Neo)Constitucionalismo. Un análisis metateórico. *In: Neoconstitucionalismo(s)*. Carbonell, Miguel (org.) Madrid: Editorial Trotta, 2003.

COSTA, Pietro. Discurso jurídico y imaginación. *In:* PETIT, Carlos (Ed.). *Pasiones del jurista*. Amor, memoria, melancolía, imaginación. Madrid: Centro de Estudios Constitucionales, 1997.

——. O Estado de Direito: uma introdução histórica. In: ——, ZOLO, Danilo (Orgs.). *O Estado de Direito:* história, teoria e crítica. São Paulo: Martins Fontes, 2006.

FIGUEROA, Alfonso García. *Criaturas de la moralidad*. Una aproximación neoconstitucionalista al derecho a través de los derechos. Madrid: Trotta, 2009.

GÜNTHER, Klaus. *Teoria da argumentação no direito e na moral:* justificação e aplicação. São Paulo: Landy, 2004.

HABERMAS, Jürgen. *Facticidad y validez*. Sobre el derecho y el Estado democrático de derecho en términos de teoría del discurso. 6. ed.. Madrid: Trotta, 2010.

HESPANHA, António Manuel. O caleidoscópio do direito e a justiça nos dias e no mundo de hoje. Coimbra: Almedina, 2009.

——. Os juristas como couteiros: a ordem na Europa Ocidental dos inícios da idade moderna. *In: A política perdida*. Ordem e governo antes da modernidade. Curitiba: Juruá, 2010.

HINKELAMMERT, Franz J. La vuelta al sujeto humano reprimido. *In:* FLORES, Joaquín Herrera (org.). *El Vuelo de Anteo*. Derechos Humanos y Crítica de la razón liberal. Bilbao: Desclée de Brouwer, 2000.

HOBBES, Thomas. *Leviathan*. London; New York: Penguin, 1985.

JACQUES, Paulino. *Curso de Direito Constitucional*. 9. ed.. Rio de Janeiro: Forense, 1983.

KANT, Immanuel. *Political writings* [Collection]. Cambridge; New York: Cambridge University Press, 1991.

KAUFMANN, Arthur. La universalidad de los derechos humanos. Um ensayo de fundamentación. *Persona y Derecho*. n. 38. Pamplona: Universidad de Navara, 1998.

KELSEN, Hans. ¿Quién debe ser el defensor de la Constitución? Madrid: Editorial Tecnos, 1995.

——. *Teoria Pura do Direito*. São Paulo: Martins Fontes, 2006.

KOZICKI, Katya. A interpretação do direito e a possibilidade de justiça em Jacques Derrida. *In:* FONSECA, Ricardo Marcelo (Org.). *Crítica da Modernidade:* Diálogos com o Direito. Florianópolis: Boiteux, 2005.

LOCKE, John. *Two Treatises of Government*. Student edition. Cambridge: Cambridge University Press, 1988.

LÖWY, Michael. *Ideologias e ciência social:* elementos para uma análise marxista. 5. ed.. São Paulo: Cortez, 1989.

MACPHERSON, C. B. *Introduction. In:* HOBBES, Thomas. *Leviathan*. London; New York: Penguin, 1985.

MONTESQUIEU. *L'esprit des lois*. Paris: Classique Garnier, 2011.

MOUFFE, Chantal. *O regresso do político*. Lisboa: Gradiva, 1996.

——. Democracy, Power, and the "Political". In: BENHABIB, Seyla (Org.). *Democracy and Difference*. Contesting de boundaries of the political. Princeton: Princeton University Press, 1996.

MURPHY, Liam. The political question of the concept of law. *In:* COLEMAN, Jules (Ed.). *Hart's postscript*. Essays on the postscript to *The Concept of Law*. Oxford; New York: Oxford University Press, 2001.

NEVES, Marcelo da Costa Pinto. *Entre Hidra e Hércules*. Princípios e regras como diferença paradoxal do sistema jurídico. 2010. 252 f. Tese (Concurso para professor titular do Departamento de Direito do Estado) – Universidade de Brasília, Brasília, 2010.

NINO, Carlos Santiago. *La constitución de la democracia deliberativa*. Barcelona: Gedisa, 1997.

PALOMBELLA, Gianluigi. *Constitución y soberania*. El sentido de la democracia constitucional. Granada: Comares, 2000.

PEREIRA, Ana Lucia Pretto. *A reserva do possível na jurisdição constitucional brasileira*. Dissertação de Mestrado defendida no Programa de Pós-graduação em Direito da Universidade Federal do Paraná. Curitiba: 2007.

——. Direitos humanos: proteção e fundamentação através da – necessária – legitimidade democrática. *Revista Estudos Jurídicos UNESP*, Franca, a. 14, n. 20, p. 249-274. 2010.

PIOVESAN, Flávia. Direitos Humanos e o Direito Constitucional Internacional. 10. ed. São Paulo: Saraiva, 2009.

POSNER, Richard. *How Judges Think*. Cambridge, London: Harvard University Press, 2008.

RENTTO, Juha-Pekka. Crepúsculo em el horizonte de occidente. *In: Persona y Derecho*. n. 38. Pamplona: Universidad de Navarra, 1998.

ROSENFELD, Michel. Overcoming interpretation through dialogue. A critique of Habermas's proceduralism Conception of Justice. *In: ——. Just interpretations*. Law between ethics and politics. Berkeley: University of California Press, 1998.

——. Just interpretations? Law, violence, and the Paradox of Justice. In: ——. *Just interpretations*. Law between ethics and politics. Berkeley: University of California Press, 1998.

SANCHÍS, Luis Prieto. Neoconstitucionalismo y ponderación judicial. In: CARBONELL, Miguel. *Neoconstitucionalismo (s)*. Madrid: Trotta, 2003.

SANTOS, Boaventura de Sousa. Um discurso sobre as ciências. São Paulo: Cortez, 2006.

SCHMITT, Carl. *O conceito do político*. Petrópolis: Vozes, 1992.

——. *La defensa de la Constitución*. 2. ed. Madrid: Tecnos, 1998.

SILVA, Virgílio Afonso da. Nota do Tradutor. In: ALEXY, Robert. *Teoria dos direitos fundamentais*. São Paulo: Malheiros, 2006.

STONE SWEET, Alec. *Governing with judges*. Constitutional Politics in Europe. New York: Oxford University Press, 2000.

SUNSTEIN, Cass *et alii. Are judges political?* An Empirical Analysis of the Federal Judiciary. Washington; The Brookings Institution, 2006.

TATE, Neal; VALLINDER, Torbjörn (Ed.). *The global expansion of judicial power*. London, New York: New York University Press, 1995.

TAYLOR, Matthew M. *Judging Policy*. Courts and Policy Reform in Democratic Brazil. Stanford: Stanford University Press, 2008.

VERDROSS, Alfred. *Derecho Internacional Público*. Madrid: Aguilar, 1955.

VIANNA, Luiz Werneck *et alii*. A judicialização da política e das relações sociais no Brasil. Rio de Janeiro, Revan, 1999.

VIEIRA, Oscar Vilhena. *Supremo Tribunal Federal*: jurisprudência política. São Paulo: Malheiros, 2002.

——. Supremocracia. *In:* SARMENTO, Daniel. (Coord.). *Filosofia e Teoria Constitucional Contemporânea*. Rio de Janeiro: Lumen Juris, 2009.

WALDRON, Jeremy. Arendt's constitutional politics. In: VILLA, Dana (Org.). *The Cambridge Companion to Hannah Arendt*. Reprinted. New York: Cambridge University Press, 2002.

WOLKMER, Antonio Carlos. *Pluralismo jurídico*: fundamentos de uma nova cultura do direito. 2. ed. São Paulo: Alfa Omega, 1997.

— 13 —

Os princípios da Teoria da Justiça e os Direitos Fundamentais Sociais

ROGÉRIO LUIZ NERY DA SILVA[1]

DAIANE GARCIA MASSON[2]

SUMÁRIO: Introdução – A Teoria da Justiça de John Rawls: ideias centrais; 1. Princípios da Justiça na Teoria Rawlsiana; 2. Justiça, igualdade e ações afirmativas; Conclusão; Referências bibliográficas.

Introdução – A Teoria da Justiça de John Rawls: ideias centrais

Dois são os conceitos clássicos de justiça, os quais remontam a Aristóteles. O primeiro identifica a justiça como legalidade: justa é a ação que respeita a lei; justa é a pessoa que observa a lei e justas são as leis que correspondem a leis naturais ou divinas. O outro conceito identifica a justiça como igualdade: justa é a ação, a pessoa ou a lei que respeita uma relação de igualdade. (Bobbio, 2000, p. 14)

Cresce em importância em termos de filosofia política a indagação em torno do que é ou não é uma sociedade justa. Conforme observa Sandel (2013, p. 17), os clássicos como Aristóteles, entendem que justiça é dar a cada um o que merece, assim, a lei pode ser neutra no que se refere à qualidade de vida; já os filósofos mais modernos, dentre eles Kant e Rawls, sustentam que justa é a sociedade que respeita a liberdade que cada pessoa tem para escolher o que entende por vida boa. "Pode-se então dizer que as teorias de justiça antigas

---

[1] Professor-doutor do Programa de Pós-Graduação *stricto sensu* – Mestrado em Direito da Universidade do Oeste de Santa Catarina (UNOESC), titular da cadeira de Políticas Públicas de efetivação de direitos sociais; professor convidado na New York Fordham Law School (USA) e professor coorientador do programa de doutorado em direitos humanos na Universitá degli studi di Palermo (ITÁLIA); professor da Escola da Magistratura do Estado do Rio de Janeiro (EMERJ); professor da Escola do Ministério Público do Estado do Rio de Janeiro (FEMPERJ); editor de direitos humanos e internacionais da Revista Espaço Jurídico Journal of Law (Qualis B1); revisor e avaliador de diversos periódicos jurídico-científicos.

[2] Mestranda do Programa de Pós-Graduação stricto sensu – Mestrado em Direito da Universidade do Oeste de Santa Catarina (UNOESC), orientanda do professor-doutor Rogério Luiz Nery da Silva; Professora de Direito Constitucional e Processo constitucional na Graduação em Direito da mesma universidade (Campus Joaçaba); advogada em Capinzal-SC.

partem da virtude, enquanto as modernas começam pela liberdade" (Sandel, 2013, p. 18).

Rawls identifica a justiça como equidade como o melhor dos conceitos a ser desenvolvido. Para ele, o objetivo da justiça nada mais é que a busca da justiça social. Nesse ponto, interessante as considerações tecidas por Furlan (2012, p. 9):

> [...] A visão de Rawls parte da concepção de *fairness* ou *fair play* que clama por uma justiça estabelecida através de um jogo limpo, imparcial (*justice as fairness*). A tradução justiça como equidade, assim, deve ser compreendida como algo mais amplo do que o significado restrito da palavra equidade (igualdade), para alcançar a essência da formação da estrutura social.

Dentre as ideias fundamentais apresentadas por Rawls, dá-se destaque a três: a ideia de uma sociedade bem ordenada, a ideia de estrutura básica e a ideia da posição original. Para que se compreenda o raciocínio empreendido para a criação dos princípios da justiça, tais conceitos não podem passar despercebidos.

A ideia fundamental de uma sociedade bem ordenada parte da compreensão de um sistema equitativo de cooperação. Dizer que uma sociedade é bem ordenada significa afirmar que os indivíduos que a compõem aceitam e sabem que os demais aceitam a mesma concepção e os mesmos princípios de justiça. Significa ainda que todos sabem ou pelo menos acreditam que a estrutura básica da sociedade respeita tais princípios. E, finalmente, significa que os cidadãos têm um senso de justiça que lhes permite entender e aplicar os princípios adotados. (Rawls, 2003, p. 11-12).

A ideia de estrutura básica, por sua vez, conforme leciona o próprio Rawls (2003, p. 13), juntamente com a ideia de posição original, é imprescindível para aperfeiçoar e dispor outras ideias num todo inteligível. "A Constituição política com um judiciário independente, as formas legalmente reconhecidas de propriedade e a estrutura da economia [...], bem como, de certa forma, a família, tudo isso faz parte da estrutura básica". (Rawls, 2003, p. 13-14).

Para entender o que o filósofo pretende com a ideia de posição original, deve-se pensar a sociedade como um sistema equitativo de cooperação entre seres humanos livres e iguais. É nesse contexto que surge a indagação de como determinar os termos equitativos de cooperação. E nada melhor que um acordo entre os próprios indivíduos, acordo este esquematizado em condições justas para todos. (Rawls, 2003, p. 20-21).

Assim, a proposta de justiça esquematizada por Rawls se inicia com uma situação hipotética denominada posição original. Na posição original as pessoas não têm o poder de identificar como será a vida, a que posição social pertencerá, qual será a cor da pele, visto que possuem uma característica em comum: estão acobertadas pelo véu da ignorância.

A posição original é capaz de abstrair as características e circunstâncias particulares de cada sujeito. Assim sendo, abstrai também as contingências da estrutura básica, tornando possível um acordo equitativo entre pessoas livres e iguais. O acordo diz respeito aos princípios de justiça para a estrutura básica, e especifica os termos justos da cooperação entre tais pessoas – livres e iguais.

Por tudo isso se denomina justiça como equidade. (Raws, 2003, p. 22-23). É preciso, então, determinar quais são os princípios com os quais as pessoas livres e iguais concordariam na posição original, acobertadas pelo véu da ignorância.

Pertinente ainda é a explicação do que se deva entender por pessoas livres e iguais. Pessoas livres e iguais, para Rawls (2003, p. 26-32) são aquelas que têm o que se pode chamar de duas faculdades morais: a capacidade de possuir um senso de justiça e a capacidade de formar uma concepção do bem. Assim, os cidadãos são concebidos como pessoas iguais na medida em que têm as faculdades morais necessárias para se envolver na cooperação social e participar da sociedade como iguais. E são concebidos como livres na medida em que consideram a si mesmos e aos outros como detentores da faculdade de possuir uma concepção do que é o bem e na medida em que estejam autorizados a reivindicar que suas instituições promovam suas concepções de bem.

Fica claro que o egoísmo natural, a partir dessa teoria, é rejeitado. O senso de justiça parece ser um grande bem social que firma a base da mútua confiança e do qual todos os atores sociais devem se beneficiar (Oliveira, 1999, p. 36).

O que Rawls pretendeu demonstrar, na análise de Dworkin (2007, p. 235, 241), é que homens e mulheres racionais, na posição original, agindo em seu próprio interesse, escolheriam certos princípios capazes de garantir ampla liberdade política e física, e as desigualdades só existiriam na medida em que beneficiassem os membros em pior situação social. O que se pressupõe é que, acobertados pelo "véu da ignorância", inevitavelmente a escolha seria por princípios moderados, visto que seria a única escolha racional.

Sob o véu da ignorância, parece claro que as pessoas escolheriam princípios que as conduziriam, pelo menos, aos bens sociais primários. Se o indivíduo não é capaz de saber quais serão suas características, condição social e atributos individuais, é seguro que opte por princípios razoáveis e racionais.

A justiça como equidade apresenta uma visão igualitária. Rawls (2003, 183-185) entende que existem muitas razões para regulamentar as desigualdades econômicas e sociais. E destaca quatro: a primeira consiste no fato de que todas as pessoas deveriam ter ao menos o suficiente para a satisfação das necessidades básicas. Uma segunda razão é impedir que poucas pessoas dominem um grande número de indivíduos. Uma terceira razão está na raiz da própria desigualdade, haja vista as desigualdades econômicas e políticas significativas causarem nos indivíduos um sentimento de inferioridade que pode causar sérios danos. Finalmente, uma última razão seria que a desigualdade pode ser errada ou injusta mesmo que os atores sociais se utilizem de métodos equitativos.

Conclusivas são as considerações de Dworkin (2007, p. 281) acerca do conceito rawlsiano de justiça:

> [...] podemos dizer que a justiça enquanto equidade tem por base o pressuposto de um direito natural de todos os homens e mulheres à igualdade de consideração e respeito, um direito que possuem não em virtude de seu nascimento, seus méritos, suas características ou excelências, mas simplesmente enquanto seres humanos capazes de elaborar projetos e fazer justiça. (*sic*)

Para chegar a tal conclusão, faz-se necessária a análise pormenorizada dos princípios da justiça identificados na posição original.

1. Princípios da Justiça na teoria Rawlsiana

Rawls constrói aos poucos, por meio de conceitos provisórios, o que entende por princípios da justiça. Adverte que a justiça como equidade foi pensada para uma sociedade democrática, assim, destina-se a responder à seguinte indagação: "considerando uma sociedade democrática como um sistema equitativo de cooperação social entre cidadãos livres e iguais, quais princípios são mais apropriados para ela?" (Rawls, 2003, p. 55).

O objeto primário da justiça política para a justiça como equidade é a estrutura básica da sociedade. E, finalmente, adverte que a justiça como equidade é uma forma de liberalismo político, haja vista tentar articular uma gama de valores que se aplicam principalmente às instituições políticas e sociais da estrutura básica. (Rawls, 2003, p. 56).

Em *Uma Teoria da Justiça*, Rawls (1997, p. 64) apresenta de forma provisória os princípios sobre os quais crê que haveria consenso na posição original. Mas deixa claro que se trata apenas um esboço. Assim podem ser representados os dois princípios da justiça, num primeiro momento:

> Primeiro: cada pessoa deve ter um direito igual ao mais abrangente sistema de liberdades básicas iguais que seja compatível com um sistema semelhante de liberdades para as outras. Segundo: as desigualdades sociais e econômicas devem ser ordenadas de tal modo que sejam ao mesmo tempo (a) consideradas como vantajosas para todos dentro dos limites do razoável, e (b) vinculadas a posições e cargos acessíveis a todos.

De plano, o filósofo esclarece que tais princípios se aplicam primeiramente à estrutura básica da sociedade. De acordo o primeiro princípio, as liberdades mais importantes – tais como a liberdade política e de expressão e reunião; a liberdade de consciência e de pensamento; as liberdades da pessoa; o direito à propriedade privada e a proteção contra detenções arbitrárias – devem ser iguais. (Rawls, 1997, p. 65). Todos os cidadãos, sem exceção, têm direito às liberdades acima descritas, visto que todos são iguais e merecem o mesmo tratamento e respeito. Não há como conceber que por diferenças de raça, credo ou concepção política, seja usurpada a liberdade de alguém.

O segundo princípio, por sua vez, deverá ser aplicado à distribuição de renda e riqueza e às organizações que se utilizam de diferenças de autoridade e de responsabilidade. A aplicação dele, num primeiro momento, se dá mantendo as posições abertas e depois organizando as desigualdades econômicas e sociais de modo que todos os indivíduos possam ser beneficiados. (Rawls, 1997, p. 65).

Importante esclarecer que o primeiro princípio não foi ordenado primeiramente sem qualquer justificação. O primeiro deve anteceder o segundo. Isso significa que as violações das liberdades básicas iguais não podem ser justificadas ou compensadas por vantagens econômicas ou sociais. (Rawls, 1997, p. 65).

Mais tarde, em *Justiça como equidade*, Rawls apresenta a definição decisiva dos dois princípios:

> (a) cada pessoa tem o mesmo direito irrevogável a um esquema plenamente adequado de liberdades básicas iguais que seja compatível com o mesmo esquema de liberdades para todos; e

(b) as desigualdades sociais e econômicas devem satisfazer duas condições: primeiro, devem estar vinculadas a cargos e posições acessíveis a todos em condições de igualdade equitativa de oportunidades; e, em segundo lugar, têm de beneficiar ao máximo os membros menos favorecidos da sociedade (o princípio da diferença) (RAWLS, 2003, p. 60) (*sic*).

O primeiro princípio tem por objetivo garantir a igual liberdade para todos. As liberdades básicas iguais – em *Justiça como equidade* – são as seguintes: liberdade de pensamento e de consciência, liberdades políticas, liberdade de associação, liberdades da pessoa e direitos e liberdades abarcadas pelo estado de direito. (Rawls, 2003, p. 62). A ideia de Rawls é que os indivíduos tenham a mais ampla liberdade, mas que esta seja compatível com a igual liberdade para todos.

Constata-se que o primeiro princípio não se aplica apenas à estrutura básica, mas à constituição, seja ela escrita ou não, e abarca elementos constitucionais essenciais (Rawls, 2003, p. 64-67).

O segundo princípio refere duas ideias fundamentais: a igualdade equitativa de oportunidades e a diferença. Rawls explica o que entende por igualdade equitativa de oportunidades no trecho a seguir:

A igualdade equitativa de oportunidades significa aqui igualdade liberal. Para alcançar seus objetivos, é preciso impor certas exigências à estrutura básica além daquelas do sistema liberal natural. É preciso estabelecer um sistema de mercado livre no contexto de instituições políticas e legais que ajuste as tendências de longo prazo das forças econômicas a fim de impedir a concentração excessiva da propriedade e da riqueza, sobretudo aquela que leva à dominação política. A sociedade também tem de estabelecer, entre outras coisas, oportunidades iguais de educação para todos independentemente da renda familiar [...]. (Rawls, 2003, p. 62).

Se a igualdade equitativa de oportunidades estiver presente, não apenas os cargos públicos e posições sociais estarão abertos, mas todos terão uma chance igual de ter acesso a eles. Nesse sentido, supondo que exista uma distribuição de dons naturais, os indivíduos que tiverem o mesmo nível de talento devem ter as mesmas perspectivas de sucesso, independente de sua classe, origem ou raça. (Rawls, 2003, p. 61).

Extrai-se da teoria rawlsiana o entendimento de que a distribuição de renda e riqueza não deve ser necessariamente igual para todos, mas estar à disposição e ser vantajosa para todos. A teoria da justiça rawlsiana não pretende apresentar uma justificativa para as desigualdades sociais e econômicas, mas busca uma forma de remediá-las. Para ele (1997, p. 79), "[...] chega-se à igualdade democrática por meio da combinação do princípio da igualdade equitativa de oportunidades com o princípio da diferença".

O princípio da diferença consiste numa tentativa de remediar as desigualdades sociais e econômicas existentes. Para explicá-lo, Rawls (1997, p. 82) adota uma situação hipotética na qual leva em consideração a distribuição de renda entre as classes sociais. Supõe, a partir disso, que os vários grupos pertencentes a faixas de renda diversas estejam representados e que se possa julgar a distribuição em relação a eles. Supõe ainda, que as pessoas que de início pertençam à classe empresarial numa democracia com propriedade privada terão perspectivas superiores se comparadas aos indivíduos que pertençam à classe de trabalhadores não especializados. O que, então pode justificar essa

DIREITOS HUMANOS E FUNDAMENTAIS NA AMÉRICA DO SUL

desiguldade inicial? Ora, é possível justificar a desigualdade de expectativas se a diminuição dela tornar a classe trabalhadora mais desfavorecida ainda.

O princípio da diferença justifica ou tolera a desigualdade quando a diferença de expectativas for vantajosa para aquele que se encontra em piores condições. Assim, percebe-se que o filósofo, em cada um dos princípios, mantém a ideia de distribuição justa.

Os princípios acima explicitados devem ser adotados e aplicados em quatro estágios, segundo Rawls (2003, p. 67-68): primeiramente, os indivíduos adotam os princípios de justiça acobertados pelo véu da ignorância. Passa-se, então, ao estágio da convenção constituinte, ao estágio legislativo em que são promulgadas as leis, observados os preceitos constitucionais e os princípios de justiça, e, finalmente, o estágio no qual as normas são aplicadas por governantes e geralmente seguidas pelos cidadãos e interpretadas pelos membros do Judiciário.

Em outras palavras, a teoria da justiça pode ser assim sintetizada: exige-se igualdade na distribuição de direitos e deveres básicos, entretanto, as desigualdades sociais e econômicas poderão ser mantidas se forem justas, ou seja, se produzirem benefícios compensadores para todos, notadamente para os que se encontrarem em situação menos favorável.

2. Justiça, igualdade e ações afirmativas

Uma sociedade na qual as diferenças de renda fossem reduzidas de modo a torná-la mais igualitária é tanto desejável, quanto difícil de concretização prática (Singer, 1998, p. 53). Mas o que é essa igualdade que "todos" desejam?

A dificuldade em conceituar o que se deva entender por "igualdade" reside no fato da indeterminação epistemológica da própria palavra. Assim, "[...] dizer que dois entes são iguais sem nenhuma outra determinação nada significa na linguagem política [...]" (Bobbio, 2000, p. 11). É necessário o estabelecimento de parâmetros.

A doutrina diferencia o conceito formal e material de igualdade. Por igualdade formal entende-se a igualdade na lei e perante a lei. Por igualdade material pode-se entender a efetivação da norma que prevê oportunidades equânimes.

Ao lado da liberdade, a igualdade é um valor que fundamenta a democracia (Bobbio, 2000, p. 8). Assim, para que um Estado se intitule Estado Democrático de Direito, necessita garantir não apenas a igualdade formal, mas também a igualdade material.

Para tanto, porém, é necessário que preconceitos sejam abandonados. Afinal, como lembra Alex (2008, p. 417): "Quem quer promover a igualdade fática tem que estar disposto a aceitar a desigualdade jurídica".

Ações afirmativas nada mais são que medidas destinadas à correção de uma das formas de desigualdade de oportunidades sociais, mais precisamente aquela desigualdade associada a características biológicas, tais como raça e sexo, ou sociológicas, tais como etnia e religião. Nesse sentido, a negação de oportunidades a certos grupos sociais deve ser combatida com políticas específicas e o uso de critérios sociais na distribuição de bens não é errado se não estiver a serviço de preconceitos (Sell, 2002, p. 15).

Em análise acerca da recepção do instituto das ações afirmativas no Direito Constitucional brasileiro, Gomes (2001, p. 132) relembra que o país pioneiro na adoção de tais políticas públicas foram os Estados Unidos da América. Recorda ainda que foram primordialmente utilizadas como mecanismos de solução daquilo que um autor escandinavo qualificou de dilema americano: a marginalização do negro na sociedade americana. Após, as ações afirmativas se estenderam a outras minorias, tais como mulheres, índios e deficientes físicos.

Objetiva-se, com a aplicação de políticas públicas temporárias, proporcionar a todos os membros da sociedade condições igualitárias de concorrência pelos bens da vida. Para a concretização de tal objetivo, o favorecimento de alguns em detrimento de outros parece inevitável.

As ações afirmativas e a inclusão social são consequências do aprofundamento do conceito de equidade, o que, para muitas pessoas, confunde-se com igualdade material e corresponde diretamente à evolução do conceito de direitos fundamentais (Pinheiro, 2013, p. 104).

A introdução das ações afirmativas representou especialmente a mudança de postura do Estado, que antes ignorava a importância de fatores como sexo, raça e cor. A nova postura adotada pelo Estado passou a levar em conta tais fatores na contratação de funcionários, na regulação da contratação por outros e até mesmo para regular o acesso aos estabelecimentos de ensino públicos e privados. (Gomes e Silva, 2003, p. 93).

Já não mais se pode conceber uma igualdade apenas formal, um discurso político vazio. É preciso garantir a justa igualdade de oportunidades. Isso é o que se pode chamar "justiça social".

Para Bobbio (2000, p. 15), uma relação de igualdade só é desejável se for justa. Justa é a relação que se identifica com uma ordem a instituir ou restituir, ou seja, com um ideal de harmonia entre as partes e o todo, visto que somente um todo ordenado é capaz de perdurar.

A igualdade formal não basta. É imperioso que a igualdade material se concretize, e esta só se dá por meio de medidas palpáveis realizadas no mundo dos fatos. É sob o prisma da igualdade material que se pode admitir a adoção de ações afirmativas.

Mas os objetivos almejados com as políticas de ações afirmativas vão muito além da concretização do ideal da igualdade de oportunidades. Almejam-se transformações de ordem cultural, pedagógica e psicológica, a fim de enfraquecer o pensamento da coletividade que acredita haver supremacia de uma raça em relação à outra, ou mesmo do homem em relação à mulher. (Gomes, 2001, p. 136).

Em uma sociedade bem ordenada, caso se vislumbre desigualdades, uma justiça como equidade deverá ser observada, a fim de neutralizá-las. Esse é o conceito de justiça idealizado pela teoria rawlsiana.

Taylor (2009, p. 476) observa que Rawls jamais abordou em seus escritos a questão das ações afirmativas para além de uma referência indireta. O próprio

Rawls (2003, p. 91-93) afirmou que sua preocupação consistia na apresentação de uma teoria ideal, sendo que os problemas sociais advindos das discriminações raciais e de gênero não faziam parte de sua teoria.

Por outro lado, ao examinar a teoria rawlsiana, Pinheiro (2013, p. 101) afirma que aquela tem forte influência da teoria liberal, fundamenta-se na igualdade e oferece uma visão diferente da apresentada pelo utilitarismo e pelo intuicionismo. Para ele, nos dias de hoje, tal teoria influencia sobremaneira as políticas governamentais contemporâneas, especialmente no que se refere às ações afirmativas em favor das minorias sociais.

O ordenamento constitucional brasileiro, a exemplo de tantos outros ordenamentos contemporâneos, é pautado no princípio da dignidade da pessoa humana. É possível afirmar, por consequência, que as políticas públicas a serem implantadas deverão estar voltadas à sua concretização. Ao lado do princípio da dignidade da pessoa humana encontra-se o princípio da igualdade. As ações afirmativas visam à efetivação do princípio social da igualdade.

Mas, como é possível assegurar a liberdade e a oportunidade igual para todos numa sociedade na qual se vislumbram preconceitos plurais e discriminações frequentes como a sociedade atual? (Rocha, 1996, p. 283). Talvez as ações afirmativas sejam uma das respostas possíveis para essa questão.

Taylor (2009, p. 478) entende ação afirmativa como uma classe de políticas públicas direcionadas para a efetivação da igualdade de oportunidades, em especial nos campos da educação e do trabalho, voltada a grupos oprimidos, tais como afrodescendentes e mulheres.[3] O preconceito está em toda parte. Como dizia Bobbio (2002, p. 122), "não existe preconceito pior do que o acreditar não ter preconceitos".

Para Sandeu (2013, p. 211), a discussão em torno das ações afirmativas passa por dois argumentos fundamentais: o argumento compensatório e o argumento da diversidade. Quem se utiliza do argumento compensatório assevera que a aplicação tais ações têm o intuito de remediar as injustiças do passado. Quem se utiliza do argumento da diversidade discursa que a diversidade é necessária para promover o bem comum, dado que grupos de pessoas de diversos antecedentes podem aprender mais entre si do que grupos com antecedentes semelhantes. Além disso, é importante que as minorias assumam posições de liderança porque isso vai ao encontro do propósito da universidade e do bem comum. (Sandel, 2013, p. 212-213).

O modelo de justiça rawlsiano é alicerçado na igualdade equitativa entre as pessoas, nas liberdades individuais e na justa oportunidade. Dessa forma, a adoção de políticas públicas que assegurem a justa oportunidade aos menos favorecidos é necessária. Eis o papel das ações afirmativas. (Pinheiro, 2013, p. 102).

Assevera Dworkin (2000, p. 438), numa análise baseada na sociedade norte-americana e em defesa das ações afirmativas, que tanto homens e mulheres

---

[3] I understand "affirmative action" to be a class of public policies focused on achieving equality of opportunity; especially in the realms of tertiary education and employment, for certain historically oppressed groups (e.g., African Americans and women).

quanto meninos e meninas negros não são livres para escolher em que papéis outros irão assinalá-los. Ser negro é um atributo tão notório de personalidade que nada influenciará tanto o modo como os outros irão vê-los ou tratá-los quanto essa característica.

Argumentos e contra-argumentos são articulados sobre a questão da implantação ou não dessas políticas públicas. Alguns dizem que tais medidas contrariam a crença de que se vive num país que não distingue raças, ou ainda que negros que alcançarem sucesso serão taxados como pessoas auxiliadas. Outros afirmam que a economia demonstra que efetivamente não se vive num país sem distinções ou preconceitos, e mais: os negros que obtém sucesso no sistema atual já são vistos como protegidos. (Sell, 2002, p. 76).

A história da humanidade demonstra que para assegurar a igualdade, a legislação que proíbe a discriminação não é suficiente. Sobre isso, pertinentes se fazem as palavras de Piovesan (2005, p. 49):

> [...] Enquanto a igualdade pressupõe formas de inclusão social, a discriminação implica violenta exclusão e intolerância à diferença e à diversidade. O que se percebe é que a proibição da exclusão, em si mesma, não resulta automaticamente na inclusão. Logo, não é suficiente proibir a exclusão, quando o que se pretende é garantir a igualdade de fato, com a efetiva inclusão social de grupos que sofreram um consistente padrão de violência e discriminação.

Pinheiro (2013, p. 105) observa com propriedade que: "A justa oportunidade idealizada por John Rawls pressupõe que uma sociedade somente poderia ser justa socialmente por meio de uma conciliação política e moral, fundamentada na igualdade de direitos e na solidariedade coletiva". Dessa forma, a política de ações afirmativas: "Não se trata de uma política de privilégios, mas sim da busca de realização da igualdade material, a partir de uma reinterpretação do conceito de igualdade formal" (Sell, 2002, p. 79).

É neste contexto que se concebe as ações afirmativas como instrumento de inclusão social que assegura a diversidade e a pluralidade, bem como viabiliza o direito à igualdade (Piovesan, 2005, p. 49).

Aos menos favorecidos é que devem ser voltadas as ações afirmativas. Rawls (2003, p. 83) entende que os menos favorecidos são aquelas pessoas que "pertencem à classe de renda com expectativas mais baixas".

Conforme já exposto na primeira parte deste trabalho, Rawls elegeu em sua teoria dois princípios de justiça, sendo que um deles se desdobra em outros dois: princípio da igualdade equitativa de oportunidades e princípio da diferença. Neste conceito de igualdade equitativa de oportunidades é que se localizam as ações afirmativas.

No caso de não haver igualdade equitativa de oportunidades é que as ações afirmativas entram em cena. São elas uma espécie de reparação social. A teoria da justiça desenvolvida por Rawls parece ser capaz de justificar a adoção delas na busca da equiparação de oportunidades entre as pessoas. Se um dos objetivos governamentais consistir na correção de injustiças sociais, é necessário que se adote uma política visando à equidade. É preciso que se adote a justiça como equidade.

Conclusão

Do estudo realizado acerca do pensamento de Rawls, verifica-se a pertinência dos dois conceitos de justiça – um como legalidade; outro como igualdade. Embora tanto um como o outro sejam relevantes, a Teoria da Justiça faz clara opção pela justiça como equidade.

Para operacionalizar sua escolha, o autor estrutura seu pensamento em três ideias fundamentais: a um, "sociedade bem ordenada", em que se verifica a distribuição de esforço entre seus membros e a mútua aceitação desse arranjo funcional; a dois, a "estrutura básica" da sociedade, como já consolidado nos estudos constitucionais, analisa a distribuição de funções estatais e sociais e, a três, a chamada "posição original" dos indivíduos na sociedade, conceito hipotético desenvolvido pela abstração de qualquer determinismo social, diante da imprevisibilidade dos arranjos futuros, que ele bem denomina de "véu da ignorância".

A partir dessa compreensão, Rawls formula a noção de dois princípios básicos aplicáveis prima facie à estrutura básica da so9oociedade: o princípio da igual liberdade e o princípio da igualdade equitativa de oportunidade e à diferença. O primeiro atribui igual força às liberdades individuais e suas garantias; o segundo, identifica a necessidade de equalizar a distribuição de renda e riqueza, segundo noções de matizes de responsabilidade e autoridade, sendo certo que as situações submetidas a atendimento pelo primeiro precedem – de fato e de direito – as tuteladas pelo segundo, de tal forma que a tutela material distributiva não oferta força absoluta sobre as liberdades, mas com elas deve se harmonizar.

A noção conceitual de políticas públicas consiste em procedimentos de adoção de medidas alocativas de recursos pessoais e materiais, pela implantação de ações e tarefas estatais, com o fito de atender às necessidades identifica das como primordiais de uma dada sociedade por seus administradores e demais atores sociais. Em determinadas situações, entretanto, não se logra poder adotar uma política capaz de solucionar de forma abrangente um dado problema que tenha sido incluído na agenda. Nesses casos, pode-se recorrer a soluções parciais em tempo ou alcance, de modo a, ao menos, reduzir as agressivas desigualdade em questão. Trata-se, pois das chamadas "ações afirmativas"

A efetivação de contornos de uma igualdade fática entre as pessoas será o objetivo primordial de políticas públicas contextualizadas como ações afirmativas, mas, sempre com a noção de sua atuação complementar ou provisória, vale dizer, que não tem a pretensão de solucionar uma dada carência de forma absoluta, nem definitiva. Trata-se, pois, de esforço de compensação, digno a caracterizar o compromisso de sanar a deficiência, mas, ao mesmo tempo, a dificuldade em termos de meios ou condições para enfrentar o problema de frente, de forma a eliminá-lo. Constitui, pois, um primeiro enfrentamento, nunca um último.

Em termos operativos, essas ações consistem em compreender que a igualdade concreta como somente realizável por meio de medidas específicas que considerem as particularidades das minorias e indivíduos pertencentes a grupos menos favorecidos socialmente, tudo com o intuito de diminuir, até que se possa de outra forma buscar eliminar os estigmas identificados em desfavor de determinados grupos da sociedade.

Para a teoria rawlsiana, as injustiças sociais somente podem ser corrigidas se na prática for adotada uma política que vise à equidade. Assim, averígua-se quais são os membros menos favorecidos da sociedade e criam-se mecanismos capazes de promover a justiça social.

Ao nosso sentir, a título de conclusão lógica da pesquisa, mas por certo, passível de discussão dialógica mais aprofundada, a Teoria da Justiça oferece satisfatória explicação teórica para a adoção de tais políticas públicas, ao definir a justiça como equidade, o que opera certo teor de distributividade moderada para a compensação das desigualdades injustificáveis na sociedade, já que, por construção, a linha de pensamento do autor americano as desigualdades também são aceitas como necessárias em uma sociedade, apenas se rejeitando aquelas que se mostrem injustas e que, por certo, requerem ação de todos os atores sociais na sua solução, no sentido de equacionar uma sociedade digna e justa.

Referências bibliográficas

ALEXY, Robert. *Teoria dos Direitos Fundamentais*. 2. ed. São Paulo: Malheiros, 2008.

BOBBIO, Norberto. *Igualdade e Liberdade* [tradução de Carlos Nelson Coutinho]. 4 ed. Rio de Janeiro: Ediouro, 2000.

——. *Elogio da serenidade e outros escritos morais*. São Paulo: Unesp, 2002.

DWORKIN, Ronald. *Uma questão de princípio*. [tradução Luís Carlos Borges]. São Paulo: Martins Fontes, 2000.

——. *Levando os direitos a sério*. [tradução Jefferson Luiz Camargo].São Paulo: Martins Fontes, 2007.

FURLAN, Fabiano Ferreira. *O debate entre John Rawls e Jürgen Habermas sobre a concepção de justiça*. Belo Horizonte: Arraes Editores, 2012.

GOMES, Joaquim Benedito Barbosa. *A recepção do instituto da ação afirmativa pelo Direito Constitucional brasileiro*. In: Revista de informação legislativa, v. 38, n. 151, p. 129-152, jul./set. de 2001.

——; SILVA, Fernanda Duarte Lopes Lucas da. *As Ações Afirmativas e os Processos de Promoção da Igualdade Efetiva*. Seminário Internacional as minorias e o direito : CJF, 2003. 272 p. (Série Cadernos do CEJ; v. 24).

OLIVEIRA, Neiva Afonso. *A teoria da justiça de John Rawls*: pressupostos de um neo-contratualismo hipotético. Sociedade em Debate, Pelotas, 5 (2): 33-49, agosto, 1999.

PIOVESAN, Flavia. *Ações Afirmativas da Perspectiva dos Direitos Humanos*. Cadernos de Pesquisa, v. 35, n. 124, p. 43-55, jan./abr. 2005.

PINHEIRO, Regis Gonçalves. A teoria da justiça de John Rawls e a constitucionalidade das ações afirmativas no Brasil. *Revista CEJ*, Brasília, Ano XVII, n. 59, p. 100-108, jan./abr. 2013.

RAWLS, John. *Uma Teoria da Justiça* [tradução Almiro Pisseta e Lenita M. R. Esteves]. São Paulo: Martins Fontes, 1997.

——. *Justiça como equidade*: Uma reformulação [tradução Claudia Berliner]. São Paulo: Martins Fontes, 2003.

ROCHA, Carmem Lúcia Antunes. *Ação afirmativa*: o conteúdo democrático do princípio da igualdade. Revista de Informação Legislativa, Brasília, 131:283-295, jul./set. 1996.

SANDEL, Michael J. *Justiça – O que é fazer a coisa certa*. [tradução 12ª ed. De Heloisa Matias e Maria Alice Máximo]. 12ª ed. Rio de Janeiro: Civilização Brasileira, 2013.

SINGER, Peter. *Ética prática*. [tradução de Jefferson Luís Camargo] 2 ed. São Paulo: Martins Fontes, 1998.

SELL, Sandro Cesar. *Ação afirmativa e democracia racial*: uma introdução ao debate no Brasil. Florianópolis: Fundação Boiteux, 2002.

TAYLOR, Robert S. *Rawlsian Affirmative Action*. Ethics 119 (April 2009). Chicago, Chicago University Press, 2009, p. 476–506. Acesso em: 14 de março de 2014. Disponível em: http://polisci.ucdavis.edu/people/rstaylor/homepage/papers/Affirmative%20Action.pdf.